NIKOLAUS II.

GLANZ UND UNTERGANG
DES LETZTEN ZAREN

Zar Nikolaus II.

(1868–1918)

ESSAD BEY

NIKOLAUS II.

GLANZ UND UNTERGANG
DES LETZTEN ZAREN

Herausgegeben von
Behrang Samsami
und
Walter Delabar

VERLAG
H. J. MAURER

Die erste Auflage dieses Buches wurde durch
die finanzielle Unterstützung des
Fachbereichs Philosophie und Geisteswissenschaften der
Freien Universität Berlin ermöglicht.

1. Auflage April 2011
2., durchgesehene Auflage März 2019
3., erweiterte Auflage Juli 2021

Das Nachwort von Behrang Samsami wurde für
die 3., erweiterte Auflage durchgesehen und überarbeitet.
Der Verlag dankt für die freundliche Abdruckgenehmigung.
Die „negative" Biographie

Innenlayout und Schriftsatz: Hans-Jürgen Maurer
Umschlag: Kurt Liebig Mediendesign, Schmieheim
Bildnachweise Umschlag:
Roter Platz, Moskau, Foto von 1909 (Fotograf unbekannt)
Nikolaus II, Gemälde von Ernst Friedrich von Liphart, um 1900, Museum des Katharinenpalastes in Zarskoje Selo (Puschkin) bei St. Petersburg
Die königliche Familie 1913, Aufnahme von Boasson & Eggler St. Petersburg (koloriert)
Oktoberrevolution 1917, Blaskapelle der Roten Armee, Propagandagemälde, Künstler unbekannt.

Verlag Hans-Jürgen Maurer
Im Trierischen Hof 14
60311 Frankfurt am Main

www.maurer.press
info@verlaghjmaurer.de

ISBN 978-3-949550-00-3

Gedruckt von BoD, Norderstedt

INHALT

Es naht das ärgste Jahr von Rußlands Jahren –
Die goldne Krone stürmt vom Haupt des Zaren.
Die Zarenliebe stirbt den Flammentod.
Zur Nahrung vieler wird Verderb und Not.
Die Pest wird durch verlaßne Dörfer ziehen.
Das Volk muß die zerfallnen Hütten fliehen.
Und Hungersnot wird viele Arme töten,
Während im Feuerschein sich Flüsse röten.

Lermontow, „Prophezeiung“, *1830*

Anmerkung

Vom Autor verwendete Begriffe, die wir heute als rassistisch und abschätzig empfinden, wurden unverändert gelassen, da sie Teil des damals verfassten Textes sind und im historischen Kontext üblich waren. Diese Begriffe geben nicht die Meinung der Herausgeber und des Verlags wider.

VORWORT DES VERFASSERS

Dieses Buch ist kein biographischer Roman, sondern eine historische Biographie. Alle geschilderten Ereignisse haben wirklich stattgefunden. Fast alle in Anführungsstriche gesetzten Sätze sind wirklich gesprochen worden. Nur an wenigen unwichtigen Stellen wurde eine perspektivische Verschiebung der Geschehnisse vorgenommen und einige indirekte Sätze der Memoiren und Urkunden in direkte Rede gestellt.

Wenn das Buch vielleicht dennoch wie eine Sage aus längst verflossenen Jahrhunderten anmutet, so liegt es an der eigenartigen und bizarren Welt, die hier zur Schilderung gelangt.

Kaum zwanzig Jahre trennen uns von der Zeit Nikolaus II., und dennoch erscheint uns diese Epoche so sehr in die Ferne gerückt, daß zu ihrem Verständnis eine Reihe von seltsamen Vorurteilen und tief im europäischen Bewußtsein verankerten Anschauungen aufgehoben werden müssen.

Die tragische Gestalt des Zaren Nikolaus II. gehört zu den verkanntesten Figuren der Weltgeschichte. Kein Vorwurf, keine Verdächtigung, keine Geringschätzung ist ihm zu seinen Lebzeiten erspart geblieben. Und selbst heute, Jahre nach seinem Tode, wirkt das Antlitz des Zaren durch Übertreibungen, Verleumdungen und Voreingenommenheiten bis zur Unkenntlichkeit entstellt.

Die Schuld an diesem Meer von Lüge und Verleumdung trifft vielleicht weniger die Legion der bewußten Fälscher als das falsche Maß, das zur Beurteilung dieses tragischen Daseins allgemein angelegt wird.

Die Gestalt des Zaren darf nicht mit den nüchternen Augen eines rationalistischen Historikers betrachtet werden. Nur in der verklärten Höhe irrationalen Gefühls kann das magische Dasein eines russischen Zaren richtig angeschaut und beurteilt werden. Nur in diesem Licht erstehen die strahlenden Züge des Trägers eines mystischen Glaubens, des Don Quichotte der Selbstherrlichkeit, der kraft der inneren Widersprüche zwischen dem Wesen seiner Macht und der Welt, die ihn umgab, zu dem unglücklichsten Menschen seiner Zeit werden mußte.

Das Leben Nikolaus II. kann nur wie ein Mythos erfaßt werden. Denn die innere Welt des Zaren liegt abseits von den Niederungen des Lebens, von dem breiten Weg des irdischen Alltags.

Zur Verhütung etwaiger Mißverständnisse sei an dieser Stelle noch erwähnt, daß dieses Buch keineswegs die Geschichte Rußlands unter Nikolaus II. wiederzugeben versucht, sondern lediglich das Leben des Zaren vor, während und nach seiner Herrscherzeit darzustellen bemüht ist.

Sollte der Leser dieses Buches die tragische Gestalt des Zaren klarer erkennen, sollten ihm die inneren Beweggründe der kaiserlichen Taten verständlicher werden, sollte er hinter der dichten Mauer von Vorurteil und Unkenntnis das wahre Antlitz eines einsamen Opfers auf dem Pfade der Selbstherrlichkeit erblicken, so ist das Ziel, das dem Autor vorschwebte, erreicht.

Essad-Bey

1. KREUZ UND KRONE

Ein achtundzwanzigjähriger junger Mann mit hellen Haaren, blondem, kurzem Spitzbart, schlanker zierlicher Gestalt und seltsam geschnittenen, langwimprigen Augen, in dem einfachen, dunkelgrünen Rock eines russischen Obersten, mit hohen Stiefeln und schwarzem Lammfellhut, so erschien Nikolaus II., russischer Kaiser, am 6. Mai 1896 vor den Würdenträgern, den Vertretern der Kirche und der Stände. Diese hatten sich am Moskauer Sonderbahnhof versammelt, der ausschließlich für diesen Tag im altrussischen Stil neben dem gewöhnlichen Bahnhof errichtet worden war.

Zwei volle Jahre hatte die alte Kremlstadt auf den jungen Mann gewartet, der nunmehr an seinem 28. Geburtstage zur Feier der heiligen Krönung nach Moskau gekommen war. Die alte, träge, asiatische Stadt hatte ein festliches Gewand angelegt. Das blankgeputzte Gold der unzähligen Kirchenkuppeln leuchtete in der Sonne, rote Teppiche bedeckten die engen Straßen, und Blumengirlanden hingen aus den Fenstern. Eine unübersehbare Menschenmenge staute sich am Bahnhof.

Das Spiel von 16000 Kirchenglocken begrüßte den Zaren, als er am Bahnhofsplatz seinen Apfelschimmel bestieg, und am lautesten und klarsten, alle anderen Glocken übertönend, klang die Donnerstimme des Iwan Weliki, der uralten Riesenglocke.

Langsam und feierlich ritt der Zar zum alten Petrowskypalais. Das Volk von Moskau sank in die Knie, die ehernen Töne der Zarenhymne durchbrausten die Luft. Zum erstenmal zeigte sich der neue Zar im festlichen Zug der alten Heimatstadt der Romanows. Das Gesicht des Zaren war von huldvoller Gnade erfüllt.

Durch die Enge der Gassen zog sich vor ihm der uralte Weg der Zaren. Einst war durch diese Gassen der grausame Iwan geritten. Mit ihren langen Bärten hatten die Bojaren den Staub vor den Hufen seines Rosses gefegt. Mit wutverzerrtem Gesicht raste auch der große Peter an diesen Kirchen vorbei. Hier, auf diesem alten Kremlplatze enthauptete er eigenhändig die rebellischen Strelitzen. Einst tropfte Blut von den hohen Stiefeln des Zaren; heute bedeckten blutigrote Teppiche den Weg des neuen Zaren, Nikolaus II. Alexandrowitsch, des Dreizehnten in der Reihe der Romanows. Vor ihm verbeugten sich in ersterbender Ehrfurcht die Erben jener Strelitzen, Bojaren und Popen, die einst die alte, goldgekuppelte Stadt inmitten der eisigen, russischen Wüste errichtet hatten.

Die grauen Augen im stillen, etwas blassen Gesicht des Zaren leuchteten in verklärter Freude. Das Volk von Moskau sah die kleinen Hände des Zaren, die die Zügel des Apfelschimmels hielten. Der Kopf des Zaren überragte die Menge, und beim Anblick seines schmalen, aristokratischen Gesichtes erwachte im Volke die dumpfe, wilde Liebe zu den alten robusten Zaren, Mehrern des Reiches, Beschützern und Richtern.

Die Zarin, im weißen Gewande, ein glückstrahlendes Lächeln auf den strengen Zügen, erinnerte in ihrer blonden Zartheit an die alten Fresken der Moskauer Kirchen.

Langsam bewegte sich das Zarenpaar durch die Menge, und die Straßen, Häuser, Menschen und Kirchen schienen sich beim Anblick des Zaren in ein einziges freudiges, strahlendes, lebendiges Wesen zu verwandeln.

Aus den Fenstern der Häuser, aus den Büros, aus den geschmückten Läden blickten freudig-verzückte Gesichter auf den Zaren. An diesem Tage vergaß das Volk von Moskau die kaufmännische Sparsamkeit seiner Ahnen. Ein mittleres Geschäftshaus, an dessen Fenstern der Zar vorbeikommen sollte, gab 25 000 Rubel aus, um seine Fassade festlich zu schmücken. Ein reicher Kaufmann bezahlte 40 000 Rubel, um aus dem Schaufenster einer Konditorei den Zaren bewundern zu können.

Die dunklen Wolken, der scharfe Wind, die Regenschauer, mit denen der russische Himmel den neuen Zaren empfing, vermochten nicht die Menge zu verjagen. Von einer unbezwingbaren Schaulust ergriffen, begleitete das Volk den jungen Monarchen bis zum Palast.

Am Abend des kaiserlichen Einzuges stauten sich die goldgeschmückten Wagen der geladenen Gäste auf dem Palastplatz. Höflinge, Minister, Prinzen aller Herrscherhäuser der Welt strömten zum Zarenhause. Um neun Uhr abends standen dicht zusammengepfercht 8000 festlich vergoldete Hofequipagen vor dem Zarenpalais.

Im großen Saal des Palastes empfing der Zar die Glückwünsche der Welt. Um diese Zeit verstummten die Kirchenglocken Moskaus. Hunderttausende von bunten Birnen, Lampions und glitzernden, strahlenden, polierten Steinchen erhellten die Finsternis der Kremlstadt. Breite Lichtstrahlen ergossen sich über die goldenen Kirchenkuppeln. Die Dächer der Häuser erglänzten in bunten Farben. Die Stadt labte sich am Lichte der Illumination. Lichtergirlanden rankten sich von einem Haus zum andern, und die farbigen Strahlen jauchzten zum trüben, drohenden Himmel Moskaus empor.

Während der schlanke Zar am Fenster seines Palastes die Festbeleuchtung bewunderte, scharten sich im wolkigdunklen Himmel unzählige Krähen und Dohlen. Das ungewohnte, bunte Licht blendete die räuberischen Vögel. Der Glanz zog sie an. Wie Geier auf das Aas, stießen aus der kalten Finsternis des Himmels die Krähen und Dohlen auf die bunten, glitzernden Birnen der Moskauer Dächer nieder. Im grellen Licht der vielfarbigen Strahlen erinnerten ihre ausgebreiteten, dunklen Flügel, ihre scharfen, gierigen Schnäbel an apokalyptische Sendboten der Unterwelt, die entsandt waren, um das Fest des rechtgläubigen Zaren zu stören. Über den Dächern Moskaus klirrten die Scherben zerschlagenen Glases. Die scharfen Schnäbel der Vögel trennten die Kontakte. Mit bangen, bleichen Gesichtern blickten die Menschen auf den entfesselten Sturm der dämonischen Mächte. Nach und nach erloschen die bunten Lichtstrahlen und während die Einwohner Moskaus einander die unheilvolle Nachricht verkündeten, entschwanden die dunklen Vögel im trüben Himmel, der finster und schwer über der Stadt hing.

Als am nächsten Tage die ersten Morgenstrahlen den bleiernen Himmel röteten, als die ersten Glockentöne von den Kirchtürmen auf die Stadt niederfielen, stiegen flinke Arbeiter auf die Dächer Moskaus. Als der Zar um neun Uhr morgens aus dem Palast trat, als 71 Salutschüsse sein Nahen verkündeten, waren die Dächer und Kirchenkuppeln von allen Spuren des nächtlichen, dämonischen Spukes befreit.

Im Kreml, an der breiten Schwelle des Alexanderpalais, verbeugten sich die Vertreter der Stände vor dem Zaren. Auf schweren Silbertellern brachten sie ihrem Herrscher Brot und Salz dar. Mit seinen zarten, langen Fingern berührte Nikolaus die symbolischen Gaben. Umringt von Großfürsten und Würdenträgern trat er ins Palais. Die leeren, strengen Räume atmeten den Geist der verflossenen Jahrhunderte.

Im großen Saal breiteten greise Höflinge die ungeheuere Reichsfahne vor dem Zaren aus. Das Fahnentuch bedeckte den halben Saal. Heraldische Tiere, Greife, Löwen und Adler blickten den Zaren an. Die Wappen aller Reichsteile spiegelten die Geschichte der alten Zaren. Da war der doppelköpfige Adler, den einst Sophie Paleolog Wassili dem Dritten als einzige Mitgift aus Byzanz mitgebracht hatte. Ein kleines Boot, darüber eine Krone auf blauem Hintergrund berichtete von dem verwegenen Räuber Jermak, der ganz Sibirien dem grausamen Iwan zu Füßen zwang. Das weiß-rote Wappen daneben kündete vom rebellischen Hetman Chmelnitzky, der die Ukraine und das Heer der Kosaken demütig in die Hand des Zaren Alexei legte. Mit der Zahl der Zaren wuchs die Zahl der Wappen und Tiere auf der großen Reichsfahne. Stumm starrte Nikolaus auf die Symbole der ruhmreichen Ahnen. Neben dem Wappen der Ukraine sah er das fromme, byzantinische Kreuz über dem asiatischen Halbmond. Dieses Kreuz errichtete der glänzende Fürst Potemkin, als er der schönen Katharina die sonnendurchflutete Krim als Liebesgabe darbrachte. Neben dem Kreuz ritt, auf schaumbedecktem Roß, den Speer in der Hand, der heilige Ritter Georg, der drachenbezwingende Schutzpatron Georgiens. Alexander I., der Napoleonbesieger war es, der seine schützende Gnade über das Land des Drachenbezwingers ausbreitete.

Die Augen des Zaren weiteten sich. Im Rauschen der alten Fahne vernahm er den Herzschlag seines Reiches. Die vielen Zaren, die Stück für Stück diese Zeichen zusammengetragen hatten, blickten von den Wänden des Saales erwartungsvoll auf den Erben hernieder. Nikolaus berührte das Fahnenholz. Laut, ruhig und ernst sprach er den Eid der Zaren: „Unbefleckt habe ich diese Fahne empfangen, unbefleckt will ich sie meinen Erben weitergeben.“ Die Höflinge falteten das Tuch. Der erste Akt der Zeremonie war beendet.

Sechs Tage verbrachten Zar und Zarin in Gebet und frommer Betrachtung im alten Zarenpalast.

Inmitten der kirchlichen Prozessionen schritt der Zar von einer Kathedrale zur andern. Im mystischen Dunkel der Dome küßte er die Gebeine der Heiligen und die Särge seiner Ahnen. Auf dem großen Platz zwischen dem Glockenturm Iwan Weliki und der Erzengel-Michael-Kathedrale stauten sich die Gäste. Kirchenchöre erklangen im Kreml. Sechs Tage dauerte das feierliche Gebet.

Nur gegen Abend konnten Zar und Zarin für wenige Augenblicke allein bleiben. Aber auch diese Zeit war durch die Vorbereitungen zum Feste der Krönung ausgefüllt. Während die Krone der Zaren erblich im Hause der Romanows war, mußte für jede Zarin eine neue Krone angefertigt werden. Neun Monate arbeiteten die besten Juweliere von Petersburg, um die Krone der Zarin herzustellen. Zweitausend Brillanten reinsten Wassers waren im Golde der Krone befestigt. Mit abergläubischer Angst blickte die Zarin auf das Schmuckstück. Sie befürchtete, daß ihr weiches Haar der schweren Last der Edelsteine nicht gewachsen sein würde, und dachte voll Schrecken an das böse Omen, das ein Herabfallen der Krone bedeuten könnte.

Auch ohnedies war der Tag der Krönung unglücklich gewählt. Die Hofmarschälle, die hohen Geistlichen, die Zeremonienmeister und Metropoliten, die die Krönung des Monarchen auf den siebenten Tag nach seinem Geburtstag festsetzten, hatten übersehen, daß dieser Tag auf den 13. fiel! Der seit Monaten festgelegte Krönungstag konnte nicht mehr verschoben werden. Am Hofe des Zaren, in Petersburg, in Moskau, in den fernen Klöstern Sibiriens und an den Portalen der kleinen Dorfkirchen erzählten sich jedoch abergläubische Menschen voll Schrecken von der bösen Schicksalsfügung, nach der sich der dreizehnte Romanow an einem Dreizehnten die Krone des Reiches auf sein Haupt setzen sollte.

Nikolaus dachte an dieses seltsame Zahlenspiel nicht. Der Tag, an dem er, nach dem alten Worte der Kirche zum „Bischof der weltlichen Dinge" gesalbt werden sollte, mußte sein Glückstag sein.

Schon am frühen Morgen hallte an diesem Tag die ganze Stadt von dem Zauberspiel der Glocken der Uspensky-Kathedrale wider. Um acht Uhr versammelten sich die Teilnehmer der Prozession in der Kathedrale. Das matte Licht der Kerzen fiel auf die Edelsteine, die ganze Wände der Kathedrale bedeckten. Ein schwerer, purpurner Baldachin hing über dem Thron. Die Großfürsten, im funkelnden Schmuck des Andreasordens, umgaben die atlasbeschlagene Erhöhung, auf der der Zar die Krone empfangen sollte. Der strenge Ritus der byzantinischen Krönung, vor anderthalb Jahrtausenden im heiligen Buche Epinagog festgelegt, entfaltete seine ganze, zauberhafte Pracht.

Um dreiviertel zehn verkündeten die Herolde das Nahen des Zarenpaares. Während der fromme Gesang des Kirchenchores die Wände der Kathedrale erzittern ließ, schritten die ältesten Würdenträger des Reiches durch den Raum. Sie hielten die Reichsinsignien in der Hand. Auf einem weichen Sammetkissen ruhte die große, kaiserliche Krone. Diesen myrtenartigen Berg aus Edelsteinen hatte im Jahre 1762 der Hofjuwelier Posier im Auftrage der großen Katharina hergestellt. Das byzantinische Kreuz der Krone bildeten fünf ungeheuere Brillanten, die von einem ungeschliffenen Rubin gehalten wurden. Der Gürtel der Krone bestand aus den zwanzig größten Brillanten der Welt, elf große Brillanten stützten das Kreuz, und die vier Reifen auf jeder Seite der Krone bestanden aus je 38 rosigen Perlen.

Hinter der großen Krone trug ein zweiter Würdenträger das kaiserliche Diadem aus den Zeiten Alexanders I.

Die Würdenträger mit den edelsteinbedeckten Reichsinsignien schritten zum Thron. In ihren Händen ruhten auf weichen Kissen das Reichsschwert, der Reichsapfel, der kaiserliche Mantel, das goldene Szepter und die Ordenskette des heiligen Apostels Andreas.

Hinter diesem lichterfüllten Meer von Edelsteinen erschien der kleine, blasse Zar im einfachen, schmucklosen Rock eines Obersten und mit einem einzigen Orden, dem des heiligen Fürsten Alexander Newsky, an der Brust. Während der Zar langsam zum Baldachin schritt, straffte sich die Haltung der Anwesenden. Rechts vom Baldachin saß, auf einem zierlichen, feingeschnitzten Thron, der aus den Zeiten des Zaren Alexei Michailowitsch stammte, die Kaiserin-Mutter. Sie saß steif an die von zwei byzantinischen Engeln getragene Rückenlehne gelehnt, und ihre Füße ruhten auf dem Sockel, der von vier Elefanten gestützt wurde. Ihr bleiches Gesicht glich mehr dem einer Statue denn dem eines Menschen.

Von der Schar greiser Hierarchen begleitet, betraten Zar und Zarin die fünfzehn Stufen, die zum Throne führten, und während das Glockenspiel und der Chor verstummten, begann in der alten Kathedrale, im magischen Lichte der großen Kerzen das festliche Mysterium der Krönung.

Unter dem schweren Purpurbaldachin wurde der Zar des überirdischen Glanzes der Kirche teilhaftig. Mit seinen greisen, müden Händen entfaltete der alte Palladius, der Metropolit von Petersburg, den Text des kaiserlichen Schwurs vor dem Zaren. Mit klarer und lauter Stimme verlas Nikolaus die altslawischen Sätze. Er schwor, die Grundlagen des orthodoxen Glaubens und die kaiserliche Selbstherrlichkeit zu wahren und mit niemandem die Verantwortung vor Gott für das Schicksal von Volk und Reich zu teilen.

Wie schwere Edelsteine fielen die Worte des Zaren in die feierliche Stille der Kathedrale, und wie erhabene Kreuzschläge klangen die Worte des Metropoliten, mit denen er den kaiserlichen Schwur besiegelte. „Der Segen des Heiligen Geistes mit dir, Amen."

Alsdann näherten sich dem Zaren die beiden ältesten Metropoliten Rußlands. Sie hüllten die zarte Gestalt des Monarchen in den kaiserlichen Purpurmantel. Mit ausgestreckten Händen hob Nikolaus die große Zarenkrone vom Sammetkissen und setzte sie sich selber aufs Haupt, zum Zeichen, daß er die Krone nicht von der vermittelnden Hand der Kirche, sondern unmittelbar von Gott empfangen habe.

Mit dem Szepter in der rechten und dem Reichsapfel in der linken Hand bestieg er den Thron. Als er sich auf dem Throne niedergelassen hatte, näherte sich langsam die Zarin. Sie kniete nieder und bekreuzigte sich inbrünstig. Immer noch auf dem Throne sitzend, nahm der Zar seine Krone

Festlicher Einzug des Zaren in den Palast

Zar Alexander III. als Thronfolger und seine Gemahlin Maria Feodorowna

vom Kopf und berührte mit ihr für einen Augenblick das Haupt der Zarin. Denn die Rechte der Zarin kamen weder von Gott noch von der Kirche; sie ruhten einzig und allein in der Gnade des Porphyrogenetos, des in Purpur Geborenen.

Zar und Zarin saßen auf dem Thron. Vor dem Baldachin erschien die goldummantelte Gestalt des Protodiakons. Mit lauter, tiefer Stimme, im Tonfall der Kirchengesänge, verlas er den gesamten kaiserlichen Titel, und die Silben, die Worte des großen Titels klangen wie feierliche Glockenschläge vom Turm der zaristischen Allmacht.

Die Stimme des Protodiakons verklang. Der Zar erhob sich. Vor ihm öffneten sich die Türen des Allerheiligsten. Er trat ein. Im Halbdunkel des kleinen Raumes empfing der Zar das geheimnisvolle Mysterium der Salbung. Unter Absingen mystischer Gebete berührte der Metropolit mit einem in Myrrhe getauchten, kleinen goldenen Stäbchen Stirn, Augen, Nase, Mund, Brust und Hände des Zaren. Alsdann nahm der Zar mit eigener Hand die heilige Hostie, damit bezeugend, daß er, der gesalbte Herrscher, nunmehr auch das Oberhaupt der Kirche sei. Dann berührte der Metropolit mit dem Goldstab die Stirn der Zarin, und der Zar setzte ihr die Diamantkrone aufs Haupt.

Das Mysterium war beendet. Das Glockenspiel der Kathedrale verkündete der Stadt, daß die Krone der Romanows auf dem Haupte des gesalbten Monarchen ruhe.

Der Zar verließ die Kathedrale. Die Pagen führten den Apfelschimmel vor. Der Zar bestieg ihn und ritt durch die Straßen, in denen alle Völker des Reiches Spalier standen. Begeistert blickten auf die Krone schlitzäugige Kirgisen, Tekiner in buntwallenden Gewändern, schlanke, elegante Georgier, Samojeden, Polen, Tartaren und langbärtige, würdige Bauern, Dorfälteste und Kirchenvorsteher aus allen Gebieten des Reiches.

Der Zug des Zaren hielt vor den alten Kirchen des Kremls. Jede Kirche, jede Basilika war des kaiserlichen Besuches würdig. Doch schienen die langen Gebete den Zaren zu ermüden. Blaß und überanstrengt betrat er die kleine Basilika der Erzengel. Während der Geistliche die Gebete begann, entsann sich der Zar, wie vor zwei Jahren die Leiche seines Vaters, Alexanders III., in dieser selben Basilika vor dem Volke aufgebahrt war. Auch damals war der kleine Raum von Weihrauch erfüllt, auch damals staute sich die Menge vor dem Portal. Gegenwart und Vergangenheit verschoben sich unmerklich. Die festliche Zeremonie verwandelte sich in einen Leichenzug.

Die Dankgebete klangen plötzlich wie Litaneien. Der Zar wankte. Seine rechte Hand suchte krampfhaft nach einem Halt, die Handfläche breitete sich aus, und das goldene Szepter fiel mit metallischem Klang auf den Boden. Das blasse Gesicht des Zaren wurde noch bleicher. Eifrige Höflinge reichten ihm das Szepter, er wandte sich um und verließ vorzeitig die Basilika. Niemand außer den nahestehenden Höflingen hatte den Vorfall bemerkt. Diese aber blickten einander leichenblaß an und flüsterten leise und unheilahnend: „Er ist am Tage des Dulders Hiob geboren."

Dreihunderttausend Menschen, Vertreter von über hundert Völkern des Reiches warteten am Roten Platz vor dem Palast auf den Zaren. Schon um vier Uhr morgens hatte sich das Volk am Roten Platze versammelt. Elf Stunden warteten Dreihunderttausend auf ihren Zaren. Die Sonne brannte. Eine Staubwolke hing über dem Platz. Stumpf und wortlos wartete die Masse. In den Seelen der Muschiks lebte der Glaube, daß jedes Leid, jeder Kummer, jede Krankheit verschwinde, wenn der Betroffene am Tage der Krönung vom Blicke des Gottbegnadeten gestreift werde. Zar und Gott wurden am Krönungstage zu einer heiligen Einheit. Stundenlang harrten die Bauern, um des Anblicks der lebendigen Gottheit teilhaftig zu werden.

Erst um drei Uhr zeigte sich die Prozession am Kremltor. Herolde, Popen, Großfürsten, Botschafter der ganzen Welt und Frauen in Gold und Edelsteinen fuhren vorbei. Weit hinter ihnen, ganz allein, auf seinem Roß, ritt in schlichter Uniform der neue Zar. Die Menge sank in die Knie. Der Zar stieg vom Pferd. Zusammen mit der Zarin schritt er zur Schwelle des Palastes. Dort blieb er stehen, wandte sich um und verbeugte sich tief, den Boden dreimal mit der Hand berührend, vor den Völkern seines Reiches.

Dann entschwand er wie ein magisches Bildnis den Blicken seiner Untertanen.

Das Volk strömte aus dem Kreml heraus. In allen Kirchen des Landes begannen die Dankgottesdienste. Am Tage der Krönung fanden Feste und Bälle statt. Das Land jubelte in offizieller Freude. Selbst das verbündete Frankreich erklärte den Tag der Zarenkrönung zum Schulfeiertag.

Am Abend des gleichen Tages eröffneten Zar und Zarin den Hofball. Während die beiden über den Marmorboden des Palastes glitten, verteilten die Lakaien im Hofe 10 000 Speisungen an das wartende Volk. Jeder erhielt im Namen des Zaren ein halbes Pfund Fleisch, ein Pfund Brot, Wurst, Eingemachtes und eine Flasche Bier. Die ganze Nacht tanzten die Gäste im Palast und das Volk auf den Straßen.

Die lange Reihe von Festen, die an diesem Abend begann, sollte am 16. Mai, am dritten Tage nach der Krönung, ihren Höhepunkt erreichen. An diesem Tage sollte am Chodinskyfeld bei Moskau das Volk die Geschenke des Zaren in Empfang nehmen. Später sollte der Dirigent Safonow in Anwesenheit des Zaren eine festliche Kantate dirigieren. In der Nacht vorher wurden am Feld Pyramiden von Zinnbechern, die den Zarenadler trugen, errichtet und Säcke mit Kuchen und Backwaren aufgestapelt. Schon am frühen Morgen sollte die Verteilung der Geschenke beginnen.

In den Jahren vor der Krönung diente das Chodinskyfeld als Übungsterrain für ein Sappeur-Bataillon. Die Erde war von tiefen Gräben, Gruben und Sappen durchfurcht. Der Generalgouverneur von Moskau, Großfürst Sergius, der Onkel des Zaren, hielt es nicht für notwendig, die Gruben zuzuschütten. Leichtfertig über die Gruben geworfene Holzplanken erschienen ihm ausreichend, um die Sicherheit des Volkes zu gewährleisten.

Schwere Schwüle lag am 16. Mai über Moskau. Drückende Hitze lastete auf den Menschen. Schon am frühen Morgen waren die Ausgänge zum Chodinskyfeld überfüllt. Schweigend und dumpf standen 500 000 Bauern auf dem Feld. In der Ferne leuchteten in den Strahlen der aufgehenden Sonne die Pyramiden der kaiserlichen Becher. Mystisch drückende Stille lag über dem Feld. 500 000 Menschen atmeten wie ein ungeheuer mächtiges Tier. Die Luft über dem Feld füllte sich mit den Ausdünstungen einer halben Million Menschen. Würgend und lastend lag die Schicht stickiger Luft über der Menge. Frauen, Kinder und Bauern standen regungslos. Sie erinnerten an schwarze Klumpen russischer Erde.

Immer drückender wurde die Luft. Eine todbringende Wolke schien über dem Menschenheer zu schweben. Kein Wind regte sich. Langsam, unsichtbar senkte sich die vergiftete Wolke auf die Menschen nieder, drang in ihre Lungen ein und warf die Schwächeren zu Boden. Frauen sanken ohnmächtig zusammen. Kindergeschrei ertönte. Plötzlich erwachte in der dumpfen und tierischen Menge der Urinstinkt ihrer Väter. Ohne es zu wissen, ohne es zu wollen, wiederholten 500 000 Bauern am Chodinskyfeld in einem kurzen Augenblick schicksalhaft getrieben die ganze, jahrhundertealte Geschichte Rußlands.

Das lange, stumme, sklavisch hingebungsvolle und sklavisch stumpfe Dulden und Warten wich, scheinbar grundlos, einem wilden, brutalen und tierischen Aufruhr. Mit fatalistischem Gleichmut stürzten sich die Aufrührer in den Abgrund, schritten mutig und gleichgültig dem Tode entgegen, nur damit die andern, die hinter ihnen kamen, über ihre Leichen hinweg, das ferne Ziel, die Becher mit dem blinkenden Zarenadler, erreichen könnten.

Die Geschichte der unzähligen Millionen von Bauern, die Geschichte des Reiches, das tragische Schicksal des letzten Zaren waren gleichsam symbolisch in diesem kurzen Augenblick konzentriert, in dem die Menge plötzlich die dünne Linie der Polizisten zerriß, den Hauptmann, der schreiend auf die Gruben deutete, zu Boden warf, und sich wie eine ungeheuere Lawine über das Feld ergoß.

Zuckende, schreiende, zertretene Körper füllten die Gruben und Gräben. Menschen stürzten übereinander. Die schweren Stiefel der Bauern zermalmten die Glieder der Gefallenen. Aus den Gruben ertönten die wilden Schreie der Zertretenen. Die Pyramiden mit den Bechern wurden umgeworfen. In wilder Raserei kämpften die Menschen um die glitzernden Becher, um die Säcke mit Gebäck und stürzten kraftlos und zertreten in die Gräber. Keine Polizei der Welt konnte diesem wilden Ansturm von 500 000 rasenden Bauern gewachsen sein.

Als gegen neun Uhr die schreiende, heulende und lallende Menge das Feld geräumt hatte, waren die Gräben des Chodinskyfeldes mit 5000 zertretenen, unkenntlichen Leichen gefüllt. Niemand wußte, wie die Katastrophe begonnen hatte. Niemand konnte erklären, was dieses dumpfe, schweigsame, duldende Tier urplötzlich in eine Bestie verwandelt hatte, die, einem dunklen, unerklärlichen Triebe folgend, ihr Leben nicht achtend, ins Verderben stürzte.

Um ein Uhr füllte sich das Feld mit den leichenblassen Gesichtern der Musiker. Während die Wagen mit den letzten Leichen in den Seitengassen verschwanden, zückte Safonow seinen Dirigentenstab. Um drei Uhr zeigte sich im festlichen Pavillon das verzerrte Gesicht des Zaren. Er war von Großfürsten und Botschaftern umgeben. Ängstlich erwartungsvolle Blicke waren auf ihn gerichtet. Mit zitternder Hand gab der Zar das Signal, das Spiel zu beginnen. Über dem von der Todesorgie noch dampfende Leichenfeld erklangen die feierlichen Töne der Kantate.

Am Nachmittag des blutigen Tages verkündete der Zar, daß die Hinterbliebenen eines jeden Verunglückten aus seiner Privatschatulle tausend Rubel erhalten würden.

Während diese Nachricht bekanntgegeben wurde, versammelten sich sämtliche in Moskau weilende Großfürsten im Zarenpalais. Von den blutigen Ereignissen des Tages erschüttert, forderten die jüngeren Mitglieder des Hauses Romanow, daß alle Festlichkeiten sofort abgesagt würden, daß der Zar Volkstrauer verhänge und Großfürst Sergius, der Gouverneur von Moskau, seinen Posten verlasse. Die älteren Großfürsten hielten diese Forderungen für übertrieben liberal. Ihnen erschien der Zwischenfall als ein Unglück, durch welches der feierliche Verlauf eines heiligen Mysteriums nicht gestört werden durfte. Vor allem ging es nicht an, den Großfürsten Sergius seines Postens zu entheben und damit das ganze herrschende Haus öffentlich bloßzustellen.

Der kleine Zar hörte die Reden der Verwandten schweigend an. Das Blut der fünftausend Untertanen lastete auf seiner Seele. Hatte er doch erst vor drei Tagen feierlich geschworen, für alles, was in seinem Reiche geschah, die Verantwortung vor Gott zu übernehmen. Noch mehr bedrückte ihn jedoch der Gedanke, den feierlichsten Tag seines Lebens in einen Trauertag zu verwandeln, den Lieblingsbruder seines Vaters zu verbannen und die Ehre der Dynastie mit Schande zu bedecken. Von klein auf gewohnt, mit Ehrfurcht und Achtung zu den robusten Onkeln emporzublicken, verstand es der Zar nicht, sich sofort nach der Krönung aus dem folgsamen Neffen in den autokratischen Herrscher zu verwandeln.

Wie abwesend folgte er deshalb den Worten des jungen Großfürsten Nicolai Michailowitsch, des Liberalsten und Gelehrtesten im Hause Romanow. Dieser Jüngling beschwor mit bebender Stimme die Geister der französischen Könige und die glänzenden Feste von Versailles. „Denke daran, Niki“, schloß der Großfürst, „daß das Blut dieser 5000 Männer, Frauen und Kinder ein ewiger Schandfleck auf deiner Regierungszeit bleiben wird. Nimm deinen Feinden die Möglichkeit zu behaupten, daß der junge Zar tanzt, während seine treusten Untertanen ins Leichenhaus geschleppt werden.“

Das Gesicht des Zaren verfinsterte sich. Schweigend verließ er das Zimmer.

Die Festlichkeiten wurden nicht abgesagt.

Am Abend des Unglückstages fand ein großer Ball beim französischen Botschafter, dem Grafen Montebello, statt. Zar und Zarin hatten ihr Erscheinen zugesagt. Um neun Uhr abends füllte sich der Saal mit verstörten Diplomaten und Höflingen. Die Stimmung war gedrückt. Die lieblichen Melodien der Kapelle glichen einer Totenmusik. Wie Gespenster schlichen die Gäste aneinander vorbei. Erschüttert prallten sie vor dem strahlenden Gesicht des Großfürsten Sergius zurück.

Zur angesagten Stunde öffneten sich die Türen des Ballsaales. Zar und Zarin traten ein. Das Gesicht des Zaren spiegelte Trauer und Leid. Der Kapellmeister gab das Zeichen. Die Klänge des „Contredance“ ertönten. Die erste Runde tanzten der Zar mit der Gräfin und die Zarin mit dem Grafen Montebello. Als der Zar seine Hand um die Taille der Gräfin legte, verließen die vier jungen Großfürsten Nikolaus, Michael, Georg und Alexander demonstrativ den Ballsaal.

In einer fernen Nische des Saales stand ein alter Mann in wallenden, seidenen Gewändern, mit dünnem herabhängendem Schnurrbart, gelbem Teint und kleinen, klugen, geschlitzten Augen. Es war Exzellenz Li-Chun-Tschan, Minister und außerordentlicher Botschafter des Kaisers von China. Neben ihm stand der Finanzminister des Zaren, der Staatssekretär Witte. Die kleinen Augen des Chinesen waren voll Neugierde auf den Zaren gerichtet: „Ihre Staatsleute sind unerfahren“, sagte der Chinese zum Russen. „Als ich zum Beispiel Gouverneur der Provinz Pe-Tschi-Li war, herrschte in meinem Gouvernement die Pest, und Zehntausende von Menschen starben. Ich aber schrieb dem Kaiser, daß in der Provinz alles in bester Ordnung sei. Und als der Kaiser einmal anfragte, ob in meiner Provinz keine Krankheiten herrschten, antwortete ich, bei mir gäbe es keine Krankheiten, und die Bevölkerung erfreue sich ständig des besten Wohlbefindens. Sagen Sie selbst, warum sollte ich dem Kaiser Kummer bereiten?“ Witte schwieg. Der dicke Bauch des Chinesen schütterte leise bei seinem überlegenen Lachen.

Und während der Zar tanzte, während der gespenstische Ball seinen Fortgang nahm, während fünftausend Menschen in die Totenkammern geschleppt wurden und Großfürst Sergius strahlend durch den Saal schritt, durchzog das ganze ungeheuere Land die Nachricht von dem blutigen Fest von Moskau.

Bei unzähligen Adligen, Offizieren, Beamten, Popen und Bauern erstand derselbe verborgene und angstvolle Gedanke: Der Unglückszar?

Der Unglückszar!

2. DER ERSTE MÄRZ ACHTZEHNHUNDERTEINUNDACHTZIG

Schwere Schläge der Festungsuhr zerrissen die frostige Stille der Petersburger Luft. Die Uhr schlug dreiviertel eins. Langsam und feierlich öffneten sich die bronzebeschlagenen Pforten des Winterpalais. Leise läuteten die Silberglocken des kaiserlichen Dreigespanns.

Umgeben von sechs Terekkosaken fuhr der vierundsechzigjährige Kaiser Alexander II. zur sonntäglichen Parade in der Manege. In Pelz gehüllt, seine großen blauen Augen in die Ferne gerichtet, die Stirn gerunzelt und die Rechte zur Faust geballt, glich der Kaiser an diesem Tage einem zürnenden Halbgott.

Die zahlreichen Anschläge und Attentate im Land erschütterten den Kaiser nicht. Mit gewohnter Pünktlichkeit absolvierte er die Spaziergänge im Garten und nahm die üblichen Paraden ab. Der Zar, der die Sklaverei in seinem Lande aufgehoben hatte, glaubte seinem Volk vertrauen zu dürfen.

Während das Dreigespann den gewohnten Weg einschlug, beendete der zwölfjährige Nikolaus, der älteste Enkel des Zaren, in einem fernen Zimmer des Winterpalais sein sonntägliches Mittagessen. Bei feierlichen Anlässen wurde Nikolaus „Seine Kaiserliche Hoheit, Großfürst Nikolai Alexandrowitsch“ genannt. Dann trug er die Offiziersuniform des Preobraschensky-Regimentes und salutierte den kaiserlichen Großvater.

In dem abgelegenen Zimmer des Winterpalais nannte man ihn kurz Niki. Dort spielte er in seinem Matrosenanzug und freute sich, daß der Frost zugenommen hatte, daß das Mittagessen beendet war und er um drei Uhr mit der Mutter und seinem Vetter Sandro Schlittschuh laufen würde. Um halb drei war das Essen beendet. Niki küßte der Mutter die Hand und blickte gespannt auf die glitzernden Schlittschuhe, die die Großfürstin über dem Arm trug.

Mutter und Sohn traten ans Fenster. Vor den Augen der beiden entfaltete sich die strenge Pracht des Palastplatzes. In der Mitte des gigantischen Rondells erhob sich die versteinerte Schönheit der schlanken Alexandersäule. Regungslos wie in der Erde verwurzelt, stand vor der Säule ein einsamer Gardist. Gleich mußte der dreizehnjährige Sandro, Nikis bester Freund, über den Platz kommen.

Eins, zwei, drei – erklangen Glockenschläge und durchbrachen die verzauberte Stille des Palastplatzes. Und gleichzeitig, als ob diese Glockenschläge geheimnisvoll die Tür in eine andere Welt geöffnet hätten, ertönte eine furchtbare Detonation. Mutter und Sohn blickten einander an. „Eine Bombe!“, rief die Großfürstin und preßte Nikis Körper an sich. Und während ihre Augen angstvoll über den Platz irrten, erzitterten die Fenster des alten Palastes von einer zweiten, noch heftigeren Explosion.

Die Großfürstin stürzte aus dem Zimmer. Niki folgte ihr. Das große Vestibül im Erdgeschoß des Palastes war voller Menschen. Gardeoffiziere, Kosaken, Palastdiener, herbeigeeilte Höflinge füllten den Raum. „Der Kaiser ist ermordet“, rief jemand. „Nein, schwer verwundet“, widersprach ein anderer.

Dann wurde es plötzlich still. Nikis Augen weiteten sich vor Entsetzen. Er sah, wie vier rüstige Kosaken den Körper des Zaren durch die geöffnete Palasttür hereintrugen. Großfürst Michael wies ihnen den Weg. Der Körper des Zaren troff von Blut. Breite, rote Flecken bedeckten die Marmortreppen des Palastes. Niki folgte der blutigen Spur. Im Arbeitszimmer angelangt, wurde der Körper des Zaren behutsam auf einen Diwan niedergebettet. Herbeigeeilte Großfürsten füllten den Raum.

Am Fenster, seinen mächtigen Rücken dem Zimmer zugewandt, stand der Thronfolger Alexander, Nikis Vater. Leichenblaß, am ganzen Körper zitternd, starrte Niki auf den sterbenden, verblutenden Großvater. Der rechte Fuß des Zaren war zur Gänze abgerissen, der linke grauenhaft verstümmelt. Unzählige Wunden bedeckten Gesicht und Körper. Ein Auge war geschlossen, das andere starrte ausdruckslos und schreckenerregend vor sich hin. Niki blickte sich um. Neben ihm stand die Mutter, Maria Feodorowna. Ihre zitternde Hand umklammerte krampfhaft die Schlittschuhe. Jemand berührte Nikis Schulter, es war Sandro, der kleine Großfürst, mit dem er zum Schlittschuhlaufen verabredet gewesen war.

Im großen Arbeitszimmer, das, im Empirestil eingerichtet, mit seinen unzähligen Bildern, Pretiosen und Schächtelchen einen überladenen Eindruck machte, herrschte erstickende Stille. Die Vergänglichkeit zeigte den Mitgliedern des Herrscherhauses ihre erbarmungslose Grimasse. Die Blutflecken auf dem Diwan wurden immer größer und dunkler. Der Kaiser begann zu röcheln. Niki erschauderte. Der Tod trat plötzlich und verwirrend in sein Bewußtsein. Bis dahin war jede Erwähnung des Todes in seiner Gegenwart vermieden worden. Die Mitglieder des Herrscherhauses starben nicht, sie ruhten in Gott.

Ein greller Schrei zerriß die beklommene Stille. Die Tür öffnete sich, eine hochgewachsene Frau in rosa Schlafrock stürzte herein. Ihr bleiches Gesicht war verzerrt. Sie warf sich über den Körper des Zaren und bedeckte das blutüberströmte, entstellte Antlitz mit heißen Küssen. Die Verzweiflung der Fürstin Juriewskaja, der morganatischen Frau des Zaren, war echt. Sie war vielleicht der einzige Mensch im Palast, der dem sterbenden Kaiser in wirklicher Liebe zugetan war.

Die Großfürstinnen begannen zu weinen. Auch Nikis Augen füllten sich mit Tränen. Plötzlich fühlte er die schwere Hand seines Vaters. „Fassung!", flüsterte der Thronfolger.

Der Polizeipräsident von Petersburg trat hastig und aufgeregt ins Zimmer. Er näherte sich dem Thronfolger. In abgehackten Sätzen berichtete er die Einzelheiten der Katastrophe.

Nach der Parade war der Kaiser durch die Ingenieurgasse zum Katharinenkanal gefahren. Als er am Michailowschen Garten vorbeikam, warf ein unbekannter Passant eine Bombe vor die Füße des Dreigespanns. Zwei Kosaken und ein Knabe fielen zu Boden. Der Kaiser blieb unversehrt. Obwohl Oberst Dworjitzky, der Kommandierende der Palastwache, den Kaiser anflehte, sofort ins Palais zurückzukehren, stieg Alexander aus dem Wagen und beugte sich über die Verwundeten. Ein aufgeregter Passant näherte sich dem Monarchen und fragte: „Sind Sie nicht verwundet, Majestät?" „Ich bin Gott sei Dank unverletzt", antwortete der Kaiser. Bei diesen Worten hob der gefesselte Attentäter den Kopf, lachte grimmig und rief: „Man soll den Tag nicht vor dem Abend loben." Im selben Augenblick warf ein Unbekannter eine zweite Bombe, die direkt vor den Füßen des Kaisers explodierte. Der Polizeipräsident wurde unterbrochen. Der Leibarzt näherte sich dem Kaiser, fühlte seinen Puls und verkündete feierlich: „Der Kaiser ist gestorben."

Die Anwesenden sanken in die Knie. Alle andern um Haupteslänge überragend, kniete, links von Niki, der neue Zar. Die Augen der Großfürsten waren erwartungsvoll auf den neuen Monarchen gerichtet.

In diesem Augenblick fühlte Alexander, wie die Last des Zarentums sich schwer auf seine Schultern legte. Eine merkwürdige Wandlung ging in ihm vor. Verwirrt und ängstlich blickte Niki den Vater an. Das war nicht mehr der freundliche Riese, der dicke Silberrubel in seinen Händen verbog und Eisenstangen zu Knoten flocht.

Die blauen Augen des neuen Zaren spiegelten einen seltsamen Glanz. Das Gefühl der gottgewollten Allmacht der Zaren bemächtigte sich seiner.

Die breiten Schultern schienen noch breiter zu werden, und die Großfürsten dachten, daß in diesem magischen Augenblick der Schatten des Giganten das ganze ungeheuere Reich geheimnisvoll überdeckte.

Alexander erhob sich. Der Polizeipräsident sah ihn schüchtern an. „Geruhen Majestät etwas zu befehlen?", fragte er. „Befehlen? Ja, natürlich!", erwiderte Alexander. Dann blickte er den Beamten streng an und sagte: „Ich glaube, die Polizei hat vollkommen den Kopf verloren. Ich übertrage der Armee den Schutz der Ordnung in der Hauptstadt. Der Ministerrat versammelt sich sofort bei mir im *Anitschkov-Palast*." Darauf gab er seiner Frau ein Zeichen, ihm zu folgen, und verließ mit ruhigen Schritten den Raum.

Das kleine, blasse Gesicht an die kalten Fensterscheiben gepreßt, sah Nikolaus, wie sein Vater durch das Spalier des Volkes mit gigantischen Schritten zum Wagen ging. Berittene Donkosaken umringten den Zaren. Der blutige Schein des Sonnenunterganges rötete den Stahl der Lanzen.

Hurrarufe ertönten. Alexander grüßte das Volk. Die Rufe der Menge und das Getrappel der Pferde übertönend, erscholl auf dem Platz seine mächtige Stimme: „Ich werde der Vater meines Volkes sein."

Einen Tag nach seinem blutigen Regierungsantritt erließ Alexander III. sein erstes Manifest an das Volk. Das Manifest schloß mit den Worten: „Wir befehlen all Unsern treuen Untertanen, in ewiger Treue Uns und Unserm Thronfolger, dem Großfürsten Zarewitsch Nikolai Alexandrowitsch, zu dienen."

Während das Manifest des Zaren in den Provinzen des Reiches bekannt wurde, begann im Anitschkov-Palast, dem Sitz der kaiserlichen Familie, eine hastige Geschäftigkeit. In aller Eile wurden Koffer gepackt, Befehle erteilt und Vorbereitungen zu einer raschen Abreise getroffen.

Die Abreise glich einer Flucht. Nachts, im Schutze der Dunkelheit, bestieg die kaiserliche Familie den Wagen. Von Kosaken umringt, fuhren sie zum Bahnhof. Das Bahnhofsgebäude war von Militär abgeriegelt. Der Zug wartete schon. Er brachte die kaiserliche Familie in das finstere Schloß Gatschina, unweit von Petersburg.

In diesem finsteren, menschenleeren Palais, von der ganzen Welt abgeschlossen, mehr ein Gefangener als ein Zar, verbrachte Alexander III. die ersten Jahre seiner Regierung. Neben ihm erwuchs in den muffigen, alten Zimmern des Schlosses der schlanke, blasse Knabe mit den schöngeschnittenen grauen Augen, den feinen Gliedern und den zarten, kleinen Händen – Seine Kaiserliche Hoheit, der Großfürst Zarewitsch Nikolai Alexandrowitsch, Thronfolger des Russischen Reiches.

3. GATSCHINA

Ein großer Park mit einem stillen Teich, in dem sich die edlen Umrisse der Schwäne spiegeln. Gerade, saubere und menschenleere Wege. Ein zoologischer Garten mit stummen Soldaten vor den Käfigen. Traurig und verängstigt blicken die Tiere durch die Gitterstäbe. Auch der gelbe, kahle, leblose Palast inmitten des Parkes erinnert an einen Käfig, in dem sich der mächtigste Mann Rußlands freiwillig eingeschlossen hat.

Gatschina! Vor vielen Jahren lebte hier gleich Alexander von der Welt abgeschnitten ein kleiner, stumpfnasiger Mensch mit grünlich blassem Gesicht und nervös zuckenden Lippen. Den ganzen Tag ließ dieser häßliche Zwerg seine Soldaten so lange auf dem staubigen Übungsplatz exerzieren, bis diese kraftlos umfielen. Zwanzig Jahre dauerten die Exerzierübungen. Bis endlich den einsamen Bewohner von Gatschina die Kunde von dem Tode seiner Mutter, der Kaiserin Katharina, erreichte.

In traumhafter Ekstase schwang sich der kleine Mann aufs Pferd und ritt in rasendem Tempo durch die Finsternis der Nacht, bis er die kilometerweite Strecke, die Gatschina vom Winterpalais trennte, zurückgelegt hatte. Beim Winterpalais angelangt, sprang er vom Pferd und lief mit hüpfenden Schritten die Marmortreppe des Palastes empor. Die Diener rissen die Türen vor ihm auf, und Paul I. trat in hohen Reitstiefeln, den langen Degen in der Hand und flammenden Wahnsinn im Gesicht, in den Salon der Kaiserin, – und damit in die Weltgeschichte ein.

Der Geist des wahnsinnigen Pauls hatte sich jedoch in Gatschina eingenistet. Die Herrscher Rußlands mieden das finstere Gebäude. Erst Alexander wählte dieses Schloß zu seinem ständigen Aufenthalt.

Merkwürdigerweise bewohnte Alexander nicht die wohnlichen Zimmer des ersten Stockes. Zu seinem Sitz bestimmte er das kleine Zwischengeschoß, in dem zu den Zeiten Pauls höchstens die Kammerlakaien Unterkunft gefunden hatten. In den kleinen, muffigen Zimmern ließ der Kaiser an den Wänden entlang gepolsterte Plüschmöbel aufstellen. Die einfachen billigen Tapeten wurden mit Familienphotos bedeckt, und in dem größten Zimmer der Wohnung konnte nur mit Mühe ein Piano untergebracht werden.

In dieser kleinbürgerlichen Umgebung wollte der Kaiser ein ruhig zurückgezogenes Familienleben führen. Das Kaiserpaar mied nach Möglichkeit das prunkvolle Winterpalais, dessen Marmorstufen mit Zarenblut befleckt waren. Verwandtschaftsbesuche waren dem Zaren ebenso verhaßt wie Repräsentationspflichten. Die Abgeschlossenheit des *Gatschina*-Daseins gab dem Zaren die Möglichkeit, seine ganze Zeit und seine gewaltige Energie ungeteilt den Pflichten der Regierungsgeschäfte zu widmen.

Zar und Zarin führten ein idyllisches Familienleben. Das harmonische Glück ihrer Ehe war der erste Eindruck, den der junge Nikolaus empfing. Allerdings wußte Nikolaus nicht, daß diese vorbildliche Ehe ihr Zustandekommen einem Unglück verdankte.

Die kleine, dänische Prinzessin Dagmar sollte ursprünglich den älteren Bruder Alexanders, den Zarewitsch Nicolai ehelichen. Diesem freundlichen, eleganten Mann war Dagmar in zärtlicher Liebe zugetan. Kurz vor der Ehe starb jedoch der Zarewitsch, und der harte Wille des Kaisers bestimmte, daß Prinzessin Dagmar den nächstältesten Großfürsten, den finsteren Riesen Alexander eheliche. Wenn Prinzessin Dagmar als Kaiserin Maria Feodorowna dennoch ein glückliches Eheleben führte, so verdankte sie das vor allem dem prinzipiellen und starren Ehefanatismus, der die Seele Alexanders erfüllte.

Nikolaus, der älteste Sproß dieser Zufallsehe, war ein zartes, schweigsames Kind. Er liebte die Tiere des Gatschina-Zoos und mied die Menschen, die allerdings nur selten in die Abgeschlossenheit des kaiserlichen Daseins vordrangen. Schweigsame Teilnahmslosigkeit bestimmte seine erste Beziehung zu den Menschen. Die betonte Zurückhaltung nicht nur seiner Bewegungen sondern auch der Regungen seiner Seele mochte als Folge des weltabgewandten Gatschina-Lebens erscheinen.

Nur im Sommer, in dem subtropischen Schloß Livadia in der Krim, oder während der Besuche bei den Großeltern in Dänemark, wich diese seltsame Gleichgültigkeit für kurze Wochen. Wenn Nikolaus von einem Felsen in Livadia die fernen Segel der vorüberziehenden Boote betrachtete, füllten sich seine Augen mit kindlicher Freude.

Die äußere Bescheidenheit seines Auftretens war bei Niki mit einem unerschütterlichen Optimismus verbunden. Schon im kindlichen Alter war er von dem Bewußtsein durchdrungen, daß ihm hinter dem breiten Rücken des Vaters und unter dem segensreichen Schutz einer unsichtbaren Macht im Grunde nichts zustoßen konnte. Doch nur im engsten Kreis der Familie, im Spiel mit den Brüdern und Vettern wagte sich Nikolaus aus der seltsamen Hülle seiner neutralen Uninteressiertheit heraus.

Dabei unterließ Alexander III. nichts, um auf seine etwas kräftige und saloppe Art das Dasein seiner fünf Kinder zu verschönern. Die drei Söhne Nikolaus, Georg und Michael und die beiden Töchter Xenia und Olga wuchsen in der Atmosphäre des Familienglücks von Gatschina auf. Wenn der Kaiser die Kinder mit seinen mächtigen Händen in die Luft hob, so strahlten seine Augen in väterlichem Stolz. Und die Augen der Kinder glänzten voll Bewunderung, wenn der Vater mit seinen starken Fingern dicke Kartenspiele wie dünne Papierstreifen zerriß. Während die Mutter den Kindern gegenüber stets eine gewisse europäische Kühle bewahrte, herrschte zwischen dem Vater und den Söhnen ein Ton rauher Wärme. Die Bewohner Gatschinas konnten oft beobachten, wie der Zar mit einem seiner Söhne in zärtlicher Umarmung im Wagen einherfuhr und wie sich sein mächtiger Körper vor Lachen über die Bemerkungen der Kinder schüttelte.

Seltsamerweise hat jedoch dieser ideale Familienvater alles unterlassen, was seinem ältesten Sohn das Bewußtsein seiner künftigen Bedeutung und Stellung hätte geben können. Im Kreise seiner Familie mied der Zar alles, was ihn an seine Regierungsgeschäfte erinnerte. Politische Gespräche waren Alexander verhaßt, und so geschah es, daß der etwas phlegmatische Sinn des Thronfolgers ausschließlich auf die Kleinigkeiten des Alltages gerichtet wurde.

Im Innersten seines Wesens war Alexander von dem Gedanken durchdrungen, daß ein Thronfolger zum erfolgreichen Regieren weder eine hervorragende Bildung noch besondere Geistesgaben benötige. Das Gottesgnadentum, das im Augenblick der Salbung auf den Monarchen niedersank, mußte ihm die Eigenschaften des Regenten im weitaus höheren Maße verleihen, als dies irdische Lehrer oder Erzieher jemals vermocht hätten.

Den jungen Nikolaus umgab die patriarchalische Atmosphäre eines friedlichen Adelsnestes im Stile Turgenjews. Freier Umgang mit Menschen, offenes Erkennen der Welt waren jedoch völlig ausgeschaltet. Die Welt, die hinter der Palastschwelle begann, war für Nikolaus voll seltsamer, verwirrender und beängstigender Erscheinungen.

In Gatschina, im Sommerschloß Livadia und auf dem Schoße des gigantischen Vaters war das Dasein einfach, verständlich und klar. Diesen seelischen Infantilismus, künstlich erzeugt und gehütet, hat Nikolaus niemals gänzlich überwunden. Sein ganzes Leben lang sehnte er sich nach dem engen Kreis, innerhalb dessen alles leicht, sicher und einfach war.

Nikolaus hat übrigens auch in späteren Jahren keinerlei Ansichten über Minister, Beamte und staatliche Angelegenheiten äußern dürfen. Selbst der

Thronfolger, der zweite Mann des Reiches, war für Alexander lediglich ein Untertan, und er wäre sehr verwundert gewesen, wenn dieser Untertan es plötzlich gewagt hätte, eine eigene Meinung auszusprechen. Das Gefühl der vollkommenen Geborgenheit innerhalb der Palastmauern erzeugte in Nikolaus eine auffallende Gleichgültigkeit allen Ereignissen gegenüber, die sich außerhalb der Palastmauern abspielten.

Er wollte keine anderen Spielsachen haben als jene, die sich gerade in seinem Zimmer befanden. Er wünschte sich keine anderen Spielkameraden als die Brüder und Vettern, die ihn umgaben. Kindliche Neugier oder Interesse für fremde Welten waren ihm unbekannt. Denn die jugendliche Seele Nikolaus' war durch ein erschütterndes Erlebnis davon überzeugt worden, daß die Welt außerhalb des Palastes voller Bomben, Anschläge und Tod war. Die lange Reihe der Attentate, die auf seinen Großvater verübt worden waren und die er halb bewußt miterlebt hatte, gingen an der Seele des Kindes nicht spurlos vorüber.

Großfürst Alexander Michailowitsch schreibt in seinen Memoiren, daß während der letzten Regierungsjahre Alexanders II. der kaiserlichen Familie jeder Gast von außerhalb, jeder Heizer, jeder Fremde, jeder Lakai als ein Sendbote des Todes erschien. Jeder Schritt außerhalb des Palastes konnte eine Katastrophe heraufbeschwören. Die weite Welt der fremden Menschen erschien dem Kind als ein geheimnisvolles, unheilspeiendes Tabu, das gemieden werden mußte. Dieser Welt gegenüber, die er nie betreten durfte und aus der nur Böses kam, verhielt sich Nikolaus voll ablehnender Gleichgültigkeit. Erzählungen über diese geheimnisvolle Außenwelt, die er von seinen nächsten Anverwandten vernahm, endeten immer mit der Bemerkung, daß dem Zarewitsch großes Unheil drohe, wenn er die Mauern des Gatschina-Palastes eigenwillig verließe. Das Unheil selbst hatte Nikolaus jedoch mit eigenen Augen im Arbeitszimmer des alten Kaisers am Tage des ersten März 1881 erblickt.

Erzählte ihm ein Lehrer oder Gast von den großen Steppen und lauten Städten des Landes, so zeigte sich in den Gesichtszügen des Thronfolgers jenes mißtrauische Phlegma, das er Zeit seines Lebens für alles Fremde, Unbekannte und Neue beibehalten sollte.

Auch die Erziehung, die ihm der Vater angedeihen ließ, war nicht geeignet, ihn von diesem elementaren Gefühl des Mißtrauens zu befreien. Mit großer Sorgfalt wählte der Zar nach seinem eigenen, etwas seltsamen Geschmack die Erzieher des Thronfolgers. Während die häusliche und sport-

Zar Alexander III. und seine Familie

liche Erziehung in den Händen des alten, klugen Engländers Mr. Heath lag, betreute die wissenschaftliche Vorbereitung des Zarewitsch einer der höchsten Beamten des Reiches, der ebenso berühmte wie berüchtigte Pobedonoszew.

Der Oberprokurator der heiligsten Synode, Konstantin Pobedonoszew, genoß den Ruf des reaktionärsten, klügsten und zynischsten Mannes Rußlands. Seine äußere Erscheinung war abstoßend und lähmend zugleich. Hager, mit ausgetrockneter, pergamentartiger Haut, mit eingefallenen Wangen, kleinen Eidechsenaugen und blutlosen Lippen, glich er mehr einem Gespenst als dem Erzieher eines jungen, lebensfrohen Prinzen.

In seiner Jugend war Pobedonoszew der Erzieher Alexanders III. gewesen, und die reaktionären Grundsätze, die er seinem Zögling vermittelt hatte, waren für seine Ernennung zum Erzieher des Zarewitsch bestimmend.

Seine ganze, ungeheuere Kraft und Lebensenergie widmete Pobedonoszew der Aufrechterhaltung der kirchenpolizeilichen Ordnung im Russischen Reiche. Mochten sich die gottlosen häretischen Völker des Westens im Kote liberaler Freiheit wälzen, im heiligen Rußland durfte unter den strengen Blicken Pobedonoszews kein Stein, kein Baum, kein Beamter seine gottbestimmte Stellung verändern. Das Russische Reich war für Pobedonoszew die Fackel des göttlichen Willens in der Welt.

Jahrhunderte, nein Jahrtausende hindurch sollte dieses Reich die Grundsätze des orthodoxen Christentums und der unbeugsamen Zarentreue den künftigen Generationen unversehrt übermitteln. Der Sinn des Russischen Reiches war die Bekämpfung des heidnischen Chaos in der menschlichen Seele. Denn der Mensch war in den Augen Pobedonoszews ein Gefäß des Teufels, er konnte nur durch den Bann des Kreuzes gebändigt werden.

In den feuchten Petersburger Nächten nahm Pobedonoszew in seiner Wohnung Dämonenaustreibungen vor. In Gegenwart der kirchlichen Behörden beschwor er den Körper irgendeines Epileptikers und rühmte sich, auf die zuckenden Bewegungen seiner Opfer hinweisend, den Dämon ausgetrieben zu haben. Der böse Greis, der, alte magische Formeln ausstoßend, den Teufel austrieb, muß mehr einem Zauberer als dem obersten Leiter der russischen Kirchenbehörden geglichen haben.

Es war Pobedonoszews Rat gewesen, daß sich der Zar im alten Gatschina einschließen sollte, und die Briefe, die der Oberprokurator an den Zaren sandte, atmen einen derartig reaktionären Geist, daß selbst Alexander III. einmal zugab: „Man kann erfrieren, wenn man ihm dauernd zuhört."

Zar und Zarin als Verlobte

Nikolaus II. segnet ein Regiment

Ansprache des Zaren an die Dorfältesten in Charkow

Dieser einsame, böse Mann hatte nur einen wirklichen Freund. Jeden Sonnabend gegen neun Uhr besuchte ihn ein blasser, magerer Mensch mit kleinem Bart und seltsam anziehenden Augen. Bis in die Nacht hinein sprachen die beiden Männer über das Schicksal des Reiches und über den Geist des heiligen Rußlands. Der Name dieses Freundes war *Feodor Dostojewskij*, und die Freundschaft des großen Dichters mit dem großen Reaktionär zeigt, daß Pobedonoszew nicht nur ein böser, alter Mann mit erstarrten Grundsätzen war.

Durch Pobedonoszew kamen die Werke Dostojewskijs in die Schlösser der Großfürsten. Alexander III. hatte „Die Dämonen“ stets auf seinem Schreibtisch. Hin und wieder stiegen die beiden seltsamen Freunde in einen Wagen und fuhren in den Palast. Dort sollten die jugendlichen Großfürsten die prophetischen Worte des Dichters über den Geist des heiligen Russischen Reiches vernehmen.

Als Dostojewskij starb, schrieb Pobedonoszew einen herzzerreißenden Brief an den Zaren und bezeichnete diesen Tod als den größten Verlust Rußlands. Er schreibt: „Heute ist Feodor Michailowitsch Dostojewskij im Nemsky-Kloster beerdigt worden. Es ist traurig, daß er nicht mehr unter uns weilt. Für mich ist es der grausamste Verlust. Es gibt niemanden unter uns, der seinen Platz einnehmen könnte.“

Pobedonoszew war einer der gebildetsten Menschen Rußlands. Seine ungeheuere Bildung erfüllte ihn jedoch mit tiefster Verachtung für die Welt des exakten Wissens. Der Triumph des konservativen Geistes sollte durch keine wissenschaftlichen Zweifel gehemmt werden. Solcherlei Anschauungen und Grundsätze leiteten den Erzieher des künftigen Zaren.

Von acht bis elf Uhr vormittags und von zwei bis sechs Uhr nachmittags widmete sich Nikolaus dem wissenschaftlichen Studium. In der übrigen Zeit ritt, spielte, schoß, malte und musizierte er mit dem Hauslehrer Heath. Pobedonoszew überwachte auf das genaueste den achtjährigen Arbeitsplan seines Zöglings.

Nach alter, russischer Tradition durfte der Thronfolger weder eine Schule besuchen, noch mit anderen Kindern gemeinsam erzogen werden. Die Lehrer, die Pobedonoszew ausgewählt hatte, mußten täglich zu dem Knaben nach Gatschina fahren. Der Unterricht des Zarewitsch umfaßte neben Sprachen, die er bald so vorzüglich beherrschte, daß sein Russisch oft wie aus dem Englischen übersetzt klang, vor allem Religion, die Geschichte der orthodoxen Kirche und die vergleichende Geschichte aller Glaubensbekenntnisse. Dann folgte die russische Sprache, Literatur und Grammatik, russische Geschichte, ausländische Literatur, Weltgeschichte, Geographie sowie einfache und höhere Mathematik.

Für dieses umfangreiche Lehrprogramm, das noch durch zahlreiche militärische Fächer ergänzt wurde, hatte Pobedonoszew eine eigenartige und zynische Unterrichtsmethode erfunden. Die Lehrer durften ihrem erlauchten Schüler weder Aufgaben stellen noch durften sie Fragen an ihn richten. Sie kamen, verbeugten sich, hielten ihren Vortrag und gingen oft mit dem peinlichen Gefühl fort, daß ihr Zögling möglicherweise keinem Wort ihres wohlvorbereiteten Vertrages Beachtung geschenkt hatte. Während der Lehrstunden saß Nikolaus regungslos auf seinem Platz, und sein Gesicht zeigte lediglich eine höfliche Bereitwilligkeit. Im Grunde begegnete er den Worten seiner Lehrer mit demselben indifferenten Gleichmut, mit dem er später die Vorträge seiner Minister entgegennahm.

Die vielen Lehrer und mannigfaltigen Unterrichtsfächer schienen keinen besonderen Eindruck bei ihm zu hinterlassen. „Der Oberst Leer war eine ganze Stunde bei mir und ermüdete mich sehr“, schreibt er in seinem Tagebuch. Den General Pusirewsky, der die militärische Vorbildung des Thronfolgers übernommen hatte, würdigt er an einer anderen Stelle folgenden Satzes: „Pusirewsky war den ganzen Vormittag bei mir und langweilte mich derart, daß ich beinah eingeschlafen wäre.“

Nur Pobedonoszew und Heath übten auf den stillen, wortkargen Jüngling einen gewissen Einfluß aus. Die sportliche Begeisterung, die Nikolaus sein ganzes Leben hindurch behielt, verdankt er dem klugen Engländer. Von Pobedonoszew hingegen übernahm er das geheime Wissen um die magische Macht des Zarentums. Dieses Wissen kleidete Pobedonoszew in eine Formel aus der Zeit Nikolaus I. Während die Französische Revolution auf ihr Banner die Worte: „Freiheit, Gleichheit, Brüderlichkeit“ schrieb, waren die Grundpfeiler des absoluten Zarentums: „Rechtgläubigkeit, Selbstherrlichkeit, Volkstümlichkeit.“

Das monotone Leben in Gatschina, in Livadia oder in einem der baltischen Seebäder, die hermetische Abgeschlossenheit von der Außenwelt, die blutigen Erinnerungen an den 1. März und die reaktionären Reden eines greisen Zynikers formten den jungen Nikolaus.

Das eintönige Leben wurde nur selten von wichtigen Ereignissen unterbrochen. Mit siebzehn Jahren wurde Nikolaus für volljährig erklärt und leistete den doppelten Schwur der Großfürsten, den Eid des Untertans und den

Eid auf die Erbfolge des Landes. Er wurde Mitglied des Staatsrates und erhielt die großfürstliche Apanage von 210 000 Rubeln im Jahr.

Sein persönliches Leben wurde durch diese Ereignisse keineswegs tangiert. Immer noch entfalteten die geistlichen und weltlichen Lehrer vor ihm das Wissen der Jahrtausende, während die strengen Blicke Pobedonoszews sorgsam und wachend auf ihnen ruhten. Immer noch lebte Nikolaus in Gatschina, und dieses Leben, fern der Großstadt, zwischen unzähligen Vorträgen, die wie fernes Brunnengeplätscher an sein Ohr drangen, wurde ihm zur zweiten Natur.

Sein ganzes späteres Leben als Zar verbrachte Nikolaus in stillen, außerhalb der großen Städte gelegenen Palästen. Dort lauschte er mit gefalteten Händen den langweiligen Vorträgen seiner Minister. Die einzige Unterbrechung dieses monotonen Lebens war die kurze Zeitspanne zwischen der Beendigung seiner Studien und der Thronbesteigung.

Im Jahre 1890 findet sich im Tagebuch des Zaren die jubelnde Notiz: „Heute habe ich endgültig und für immer das Lernen beendet!"

In diesem Jahr übersiedelte Nikolaus in sein eigenes Palais, nach Peterhof, und begann das freie Leben eines jungen Großfürsten.

4. DAVID UND GOLIATH

Alexander III. erinnerte an ein in die Länge gezogenes Viereck. Viereckig war die mächtige Gestalt, viereckig der längliche Schädel, viereckig der breite, rötliche Bart und viereckig die großen, fleischigen Hände.

Der Zar trug eine Uniform mit doppelreihigen Knöpfen, was seine Riesengestalt noch breiter erscheinen ließ. Seine ganze Persönlichkeit hatte etwas Monumentales, Urwüchsiges, Unverwüstliches. Er sprach mit einer tiefen, lauten Stimme, deren Tonart sich nie änderte, und seine kargen Handbewegungen waren kategorisch, befehlend und kräftig.

Als Ideal erschien dem Zaren die autokratische, bäuerlich-adlige Ordnung. Böse Zungen behaupteten, daß die dem Reiche anbefohlene Ruhe der eines Friedhofes glich. Das stimmte nicht. Alexander war kein Feind des Fortschrittes. Der Fortschritt sollte aber einzig und allein in ihm seinen Ursprung haben. Er erbaute die große sibirische Eisenbahn, die längste der Welt. Er ermöglichte die Durchführung der gewaltigen Finanzreform, die den Reichtum Rußlands bis ins Jahr 1905 begründete, er eröffnete Schulen, baute Kanäle und finanzierte Fabriken. Er vergaß aber nie, daß er den Thron am 1. März 1881 bestiegen hatte, an jenem Tage, als sein Vater von einer Bombe der Revolutionäre in Stücke gerissen wurde.

Das bestimmte die ganze Denkungsart des letzten, selbstherrlichen Autokraten Europas. Er sah die Sippe der Monarchen in der Welt schwinden, und das erfüllte ihn mit Verachtung für die schwächlichen Könige, die die Last des Gottesgnadentums durch geschriebene Verfassungen von sich abwälzen wollten.

Als der russische Gesandte in Lissabon dem Zaren eine Schilderung der festlichen Eröffnung des portugiesischen Parlamentes gab, schrieb der Zar an den Rand des Berichtes: „Reinster Zirkus." Als der türkische Sultan eine liberale Reform in Erwägung zog, bemerkte der Zar bitter: „Das ist kein Sultan mehr, das ist eine alte Schafsmütze." Als aber König Milan von Serbien abdankte, schrieb der Monarch an den Rand des Berichtes nur ein einziges, kurzes Wort: „Vieh!"

„Wie unwürdig doch die Lage eines verfassungsmäßigen Monarchen ist", pflegte Alexander im intimen Kreis zu sagen. Jeder konstitutionelle Herrscher erfüllte den Zaren mit Haß. Die Königin Victoria nannte er „altes Klatschweib" und Wilhelm II. bezeichnete er als einen „Irren, von dem man alles erwarten kann".

Aber auch die autokratischen Herrscher jener Zeit erfreuten sich keineswegs der Gunst des gestrengen Zaren. Den Schah von Persien zum Beispiel nannte er „Bestie", und als der Emir von Buchara dem Zaren zur Linderung der Hungersnot an der Wolga 100 000 Rubel übersandte, erklärte der Zar: „Sehr liebenswürdig, aber das Geld hat er gestohlen."

In seinem Reiche, dem unermeßlichen Rußland, duldete der Zar auch nicht die geringste Andeutung eines liberalen Gedankens. Als zum Beispiel der belgische Prinz Balduin gestorben war, drückte der russische Außenminister „im Namen der kaiserlichen Regierung" dem belgischen Königshaus sein Beileid aus.

Darauf schrieb der Zar: „Was heißt das, kaiserliche Regierung? Bei uns gibt es gottlob keine Verfassung." Vom autokratischen Standpunkt des Zaren gesehen, gab es in Rußland überhaupt keine Regierung. Es gab nur den Zaren, und Beamte, die ihm unterstellt waren.

Die schwere Hand des Zaren erwürgte in wenigen Jahren den Liberalismus, dem sein Vater zum Opfer gefallen war. Dieser Umstand entzückte die alten reaktionären Generäle. „Das ist Peter der Große mit seiner Knute!", sagte der Kriegsminister Wannowsky zum Außenminister Giers über den Zaren. Giers schüttelte den Kopf und erwiderte bitter: „Nein, das ist die Knute ohne Peter den Großen."

Und doch war Alexander III. keineswegs der Schlechteste in der langen Reihe der Romanows. In seiner Seele lebte eine mächtige und einseitige Liebe zu diesem wunderbaren, unendlichen Rußland, dem stärksten und selbstherrlichsten Reich der Welt. Diese Liebe war despotisch, eigenwillig und gigantisch wie alles an diesem seltsamen Mann. Voller Stolz blickte Alexander auf sein Reich, und je größer dieser Stolz wurde, desto mehr Verachtung brachte er allem Ausländischen entgegen.

Als der europäische Friede seinerzeit während eines der zahlreichen Konflikte vom Worte des Zaren abhing, befahl Alexander die ausländischen Diplomaten ins Schloß, um ihnen seine allerhöchste Entscheidung mitzuteilen. Die Diplomaten erschienen vollzählig, der Zar war aber nicht zu finden. Der aufgeregte Außenminister durchsuchte vergeblich das ganze Schloß, dann den Garten und fand endlich den Zaren am Teiche friedlich mit Angeln beschäftigt. „Majestät", rief der Minister, „ganz Europa wartet auf Sie". „Europa kann warten, wenn der russische Zar angelt", sagte Alexander und blickte seinen Minister spöttisch an. Dann erschien er aber vor den Diplomaten und erklärte kurz und bündig: „Solange ich lebe, gibt es keinen Krieg in Europa!"

Auf das Wort des Zaren konnte man sich unbedingt verlassen. Er sprach wenig, doch das, was er zusagte, wurde mit eiserner geradliniger Konsequenz durchgeführt. Blindes Vertrauen auf das Zarenwort war seiner Ansicht nach das einzige Recht, das seinen Untertanen zukam.

Alexander verfügte über keinerlei umfangreiche Bildung. Um ein Reich zu regieren, brauchte der Monarch seiner Ansicht nach nur Ehrlichkeit, gesunden Menschenverstand und Gottes Hilfe. Höfisches Zeremoniell, Etikette und Courtoisie waren dem Zaren gleichmäßig verhaßt. Die Minister konnten ihm offen erklären: „Eure Majestät reden Unsinn"; wenn sie recht hatten, sagte der Zar nichts dagegen. Als aber Alexander bemerkte, daß einer seiner Minister einen nicht ganz einwandfreien Lebenswandel führte, ließ er mitten in der Kabinettssitzung die Lakaien rufen, zeigte mit dem Finger auf den Unglücklichen und sagte: „Nehmt dieses Schwein hinaus."

Die Minister, denen er vertraute, konnten sich unbedingt auf ihn verlassen. Als der Finanzminister Witte seine große Finanzreform plante, erschien er beim Zaren in der Absicht, einen mehrstündigen Vortrag über sein Projekt zu halten. Der Zar hörte ihn eine Weile an, dann unterbrach er ihn und sagte etwa: „Lieber Witte, ich werde Ihre Ausführungen sowieso nicht verstehen. Ich vertraue Ihnen aber und genehmige hiermit Ihre Reform." Er ließ sich auch nicht beirren, als ihn später unzählige Interessenten gegen Witte zu beeinflussen suchten. Die Reform wurde durchgeführt. Es war die Devalvierung des Rubels, die erste Devalvierung von Weltbedeutung.

Alexander war kein sehr bedeutender Mann. Er war aber der letzte in Rußland, der genau wußte, was es heißt, Zar zu sein. Die engstirnige Ehrlichkeit des Zaren, seine Hünengestalt und die offen zur Schau getragene Verachtung alles Ausländischen sicherten ihm seine Macht besser als die Verfolgung der Revolutionäre.

Großmächtig, voll naiven Stolzes auf seine russische Eigenart, schritt Alexander durch die Weltgeschichte als der letzte Erbe des christlich-byzantinischen, bäuerlich-ehrlichen, frommen und selbstherrlichen Rußlands. Er war ein Koloß der Autokratie und er versammelte um sich hünenhafte, ehrliche Menschen mit lauten Stimmen, ohne feinere Manieren, ohne Eleganz, dafür aber mit sicherem Gefühl für das Wohl, die Ehre und die Zukunft des heiligen, russischen Zarentums.

In der Umgebung dieser langweiligen Riesen fühlte sich Nikolaus klein, gottverlassen und bedrängt. Aus dem Kreise des Vaters war ihm kein Freund beschieden. Auch der Vater selbst sollte ihm kein Freund werden.

Seinem Sohne und Thronfolger wollte Alexander außer einem Sechstel der Welt zweierlei Dinge hinterlassen: Das Wissen um die letzten Geheimnisse des Reiches, um das Wesen des Zarentums, und eine feste, unerschütterliche Moral. Alexander selbst war der moralischste Mensch seines Reiches. Mit Schaudern und Entsetzen sprach er von den leichten Sitten, die seiner Ansicht nach der Ursprung aller Revolutionen waren. Die Achtung vor dem fünften Gebot war in den Augen Alexanders für einen Zaren wichtiger als Bildung, Klugheit und Menschenliebe.

Sein Sohn, der Thronfolger, war dem Zaren ein Rätsel. Die kleine, schlanke Gestalt, das zarte Gesicht, der stets gleichgültige, etwas gelangweilte Ausdruck der Augen waren dem Zaren unverständlich. Hinter den höflichen, nichtssagenden Worten des Jünglings, hinter seinen ruhigen Manieren, hinter seiner weichen, unauffälligen Art konnte sich tiefes Innenleben, byzantinische Verschlagenheit oder einfach Beschränktheit verbergen. Als Zar neigte Alexander zu der ersten Ansicht, als Menschenverächter zu der letzten.

Als ein Minister dem Zaren andeutete, es wäre Zeit, den Thronfolger in die Staatsgeschäfte einzuweihen, und ihm vorschlug, den Zarewitsch zum Vorsitzenden des Komitees zur Erbauung der sibirischen Eisenbahn zu ernennen, machte der Zar ein erstauntes Gesicht und fragte: „Haben Sie denn je mit seiner Kaiserlichen Hoheit dem Großfürsten-Thronfolger gesprochen?“ Als der Minister die Frage bejahte, sagte der Zar bitter: „Haben Sie denn nicht bemerkt, daß der Zarewitsch ein Trottel ist?“

Alexander vermochte seinem Sohn nichts vorzuwerfen. Es gab aber auch nicht das Geringste, wofür er ihn hätte loben können. Der Zarewitsch vergaß nie, nach dem Tee „Merci, Maman“ oder „Merci, Papa“ zu sagen. Zum Geburtstag der Familienmitglieder erschien er immer mit einem Geschenk. Er war stets aufmerksam und höflich, beinahe zu höflich; aber nie, kein einziges Mal, äußerte er in Gegenwart des Zaren einen Wunsch, eine Meinung oder auch nur eine Gemütsregung. Er war von der kühlen Lasur einer vollendeten Höflichkeit überdeckt.

Wenn der Zarewitsch ein Lustspiel besuchte, so lachte er. In den Dramen füllten sich seine jugendlichen Augen mit Trauer. Er besuchte die Offizierskasinos und stand dort stramm, wenn auf das Wohl des Zaren getrunken wurde. Und doch hatte Alexander das Gefühl, daß dies alles nicht menschliche Gemütsregungen seien, sondern wunderbare Präzisionsarbeit eines vollendeten Automaten.

Beinah mit Entsetzen hörte der hünenhafte Zar zu, wenn der kleine Sohn mit stiller, gleichmäßiger Stimme berichtete, daß er gestern beim Onkel Wladimir Tee getrunken habe, daß er sich im französischen Theater köstlich amüsiert hätte und daß ihn die Erkältung der Tante Xenia außerordentlich betrübe. Dem mächtigen Alexander, der in seinen Händen Eisenstäbe biegen konnte, kam es gar nicht in den Sinn, daß sein schmächtiger Sohn vielleicht beim Anblick der gewaltigen Gestalt, der freien Haltung und des strengen Gesichtsausdruckes des Vaters Unbehagen, Verwirrung, Angst und Scheu verspürte und sich, wie die Schnecke in ihr Haus, in die bequeme Hülle der ebenso vollendeten wie unpersönlichen Höflichkeit zurückzog.

Denselben reservierten, undurchdringlichen Gleichmut brachte der Zarewitsch auch allen öffentlichen Angelegenheiten entgegen. Als Vorsitzender der sibirischen Eisenbahn erschien Nikolaus pünktlich bei den Sitzungen des Komitees. Er drückte jedem Teilnehmer die Hand, ließ sich in den Sessel nieder, eröffnete die Sitzung und schwieg stundenlang ebenso beharrlich wie höflich. Während seines jahrelangen Präsidiums im Komitee hat er kein einziges Mal zu den Arbeiten dieses welthistorischen Unternehmens irgendwelche Stellung genommen. Gleichwohl konnte kein Mitglied des Komitees je behaupten, daß er während der Sitzungen auch nur die geringste Langeweile im Gesicht des Zarewitsch entdeckt hätte.

Ebenso höflich interessiert zeigte sich der Zarewitsch an allen andern staatlichen Angelegenheiten, die der Zar an ihn herantreten ließ. Nur ein einziges Mal brach – wohl zur großen Freude des Zaren – der jugendliche Leichtsinn im Zarewitsch durch. Diese leichtsinnige Vernachlässigung der Regierungsgeschäfte beschreibt Nikolaus selbst in seinem Tagebuch wie folgt: „Heute präsidierte ich im Staatsrat. Ich lief weg, als man von der Nützlichkeit des lateinischen Unterrichtes in den Mittelschulen zu sprechen begann. Ich dachte, ich würde sterben.“ Alexander, der wenig Sinn für seelische Komplexe hatte, sah nur einen Weg, um seinen offensichtlich gehemmten Sohn zum würdigen Erben des großen Peter und des grausamen Iwan zu erziehen. Dieser Weg war das Offizierskasino.

In die geweihten Räume des Kasinos eines Garderegiments entsandte das aristokratische Rußland das Beste, was es seinem Zaren zu bieten hatte. Der Umgang mit freundlichen, jungen Männern, mit guten Manieren und wohlklingenden Namen, mußte dem Großfürsten von Nutzen sein. Allerdings war Alexander III. kein Freund des Militärs. Der Dienst auch im besten Garderegiment barg seiner Ansicht nach nicht unwesentliche Gefahren für die Moral des Zarewitsch. Die Garde führte ein frivoles Leben. Die Offiziere hatten Geliebte, viele waren dem Trunk ergeben. Und Liebschaften duldete der strenge Zar nicht. Wo er nur konnte, degradierte er Offiziere, verschickte Großfürsten und setzte Generäle ab, die sich den verderblichen Ausschweifungen der niederen Kreatur hingaben.

Gegen das Trinken war der Zar weniger eingenommen. Seiner Meinung nach entsprach das Trinken der breiten, russischen Natur. Er selbst trank gern. In der Garde, wo die kaiserliche Abneigung gegen erotische Ausschweifungen bekannt war, nahm das Trinken bisweilen wirre und krankhafte Formen an. In einem in Zarskoje Selo, in der unmittelbaren Nachbarschaft des Kaisers stationierten Regiment betranken sich zum Beispiel eines Tages die Offiziere derart, daß sie einem sonderbaren Wahn verfielen. In ihren Gehirnen entstanden tierische Bilder und Vorstellungen. Alles Menschliche wich von ihnen. Die erwachten Urinstikte drängten sie zu primitiven und irrsinnigen Taten. Der unterbewußte Mensch der Vorzeit bemächtigte sich ihrer Körper. Plötzlich verwandelten sich die Gardeoffiziere wie die Opfer der Circe in Tiere, in wilde Wölfe. Sie warfen ihre Kleider ab und liefen auf allen vieren, der Kommandeur an der Spitze, auf die menschenleere Straße. Dort winselten, bellten und lallten sie, bis ihnen ihre Burschen Eimer mit Sekt auf die Straße hinausbrachten. Ein anderes Mal mußte der Kommandeur eines Garderegimentes sinnlos betrunken vom Dach seines Hauses heruntergeholt werden, wo er splitternackt den Mond anbellte.

Und dennoch sah Alexander keinen anderen Weg für seinen Sohn. Im Grunde, dachte er, kennt der Zarewitsch nichts außer den engen, muffigen Zimmern des finsteren Gatschina-Schlosses. Die weite Welt, die hinter dem Palast beginnt, bleibt seinen Blicken verborgen. Vielleicht wird der Schliff des Militärdienstes, der Umgang mit den Kameraden ihm die nötige seelische Stärke verleihen. Sorgsam wählte Alexander das geeignete Regiment aus und erklärte dann seinem Sohn, daß er in die freudige Gemeinschaft des in Zarskoje Selo stationierten Gardeleibhusaren-Regimentes aufgenommen sei. In diesem, und dann im Preobraschensky-Regiment, dem ersten Garderegiment Rußlands, brachte es Nikolaus bis zum Oberst. Diesen Rang sollte er bis zu seinem Tode bekleiden.

Verwirrt, erstaunt, beinah geängstigt, sah sich der schüchterne Nikolaus eines Tages im Offizierskasino zu Zarskoje Selo von Dutzenden freudig lächelnder Gesichter umgeben. Die Zuteilung des Großfürsten-Thronfolgers war die höchste Ehre, die der Zar einem Garderegiment erweisen konnte. Die Offiziere gaben sich alle Mühe, dieser Ehre würdig zu sein.

Mit Erstaunen stellte der Zarewitsch fest, daß die neue Welt, die sich vor ihm offenbarte, ihn mächtig anzog. Täglich ritt Nikolaus an der Spitze seiner Abteilung zu den Kavallerieübungen. Die Klänge des Regimentsmarsches tönten belebend in seinen Ohren, er grüßte die alte Regimentsfahne mit seinem Säbel und fühlte plötzlich, daß er nicht nur der erste in der langen Reihe der großfürstlichen Thronaspiranten sei, sondern ein Mensch aus Fleisch und Blut, der seinen Kameraden die Hand schüttelte, mit lauter Stimme die Mannschaft befehligte und abends im Offizierskasino mit gleichgestellten Menschen die Erfahrungen des Dienstes besprach.

Das Offizierskasino wurde zum ersten, großen und bleibenden Eindruck im Leben des künftigen Zaren. Der Geist der edlen Kameradschaft, das blinde Vertrauen zueinander, das aristokratisch-hochmütige Überwinden etwaiger Schicksalsschläge, das alles erinnerte mehr an einen distinguierten englischen Klub als an ein Regiment. Das Offizierskasino eroberte sein Herz. Bis zu seiner Abdankung kannte er, vom engsten Familienkreis abgesehen, keinen angenehmeren Umgang als das Kasino eines aristokratischen Regimentes.

Das Wesen des Zarewitsch veränderte sich zusehends. Er wurde gelöster. Im Zarenpalast und in den Lagern ertönte sein gesundes Lachen. Immer öfter notierte er in seinem Tagebuch: „Kehrte erst gegen Morgen zurück." Immer öfter wurde auch dem Zaren gemeldet, daß der Großfürst-Thronfolger sich im Regiment wohlfühle, daß die Kameraden Gefallen an ihm fänden und daß höchstens seine etwas zu starre Art in bezug auf frivole Abenteuer die jungen Offiziere verwundere. Das letztere freute den Zaren. Die Achtung vor dem fünften Gebot war augenscheinlich die Eigenschaft, die sich vom mächtigen Zaren auf den schmächtigen Zarewitsch übertragen hatte. Diese Eigenschaft machte aus dem Zarewitsch für eine Weile das, was die aristokratischen Offiziere unter sich „ridicule" nannten.

Wenn der Zarewitsch zum Beispiel erfuhr, daß irgendeiner seiner Kameraden ein illegitimes Verhältnis habe, so setzte er alles daran, daß der unglückliche Offizier seine zufällige Liebschaft zum Altar führe. Da die Freundinnen der Gardeoffiziere nicht immer zu dem höfisch-aristokratischen Kreise Petersburgs gehörten, war mit diesen Ehen oft das Ausscheiden aus dem Regiment verbunden. In solchen Fällen übernahm der Zarewitsch die

Sorge für das junge Paar. Auf seine Fürsprache hin wurde der Neuvermählte auf Befehl des Zaren in die Beamtenschaft übernommen, so daß zur Zeit, als Nikolaus den Thron bestieg, die höhere Beamtenschaft des Reiches von Gouverneuren und Vizegouverneuren wimmelte, bei deren mehr oder weniger unfreiwilligen Ehen der Zar selber Pate gestanden hatte. Zar Alexander billigte die moralischen Skrupel seines Sohnes. Er selbst hatte in ähnlichen Fällen nicht wesentlich anders gehandelt.

Diese moralische Empfindsamkeit fand aber im Sommer des Jahres 1890 ein jähes Ende. In diesem Sommer kampierte sein Regiment bei den großen kaiserlichen Manövern in Krasnoje Selo. Diese Manöver mit den anschließenden Ordensverteilungen, Bällen und Regimentsfesten waren nicht nur militärische, sondern auch gesellschaftliche Ereignisse.

Die großen, offiziellen Bälle wurden vom Zaren persönlich eröffnet. Die Zarin fest um die Taille fassend, wirbelte er im graziösen Walzerschritt durch den Saal. Zu den kleineren, intimen Festen der Offiziere erschienen Schauspielerinnen und Tänzerinnen, Damen der Petersburger Halbwelt und hübsche Ausländerinnen. Der junge Zarewitsch, der sich zum erstenmal der großen und kleinen Welt öffentlich vorstellte, war überall gern gesehen.

Die Manöver sämtlicher Garderegimenter, bei denen der Zar mit einer einzigen Säbelbewegung Zehntausende kommandierte, die glänzenden Bälle, mit der Beschwingtheit des Walzers, mit der Vornehmheit der alten Polonaise und der wilden Grazie der Mazurka berauschten den jungen Zarewitsch. Die Pracht und der Glanz des kaiserlichen Petersburg entfalteten sich urplötzlich vor ihm in ihrer ganzen packenden Schönheit.

Bei einem dieser intimen Bälle traf der junge Nikolaus die schöne Tänzerin des kaiserlichen Balletts, die Polin Mathilde *Kschesinskaja*. Nikolaus, dem der letzte Walzer noch in den Ohren klang, sah die wunderbaren, dunklen Augen, die schlanke Taille und die leichten Beine der Tänzerin. Er sah sie mit einem ernsten Blick an, aus dem die zwanzig Jahre des Großfürsten, die Angst vor dem Ungewissen und die Achtung des fünften Gebotes sprachen.

Dieser Blick entging weder der Tänzerin noch den anwesenden Offizieren. Beim nächsten Souper sah Nikolaus die Tänzerin als seine Tischnachbarin. Dasselbe wiederholte sich beim übernächsten Souper, und die Manöver waren noch nicht zu Ende, als dem Zaren gemeldet wurde, daß der Großfürst die delikate Linie überschritten habe, die einen Jüngling vom Mann trennt. Von dem Tage ab wiederholen sich im Tagebuch Nikolaus' die stets gleichlautenden Bemerkungen: „Hatte Aussprache mit Papa wegen der

Kschesinskaja." Mit der ganzen Autorität eines Zaren und Vaters erklärte Alexander seinem Sohne dasselbe, was er vor vielen Jahren als junger Thronfolger seinem leichtsinnigen Vater Alexander II. erklärt hatte, daß ein Mensch, der die Krone des Reiches auf seinem Haupte trage, der des Mysteriums der Salbung würdig sein wolle, sich vor Gott und Menschheit keine Geliebte leisten dürfe.

Zur größten Überraschung des Vaters erwies sich Nikolaus in seiner plötzlichen, stummen Beharrlichkeit als echter Romanow. Mit höflicher Aufmerksamkeit hörte er die Worte des Zaren an, bedauerte, ruhig vor sich hinblickend, dem kaiserlichen Vater soviel Kummer zu bereiten, änderte aber nicht das geringste in seinem Umgang mit der Kschesinskaja. Mit Erstaunen sah Alexander in dem gleichmäßig-ruhigen Blick des Sohnes denselben trotzigen Eigenwillen, mit dem Peter das Reich umwälzte, Paul ganze Regimenter vom Paradeplatz nach Sibirien verbannte und Nikolaus I. seinen Ministern erklärte: „Ich kann alles, das einzige, was ich nicht kann, ist, den Männern zu befehlen, schwanger zu sein."

Vorläufig mußte Alexander vor diesem Romanowschen Trotz resignieren. – Erst ein skandalöser Vorfall ermöglichte es ihm, die ganze Wucht seines kaiserlichen Zornes auf den Sohn zu entladen.

5. DIE WELTREISE

Nebliger, schmutziggrauer Petersburger Wintermorgen. Die Wache an den Pforten des einsamen Gatschina-Schlosses wurde abgelöst. Die Turmuhr schlug sechs. Wie versteinert standen zwei riesige Gardisten an der Palastpforte. Der Nebel begann dort, wo ihr erschrockener Atem endete. Es bedrückte die einfache Seele der Soldaten, daß sie hier ganz allein den Zaren vor dem Nebel, vor dem Petersburger Nichts, vor der finnischen Kälte schützen sollten.

Um viertel sieben hörten die Soldaten Pferdegetrappel. Sie blickten sich ängstlich um. Besuche beim Zaren waren zu dieser frühen Stunde nicht üblich. Im Nebel zeigte sich ein Dreigespann vor einem Schlitten. Ein livrierter Lakai sprang vom Bock und öffnete die fellbeschlagene Schlittentür. Die Soldaten salutierten. Dem Schlitten entstieg der greise General en suite, Fürst *Bariatinsky*, ein besonderer Freund des Zaren. Ohne den Gruß zu erwidern, eilte der Fürst ins Palais.

Im Vorzimmer half der geschulte Kammerlakai dem Fürsten aus dem Mantel. Das Gesicht des Lakaien war ausdruckslos wie ein Blatt Papier. Nichts berechtigte zu der Annahme, daß dieses Gesicht die geröteten Augen des Fürsten, die in trauriger Verzweiflung emporgezogene, rechte Augenbraue und das verknüllte, schiefsitzende Ordensband genau bemerkt hatte. Schwer atmend, auf seinen Stock und auf die Schulter des Lakaien gestützt, stieg der Greis die Treppe des Gatschina-Palastes empor. Nach jeder dritten Stufe blieb er stehen, wischte sich den Schweiß von der Stirn, strich den breiten Franz-Josephs-Bart und seufzte auf englisch: „My goodness."

Im Entresol, wo sich die Privatzimmer Alexanders befanden, eilte der diensttuende Adjutant dem Fürsten entgegen: „Melden Sie mich sofort Seiner Majestät", sagte Bariatinsky. Der Adjutant blickte den Fürsten erstaunt an. „Majestät werden kaum aufgewacht sein, Durchlaucht." Der Greis hob die zitternde, blaugeäderte Hand, zeigte auf die verschlossene Tür und sagte keuchend: „Sofort melden, aber sofort!" Den Adjutanten gruselte es. Er sah, wie sich die rechte Augenbraue des Fürsten noch höher zog, und dachte, daß der klapprige Greis wohl gleich vor der Tür des Zaren in Staub zerfallen würde. Er öffnete leise die Tür und verschwand.

Eine halbe Stunde später stampfte Bariatinsky ins Zimmer des Zaren.

Alexander saß in voller Uniform am Tisch. Als Bariatinsky den Zaren erblickte, schluchzte er laut auf. Aus seinen wässerigen Augen flossen zwei kleine, schmutzige Tränen und verschwanden im prächtigen Franz-Josephs-Bart. Dann schlug der Fürst die Hände zusammen und sagte mit trostloser Stimme: „Majestät, ein gesellschaftlicher Skandal, ein fürchterlicher Skandal, und ein Mitglied der Dynastie ist verwickelt." „Der Herzog L ..... wird wohl wieder gesoffen haben?", fragte Alexander spöttisch. „Nein? Na, wer denn?" „Majestät", sagte Bariatinsky leise, „dieses Mal handelt es sich um seine Hoheit den Zarewitsch." Dann setzte er sich nieder und begann traurig, aber mit Nachdruck:

„Gestern abend geruhten seine Hoheit der Zarewitsch, in Begleitung einiger Offiziere seines Regimentes das bekannte Nachtlokal ‚Kubat' zu besuchen. Die Gesellschaft besetzte ein Séparée. Bis zwei Uhr nachts verlangte der Zarewitsch ununterbrochen Sekt, der ihm auch gebracht wurde. Um zwei Uhr erschien der Besitzer des Lokals und machte die Gäste auf die angebrochene Polizeistunde aufmerksam. Seine Hoheit der Zarewitsch geruhten daraufhin zu bemerken, daß ihn die Polizeistunde nichts anginge. Das Unglück wollte es, daß eine Viertelstunde später das Lokal von einer Polizeipatrouille unter Führung eines Offiziers zwecks Kontrolle aufgesucht wurde. Ein Teilnehmer des Gelages, ein Gardeoberst, trat daraufhin aus dem Séparée und bat den Polizeioffizier – selbstverständlich ohne die Anwesenheit des Zarewitsch zu verraten –, die Polizeistunde diesmal zu verlängern. Als der pflichtgetreue Offizier diese Zumutung ablehnte, versuchte der Oberst, den Offizier durch das Überreichen einer Hundertrubelnote moralisch zu beeinflussen.

Der Offizier, über diese Zumutung empört, hielt es für seine Pflicht, ein Exempel zu statuieren, und benachrichtigte seine Exzellenz, den Herrn Polizeipräsidenten der Stadt St. Petersburg, General von Wahl. Der General erschien sofort im Lokal, stürzte ins Séparée und erblickte zu seinem Erstaunen im Kreise der Gardeoffiziere Seine Kaiserliche Hoheit den Thronerben. Der Zarewitsch, offensichtlich durch das plötzliche Erscheinen Wahls gereizt, fragte, mit welchem Recht sich dieser in sein Privatleben einmische. Von Wahl erwiderte, es sei nicht nur sein Recht, sondern sogar seine Pflicht dem allerhöchsten Monarchen gegenüber, Ruhe und Ordnung in der Hauptstadt aufrechtzuerhalten und Störungen zu verhindern. Daraufhin geruhten Seine Kaiserliche Hoheit der Zarewitsch, eine Kristallschale mit Kaviar zu ergreifen und Seiner Exzellenz, dem Polizeipräsidenten, General von Wahl, das Gesicht und die Brust mit diesem Fischprodukt zu beschmieren. Dabei bemerkte Seine Kaiserliche Hoheit, daß von Wahl jetzt vollends einem Neger gliche. – Erst mein Erscheinen im Lokal konnte einen weiteren Skandal verhindern."

Fürst Bariatinsky war ein alter, erfahrener Bürokrat. In peinlichen Situationen bediente er sich der Sprache der amtlichen Urkunden. Während seiner Rede saß der Zar mit gefalteten Händen unbeweglich im Sessel. Nichts regte sich in seinem versteinerten Gesicht. Als Bariatinsky geendigt hatte, fragte der Zar gelassen: „Wer war außer den Gardeoffizieren noch im Séparée anwesend?" „Nur noch einige Damen, Majestät." „Was für Damen?" „Die Balletteuse Madame Kschesinskaja." „So!" Dieses „so" klang derart, daß dem Fürsten der Atem wegblieb. „Ich danke dir, Bariatinsky", sagte der Zar nach längerem Schweigen. „Ich sehe deine Treue, geh jetzt heim und schlaf dich aus."

Um zwölf Uhr empfing der Zar den General von Wahl. Der General stand stramm und berichtete in abgehackten Sätzen: „Eure Kaiserliche Majestät, schwere Beleidigung der allerhöchsten Uniform durch den Zarewitsch. Öffentliche Verletzung der Generalsepauletten. Die allergnädigst von Eurer Majestät verliehenen Abzeichen an meiner Brust und nicht zuletzt das Gesicht mit Kaviar."

Als der General zu Ende war, sagte der Zar: „Ich muß Ihnen einen Verweis erteilen, Wahl. Das Privatleben des Zarewitsch geht Sie in der Tat nichts an. Wohin sollte es führen, wenn sich jeder Polizist in das Leben der Mitglieder der kaiserlichen Familie einmischen würde? Sie müssen wissen, daß vor Ihnen der künftige Kaiser saß. Dieses Mal will ich aber noch Gnade walten lassen, deshalb beschränke ich mich auf diesen Verweis. Gehen Sie jetzt nach Hause!"

Um ein Uhr empfing der Zar in einem entlegenen Zimmer des Palastes den Zarewitsch. Es ist nie bekanntgeworden, worüber der Zar mit seinem Sohn gesprochen hat. Obwohl aber alle Türen fest verschlossen waren und die Nebenzimmer leer standen, glaubten einige Hofleute donnerähnliche, brüllende Töne aus jener fernen Palastecke vernommen zu haben.

Als aber am Abend Vater und Sohn an der Hoftafel teilnahmen, konnte selbst der beste Menschenkenner auf den regungslosen Gesichtern der beiden keinerlei Trübung bemerken. Erst nach Beendigung des Diners erklärte der Zar wie nebenbei, daß der Zarewitsch sich bereits in dem Alter befinde, in dem ein künftiger Monarch die Welt kennenlernen müsse. Deshalb beabsichtige er, den Zarewitsch zwecks Vervollständigung seiner Allgemeinbildung auf eine Weltreise zu schicken. Zum Leiter der Reise ernenne er den greisen Fürsten Bariatinsky. In Begleitung des Zarewitsch sollten sein Bruder, Großfürst Georg, der griechische Prinz Georgios, Fürst Uchtomsky und einige weitere Offiziere reisen. Die Fahrt beginne demnächst auf dem Panzerkreuzer „Asows Gedenken" unter Führung des Admiral Lohmen.

Einige Wochen später bestieg Nikolaus den gepanzerten Raum, der ihn für Monate vom Restaurant „Kubat" und der Tänzerin Kschesinskaja trennen sollte.

Nikolaus war nicht nachtragend. Nach dem Tode Alexanders III. erhob er General Wahl zum General seines Gefolges und ernannte ihn zeitweilig zum Vizeinnenminister des Russischen Reiches. – –

Über die weichen Wellen des Mittelmeeres glitt majestätisch der russische Panzerkreuzer. Die Sonnenstrahlen spiegelten sich in der glänzenden Stahlfläche seiner Wände. Am Mast wehte die schwarz-gelbe, kaiserliche Standarte mit dem Romanowschen Greif. An der Standarte hielten zwei Matrosen Wache. Die Matrosen erhielten doppelte Portionen Seife, zweimal wöchentlich saubere Wäsche und Anweisungen über die Pflege des Haares und der Fingernägel.

Das gescheuerte Deck des Panzerkreuzers gemahnte an das blanke Parkett des weißen Saales im Winterpalais. Die Paradeuniformen der Mannschaft erinnerten daran, daß über dieses Deck Seine Kaiserliche Hoheit, der Großfürst-Thronfolger zu gleiten geruhte. Unten, in der Kajüte des Kapitäns saßen der Admiral Lohmen und Fürst Bariatinsky. Beide stritten erbittert. In ausgesuchten Sätzen warfen sie einander Leichtsinn, ungenügende Vaterlandsliebe und Leichtfertigkeit vor. Fürst Bariatinsky meinte, daß an der Standarte vier gepflegte Matrosen Wache halten müßten, während der Admiral zwei für ausreichend hielt. Dieser Streit dauerte bis ans Ende der Reise.

Auf der Kapitänsbrücke stand neben dem diensttuenden Vizeadmiral der alte, häßliche, glatzköpfige Fürst Uchtomsky. Seine Majestät der Zar geruhten im Hinblick auf seine Glatze, dem Fürsten den Rang eines Schriftstellers zu verleihen. Er sollte als Historiograph der allerhöchsten Reise fungieren. Der Fürst blickte mit trüben Augen in die Ferne, seufzte schwer und wartete auf Inspiration.

Am Deck lagen in den Liegesesseln die Offiziere des Gefolges. Nikolaus und Georg tranken Limonade. Der griechische Prinz Georgios erzählte von Odysseus, der einst durch diese Wellen segelte. Die Offiziere dachten an den

Geschichtsunterricht, an die griechischen Verben und an die Nymphe Kalypso. Es gruselte sie vor den bevorstehenden sechs Monaten der Langweile. Gedanken an die Nymphe Kalypso waren strengstens untersagt. Während der folgenden sechs Monate durfte kein weibliches Wesen den Panzerkreuzer betreten. Für die Schar gesunder junger Offiziere war das ein schwerer Schlag.

Großfürst Georg erhob sich. Seine mädchenhafte, zarte Gestalt lehnte an der Reling. Seine sonst durchsichtig blassen Wangen waren von der frischen Seeluft gerötet. Er war der Liebling des Vaters, und in der gedämpften Luft der Petersburger Salons erzählten sich greise Würdenträger, daß es nicht ausgeschlossen sei, daß einst der zarte Georg an Stelle von Nikolaus den Thron der Romanows besteigen würde. Großfürst Georg langweilte sich ebenso wie die Offiziere des Gefolges. Das ewige Einerlei des Himmels, des Wassers und des Decks wirkte ermattend.

Irgend jemand schlug vor, nach englischem Muster Deckspiele zu veranstalten. Nikolaus willigte ein. Der jugendliche Körper sehnte sich nach Bewegung. Auf dem breiten Deck begann ein wildes Toben. Nikolaus und der griechische Prinz liefen um die Wette. Großfürst Georg spielte Versteck mit zwei Gardeoffizieren. Der herbeigeeilte Uchtomsky blickte verstört auf die jungen Menschen, die ringend, lachend und schreiend die gemäßigte Atmosphäre seiner Erziehungsreise zerstörten.

Unter allgemeinem Gelächter wurde ein Kreis gebildet, in dessen Mitte zwei Offiziere in edlem Wettstreit miteinander rangen. Der Sieger bekam ein Glas Limonade. Großfürst Georg sprang auf seinen Bruder zu. „Niki", sagte er, „wollen wir beide unsere Kräfte versuchen?" Nikolaus zog den Rock aus. Etwas nach vorn geneigt, die Arme in der Art der Ringkämpfer ausgestreckt, blickte er mit lächelnden Augen auf den Bruder. Uchtomsky nickte zögernd mit dem Kopf. Es war ihm nicht ganz klar, ob zwei ebenbürtige Großfürsten die kaiserlich anbefohlene Langeweile durch öffentlichen Ringkampf unterbrechen dürften.

Georg umfaßte Nikolaus. Die Bruderkörper preßten sich aneinander. An der Stirn des Jüngeren schwoll eine blaue Ader. Unter der rosigen Haut Nikolaus' sah man die Muskeln straff werden. Diese Muskeln entschieden das Schicksal Georgs, vielleicht sogar das Schicksal des Thrones.

Immer noch lächelnd wich Georg schrittweise zurück. Nikolaus' Augen waren rot unterlaufen. Noch ein Augenblick, und Georg würde vorschriftsmäßig mit den beiden Schulterblättern den Boden berühren. Noch ein kräftiger Ruck, und Nikolaus ließ den Bruder los. Ein Schrei des Entsetzens ertönte. Die Brüder waren im Kampf zu nah an die Treppe gekommen. Mit hochgeworfenen Händen stürzte Georg die steile Treppe hinab und fiel auf die Eisenfläche des Unterdecks. Dort blieb er regungslos liegen. Schwer atmend blickte Nikolaus mit verständnislosen Augen um sich. Offiziere sprangen die Treppe hinab.

Von den Lippen Georgs sickerte ein dünner Blutstreifen. Die Offiziere hoben den Bewußtlosen auf. Ihre Blicke streiften flüchtig den regungslosen Nikolaus. Nur der herbeigeeilte Bariatinsky sah mit starrem, aschfahlem, erschrockenem Gesicht in die großen grauen Augen des Thronfolgers.

Der Panzerkreuzer mußte den nächsten Hafen anlaufen. Georg konnte die Reise nicht fortsetzen. Die inneren Verletzungen waren schwerer, als man zuerst gedacht hatte. Er hustete ununterbrochen. Blutige Flecken bedeckten sein Taschentuch. Der Sturz hatte seinen schwachen Körper erschüttert. Das verborgene, unsichtbare Leiden trat offen zutage. Die Ärzte, die in Rußland die zerschlagene Brust abklopften, mußten Schwindsucht feststellen. Einige Jahre später starb Georg im idyllischen, kaukasischen Bergkurort *Abbas-Tuman*.

In der gedämpften Atmosphäre der Petersburger Salons hörten die Gespräche über eine mögliche Änderung in der Thronfolge auf. Dafür erzählten sich die Würdenträger angstvoll flüsternd von dem Großfürsten, der Unglück um sich verbreitete, der, am Tage des Dulders Hiob geboren, seinen Bruder ungewollt in den Tod schickte und noch großes Unheil über das Reich bringen konnte.

Dieses gedämpfte, erschrockene Flüstern sollte Nikolaus Zeit seines Lebens begleiten. Niemand wagte es laut auszusprechen, niemand wollte es auch nur andeuten. Aus den seltsam abwesenden Blicken des Gefolges, in dem drückenden Schweigen, das eintrat, sobald das Gespräch die gefährliche Zone streifte, konnte aber der Kundige das unterdrückte Wort „Brudermörder“ erraten.

Der Panzerkreuzer „Asows Gedenken“ setzte die Reise fort. Weder Nikolaus noch die Offiziere ahnten, welche Folgen der Sturz für Georg haben würde. Lächelnd beneideten sie den Glücklichen, der in das vertraute Regiment, in die gewohnte Petersburger Atmosphäre zurückkehren durfte. Der Weg in dieses Regiment zurück sollte für die andern Mitglieder der Reise über Ägypten, Indien, China und Japan führen.

In den Novembertagen ankerte „Asows Gedenken" im Hafen von Alexandria. Der blasse, stille Nikolaus wurde mit Musik, einer tiefen Verbeugung des russischen Konsuls und einem Händedruck des Khediven empfangen.

Die große Reise hinterließ in der Seele des Zarewitsch keinerlei nachhaltigen Eindruck. In losen Tagebuchblättern notierte er mit der gewohnten Gleichgültigkeit, daß Ägypten im Winter gar nicht so heiß sei, daß er die Pyramiden für außerordentlich sehenswert halte und, daß in Luxor eine nackte Bauchtänzerin den alten Uchtomsky unbedingt verführen wollte.

Politische Bemerkungen fehlten in diesem Notizbuch gänzlich. Nur einmal stellte Nikolaus mit sichtlichem Mißbehagen fest, daß er in Delhi zuviel englische Soldaten in roten Uniformen getroffen hatte. Ägypten, Indien, China liefen wie auf der Leinwand an den desinteressierten Blicken des Zarewitsch vorbei. Mechanisch drückte Nikolaus unzählige fremde Hände, bestieg Kamele, Elefanten, Pferde und Eisenbahnzüge, hörte die gelehrten Erklärungen Uchtomskys an und kehrte auf den Panzerkreuzer zurück, um ausgestreckt im Liegestuhl still und in sich versunken jene magische Linie zu verfolgen, die Himmel und Erde voneinander trennt. Fremde Länder interessierten Nikolaus nicht. Sein eigenes Land war groß genug.

Im Frühjahr 1891 näherte sich „Asows Gedenken" den japanischen Gewässern. Wieder begannen Händedrücke, Verbeugungen und Empfänge. Die kleinen Japaner lächelten mit bestrickender Liebenswürdigkeit, und Nikolaus bemerkte, daß sie Affen glichen, die sich für Europäer ausgaben. Es war das erstemal, daß ein europäischer Thronfolger das Land der aufgehenden Sonne besuchte. Die Japaner gaben sich Mühe, dem fremden Prinzen das Beste vom Besten vorzuführen.

Am 30. April besuchte Nikolaus den berühmten Biwasee. Der japanische Begleiter erzählte von alten Dichtern, die den berühmten See besungen hatten, von den edlen Samurai, die, von Weltschmerz ergriffen, an den Ufern des Sees ihren Seelenfrieden suchten, von Liebenden, die auf dem Seegrund Erlösung von irdischen Qualen gefunden hatten. Nikolaus betrachtete die kleinen japanischen Bäume, die sich im Wasser spiegelten, er sah die fremde, unbegreifliche Landschaft und dachte an die Märchenstadt Kitesch, die sich irgendwo in Sibirien unter den Wellen des heiligen Baikalsees verbergen soll.

Am Ufer des Biwasees liegt die malerische, japanische Stadt Ozu, mit ihrem berühmten, hochverehrten Buddhatempel. Nach dem Lunch sollten die hohen Gäste diesem Tempel als die ersten Europäer der Welt ihren Besuch abstatten.

Während Nikolaus unter den Strahlen der japanischen Sonne zum Buddhatempel schritt, pfiff durch die Gassen Petersburgs ein scharfer Wind. Es regnete in Strömen. An der Sängerbrücke, vor dem Gebäude des Außenministeriums, standen in dichter Reihe prunkvolle Wagen mit livrierten Lakaien. Die Fenster des Ministeriums waren hell erleuchtet. Der Außenminister Baron Giers gab ein Festessen für die ausländischen Diplomaten.

Der Unterstaatssekretär des Ministeriums, Graf Lambsdorff, war bei diesem Diner nicht anwesend. Bis halb acht Uhr arbeitete er in seinem Zimmer. Dann zog er den Mantel an und stieg die breite Marmortreppe hinab. Auf der Treppe eilte ihm ein durchnäßter, aufgeregter Mann entgegen, in dem er den Direktor Bisak, den Leiter des Post- und Telegraphenwesens erkannte. „Ich muß sofort den Minister sprechen“, sagte Bisak völlig verwirrt. Als er erfuhr, daß der Minister beim Diner war, klammerte er sich ängstlich an Lambsdorff. Dieser führte den erschrockenen Mann in sein Arbeitszimmer. Dort angelangt, ließ sich Bisak in einen Sessel fallen. „Um Gottes willen“, stöhnte er auf, „können Sie mir sagen, wer ein gewisser Bilandt in Tokio ist.“ „Mein Herr“, sagte Lambsdorff erstaunt, „woher soll ich das wissen?“ „Sie müssen es mir sofort sagen“, bat Bisak flehentlich.

Lambsdorff schlug das internationale Diplomatenverzeichnis auf und stellte fest, daß Herr Bilandt der schwedisch-dänische Gesandte am kaiserlich-japanischen Hofe war. „Um Himmels willen“, rief Bisak nunmehr vollkommen verzweifelt, „dann ist es ja ernst! Lesen Sie dieses Telegramm, das Bilandt nach Kopenhagen und Stockholm geschickt hat, und das ich von Amts wegen zurückhalten ließ.“

Er reichte Lambsdorff ein Stück Papier; Lambsdorff entfaltete es. Seine Hände begannen heftig zu zittern. Das Telegramm lautete: „Der Großfürst, russischer Thronfolger, ist heute in der Stadt Ozu, in der Nähe des Biwasees von einem japanischen Polizisten durch einen Säbelhieb schwer am Kopf verwundet worden. Einzelheiten fehlen.“ Lambsdorff sah Bisak verwirrt an. Weder im Ministerium, noch im Telegraphenamt war bisher etwas von dem Attentat bekannt.

Um halb zehn, als das Festessen glücklich zu Ende war, teilte Lambsdorff Baron Giers die Nachricht mit. Der Minister befahl, sofort eine Anfrage an Japan zu richten. Und während zwischen Rußland und Japan die Telegraphendrähte surrten, blickten die beiden Diplomaten einander wortlos und erschüttert an. Nur einmal seufzte Giers verzweifelt auf und sagte: „Welches Unglück! Wie kann ich morgen im Schloß vor die Augen des Zaren treten!“

Um ein Uhr nachts erschien im Ministerium der japanische Gesandte. Sehr verlegen berichtete er, daß beim Betreten des Buddhatempels ein japanischer Polizist, der sich in seinem religiösen Empfinden durch das Erscheinen eines Europäers verletzt fühlte, den Großfürsten mit dem Säbel angefallen habe. Die Wunde sei ernst. Zum Glück habe sich im letzten Augenblick der griechische Prinz Georgios auf den Attentäter gestürzt und ihm die Waffe aus der Hand geschlagen. So rettete er das Leben des Zarewitsch.

Am nächsten Morgen wurde dem Zaren die Nachricht überbracht. Er behielt die Fassung. Noch fehlte ja jede Einzelheit. Niemand wußte, wie ernst die Wunde war. Nach bangen Stunden der Erwartung traf endlich ein an die Zarin gerichtetes Telegramm des Thronfolgers ein. Das Telegramm lautete: „Bin von einem Japaner schwer beleidigt worden. Gesundheitszustand sehr gut." Das Telegramm beruhigte den Zaren. Wenn die Beleidigung schwerer wog als die Wunde, so konnte es nicht allzu gefährlich sein. Allerdings war für einen kaiserlichen Prinzen die Beleidigung zumindest ebenso verletzend wie die Wunde.

Den Polizisten von Ozu hat Nikolaus den Japanern auch späterhin nicht vergessen.

Gegen Mittag traf ein Telegramm der japanischen Regierung ein. Die Regierung drückte ihr unsagbares Bedauern und ihre Beschämung aus und bat um allerhöchste Vergebung. An den Rand des Beileidstelegramms schrieb der Zar: „Selbstverständlich brauchen wir keinerlei Genugtuung." Gleichzeitig telegraphierte er aber an den Vertreter Rußlands in Tokio: „Ich halte den weiteren Aufenthalt meines Sohnes in Japan für nicht angebracht. Wenn irgendwie möglich, so wäre es mir außerordentlich erwünscht, den Besuch eines japanischen Prinzen in Petersburg in allerhöflichsten Sätzen abzulehnen. Teilen Sie der japanischen Regierung mit, daß wir von der Liebenswürdigkeit des Kaisers, der Kaiserin und aller Prinzen vollauf befriedigt sind."

Die Kopfwunde des Zarewitsch war ungefährlich. Die kräftige Hand des Prinzen Georgios hatte den Schlag abgehalten. Wenige Tage nach dem Attentat betrat Nikolaus die sibirische Küste seines Reiches und legte feierlich den Grundstein für die große sibirische Eisenbahn. Das war das erste offizielle Auftreten des Zarewitsch.

Die Reise mußte von dort mit Wagen und Pferden fortgesetzt werden. Vor den Augen des Zarewitsch entfaltete sich die endlose sibirische Steppe. Tausende von Kilometern grüner Fläche, menschenleere, wilde, unermeßliche Landschaft und nur hin und wieder am Rande des Horizontes wie Pyramiden in der Wüste die goldenen Kuppeln der Kirchen. In ganz Sibirien klangen die Kirchenglocken. Der Glockenklang der fernen Klöster drang in die Urwälder, zu den langbärtigen, sibirischen Bauern und weiter bis über die Grenzen des geheimnisvollen Landes Tibet.

Mongolische Nomaden, Muschiks, Mönche und Lamas, Urvölker, Dämonenbeschwörer, Zauberer und Hirten strömten zur großen Straße, um den Staub einzuatmen, den der Wagen des künftigen Zaren von der sibirischen Erde aufwirbelte. An den Haltestellen des großfürstlichen Gefährtes versammelten sich die Menschen. Mönche und Bauern knieten nieder, schlugen das Kreuz und fegten mit ihren Bärten die staubige Erde. An einer Haltestelle näherte sich Nikolaus ein tibetanischer Lama, ein großer Heiliger.

Nikolaus glaubte an Heilige und Wundertäter. Das Gesicht des weisen Lamas war gelb und trocken wie Pergament. Nikolaus überließ ihm seine linke Hand. Der Lama aus Tibet betrachtete die Linien der inneren Handfläche, und seine kleinen, schräggestellten Augen weiteten sich vor Entsetzen. In gebrochenem Russisch flüsterte er: „Du wirst von der Bestattung eines nahen männlichen Anverwandten aus zu deiner eigenen Hochzeit gehen. Du schwebst oft in Gefahr, aber du entgehst ihr und, wenn du das fünfzigste Lebensjahr erreichst, wirst du ruhig in deinem Bette sterben. Es ist viel Blut in deinen Linien, aber denke daran, daß nur ein guter Mensch ein glücklicher Mensch ist."

Der Lama verschwand in der Menge. Das Dreigespann setzte sich in Bewegung. Die Glöckchen an den Pferdemähnen schellten. Nikolaus sah die zahllosen gebeugten Rücken und die Steppe, die dort begann, wo die Rücken endeten. Er winkte mit der Hand, einer der Rücken mußte dem Lama gehören.

Nikolaus überlebte das fünfzigste Lebensjahr nicht. Sein Leben endete im Lande Sibirien am 16. Juli 1918, zehn Monate vor dem Ende seines fünfzigsten Lebensjahres.

6. TRAGISCHES IDYLL

Die kalte, im finnischen Nebel erstarrte Seele Alexanders III. war von zärtlicher Zuneigung für die südlichen Regionen erfüllt. Der mächtige Zar freute sich, daß das nördliche, verschneite Rußland Gebiete bezwungen hatte, die das ganze Jahr von den Strahlen der subtropischen Sonne durchflutet waren. Im Süden seines Reiches, in der Krim, dort, wo der russische Koloß in die Ferne des Schwarzen Meeres starrt, errichtete der Zar ein Palais. Im subtropischen Garten des kaiserlichen Gutes Livadia ertönten jedes Jahr die Stimmen der Zarenkinder. Der Garten füllte sich mit den glänzenden Uniformen der Höflinge. Am Meeresstrand empfing der Zar Minister und Gesandte. Von der Schönheit des südlichen Meeres bezaubert, blickte er auf die glatte Wasserfläche, die mit demselben Gleichmut den langen Bart des Zaren und die prächtigen Moscheen von Stambul widerspiegelte.

Auch im Jahre 1890 reiste der Zar wie gewöhnlich nach Livadia. Erst im Oktober wollte er in die verschneite Hauptstadt zurückkehren.

Zwei mächtige Lokomotiven zogen den Zarenzug durch die Steppen. Der Zar hatte es eilig. Der Verkehrsminister Poljet, der den Zaren begleitete, befahl dem Lokomotivführer, Volldampf zu geben. Der Verkehrsminister, von Haus aus ein braver Admiral, wußte nicht, daß der schwere Zug und die beiden Lokomotiven bei jeder Kurve Gefahr liefen, durch ihren mächtigen Druck das Geleise auszureißen.

Es war am 17. Oktober in der Nähe der Bahnstation *Borki*. Um zwölf Uhr versammelte sich die Zarenfamilie im Speisewagen. Die ganze ältere Linie des Hauses Romanow nahm am Mittagstisch Platz. Während die Diener das Essen servierten, blickte der Zar auf die hohe Bahnböschung und die wenigen Soldaten, die in Ehrfurcht erstarrt dem Zuge präsentierten.

Plötzlich ertönte ein lauter Schlag. Der Speisewagen erzitterte. Teller fielen zu Boden, Fensterscheiben brachen entzwei. Eisen knirschte. Die schweren Türen verbogen sich, eine Staubwolke umhüllte den Wagen, und der ganze Zug rollte die Bahnböschung hinab. Die Zarin fiel taumelnd zu Boden, die Möbel stürzten um, und die schwere, breite Eisenwand des Wagens faltete sich wie weiches Papier. Die plötzliche Erschütterung des Anpralls zerschlug die Stahlbindungen des Wagens. Als der Speisewaggon am Fuße der Böschung angelangt war, brach plötzlich das Wagendach ein.

Stahl, Messing, Eisen, alle Bestandteile der modernen Industrie waren gleichsam bereit, das feudale Zarenhaus mit ihrer ganzen Schwere zu erdrücken. Das Schicksal des Riesenreiches war in diesem schrecklichen Augenblick hier konzentriert. Es schien, als ob hier an der schmalen Bahnlinie bei Borki zwei feindliche Welten miteinander kämpften, und die jugendliche, maschinenbewaffnete Welt der Neuzeit die strenge Würde der feudalen Dynastie zermalmen wollte.

In diesem kurzen Augenblick zeigte Alexander III., welche Kraft dem Monarchen innewohnte. Der ruhige, strenge Riese verwandelte sich in einen Helden. Während alle Anwesenden schreckgebannt auf die Decke blickten, sprang der Zar auf und stellte der vereinigten Kraft von Stahl und Eisen die ungeheure Stärke seiner kaiserlichen Schultern entgegen. Wie Atlas das Himmelsgewölbe, so stützte Alexander mit seinen Händen und Schultern die herabrutschende Decke des Eisenbahnwaggons.

Minutenlang trug Alexander diese übermenschliche Last und blieb Sieger in dem seltsamen Kampf. Die Zarenfamilie war gerettet. Kein Insasse des Wagens, weder die Zarin noch die Söhne trugen auch nur die geringsten Verletzungen davon. Als herbeigeeilte Hilfe den Zaren entlastete, eilte dieser, von Nikolaus und Georg begleitet, zu den Verwundeten und Verletzten, um ihnen als erste Hilfe ein ermunterndes Zarenwort darzubieten.

Mit Windeseile verbreitete sich die Kunde von der wundersamen Rettung der Zarenfamilie. Als Alexander wenige Tage nach der Katastrophe in Petersburg eintraf, umringte ihn eine dichte Schar jubelnder Studenten, Gymnasiasten und Bürger. Entblößten Hauptes, die Augen glückerfüllt, blickten sie auf den Zaren, und die ganze, alte russische Liebe zum Väterchen Zar schien plötzlich in diesen intellektuellen Städtern neu erwacht zu sein. Alexander, von alters her gewohnt, in den Studenten den gefährlichsten Feind seines Reiches zu sehen, war gerührt. Er dachte, daß nunmehr, nach fast zehnjähriger Regierung, das alte Band zwischen Zar und Volk, das am 1. März so tragisch zerrissen war, wieder neu geknüpft worden sei.

Der siegreiche Kampf, den der Zar bei Borki mit den Geistern des Maschinenzeitalters ausgefochten hatte, sollte jedoch nicht spurlos an seinem gewaltigen Körper vorübergehen. Die alljährlichen Dankgebete, die von nun ab an jedem 17. Oktober zum Himmel emporstiegen, änderten nichts an der Tatsache, daß das eiserne Dach des Waggons den kraftvollen Körper des Zaren für immer innerlich geschädigt hatte. Seit dem Tage der Eisenbahnkatastrophe begannen die Kräfte des Zaren merklich nachzulassen.

Der korpulente Mann magerte ab. Es wurde ihm schwer, bei großen Empfängen die Reihe der Geladenen abzuschreiten, und bei den Galadiners sahen die Angehörigen voll Schrecken, wie sich das Antlitz des Zaren mit dicken Schweißtropfen bedeckte.

Wie alle Romanows legte Alexander wenig Wert auf die Weisheit der Ärzte. Das Leben des ältesten Sohnes der Kirche, das Leben des russischen Zaren lag einzig und allein in der Hand Gottes und nicht in der mangelhaften Kunst des Hofmedikus Hirsch.

Die Gerüchte von dem plötzlichen Kräfteverfall des Monarchen bedurften keiner Bestätigung. Ein Blick genügte, um festzustellen, daß der kraftstrotzende Mann mit einer schweren Krankheit zu ringen hatte.

Es war Großfürst Michael, der älteste Onkel des Zaren, der zu Beginn des Jahres 1892 Alexander aufsuchte, um mit ihm im Hinblick auf seine Krankheit eine wichtige, dynastische Frage zu besprechen. Der Zarewitsch war unverheiratet. Sollte dem Monarchen ein Unglück zustoßen, so würde ein Mann den Thron besteigen, der vorerst keine Möglichkeit besaß, legitime Nachkommen zu zeugen. Dieser Umstand barg nach der Ansicht des Großfürsten zahlreiche Gefahren für Reich und Dynastie.

Alexander III. hatte volles Verständnis für die Wünsche seines Hauses. Der Zarewitsch sollte heiraten. Als guter Ehemann überließ er die Wahl der Braut seiner Frau Maria Feodorowna. Wenige Tage später erfuhr Nikolaus verwirrt und bestürzt, daß es der Wunsch seiner Eltern sei, ihn baldmöglichst verheiratet zu sehen. Dabei verschwieg die Zarin ihrem Sohne nicht, daß sie die Tochter des französischen Kronprätendenten, des Grafen von Paris, Prinzessin Hélène von Orléans für die passende Ehegefährtin hielt.

Die arme Zarin, die so sorgsam alle Prinzessinnen der europäischen Höfe durchgemustert hatte, wußte allerdings nicht, daß Nikolaus bereits vor zwei Jahren in seinem Tagebuch den kurzen Satz niedergeschrieben hatte: „Es ist der Traum meines Herzens, irgendwann Alix H. zu heiraten.“ Diese Alix H. war Prinzessin Alice von Hessen-Darmstadt und bei Rhein, die Kusine Kaiser Wilhelms und Enkelin der greisen Victoria, Königin von England.

Die Prinzessin war vierzehn Jahre alt, als sie zum erstenmal durch die granitbewehrte Pforte das Winterpalais betrat. Der Glanz, die Macht und der Reichtum Rußlands offenbarte sich ihr zuerst im berauschenden Trubel eines großen Zarenballes. Inmitten der goldüberladenen Hofchargen, der edelsteingeschmückten Großfürstinnen und Hofdamen erblickte die kleine Prinzessin die mädchenhaft schlanke Gestalt und die großen, grauen, verträumten Augen des 16-jährigen Knaben, dem einst der Palast, der glänzende Hof und das ganze ungeheuere Reich gehören sollten. Schon auf diesem Ball waren Alix und Nikolaus unzertrennlich. Und als dann die junge Prinzessin in ihre Heimat zurückreiste, blieb in der Seele Nikolaus' für immer das Bild des kleinen, blonden Mädchens verankert.

Die junge Prinzessin war durch verwandtschaftliche Beziehungen mit Rußland verbunden. Ihre Schwester, die Großfürstin Elisabeth, war die Gemahlin von Sergius, des Lieblingsbruders des Zaren. Der klugen Großfürstin war die Freundschaft der beiden Kinder nicht entgangen, und es ist wohl auf ihre Initiative zurückzuführen, daß Prinzessin Alix fünf Jahre später für sechs Wochen zu der Zarenfamilie nach Peterhof eingeladen wurde.

Diese Reise war für die junge Alix eine schwere Enttäuschung. Während zu Hause in Hessen-Darmstadt alle Angehörigen in ihr bereits die künftige russische Zarin sahen, während die russischen Höflinge sie zuerst mit übertrieben tiefen Verbeugungen empfingen, fühlte sie, wie die Blicke des Zarenpaares mit unverhohlener Abneigung auf ihr ruhten.

Alles mißfiel dem Zarenpaar an der Prinzessin. Daß sie eine Deutsche war, daß sie Gedichte las, daß sie so exaltiert und schwärmerisch von göttlichen Dingen sprach und nicht zuletzt, daß sie die Tochter Ludwig IV., des Großherzogs von Hessen, war. Denn dieser Herzog machte um die gleiche Zeit, als seine Tochter um die Gunst des Zarenpaares warb, der Gattin des russischen Gesandten in Hessen in ungebührlicher Weise den Hof. Das genügte, um den Zorn des sittenstrengen Alexander gegen alles Hessische heraufzubeschwören.

Die kaiserliche Ungnade entging der Aufmerksamkeit der Höflinge nicht. Ihre Verbeugungen wurden steifer, ihre Blicke kühler und ihre Reden zurückhaltender. Die deutsche Prinzessin, die zur mißglückten Brautschau nach Rußland gekommen war, erschien ihnen lächerlich, und bald erfuhr Alix, daß der Kreis der überheblichen Höflinge ihr den Beinamen „die hessische Fliege" verliehen hatte. Die Blicke, Andeutungen und Gebärden mußten auf das 19-jährige Mädchen wie schwere Hiebe einer russischen Knute wirken. Der russische Hof erschien ihr als eine Welt von Feinden. Zeit ihres Lebens konnte sie die Schmach dieser Brautschau nicht verwinden! Auch später als Zarin suchte sie im Umgang mit den Höflingen vergeblich nach dem richtigen Ton, und die schüchterne Zurückhaltung, die sie bewog, den großen Hof zu meiden, war nicht zuletzt eine Folge der bitteren Erfahrungen jener Brautschau.

Auch die Liebe des Thronfolgers erschien ihr unsicher und ungewiß. Der weiche Charakter Nikolaus' war in der Tat nicht imstande, dem väterlichen Willen zu trotzen. Als ihm die Mutter die französische Prinzessin als Frau vorschlug, sagte er keineswegs „nein", sondern schrieb schüchtern in sein Tagebuch: „Zwei Wege öffnen sich vor mir. Ich möchte den einen beschreiten, während mich Mama auf dem andern sehen will. Was wird werden?"

Ein Jahr nach dem Besuch in Peterhof kam Prinzessin Alix wieder nach Rußland, diesmal jedoch, um ihre Schwester zu besuchen. Nikolaus' erster Wunsch war es, nach dem Dorfe Iljinskoe zu fahren, wo sich die Prinzessin aufhielt. Als es ihm jedoch die Mutter untersagte, fügte er sich sofort, und in seinem Tagebuch findet sich kein Vermerk darüber, daß ihm dieser Verzicht besonders schwer gefallen sei.

Als kurze Zeit darauf die Königin Victoria sehr vorsichtig und diplomatisch in Rußland anfragte, ob irgendein russischer Großfürst Gefallen an ihrer Enkelin gefunden habe, antwortete der Zar unbefangen und undiplomatisch, daß der Großfürst Nikolaus noch zu jung und unentwickelt sei, um eine Ehe einzugehen, daß er zuerst längere Zeit in der Armee dienen solle und daß seine Zuneigung zu Alix lediglich eine jugendliche Schwärmerei sei, die sicherlich bald spurlos verklingen würde.

Es vergingen vier Jahre, und erst die Krankheit des Zaren ließ die Heiratsfrage wieder in den Vordergrund treten. Immer dringender wurden die Worte der Mutter, immer fragender die Blicke des Vaters. Vor den Augen des jungen Nikolaus entfaltete sich die Bildergalerie der Frauen, die geeignet erschienen, die Krone der Romanows auf ihrem Haupte zu tragen. Das Gesicht des Zarewitsch blieb jedoch stets so gelangweilt und desinteressiert, daß der Zar zuletzt glaubte, sein Sohn würde überhaupt nicht heiraten.

Als alle Versuche, eine Entscheidung zu forcieren, fehlschlugen, sagte der Zar zum Großfürsten Michael: „Sprich du mit ihm, es wird dir leichter fallen als mir." Großfürst Michael, der Älteste in der Familie der Romanow, hielt diese Aussprache für seine heilige Pflicht. Zu seinem lebhaften Erstaunen erfuhr er von dem stillen, schüchternen Zarewitsch, daß er sich nichts sehnlicher wünsche als eine Ehe, daß er sein Lebensglück aber nur neben der blonden, hessischen Prinzessin Alix finden könne.

Dieses Mal fügte sich der Zar dem Willen seines Sohnes. Im Schatten des nahenden Todes erteilte er Nikolaus seinen väterlichen Segen, und wenige Tage später, am 2. April des Jahres 1894, reiste der Zarewitsch nach Coburg. Dort wurde in Anwesenheit der Königin Victoria und des Kaisers Wilhelm II. die Hochzeit des Großherzogs von Hessen, Alix' Bruders, mit der Tochter des Herzogs von Edinburgh und Sachsen-Gotha begangen. Offiziell sollte Nikolaus bei dieser Festlichkeit seinen Vater vertreten, inoffiziell war er gekommen, um seine eigene Verlobung zu feiern.

Der stille, kleine Nikolaus, der gerne Schlittschuh lief und mit dem Vetter Sandro am Newaufer promenierte, verstand es über Erwarten gut, seinen Vater mit Würde zu repräsentieren. Während er aber der langen Reihe seiner ausländischen Verwandten die Wange zum Kuß entgegenhielt, während er in der Operette den zarten Klängen des „Vogelhändlers" lauschte und am Bahnhof, in preußischer Uniform, den deutschen Kaiser erwartete, ruhten seine Blicke unausgesetzt auf den blassen, schönen, wenngleich etwas harten Zügen der jugendlichen Alix.

Nach Gesetz und Brauch mußte Nikolaus seiner künftigen Braut nunmehr seine Hand antragen. Die Seele des Zarewitsch erbebte aber bei dem bloßen Gedanken, daß er der Auserwählten seines Herzens offen und hemmungslos seine Liebe eingestehen sollte. In aufgeregter Erwartung ließen die Verwandten das künftige Paar alle Etikette mißachtend täglich für Stunden allein. In diesen Stunden erklärte Nikolaus der Prinzessin die Vorzüge der griechisch-katholischen Religion gegenüber der anglikanischen, pflückte mit ihr Blumen, trank Tee und promenierte im Park. Die kurze geheimnisvolle Formel, die die hübsche Prinzessin zu seiner Braut machen sollte, erstarrte jedoch auf seinen Lippen. Nach einem dieser Gespräche notierte Nikolaus in sein Tagebuch: „Meine Seele ist sehr müde."

Erst dem deutschen Kaiser gelang es, das angstvolle verstörte Schweigen des Zarewitsch zu brechen. Wie ein fescher Kavallerieleutnant ritt er gegen die seelischen Hemmungen des Zarewitsch eine Attacke. Die Attacke gelang. Der deutsche Reichskanzler, Fürst Bülow, berichtet darüber wie folgt:

„Nachdem sich im alten Schloß Ehrenburg während einiger Stunden Prinzessin Alix und der russische Thronerbe nicht ohne Verlegenheit gegenübergestanden hatten, nahm Kaiser Wilhelm letzteren in seiner frischen und zugreifenden Art unter den Arm, führte ihn in dessen Zimmer, ließ ihn dort seinen Säbel umschnallen, die Pelzmütze in die Hand nehmen, steckte ihm einige Rosen in die Hand und sagte zu ihm: ‚Nun gehen wir und halten um Alix an.' Am Abend wurde die Verlobung proklamiert."

Dies geschah am 8. April des Jahres 1894. Am Abend des denkwürdigen Tages schrieb Nikolaus in sein Tagebuch: „Wunderbarer, unvergeßlicher Tag meines Lebens, der Tag meiner Verlobung mit der teuren, geliebten Alix.

Um zehn Uhr kam sie zu Tante Mienchen, und wir haben uns erklärt. Gott, welcher Berg ist von meinen Schultern gefallen. Wie werden sich Papa und Mama freuen. Ich ging den ganzen Tag wie im Rausch umher und verstand nicht recht, was eigentlich mit mir geschehen war. Nicht zu glauben, daß ich eine Braut habe."

Mit dieser kurzen Notiz, aus der Verwirrung und Freude spricht, begann das private Glück des unglücklichsten aller Zaren. Dieses Familienglück blieb ihm treu. Es verließ ihn weder in den Stürmen der Revolution, noch während des Krieges, noch bei seiner Entthronung. Es blieb ihm selbst an jenem Tage treu, als er, Hand in Hand mit der gealterten und ergrauten Alix, in den Keller des Ipatjewschen Hauses hinabstieg, um der Kugel des Mörders entgegenzutreten.

Zwei Wochen nach der Verlobung verließ Nikolaus Coburg, um in dem fernen, kalten Petersburg die Glückwünsche des Volkes und die Abschiedsblicke des sterbenden Zaren zu empfangen.

Indessen gingen am Petersburger Hof große Wandlungen vor. Der Zustand des Zaren verschlechterte sich zusehends. Professor Sacharjin aus Moskau und Professor Leyden aus Berlin eilten nach Petersburg und stellten fest, daß der Zar an einer hoffnungslosen Form von Nephritis leide. Die Nachricht von der schweren Erkrankung des Monarchen wurde geheimgehalten. Nur Alexander selbst, seine Frau und einige Menschen seiner engsten Umgebung waren über den wirklichen Zustand des Zaren unterrichtet. Die übrigen sahen nur den müden Gesichtsausdruck des Zaren, seine blasse aschfahle Hautfarbe und die traurigen Augen, mit denen er finster in die Welt blickte.

Auch dem glückstrahlenden Zarewitsch konnte der Zustand seines Vaters nicht entgehen. In den dunklen Andeutungen der hohen Würdenträger, in den angstvollen Blicken der Mutter und in dem betretenen Schweigen des Palastes lag die Gewißheit einer bevorstehenden, gewaltigen Veränderung.

Nikolaus' Seele weigerte sich, diese traurigen Zeichen richtig zu deuten. Der ganze Egoismus des jungen Zarewitsch sträubte sich gegen die Last, die mit dem letzten Atemzug des Vaters unweigerlich auf seine Schultern fallen mußte. Der glückliche Nikolaus ignorierte die Krankheit des Vaters mit demselben Gleichmut, mit dem er später als Zar Kriege, Revolutionen und Niederlagen ignorieren sollte.

Kurz nach seiner Ankunft in Gatschina erschien Nikolaus am Krankenlager seines Vaters. Mit ruhiger, höflicher Stimme bat er den Kranken, dieser möge ihm gestatten, seine Braut in England zu besuchen. Der müde Riese sah seinen Sohn traurig und durchdringend an. Mit einer etwas seltsam klingenden Stimme bat er ihn, sich einige Tage zu gedulden, da ihm das Sprechen im Augenblick schwer falle.

Als die Frist verstrichen war, erschien bei Nikolaus ein alter Freund des Monarchen, General Tscherewin, der Chef der politischen Polizei des Zarenreiches. Er erklärte dem Thronfolger, daß er den Zeitpunkt einer Reise nach England für ungeeignet halte. „Ich sprach mit den Ärzten“, antwortete Nikolaus, „sie glauben nicht, daß der Kaiser ernstlich krank ist.“ „Vielleicht noch nicht“, antwortete der General finster, „aber stellen Sie sich vor, daß sich während Ihrer Abwesenheit etwas ereignet.“ „Man hat mir versichert, daß sich nichts ereignen kann“, erwiderte der Zarewitsch eigensinnig. „Nichts kann meine Pläne ändern. Auch wenn der Kaiser ernstlich krank wäre, müßte ich fort, denn ich kann Alix nicht warten lassen.“ „Gedulden Sie sich vielleicht noch ein wenig“, meinte der General. „Die Lage ist zu ernst, als daß Sie jetzt verreisen könnten.“ „Sie sind ein Schwarzseher“, rief Nikolaus verärgert, „ich habe der Prinzessin Alix versprochen, daß ich den Monat Juli mit ihr verbringe. Ich muß mein Wort halten. Auch ist das Leben hier so traurig, daß es mir gut tun wird, einige Zeit fort zu sein.“ Der General hatte nichts mehr zu erwidern. In der Petersburger Gesellschaft erzählte er aber, daß ein junger Mann, der so beginne, nicht gut enden könne.

Am 3. Juni begab sich Nikolaus an Bord des „Polarstern“ nach England. Dort verbrachte er unbeschwerte Wochen. Den glückerfüllten Sinn der Verliebten störte kein Leid, keine Vorahnung künftiger Geschehnisse. Das langsame Dahinsiechen des Zaren, die schweren Tage, die den beiden bevorstanden, das ungeheuere Land, das in angstvoller Erwartung erstarrt war, das alles schien einem andern Planeten anzugehören.

Kurz vor seiner Abreise schrieb Alix in Nikolaus' Tagebuch: „Sur cette page blanche, que ne puis-je y graver un seul mot: ‚le bonheur‘.“

Diese Liebe wurde für Nikolaus zu einer glückseligen Insel, deren Frieden weder Leid noch Schicksalsschläge stören durften. Die zauberhafte Abgeschlossenheit zweier Menschen inmitten des ungeheuerlichsten Sturmes der Neuzeit währte vierundzwanzig Jahre und ist vielleicht das seltsamste Phänomen in dem rätselhaften Seelenleben des Zaren.

Der Auftakt zu der vierundzwanzigjährigen Idylle endete Mitte Juli, als Nikolaus England verließ, um mit seiner Familie in die Krim zu reisen. Dort, in den Strahlen der südlichen Sonne verbrachte Alexander im tragischen Ringen mit seinem Leiden die letzten Wochen seines irdischen Daseins.

7. DIE TODESFAHRT

Schwere Stille lag lastend über dem Zarenreich. In der marmornen Pracht des Kasandomes zu Petersburg ertönte der tiefe Baß des Metropoliten. Die goldenen Kuppeln der sechzehnhundert Kirchen zu Moskau erzitterten vom donnernden Echo der Chöre. In der verschneiten Wüste Sibiriens öffneten sich die erzbeschlagenen Pforten der alten Klöster. Vor den strengen Ikonen des Wundertäters Nikolaus, vor den siegreichen Bildnissen des heiligen Fürsten Alexander Newsky brannten die Wachskerzen. Die derbe Tracht der Bauern, die bunten Röcke der Weiber, die wallenden Gewänder der Popen, die strengen Profile der Mönche und die feierlichen Uniformen der Beamten durchbrachen das magische Zwielicht der Kirchen. Aus allen Klöstern, Domen und Kirchen des Reiches erhob sich im Flammen der Kerzen, im Weihrauch der Ikonen und im Kreuzschlag der Frommen das große Gebet „für den mächtigsten, rechtgläubigsten, selbstherrlichsten gnadenspendenden Kaiser und Zaren Alexander III. Alexandrowitsch".

Auf der kleinen Terrasse des Livadiapalastes lag indessen regungslos der Zar. Er fühlte, daß die frommen Bitten seiner Millionen Untertanen unerfüllt bleiben würden. Gottes strenger Wille hatte ihm ein frühes Ende bestimmt. Um sein Krankenlager versammelte Alexander die Minister. Die autokrate Macht, die dem Zaren anvertraut war, durfte für keinen Augenblick ruhen. Die feierlichen Gebete und Litaneien wurden von der eisernen Strenge der letzten, zaristischen Ukase übertönt. Rastlos arbeitete Alexander. Der selbstherrliche Geist seiner letzten Befehle sollte seinem Sohn ein Wegweiser sein.

Waren die Lasten des Regierens beendet, so schleppte sich Alexander müde an den Strand. Aber selbst bis an die Ufer des blauen Meeres verfolgten ihn die Pflichten der Repräsentation. Großfürsten kamen, Offiziere versammelten sich, Delegationen trafen ein.

Mit abgespanntem Gesicht und eingefallenen Wangen präsidierte der Zar bei den Diners. Mit traurigen Augen verfolgte er den raschen Wechsel der erlesenen Speisen, deren Aussehen und Geschmack ihm gleich widerwärtig waren. Erst in den letzten Wochen seiner Regierungszeit wagte es Alexander, sich den gehegtesten Wunsch seines Lebens zu erfüllen. Die delikaten Speisen sollten von seinem Tisch verschwinden. Der bäuerliche Zar wollte wenigstens in den letzten Tagen seines irdischen Lebens seinen Gaumen an bäuerlichen Speisen ergötzen. Der Wunsch des Monarchen wurde trotz der Bedenken des Oberzeremoniemeisters erfüllt, und das einfache Essen, von der Hand einer Dorfköchin bereitet, war die letzte Lebensfreude des sterbenden Zaren.

Als sich sein Zustand immer mehr verschlechterte, entfernte der Zar die Ärzte von seinem Krankenlager. Pater Johann von Kronstadt, als Prediger und Wundertäter weithin bekannt, eilte nach der Krim. In ekstatischen Gebeten, in ergebener Verzückung, in dunklen Beschwörungen versuchte der Pope dem Todesengel die Seele des Zaren zu entreißen. Schäumenden Mundes schlug er sich an die Brust, sein verzerrtes Gesicht blickte drohend gen Himmel, Tränen würgten ihn. Seine lallenden Rufe erfüllten die kleine Hofkirche. Er umklammerte den Kopf des Zaren und flüsterte ihm magische Beschwörungsformeln ins Ohr. Das ganze magische, halbheidnische, bäuerliche Rußland schien in diesem Heiligen verkörpert.

Seine überschwenglichen Gebete, sein verklärtes Gesicht erinnerten mehr an die dunkle Macht eines sibirischen Schamanen als an die fromme Würde eines christlichen Geistlichen. Der Anblick dieses rasenden Popen war die erste Berührung des künftigen Zaren mit den zauberhaften, magischen Mächten, die später eine so große Rolle in seinem Leben spielen sollten. Die Kraft des Popen erwies sich als ebenso unzureichend wie die Säcke mit Sauerstoff, durch die die Ärzte das Leben des Zaren zu verlängern trachteten. Zwei Wochen vor seinem Tode schrieb Alexander mit zitternder Hand ein Telegramm an Alix von Hessen. Die künftige Zarin sollte unverzüglich an sein Krankenlager eilen.

Die Reise ins Land ihres Bräutigams wurde zum drückendsten Erlebnis Alexandra Feodorownas. Die Braut des Zarewitsch wurde mit den Trauerklängen der kirchlichen Litaneien empfangen. In der Aufregung des bevorstehenden Thronwechsels hatte der Hofminister vergessen, einen Sonderzug zur Grenze zu schicken. Die künftige Zarin mußte daher wie eine gewöhnliche Sterbliche durch das Land reisen. Durch die Fenster ihres Abteils sah sie Verwirrung in den Gesichtern der Beamten und Tränen in den Augen der Frauen. Sie konnte sich des Gefühles nicht erwehren, daß ganz Rußland anläßlich ihrer Ankunft einen Trauerflor angelegt habe.

In der Krim angelangt, sah sie sich von traurigen und verweinten Gesichtern umgeben. Nur mit großer Mühe gelang es dem kranken Zaren, seinen müden Körper in einen Sessel zu schleppen, um seine künftige Schwiegertochter zu begrüßen. In der alten Kirche von *Orianda* mußte die euro-

Die junge Zarin in der Uniform ihres Ulanenregimentes

Die Zarin mit dem Thronfolger

päische Prinzessin zum erstenmal in ihrem Leben ihre protestantisch erzogene Seele in den Ozean der russischen Mystik versenken. Die lallenden Schreie des Pater Johann, seine wilden, ekstatischen Rufe und die ganze magische Atmosphäre, die ihn umgab, übten auf die junge, sensible Seele der Prinzessin eine ungeheure Wirkung aus.

Noch mehr erschütterte sie der verwirrte und unbeholfene Gesichtsausdruck ihres Bräutigams. Fünf Tage nach ihrer Ankunft versuchte sie bereits, ihn an seine Stellung und Würde zu gemahnen. „Lieber Junge", schreibt sie in sein Tagebuch, „befiehl den Ärzten, daß sie täglich und zuerst Dir über seinen Zustand berichten ... Du bist der Lieblingssohn Deines Vaters. Dich muß man über alles befragen. Zeige Deinen Willen, und erlaube den andern nicht zu vergessen, wer Du bist." Die Erschütterung der Todestage ließ Nikolaus den etwas kleinlichen Ton dieser Ermahnungen übersehen. Am 20. Oktober um 3 Uhr nachmittags starb Alexander III. auf der Terrasse des Livadiapalastes. Bis zu seinem Tode stand Johann von Kronstadt an seinem Lager, beugte sich über den röchelnden Körper, hielt das Haupt des Zaren in den Händen und flüsterte ihm fromme Gebete ins Ohr. Großfürst Alexander Michailowitsch, der einzige, der den Tod des Zaren genau beschreiben konnte, schildert diesen Tag wie folgt:

„Am 20. Oktober 1894 standen Niki und ich auf der Terrasse des wunderbaren Palastes von Livadia und hielten Säcke mit Sauerstoff in den Händen. Wir weilten bis zu den letzten Augenblicken bei Alexander. Das Ende des Zaren glich seinem Leben. Als überzeugter Feind der klingenden Phrasen und melodramatischen Effekte stammelte Alexander beim Nahen des Todes lediglich ein kurzes Gebet und nahm dann Abschied von der Kaiserin ... Der Tod Alexanders entschied endgültig das Schicksal Rußlands. Jeder in der Menge der Verwandten, Höflinge, Ärzte und Diener, die das Todeslager des Zaren umgaben, fühlte, daß das Land in seiner Gestalt jene Stütze verloren hatte, die allein verhindern konnte, daß Rußland in den Abgrund stürzte. Am besten fühlte es Niki selbst. In diesem Augenblick sah ich zum ersten und zum letztenmal in meinem Leben Tränen in seinen grauen Augen. Er ergriff meinen Arm und führte mich in sein Zimmer. Wir umarmten uns und weinten zusammen. Er konnte seine Gedanken nicht sammeln. Er verstand, daß er Kaiser geworden war, und die ungeheuere Last der Verantwortung erdrückte ihn.

‚Sandro, was soll ich tun?', rief er pathetisch. ‚Was wird jetzt aus Rußland? Ich bin noch nicht vorbereitet, um Zar zu sein. Ich weiß nicht einmal, wie man mit den Ministern sprechen muß.' ... Ich versuchte ihn zu beruhigen. Ich zählte die Menschen auf, denen er vertrauen konnte. Im Innern meiner Seele begriff ich aber, daß seine Verzweiflung voll und ganz begründet war und daß wir alle vor einer unvermeidlichen Katastrophe standen."

Am Abend des 20. Oktober ballten sich dunkle Wolken über Livadia zusammen. In der Nacht nach dem Tode des Zaren, in der ersten Regierungsnacht Nikolaus II., tobte ein Unwetter über dem Palast. Das alte Holzgebäude erzitterte. Mit dem Heulen des Windes, mit dem Toben der Wellen begrüßte die Natur den neuen Herrscher des Riesenreiches.

Zwei Wochen lang verfolgte dieses Unwetter den Zaren. Wohin er auch kam, in Kiew, in Moskau, in Twer, in Petersburg, überall bedeckte sich der Himmel mit drohenden Wolken. Wind wehte, lauer Regen fiel auf die Erde, und der kleine Zar watete traurig gesenkten Hauptes durch den Schmutz. So reiste Nikolaus von einer Totenmesse zur andern.

Auch die Beerdigung des Zaren vollzog sich unter Regengüssen. Während der Sarg in die Peter-Paul-Festung überführt wurde, wo die toten Zaren die Gesellschaft der eingekerkerten Terroristen teilten, umhüllte dichter Nebel die ganze Prozession. Schneeflocken fielen vom Himmel, es wurde dunkel, und der Todeszug pilgerte vier Stunden durch die feuchte Finsternis der Petersburger Gassen.

So war die Reise des jugendlichen Zaren und seiner schönen Braut ein feierlicher Leichenzug. Zum erstenmal seit dem geheimnisvollen Tod Alexanders I. wurde die Leiche eines Zaren durch das Land geleitet. Das Volk versammelte sich an den Bahnhöfen. Die Gesichter spiegelten den Kampf zwischen der obligaten Begrüßungsfreude, mit der man die junge Zarin empfangen mußte und der nicht minder obligaten Trauer, die man dem toten Herrscher zollte. Hand in Hand mit seiner jungen Braut verließ Nikolaus den Wagen, um in unzähligen Klöstern dem Trauergottesdienst beizuwohnen. „Wir hielten in Borki und Charkow, wo eine Totenmesse abgehalten wurde", notiert Nikolaus düster in seinem Tagebuch. „In Moskau", heißt es weiter, „trugen wir den Sarg aus dem Zug und brachten ihn zum Trauerwagen. Auf dem Weg zum Kreml machten wir zehnmal halt, da vor jeder Kirche eine Litanei gesungen wurde. Der Sarg wurde in der Archangelsk-Kathedrale aufgebahrt. Nach dem Trauergottesdienst wurde eine Andacht vor den Gebeinen der Heiligen in der *Uspensky*-Kathedrale abgehalten."

Während der ganzen, schmerzlichen Reise begleitete Alix den Zaren. Einen Tag nach dem Tode Alexanders war sie in der uralten Kirche von Orianda in aller Stille nach dem Ritus der orthodoxen Kirche getauft worden. Sie erhielt den Namen Alexandra Feodorowna. Rußland empfing die junge Braut mit dem Trauergesang der Metropoliten, mit dem würgenden Weihrauchgeruch der Totenmessen und dem feierlichen Zeremoniell der Zarenbestattung. Die Fahnen auf Halbmast und das Halbdunkel der alten Kirchen waren die ersten Eindrücke der jungen Braut.

Kein irdischer Regisseur könnte einen traurigeren Auftakt für das neue Monarchenpaar erfinden. Als kaum drei Wochen nach dem Tode des Zaren Alexandra Feodorowna im weißen Brautkleid zum Traualtar schritt, erschien ihr ihre eigene Hochzeit wie eine Fortsetzung der Trauermessen.

Am 14. November 1894 fand die Trauung statt. An diesem Tage legte die Zarin die Trauerkleidung ab. Um 12 Uhr trat sie in den arabischen Saal, wo sie der Zar in Husarenuniform erwartete. Mit langsamen Schritten und düsteren Gesichtern gingen die Anwesenden zur Kirche. Die schweren goldenen Kronen über den Häuptern des Zarenpaares hielten die Großfürsten Michael, Sergius, Cyrill und der griechische Prinz Georgios, derselbe, der vor einigen Jahren in der fernen Stadt Ozu das Leben des Zarewitsch gerettet hatte.

Aus der Kirche trat Alexandra Feodorowna als legitime Gattin des Herrschers über ein 160-Millionen-Volk, über ein Sechstel der Welt, über Paläste, Güter und Edelsteine, die nirgends in der Welt ihresgleichen hatten. Die Vision der vierzehnjährigen Prinzessin Alix, die sie erlebte, als sie im Trubel des Zarenballes zum erstenmal in die grauen Augen des Großfürsten Nikolaus blickte, hatte sich erfüllt.

An der Schwelle des Anitschkov-Palais empfing die Neuvermählten nach altrussischer Sitte die Kaiserin-Mutter, Maria Feodorowna, die Frau, die alles getan hatte, um diese Ehe zu verhindern. Sie verbeugte sich tief vor dem jungen Paar, in ihren Händen trug sie eine Schüssel mit Salz und Brot, die sie den beiden entgegenreichte.

8. AN DER SCHWELLE DES JAHRHUNDERTS

„Das Russische Reich wird auf der unerschütterlichen Grundlage der Gesetze regiert, die von der obersten unumschränkten Gewalt verkündet werden.“

Dieser 87. Paragraph der Grundgesetze des Russischen Reiches war auch zugleich das einzige unabänderliche Gesetz in Rußland. Der kluge Graf Speransky, der unter Nikolaus I. diesem Gesetz seinen Wortlaut gab, legte besonderen Wert auf die Redewendung „unerschütterliche Grundlage“. In dieser Definierung erblickte er die einzige, selbstgewollte Beschränkung der kaiserlichen Allmacht. Der Kaiser war zwar befugt, beliebig Gesetze zu verkünden, doch waren diese Gesetze „unerschütterlich“. Der Kaiser selbst mußte ihnen Folge leisten, solange er sie nicht abänderte. Das Russische Reich war demgemäß keine Despotie, sondern eine autokrate Monarchie auf den Grundlagen des Rechtes.

Und in der Tat, während in England das Parlament *Gladstone* zum letztenmal stürzte, während *Kitchener* den Sudan bezwang, während *Wilhelm II.* von sozialistischen Reformen träumte und *Bismarck* verabschiedete und *Félix Faure* den Präsidentenstuhl Frankreichs bestieg, während die Vereinigten Staaten eben erst das hundertjährige Jubiläum ihrer Verfassung feierten und Italien das abessinische Kaiserreich mit Krieg überzog, wurde Rußland nach den unerschütterlichen Grundsätzen jener selbstherrlichen Formel regiert.

Der starke Wille des Zaren erstreckte sich über 119 Millionen Quadratwerst und 163 Millionen Untertanen. Im Schmelztiegel dieses Willens erschienen das Land und die unzähligen Völker Rußlands als eine einheitliche, gewaltige Macht, die alles bezwingen, alles erreichen und alles in der Welt bestimmen konnte.

Seit dreihundert Jahren führte dieses Reich fast ununterbrochen Krieg. Die Kriege verliefen meist siegreich, und je glänzender die Siege des Zarenheeres waren, desto stärker, mächtiger und stabiler erschien das Land den übrigen Völkern. „Rußland“, schreibt Witte, „ist im Grunde ein militärisches Imperium. Das allein sichert ihm in den Augen des Auslandes seine Stellung. Nicht etwa unserer Kultur wegen hat man uns diese leitende Position eingeräumt. Unser Einfluß beruht lediglich auf der Stärke unserer Faust.“

Auch in Rußland selbst waren die leitenden Kreise von dem Bewußtsein dieser militärischen Übermacht durchdrungen. Im Schutze von zehn Millionen Bajonetten konnte das Zarentum augenscheinlich jeder äußeren Gefahr trotzen und eigenwillig die Verhältnisse in Europa und Asien nach seinem starken Willen formen.

Die Macht des Zaren reichte nicht nur dazu aus, Rußland zu beherrschen, sondern auch, um in der ganzen Welt die monarchische Ordnung und die gottgewollte Autokratie zu wahren und zu pflegen. Als der älteste Feind des Zaren, der türkische Sultan, von Aufständischen bedroht wurde, zögerte Nikolaus I. nicht, die ganze Macht seines kaiserlichen Heeres dem Nachbarn und Feinde zur Verfügung zu stellen und auf diese Weise die Stellung des Sultans zu retten. Auch im ungarischen Aufstand fühlten sich die Zaren verpflichtet, schützend einzugreifen, um das Reich Franz Josefs vor dem Zerfall zu bewahren. Freundschaft und Feindschaft, Haß und Liebe wurden vergessen, wenn es galt, das monarchische Prinzip irgendwo in der Welt zu stützen. Während in Rußland die gottgewollte Zarentreue scheinbar unauslöschlich in den Herzen der Untertanen ruhte, mußten die russischen Truppen im Osten und Westen dem Wunsche des Zaren folgend die monarchische Ordnung wahren. Wie eine Fackel der Autokratie leuchtete das russische Zarentum über dem Chaos der in ihren Grundfesten erschütterten, zum Parlamentarismus neigenden Monarchien Europas.

Sollten jedoch dem Zaren wider Erwarten Zweifel an der Stabilität seines eigenen Reiches aufkommen, so verfügten die leitenden Kreise über ein ganzes Arsenal von Argumenten, die die kaiserliche Besorgnis zerstreuen konnten. Rußland war nicht nur das mächtigste, es war auch das größte Reich der Welt. Es umfaßte ein Sechstel der Erde, es barg unermeßliche Reichtümer, es war geographisch unbezwingbar. Die Städte des Landes wuchsen, Eisenbahnen durchkreuzten die Steppen, das Volksvermögen stieg, und die Finanzen des Reiches waren im denkbar besten Zustand.

Seit vielen Jahrhunderten, seit den Tagen Johann Kalitas, nahm das Reich ständig an Umfang und Stärke zu. Und wenn der junge Zar an der Schwelle des 20. Jahrhunderts die unermeßlichen Gebiete seines Reiches noch hätte erweitern wollen, so würde sein Stirnrunzeln genügt haben, um China, Tibet, Afghanistan und Persien zu bezwingen. General Kuropatkin, der unglückliche Feldherr im japanischen Krieg, berichtet in seinen Memoiren, daß der junge Zar tatsächlich Gedanken dieser Art ausgesprochen habe.

Die unerschütterliche innere Macht, der aufblühende Reichtum, das immer steigende Volksvermögen und die geographische Lage bestimmten das Verhalten des Russischen Reiches zu den auswärtigen Staaten. Nikolaus II. bestieg den Thron eines gefürchteten Reiches. Die östlichen Nachbarn Rußlands, China und Persien, standen zum Reiche Nikolaus beinah in einem Vasallenverhältnis. Der einzige große Rivale, das Britische Reich, mußte zum erstenmal in seiner Geschichte unter dem Druck Alexanders III. seine Ansprüche zurückstellen. Als im Jahre 1885 englischfreundliche Afghanen das russische Grenzgebiet überschritten, verfolgte das russische Heer, trotz englischer Proteste, die Afghanen bis weit nach Afghanistan hinein. Die weiteren Proteste Englands erwiderte der Zar mit der Mobilmachung der baltischen Flotte, und diese Geste genügte, um den drohenden Krieg in eine friedliche Konferenz zu verwandeln.

Auch in Europa hinterließ Alexander seinem Thronfolger ruhige und gesicherte Verhältnisse. Die welthistorische Wandlung der Außenpolitik Alexanders war das Bündnis mit Frankreich und die Abkehr von Deutschland. Seit den Zeiten der Napoleonkriege, seit dem Zusammentreffen zwischen Alexander I. und Friedrich Wilhelm III. waren die Hohenzollern und die Romanows miteinander durch freundschaftliche und verwandtschaftliche Beziehungen verbunden. Erst das Bündnis Bismarcks mit Österreich, dem Balkanrivalen Rußlands, trübte dieses Verhältnis. Als dann im Jahre 1890 Deutschland den geheimen Rückversicherungsvertrag mit Rußland kündigte, zerriß die Freundschaft zwischen den beiden Dynastien endgültig. Kurze Zeit nachdem sich Graf Schuwalow in Berlin die Absage Caprivis geholt hatte, erlebte die Welt das seltsame Schauspiel der Verbrüderung des einzigen autokraten Monarchen Europas mit der einzigen großen europäischen Republik.

An einem nebligen Morgen lief eine französische Flottille in den Hafen von Kronstadt ein. Alexander III. bestieg einen Panzerkreuzer, und die reaktionären Höflinge glaubten dem Weltuntergang beizuwohnen, als sich der russische Zar beim Intonieren der französischen Hymne erhob und entblößten Hauptes den Klängen der Marseillaise lauschte, den Klängen jener Hymne, für deren Absingen er seine Untertanen unweigerlich nach Sibirien zu verbannen pflegte. Während dieser welthistorischen Szene entschied sich unsichtbar die Politik der künftigen Jahrzehnte. Ein Bündnis mit Frankreich war ein sicherer Schutz gegen den Bund der Mittelmächte, es war auch die Grundlage für die Einkreisung Deutschlands. Alexander III. verstand es im gegebenen Fall, seine monarchischen Grundsätze politischen Erwägungen zu opfern.

Nikolaus II. konnte bei seiner Thronbesteigung ruhig in die Zukunft blicken. Keine Wolke, kein Schatten trübte die weiten Horizonte seiner Allmacht.

Und doch schien unter dem ruhigen Wasserspiegel des russischen Meeres etwas Unheimliches und Drohendes vorzugehen. Seit geraumer Zeit war das Reich des Zaren in Unordnung geraten. Das stille Wasser der Allmacht gebar giftige Blüten; todbringende Ausdünstungen stiegen gen Himmel, Larven und Dämonen nisteten im Schilf, und ihr giftiger Atem drohte das ganze, ungeheuere Reich zu ersticken. Seit dem Tode Peter II., seit 1730, war bis zu Alexander III. kein Zar eines natürlichen Todes gestorben. Ein blutiges Geheimnis umgab im Bewußtsein des Volkes das Dahinscheiden eines jeden Monarchen.

Peter III. wurde von seiner Frau erwürgt. Die Geliebten dieser Frau erwürgten dreißig Jahre später seinen Sohn, den unglücklichen Paul. Alexander, der Sohn Pauls, verschwand geheimnisvoll und für immer aus seinem Palast. Gift setzte dem Leben seines Bruders Nikolaus I. ein Ende. Und die Bombe der Terroristen zerriß den Körper seines Erben Alexander II. Blut bedeckte die Stufen, die zum Throne der russischen Allmacht führten. Gespenster bevölkerten die marmorne Pracht der Paläste. Auf dem Blute der Völker hatte der erste Kaiser, Peter der Große, die russische Weltmacht errichtet, und Blut wurde zum Wahrzeichen ihres Schicksals. Das stille Gewässer Rußland, das regungslos und traumhaft im Zauberschlaf versunken schien, brodelte unterirdisch in unmerklichem, dämonischem, spukhaftem Aufruhr.

Seit den Tagen Alexanders I., seit den Tagen, da russische Garderegimenter an den Pariser Boulevards kampierten, veränderte sich das Antlitz des Reiches. Aus dem europäischen Feldzug brachten die Gardeoffiziere den Geist der europäischen Revolution als Siegestrophäe in die Heimat. Wie ein Stein, der ins Wasser geworfen, immer breitere Kreise zieht, so ergriff der Geist der Revolution nach und nach immer weitere Schichten des Volkes. Aus den Palästen der Aristokratie drang er auf die Gutshöfe des Adels, von dort in die Lehrsäle der adligen Hochschulen, um schließlich in der dünnen Schicht der städtischen halbbürgerlichen Intelligenz festen Fuß zu fassen.

Am 14. Dezember 1825, am Tage des Dekabristenaufstandes, bemächtigte sich dieser Geist der Petersburger Gasse. Von da ab beginnt die lange

Reihe der Helden, Verbrecher, Schurken und Idealisten, die gespenstisch aus dem Nebel der Petersburger Quartiere emportauchten. Die Ideale der Französischen Revolution, im barbarischen Gewand des russischen Nihilismus, ergriffen die obere Schicht der Petersburger Jugend. Doch machten weder das rührende Heldentum der Petersburger Komtessen noch die abscheulichen Verbrechen der halbwahnsinnigen Nihilisten irgendeinen bemerkenswerten Eindruck auf das russische Volk. Weder die heldenhafte Todesverachtung der Revolutionäre, noch die bäuerlichen Sitten, deren sie sich befleißigten, um einen engeren Kontakt mit dem Volk herzustellen, vermochten die russische Volksseele ernstlich zu interessieren. Selbst als es den Nihilisten gelang, zum erstenmal in der russischen Geschichte einen Zaren auf offener Straße zu ermorden, antwortete das Volk der Bauern mit einem geheimnisvollen Schweigen, das weder für den Ermordeten noch für die Mörder sprach.

Ausländische Beobachter hielten die Petersburger Revolutionäre für die ersten Anzeichen eines drohenden Zerfalls des Reiches. Rußland erschien ihnen als Koloß auf tönernen Füßen, der durch die Macht der revolutionären europäischen Ideen zu Fall gebracht werden konnte.

Das Leben Alexanders III. bewies die Irrigkeit dieser Annahme. Unter der schweren Faust des Zaren verschwanden die Revolutionäre wie der Teufel beim Zeichen des heiligen Kreuzes. Das kraftvolle Wort eines vielleicht nicht allzu klugen, aber energischen, zielbewußten Mannes genügte, um den dämonischen Spuk zu bannen. Mit Erstaunen stellten die Ausländer fest, daß der Koloß, dessen baldiges Ende allgemein prophezeit worden war, durch einen einzigen, mächtigen Schlag seine Gegner vernichtet hatte.

Die Nachgiebigkeit Englands, das Bündnisangebot Frankreichs, die Anleihe Deutschlands, das war die Antwort Europas auf die eisenharte Aktivität des Zaren. Denn die Verschwörungen und Morde der Nihilisten berührten nicht einmal die oberste Schicht des wogenden russischen Völkermeeres. Ihre Siege und Niederlagen waren für die Festigkeit der Monarchie ebenso unbedeutend, wie die Überschwemmungen der Newa für die Bauern an der Wolga. Die einzige, ernste Gefahr für das Zarentum, die Gefahr, die schließlich auch seinen Untergang herbeiführen sollte, kam von einer ganz anderen Seite. Der Name dieser Gefahr war: Der russische Bauer.

Die ungeheuere russische Ebene ist das naturgegebene Land der Bauern. Der Ackerbau ist der einzige Beruf, den diese unendlichen Flächen erlauben. Industrie und Handel waren von jeher zur mangelhaften Entwicklung verurteilt. Wie ein Fluch des Allmächtigen lastete auf diesem Riesenreich seine unglückselige geopolitische Lage.

In stiller Pracht durchschneiden die russischen Ströme die majestätische Ebene. Träge Wellen ziehen auf breiten Wasserläufen durch die menschenarmen Steppen. An den Ufern ertönt der monotone Gesang der Schlepper. Durstiges Vieh labt sich am Wasser der Ströme und der wilde Tartar, mit Pfeil und Bogen bewaffnet, starrt mit geschlitzten Augen in die endlosen Steppen, durch die die Flüsse ihre Gewässer wälzen.

In Europa und Asien durchziehen geschäftige Handelsschiffe die gewaltigen Ströme. An den Ufern der Flüsse entstehen Handelsstädte und Warenlager. Wie eine goldene Ader durchzieht der Fluß die Länder; Reichtum spendet sein Lauf, und in friedlichem Wohlstand blühen die Städte.

Rußland besitzt den weitaus mächtigsten Strom Europas, die Wolga, deren Länge von 3570 km den Rhein um 2000 km, übertrifft. Die drei gewaltigsten Flüsse Asiens, *Ob*, *Jenissei* und *Lena*, erreichen jeder die Länge des 5200 km langen *Jangtsekiang* und verlassen in ihrem endlosen Lauf kein einziges Mal das Zarenreich.

Doch wurden die Ufer der russischen Flüsse niemals zum Zentrum des merkantilen Reichtums, denn das Unglück Rußlands ist die Richtung, die sich die Flüsse in ihrem jahrtausendealten Lauf erkämpft haben. Die gewaltige Wolga mündet in das tote Kaspische Meer, das keine Verbindung zu den Weltmeeren hat. Ob, Jenissei und Lena tragen ihre kalten Wellen in das dreiviertel des Jahres zugefrorene Nordische Eismeer, in die eisbedeckten Gebiete jenseits des Polarkreises.

Das billigste Transportmittel der Welt, der Wasserweg, bleibt somit dem Lande verschlossen und die Reichtümer des Landes liegen brach, während sich die Bevölkerung dem einzigen lohnenden Beruf der Ebene, dem Ackerbau, hingibt. Während die Zahl der Fabrikarbeiter in Rußland 2 900 000 betrug, gehörten 96 800 000 Untertanen des Zaren dem Bauernstande an, und 88 Prozent der russischen Ausfuhr bestand aus den Erzeugnissen landwirtschaftlicher Arbeit. Der Wohlstand, das Glück und das Wohlergehen der Bauern waren demgemäß für den Bestand des Zarentums von weitaus größerer Bedeutung als die aufrührerischen Reden einiger hundert Petersburger Studenten und Intellektueller.

Jahrhundertelang waren die Bauern Leibeigene der adligen Gutsbesitzer gewesen. Alexander II. verwirklichte ihren uralten Traum von der verbrieften Freiheit. Am 19. Februar 1861 erließ der Zar sein berühmtes Befreiungsmanifest. Mit diesem Manifest wurde die Leibeigenschaft im Zarenreiche für ewige Zeiten aufgehoben.

Die Bauern, die bis dahin Privatbesitz ihrer Herren gewesen waren, hatten naturgemäß selber kein Eigentum. Der Regierung, die ihnen die Freiheit geschenkt hatte, fiel nun die Aufgabe anheim, für das materielle Wohl der befreiten Seelen Sorge zu tragen. Das offizielle Rußland, bis dahin gewohnt, mit den Bauern nur durch die Vermittlung der adligen Gutsbesitzer zu verkehren, stand dieser Aufgabe hilflos gegenüber.

Zwar enteignete der Zar zugunsten der Bauern einen Teil des Adelslandes, die Verteilung dieses Landes an die neuen Besitzer stieß aber auf schier unüberwindliche Schwierigkeiten. Da die befreiten Bauern eine sofortige Festlegung ihres Status brauchten, mußte die Reform blitzschnell durchgeführt werden. In Ermanglung von Katasterämtern, geeigneten Beamten und Landmessern, war es technisch unmöglich, Millionen von Urkunden an Millionen von Besitzern, die über Millionen von Quadratkilometer verstreut waren, zu verteilen. Auch die Polizei erklärte sich außerstande ihre schützende Hand sofort über die Dörfer auszubreiten, in denen bis jetzt der alleinige Wille des Gutsbesitzers gewaltet hatte.

In der Hast der Reformzeit entsann sich die Regierung eines preußischen Beamten, des Barons von Haxthausen. Dieser hatte in einem Reisewerke über Rußland das System der „*Obschtschina*“ oder des „*Mir*“ in entlegenen Gebieten entdeckt und beschrieben. Nach diesem System wurde das Land nicht den einzelnen Bauern, sondern den Gemeinden zugewiesen und zum Gemeingut aller Gemeindemitglieder erklärt. Die Gemeinde mußte in gewissen Zeitabständen die Zuteilung des Landes an die Bauern vornehmen. Doch blieb dieses Land in erster Linie das Eigentum der Gemeinde. Der Bauer beackerte heute das eine Feld, morgen ein anderes, ohne mit der gemeinsamen Scholle innerlich verwachsen zu sein.

Darüber hinaus übte die Gemeinde (Mir) auch polizeiliche Funktionen aus. Die Gemeindemitglieder konnten auf Beschluß des Gemeinderates gezüchtigt werden, die Gemeinde verbot ihnen, das Dorfgebiet zu verlassen, und die Regierung erließ Gesetze, die die Bauern praktisch zu Leibeigenen der Gemeinde machten. Am 14. Dezember 1893 erklärte Alexander III. das Bauernland für unveräußerlich, und gleichzeitig wurde es den Gemeinden untersagt, ohne zwingende Gründe den Bauern die Erlaubnis zum Verlassen ihrer Dörfer zu erteilen.

Zu gewissen Zeitpunkten wurden die Bauern gezwungen, von 10 Uhr abends an in ihren Hütten zu bleiben, auch durften sie aus ihrer Gemeinde nur dann austreten, wenn sie ihren Hof und ihr Vieh sowie den Anteil am Gemeindegut kostenlos der Gemeinde zur Verfügung stellten.

Dieses seltsame, halb mittelalterliche, halb sozialistische System, das seinen *Ursprung* der *Unbeholfenheit* des *Staates* verdankte, wurde nachträglich zur Weltanschauung erhoben. Greise Philosophen slawophiler Färbung erklärten die Obschtschina für die agrare Verkörperung der russischen Seele. Aksakow und Chomiakow behaupteten, daß dieses System die unbewußten Träume der Bauern verwirkliche, und die gelehrten Sozialisten westlicher Prägung betrachteten den Gemeinnutz des Landes als ersten Ansatz zu jener sozialistischen Ordnung, deren glückspendendes Licht demnächst auch die übrigen Zweige des russischen Lebensbaumes bestrahlen sollte.

Die niedrigen Steuern, die der Bauer für sein Land zahlte, sie betrugen 13 Kopeken für die Deßjatine, ließen dieses System nach außen hin nicht nur nützlich, sondern auch human erscheinen.

Beide Parteien, die Slawophilen sowie die Sozialisten, übersahen lediglich, daß bei diesem idealen System der Bauer aus dem Leibeigenen des Gutsbesitzers zum Leibeigenen der Gemeinde und des zuständigen Polizeiinspektors geworden war, so daß sich die Willkür eines Menschen jetzt in die Willkür vieler verwandelt hatte. Auch war das Gemeindeland derart karg bemessen, daß bei der dauernd zunehmenden Bevölkerung, die an den stets gleichbleibenden Raum gebunden war, Armut und Hunger unausbleiblich schienen.

79 Prozent der landwirtschaftlichen Ausfuhr stammten von den Gütern des Adels und, während in den zentralrussischen Gouvernements die Bauern dicht aneinandergedrängt auf ihrer Scholle verhungerten, gehörten 700 aristokratischen Familien 20 Millionen Deßjatinen bebauten, zentralrussischen Landes. Dabei konnte in dem größten Reich der Welt von Landknappheit natürlich keine Rede sein. Während in Westeuropa 70 Prozent des Landes landwirtschaftlich ausgenutzt sind, waren im Zarenreich nur 4 Prozent des Landes beackert. Doch wurde jeder Plan der Ansiedlung von Bauern in den fruchtbaren und menschenarmen östlichen Gebieten durch die Latifundienbesitzer vereitelt. Diese befürchteten, daß die Abwanderung der Bauern nach Sibirien oder nach Turkestan zum Arbeitermangel in Zentralrußland und somit zur Erhöhung der Arbeitslöhne führen könnte.

Das System der Obschtschina und der Bauernbeschränkungen führte zu einer unbeschreiblichen Verelendung und Verarmung des Volkes. Die geringe Kaufkraft der russischen Massen spiegelt sich am deutlichsten in der Handelsbilanz wieder. Der Im- und Export Rußlands, eines Landes mit 163 Millionen Einwohnern und 119 Millionen Quadratwerst, entsprach zahlenmäßig genau dem Im- und Export Belgiens, eines Landes mit 7 Millionen Einwohnern und 25 000 Quadratwerst Flächeninhalt. Das durchschnittliche Jahreseinkommen eines Russen betrug vor dem Krieg 53 Rubel, eines Franzosen 233 Rubel, eines Engländern 273 Rubel und eines Amerikaners 345 Rubel. Die Ersparnisse eines Russen betrugen im Jahre 1910 16 Goldrubel, eines Franzosen 96 Rubel, eines Engländers 106 Rubel und eines Deutschen 143 Rubel.

Trotz des immer steigenden Etats, der zuletzt in die Milliarden ging, betrugen die Kredite für die Bauern im Jahre 1905 fünf Kopeken auf den Kopf der Bevölkerung, während um die gleiche Zeit die landwirtschaftlichen Kredite Frankreichs 28 Rubel, die Deutschlands 35 Rubel und die Amerikas sogar 60 Rubel pro Kopf ausmachten. Die geringe Zahlungsfähigkeit der Bevölkerung, vereint mit den niedrigsten Steuern der Welt, bedingten auch die immer steigenden Staatsanleihen. In der gleichen Zeit, als in den USA auf jeden Einwohner fünf Kopeken Staatsschuld entfielen, schuldete jeder Russe 2,80 Rubel. Die geordnete Lage der Staatsfinanzen ermöglichte zwar die pünktliche Tilgung dieser Schulden, die Tatsache aber, daß die Schulden im Ausland aufgenommen werden mußten, beweist den erstaunlichen Kapitalmangel des innerrussischen Marktes.

Das geringe Einkommen der Bevölkerung wird am drastischsten durch folgendes Beispiel gekennzeichnet. Eine Deßjatine Wald in Sibirien brachte eine Kopeke Gewinn, dieselbe Deßjatine Wald brachte in Deutschland 29 Rubel und in Frankreich 36 Rubel Ertrag.

Dennoch drängten die ungeheueren Reichtümer Rußlands mit der Entwicklung der Eisenbahnen zu einer immer großzügigeren Entfaltung der Wirtschaft. Die Aufhebung der Leibeigenschaft hatte Rußland in ein privatkapitalistisches Land verwandelt. Gegen Ende der Regierungszeit Alexanders III. besaß Rußland bereits 1500 Handelsunternehmungen, mit einem Gesamtkapital von dreieinhalb Milliarden Goldrubel. Da jedoch die unzweifelhaft intensive industrielle Entwicklung Rußlands die barbarische, feudalsozialistische Obschtschtina zum Unterbau hatte, war dieser Entwicklung durch die Armut des Volkes eine natürliche Schranke gesetzt.

Der Schlüssel, mit dem die Pforte des russischen Reichtums und damit die der politischen Sicherheit geöffnet werden konnte, war die Lösung der Bauernfrage, die Verwandlung der Millionen pauperisierter Leibeigenen des Kollektivs in wohlhabende und regierungstreue Landbesitzer.

Kundgebungen am Newa-Kai nach dem Erlaß des Zaren

Nikolaus begrüßt den französischen Generalstabschef Joffre bei der Truppenschau von Krasnoje Selo

Das kaiserliche Schloß in Livadia in der Krim

Fünfunddreißig Jahre lang wartete das Bauerntum auf das machtvolle Wort des Zaren, auf die Aufhebung des Mir. In hingebungsvoller Treue hatten die Bauern über ein Jahrtausend ihren Monarchen gedient. Sie bezwangen für ihre Zaren ein Sechstel der Welt und über hundert fremde Völker, die zuletzt 40 Prozent der russischen Bevölkerung ausmachten. Für ihre Zaren erbauten sie Städte und Paläste, zahlten sie Steuern und verbluteten in zahllosen Kriegen.

Jahrhunderte hindurch beantwortete das Zarentum die Taten seiner Untertanen mit der steten Sorge um das Wohl der Bauern. Wassili III. befreite die Bauern vom tartarischen Joch, Iwan IV. gab den Provinzen die Selbstverwaltung, und Alexander II. hob die Leibeigenschaft auf. Die harten Gesetze Alexanders III. verwandelten jedoch das Volk der Bauern in unmündige Kinder, mit dem Unterschied allerdings, daß diese Kinder nicht mehr von ihren Eltern ernährt wurden, sondern im Gegenteil selber ihre Eltern ernähren mußten.

Fünfunddreißig Jahre warteten die Bauern, und je länger sie warteten, desto bedrohlicher wurde ihr Schweigen. Doch richtete sich dieses Schweigen weniger gegen den Begriff des Zarentums als gegen das unsinnige Provisorium, das aus Bequemlichkeit zur Weltanschauung erhoben worden war. Leise Anzeichen mußten den Hellhörigen auf die unheilschwangere Stille aufmerksam machen.

Als zum Beispiel Großfürst Wladimir in den achtziger Jahren das Wolgagebiet bereiste, wurde ihm im Gouvernement Samara eine hundertjährige Bäuerin vorgeführt. Die Greisin, für die zwischen Großfürst und Zar kein Unterschied bestand, stürzte sich beim Anblick Wladimirs zu Boden, küßte seine Schuhe und weinte vor Rührung. „Warum weinst du denn, Mütterchen?“, fragte der Großfürst. „Was soll ich denn sonst tun?“, schluchzte die Alte, „Gott hat mir erlaubt, zum zweitenmal einen Zaren zu sehen.“ „Wer war denn der erste?“ „Unser Väterchen, unser Wohltäter, Pugatschow.“

Wladimir, der klug und verständnisvoll war, begriff sofort, was es bedeutete, wenn die Bauern an der Wolga den Räuber Pugatschow, der das Land an die Bauern verteilen wollte, Jahrzehnte nach dessen Hinrichtung für den echten Zaren hielten. – Es war nicht zuletzt auf seine Fürsprache zurückzuführen, daß in den Salons und Ämtern der Hauptstadt zu Beginn der Regierungszeit Nikolaus II. die Bauernfrage immer mehr in den Mittelpunkt des allgemeinen Interesses rückte.

Denn nur die Bauern und nicht die Revolutionäre, nicht die Nachbarstaaten, nicht die Industriearbeiter und die Intellektuellen konnten für das Zarentum zu einer wirklichen Gefahr heranwachsen. Noch schwieg der Muschik in treuer Hingabe an Väterchen Zar und im finsteren Groll gegen seine Gesetze. Die Regierung Nikolaus II. sollte entscheiden, ob sich dieses Schweigen in jubelnde Heilrufe oder in einen barbarischen, tierisch-brutalen Aufstand verwandeln würde.

9. IM ENGEN KREISE

Die Last des Herrschens fiel auf Nikolaus wie die Strafen Gottes auf den Dulder Hiob. Mit der gleichen Entsagung, mit der sich sein Vater in das finstere Gatschina-Palais einschloß, verzichtete Nikolaus vom Todestage Alexanders ab auf alle Freuden, die Rußland einem jungen Zaren bieten konnte. Die Besuche im Offizierskasino, die Fahrten über das glatte Wasser des finnischen Golfes, die einsamen Spaziergänge und Theaterbesuche wurden hart und unerbittlich eingeschränkt. Gleich seinem mächtigen Vater, gleich allen Romanows, war auch Nikolaus von dem heiligen Ernst seines kaiserlichen Amtes durchdrungen. Im Gegensatz zu seinen Ahnen fehlte ihm jedoch die freudige Machttrunkenheit des Imperators und das monarchische Interesse an den Fragen der Verwaltung. Das Regieren empfand Nikolaus als eine gottgewollte Last, und die achtzehn Stunden, die er mitunter gewissenhaft an seinem Arbeitstisch verbrachte, erschienen ihm lediglich als pflichtgemäßes Opfer am Altare seiner Ahnen. „Ich gehe nie schlafen, bevor nicht das letzte Papier von meinem Schreibtisch verschwunden ist", erzählte er im intimen Freundeskreis, und in seinem Tagebuch findet sich oft der melancholische Satz: „Wieder die Minister mit ihren Berichten."

Der Zar sehnte sich nach dem stillen Familienglück eines biederen Gutsbesitzers, jedoch lastete auf seiner Seele der schwere Eid des Monarchen. Es war weniger die Liebe zur Macht, als das Bewußtsein ihrer Gottgewolltheit, die den frommen Zaren Zeit seines Lebens daran hinderte, fremden Händen auch nur einen Bruchteil seiner Machtfülle anzuvertrauen.

Zum offiziellen Wahrzeichen seines Lebens erhob der Zar den kleinen aktenbeladenen Tisch am rechten Fenster seines Arbeitszimmers in Zarskoje Selo. Auf diesen Tisch strömten alltäglich aus allen Teilen des Reiches Bittschriften, Gesuche, Berichte, Anregungen und Denunziationen. Die strengen Regeln der Alleinherrschaft geboten, daß alle Schriftstücke vom Zaren selbst gelesen und gezeichnet werden mußten. Das erbliche Gedächtnis der Romanows ermöglichte es dem Zaren, sich mit erstaunlicher Leichtigkeit in diesem Chaos zurechtzufinden.

Der ständige Kontakt mit den verschiedensten Zweigen der Verwaltung vermittelte Nikolaus umfangreiche Kenntnisse auf den verschiedensten Gebieten. Die hohe Gabe der Synthese blieb ihm jedoch versagt. Seine Kenntnisse verwandelten sich nie in Wissen. So sehr die Minister einerseits die rasche Auffassungsgabe des Zaren in Verwunderung setzte, so sehr plagte sie anderseits seine Vorliebe für kleinliche und nebensächliche Details. Im Herrschen wie im Leben war Nikolaus ein Miniaturist.

In der gleichen Weise, in der dem Zaren der Gegensatz zwischen Kenntnissen und Wissen verschlossen war, blieb ihm auch der Unterschied zwischen Verwalten und Regieren verborgen.

Die unzähligen Befehle, die vom Tische des Zaren hinweg ihren Weg in die Kanzleien, Ämter und Ministerien nahmen, bezogen sich zumeist auf die einzelnen Fragen der Verwaltung; dabei konnte der Alleinherrscher des eurasischen Kontinentes naturgemäß nur die allgemeinen Regierungsrichtlinien angeben. Die Ausführung der allerhöchsten Weisungen, die eigentliche Verwaltung war das Ressort der Minister, Gouverneure und Beamten.

Der eurasische Kontinent glich in den Augen Nikolaus' einem väterlichen Rittergut, in dem alles vom Gutsherrn selbst entschieden werden mußte. Der Beherrscher des größten Imperiums der Welt war entschlossen, sein unermeßliches Reich nach denselben Grundsätzen zu regieren, wie die alten Großfürsten von Moskau ihr kleines Land verwaltet hatten.

Um die Verwaltung dieses väterlichen Erbes führte Nikolaus einen harten, erbitterten und hoffnungslosen Kampf. Die Maßnahmen der Minister, selbst solche, die seinen Weisungen entsprachen, erschienen ihm stets als unerlaubte Eingriffe in seine monarchische Prärogative. Doch fehlte ihm jener feste Ton, jene Selbstverständlichkeit des Befehlens, mit der die alten Zaren ihren Ministern jede, auch die irrsinnigste Maßnahme anbefohlen hatten. Paul I. errötete nicht, als er es seinen Untertanen verbot, Westen zu tragen und das Wort „Vertreter“ zu gebrauchen. Nikolaus I. befahl, wie die Fama berichtet, mit ruhigem Gewissen, eine Witwe „als Jungfrau zu betrachten“. Nikolaus II. peinigten hingegen die schwersten Seelenqualen, wenn er einem verhaßten Minister seinen Abschied mitteilen mußte. War der Rücktritt eines Ministers geplant, so empfing ihn der Zar bei der letzten Audienz mit warmen, freundschaftlichen Blicken, besprach mit ihm die Maßnahmen, die der Minister im nächsten Jahr treffen sollte, genehmigte all seine Vorschläge und setzte die Zeit für den nächsten Empfang fest. Zu Hause angelangt, fand der Minister allerdings einen liebenswürdigen Brief des Zaren vor, in dem ihm dieser seine bereits erfolgte Entlassung mitteilte.

Nur selten formten die schmalen Lippen des Zaren das harte Wort „Nein“. So sehr ihm aber die Gabe fehlte, seinen Ministern energisch zu widersprechen, so unmöglich war es andererseits, ihn selber für eine Maßnahme zu gewinnen, zu der ihm die innere Bereitschaft fehlte. Die angeborene schüchterne Höflichkeit hinderte ihn zwar daran, seinen Willen offen kundzutun, jedoch war die meisterhafte byzantinische List, mit der er den Netzen seiner Ratgeber unauffällig entschlüpfte, lediglich ein Deckmantel für den verborgenen, aber stahlharten Willen.

Nur einmal im Leben, am 17. Oktober 1905, am Tage des Verfassungsmanifestes gelang es einem Minister und einem Großfürsten, den Willen des Zaren zu beugen. Beide sollten allerdings bald darauf die ganze Härte der kaiserlichen Ungnade zu fühlen bekommen. Demütigungen vergaß Nikolaus nie.

Die äußere, gleichmäßige Höflichkeit des Zaren, die Unfähigkeit, den harten Willen in schroffe Formen zu kleiden, wurde oft als Unaufrichtigkeit, List und Byzantinismus ausgelegt, mehr als das waren sie der Ausdruck eines tiefen Mißtrauens gegen die uniformierten Minister, Beamten und Würdenträger, die den Zaren wie eine goldene Mauer vom Volke trennten.

Tief in der Seele Nikolaus' lebte der brennende Wunsch, über die Köpfe der Beamten hinweg seinem Volke nahe zu sein, und von den Nöten dieses Volkes, das ihm göttliche Ehren zollte, nicht nur durch den Mund der greisen, weltfremden Minister zu vernehmen. Das Vertrauen des Zaren zu den Menschen stieg im umgekehrten Verhältnis zu der Zahl ihrer Orden, Würden und Titel. Je unbekannter ein Mensch war, je geringer seine Möglichkeiten waren, dem Zaren seinen Willen aufzuzwingen, desto freudiger besprach der Zar mit ihm alle Fragen der Regierung. Ahnungsvoll fühlte er, daß nicht die Meinung der Minister, sondern die unbeholfenen Reden dieser Leute jene Wahrheit enthielten, die zu wissen ihm die göttliche Vorsehung bestimmt hatte.

Das abgeschlossene Dasein des Zaren, die Wache an den Türen der Vorstadtpaläste setzte diesem Wunsche unüberwindliche Hindernisse entgegen. Die Zahl der persönlichen Bekannten des Monarchen war gering, seine Beziehung zur Außenwelt offiziell und kalt. Nur durch eine gütige Fügung des Schicksals streifte hie und da der Name eines einfachen Sterblichen das Ohr des Monarchen. Diesen Sendboten der freien Welt schenkte der Zar meist viel größeres Vertrauen als den verantwortlichen, von ihm selbst ernannten Ministern und Würdenträgern.

Schon in den ersten Jahren seiner Regierungszeit zeigten sich auf den Hintertreppen der Paläste seltsame und abenteuerliche Gestalten.

In der Finsternis des Abends huschte an der Wache der Schatten irgendeines Kleinbürgers oder Bauern vorbei, der von einem stummen Höfling geleitet, das Zarenzimmer betrat, um dem Herrscher des Riesenreiches seine einfachen Weisheiten mitzuteilen.

Der erste in der langen Reihe dieser geheimen Ratgeber war ein gewisser *Klopow*, ein kleiner Gutsbesitzer aus Zentralrußland. Seine Affäre, in den Beamtenkreisen verächtlich Klopiade genannt, war das erste Glied in der langen Reihe jener seltsamen Geschehnisse, die in der Phantastik Rasputins ihr blutiges Ende finden sollten.

Der kleine Gutsbesitzer Klopow wurde im Jahre 1897 von einem Großfürsten im Palast eingeführt. Klopow war ein Fanatiker der Güte. Jede Ungerechtigkeit, jedes Leid erschütterte sein sanftes Gemüt. Das Leben erschien ihm als ein Tränental und der Monarch als der gottgesandte Bote, der dazu ausersehen war, den Kummer jedes seiner Untertanen zu lindern.

Als Nikolaus I. die berüchtigte Geheimpolizei in Rußland einführte, bestimmte er, daß das Taschentuch an sichtbarer Stelle der Uniform getragen werden müsse. Dieses Taschentuch sollte symbolisieren, daß die Aufgabe der Spitzel darin bestand, die Tränen der Waisen und Witwen zu trocknen.

Klopow wollte der kaiserliche Tränentrockner Nikolaus II. werden. Zur Wiederherstellung der Gerechtigkeit im Riesenreich gab Nikolaus Klopow 300 Rubel und einen eigenhändig geschriebenen Zettel, in dem sämtlichen russischen Behörden anbefohlen wurde, alles zu erfüllen, was Klopow von ihnen verlangte.

Wie ein zweiter Harun al Raschid durchreiste Klopow Rußland, trocknete die Witwentränen, befreite Gefangene und verursachte ein unbeschreibliches Tohuwabohu, indem er unter Vorweisung des kaiserlichen Zettels alle Gesetze willkürlich zugunsten der Erniedrigten und Beleidigten aufhob. Wochenlang annullierte Klopow Gefängnisstrafen, erteilte Pensionen und linderte den Kummer der Untertanen, bis es schließlich den Ministern gelang, den Zaren zur Rücknahme der Vollmacht zu bewegen.

Das Grundprinzip des Zaren, das unruhige Suchen nach direkter Verbindung mit dem Volke wurde dadurch in keiner Weise tangiert. Unauffällig, leise, aber unbeugsam und zäh verfolgte Nikolaus sein seltsames Ziel, die patriarchale Bindung von Zar und Volk.

In derselben Weise, in der der Zar seine innere Festigkeit hinter der Maske einer höflichen Unentschlossenheit verbarg, versuchte die Zarin ihre innere Schwäche durch eine nach außen hin überbetonte Härte kundzutun.

Die Kaiserin Alexandra Feodorowna hatte ein feingeschnittenes Gesicht, helle Augen, schöngeformte Züge und gerade Augenbrauen. Nur ihre Mundwinkel umspielte ein etwas harter Zug, vielleicht ein Nachklang ihrer traurigen Jugend. Sie vergaß nie den frühen Tod ihrer Mutter, den Verlust zweier Brüder und die demütigende Erinnerung an die Zeit, als sie, eine wenig beachtete Verwandte, an den glänzenden Höfen der russischen, englischen und deutschen Monarchen weilen durfte.

Die greise Victoria, die sich des mutterlosen Kindes angenommen hatte, ließ ihr eine strenge, anglikanische Erziehung angedeihen. Die Welt der jungen Prinzessin lag zwischen trockener Frömmigkeit und sentimentalen Mädchengedichten. Während der Zar von seinen Ahnen die Verachtung des Geldes und eine selbstherrliche Hinwegsetzung über die Regeln der Hofhaltung ererbt hatte, erlernte die Prinzessin in den kleinlichen Verhältnissen ihres heimatlichen Hofes die deutsche Sparsamkeit, die von dem starren Glanz einer veralteten Etikette überwuchert wurde. Die überheblichen, russischen Höflinge waren nicht wenig erstaunt, als die junge Zarin schon bei dem ersten Hofempfang den ältesten und ehrwürdigsten Hofdamen beharrlich die Hand zum Kusse entgegenstreckte. Der Begriff der kaiserlichen Allmacht bedurfte in Rußland einer solchen äußeren Bestätigung nicht.

Die Enge der heimatlichen Verhältnisse stand in keinem Einklang zu der seelischen Haltung Alexandra Feodorownas. Die Prinzessin von Hessen-Darmstadt vergaß nie, daß sie die Enkelin der Königin von England und die Nichte des deutschen Kaisers war! Das Schicksal, das ihre Mutter zur Gemahlin des Darmstädter Monarchen gemacht hatte, verbannte die junge Alix in die dritte Reihe der europäischen Fürstlichkeiten. Das Bewußtsein der unverschuldeten Zurücksetzung lastete schwer auf der Seele der jungen Prinzessin. Wie leicht hätte es ihr Schicksal sein können, die Gattin irgendeines kleinen deutschen Prinzen zu werden und ihr Leben in dem trostlosen Milieu einer kleinen Garnisonstadt zu verbringen!

Die Gedanken der Prinzessin schwangen sich früh aus den traurigen irdischen Gefilden zu den höheren Regionen des Geistes empor. Theologische Grübeleien, denen die anglikanische Erziehung einen so weiten Spielraum ließ, waren ein Erbgut des hessischen Hauses. Gleich den Romanows erstrebten die Mitglieder der hessischen Herrscherfamilie seit vielen Generationen, über das Bollwerk der offiziellen Kirche hinweg des himmlischen Antlitzes des obersten Richters ansichtig zu werden.

Zu den Ahnen der Prinzessin zählte die heilige Märtyrerin Elisabeth von

Ungarn, und das Bild dieser sanften Heiligen leuchtete der jungen Prinzessin als Leitstern bei ihrer Wanderung durch das dunkle, irdische Tränental. Auch die Mutter der Prinzessin hatte sich voll Eifer religiösen Strömungen hingegeben, und die Freundschaft, die sie mit dem berühmten Theologen David Strauß verband, warf bedeutungsvolle Schatten geistiger Erlebnisse auf die junge Seele der künftigen Zarin.

Erst die Liebe zu dem russischen Thronfolger riß die Prinzessin aus den erdentrückten Sphären in die rauhe Wirklichkeit zurück. Der verborgene, unterirdische Kampf, den sie um Nikolaus führen mußte, die Mißgunst des alten Zaren und die Verachtung des Hofes, die sie zu überwinden hatte, hinterließen in ihrer stolzen Seele eine tiefe, nie heilende Wunde.

Als sie endlich, allen Widerständen zum Trotz, den Sieg davontrug, durfte sie sich auch hierüber keinen Illusionen hingeben. Sie verdankte ihre Ehe weder ihrer Anmut noch ihrer Schönheit, sondern lediglich der schweren Krankheit des Zaren, der im Augenblick keine passendere Ehegefährtin für seinen Sohn hatte finden können.

Bitternis, unterdrückter Hochmut und innere Befangenheit bildeten in derselben Weise die Grundelemente im Wesen der Zarin, wie Frömmigkeit, Mißtrauen und Fatalismus die Seele des Zaren beherrschten.

Jede Berührung mit dem russischen Hof, der sie einst so hart verstoßen hatte, löste bei der Zarin eine unüberwindliche Verkrampfung aus. Ihr Atem stockte, ihre Wangen röteten sich, die Worte erstarben auf ihren Lippen, und während die Kaiserin-Mutter bei den Hofempfängen eine leichte und höfliche Konversation führte, stand ihre Schwiegertochter unbeholfen und befangen in der Mitte des Saales, ein gezwungenes, kaltes Lächeln auf den Zügen. Die Höflinge, die nicht gewohnt waren, bei einer Zarin seelische Hemmungen zu vermuten, deuteten das unbeholfene Lächeln und die furchtsame Verschlossenheit als Hochmut, Kälte und Überheblichkeit. Aus den Schlössern der Aristokratie drang die Kunde von der hochmütigen Kaiserin in die Küchen der Dienerschaft, von dort in die Petersburger Gassen und schließlich in die breitesten Volksschichten des Russischen Reiches.

Der demokratische Gedanke, um die Gunst des Volkes zu werben, war dem Zarenpaar völlig fremd. Peter der Große aß aus einem Teller mit seinem Diener, die schöne Elisabeth tanzte mit jedem einfachen Soldaten Menuett, selbst Nikolaus I. scheute sich nicht, Passanten auf der Straße in ein Gespräch zu ziehen. Nikolaus und Alexandra erschien es jedoch unwürdig, sich auf ähnliche Weise Volkstümlichkeit zu erringen. Gott hatte sie über die Völker gesetzt, und die Liebe des Volkes übertrug sich auf das Monarchenpaar gleichzeitig mit der Bürde der Krone. Nicht der Monarch mußte um die Gunst des Volkes werben, sondern umgekehrt das Volk um die Gunst des Monarchen.

Auch die seltsame religiöse Inbrunst der Zarin wirkte auf die aufgeklärten Höflinge befremdend und übersteigert. Die eben erst zum orthodoxen Glauben übergetretene anglikanische Prinzessin gebärdete sich in der Gesellschaft allzusehr als ein Muster und Beispiel russischer Frömmigkeit.

Die Inbrunst der Proselytin entsprach dem ganzen Wesen der jungen Zarin. Der Glaubenswechsel war ihr nicht leicht gefallen. Wenige Tage vor der Verlobung notiert Nikolaus in seinem Tagebuch: „Wir sprachen bis zwölf Uhr nachts, aber erfolglos. Sie will den Glauben nicht wechseln und weint viel."

Um den späteren Glaubenswechsel vor sich selbst zu rechtfertigen, mußte Alexandra Feodorowna sich selbst davon überzeugen, daß der orthodoxe Glaube der beste, schönste und wahrste Glaube der Welt sei. Ein geborener Russe konnte dem feierlichen Prunk seiner Kirche mit ironischem Zweifel gegenüberstehen. Die Zarin mußte, wenn sie ihre Selbstachtung nicht verlieren wollte, alle Bräuche, Riten und Mysterien des Glaubens bedingungslos akzeptieren. Der russische Mystizismus des 16. Jahrhunderts kämpfte in ihr gegen die Aufgeklärtheit der Europäerin, die einst die lichte Halle von Cambridge besucht hatte.

In Zarskoje Selo ließ die Zarin eine Kapelle erbauen, in deren unterirdischem Raum sie Stunden stiller Andacht verbrachte. Sie erlernte die russische Kirchensprache, und auf ihrem Schreibtisch häuften sich die Werke der alten Moskauer Mystiker. Ikonen und Heiligenbilder schmückten ihre Räume, und die lichte Flut des Glaubens schwang in ihrer Seele wie die Gebetsglocken in den Türmen der russischen Kirchen.

Der feierliche Klang der slawischen Gebete, die Kerzen in der unterirdischen Kapelle und die demutsvolle, gläubige Versunkenheit vermochten jedoch die europäische Prinzessin nicht in eine echte Russin umzuwandeln. Unter dem Gewand der russisch verträumten Mystik verbarg sich eine europäische Frau. Der fatalistische Glaube an die Unabwendbarkeit des irdischen Schicksals, dieser echt russische Glaube, von dem auch der Zar durchdrungen war, blieb der Kaiserin trotz aller Religiosität fremd. In ihrer Seele lebte die europäische Unruhe, der faustische Drang, die Geschehnisse selbst zu formen, anstatt sich ihnen mit frommem Gleichmut anzuvertrauen. Das tief verkapselte Gefühl seelischer Schwäche ließ diesen faustischen Drang bisweilen als Eigensinn und Herrschsucht erscheinen.

Während der Kaiser die Begründung seiner Taten stets im göttlichen Willen suchte, trachtete die Zarin danach, die energischen Ratschläge, die sie ihrem Gatten erteilte, durch logische Vernunftgründe zu erhärten. Ihre innere Unrast, ihr Bestreben, das Schicksal selbst zu meistern, nahm die Form einer übersteigerten, beinah krankhaften Energie an. Staatsgeschäfte, Hoffragen, Familienangelegenheiten, Politik und Religion, Kriegführung und Verwaltung, alles das schien auf ihre Einmischung gewartet zu haben. Mit energischen Worten schob sie die Höflinge und Beamten beiseite und diktierte ihren Willen in der ehrlichen Überzeugung, daß irdische Schicksale von irdischen Händen gelenkt werden müßten. „Ich muß Medizin für verwirrte Gemüter sein", schrieb sie dem Zaren. In einem anderen Brief heißt es sogar: „Ich trage unsichtbare Hosen und sehne mich danach, sie diesen Idioten zu zeigen."

Im Gegensatz zu seiner Frau glaubte Nikolaus, daß Gottes Fügung die Menschen in einen Bannkreis schlage, aus dem es kein Entrinnen gibt. Der Staatssekretär Polowzow, der den Zaren gut gekannt hat, schreibt in seinem Tagebuch: „Der Kaiser glaubt, daß die Menschen überhaupt keinen Einfluß auf den Gang der irdischen Geschehnisse haben. Alles bestimmt Gott allein durch seinen Gesalbten, den Zaren, der sich demgemäß mit niemandem zu beraten braucht, sondern lediglich der göttlichen Inspiration folgen muß."

Der bis zum Heldentum steigerungsfähige Gleichmut des Zaren entsprang nicht der Gefühlskalte, sondern einer tiefen, aufrichtigen und in ihrer Stärke bewunderungswürdigen Religiosität.

Während dem Zaren jede fremde Einmischung in die Fragen der Regierung als eine Sünde gegen Gott erschien, empfand die Zarin jeden Eingriff als Auflehnung gegen die Prärogative ihres Gemahls. Von dem Wesen seiner Allmacht hatte die Zarin eine durchaus dunkle und ungenaue Vorstellung. Die Macht des Zaren erschien ihr ebenso unbegrenzt wie sein Reich. Daß die Allgewalt des Zaren in den vom Zaren erlassenen Gesetzen ihre selbstgewollte Beschränkung fand, erschien ihr als ein frevelhafter und liberaler Gedanke. Für sie stand der Zar über dem Gesetz, und die Minister, die es zu erklären versuchten, daß der Zar ein Gesetz nur dann überschreiten darf, wenn er es generell aufhebt, betrachtete sie als Sendboten der Revolution.

Der Unterschied zwischen Selbstherrlichkeit und Despotie, jener Unterschied, den Graf Speransky im 87. Paragraphen der Grundgesetze des Russischen Reiches festgelegt hatte, blieb Alexandra Feodorowna Zeit ihres Lebens unverständlich.

Die unausgeglichene Unrast der Zarin stand in seltsamem Widerspruch zu der vollendeten Ruhe ihres Gemahls. Während der Zar die härtesten Schicksalsschläge mit unübertrefflichem äußerem Gleichmut ertrug, war es der Zarin unmöglich, einem ihr mißliebigen Minister oder Diplomaten die Hand zum Kusse zu reichen. Bei solchen unvermeidlichen Empfängen erlitt die Zarin häufig einen Halskrampf, der ihr das Sprechen unmöglich machte.

Auch wichen die Gewohnheiten des Zaren in zahlreichen Äußerlichkeiten von denen seiner Gattin ab. Der Zar liebte lange und einsame Spaziergänge, die Zarin die abgeschiedene Stille ihres Gebetsraumes. Der Zar glaubte an die Unmöglichkeit, sich gegen den Willen Gottes aufzulehnen, und war zum Regieren verurteilt. Die Zarin glaubte, die ganze Welt durch die Wirkung ihrer Worte zu bewegen, und mußte die wichtigste Aufgabe ihres Lebens in der Geburt eines Thronfolgers sehen. Der Zar wollte über die Minister hinweg eine Brücke zum Volke schlagen, die Zarin versuchte durch Vermittlung der Kirche eine Verbindung zwischen sich und Gott herzustellen.

Trotz dieser Gegensätze verlief das Leben des Herrscherpaares in einem ungetrübten, fast kleinbürgerlichen Glück. So sehr Nikolaus II. die Last des Herrschens bedrückte, so sehr sehnte er sich nach den angenehmen Stunden des Familienlebens. Das schöne Schloß in Zarskoje Selo, in dem die Zarenfamilie den größten Teil des Jahres verbrachte, wurde zu einer idyllischen Liebesinsel, an deren Ufer sich die hohen Wellen des aufgewühlten russischen Ozeans kraftlos brachen.

Schon am frühen Morgen eilte ein Page mit einem herrlichen Blumenstrauß durch die Gemächer des Schlosses zum Zimmer der Zarin. In ihrem blaßlila getönten Boudoir, auf die Ottomane hingestreckt, empfing die Zarin den Morgenbesuch ihres Gemahls. Die Eheleute nahmen das Frühstück ein, das ihnen von einem Negerlakaien serviert wurde. Wenn der Zar nach dem Frühstück und einem kurzen Morgenspaziergang ins Arbeitszimmer eilte, verzog sich das Gesicht der Zarin in schmerzlichem Leid. Jede Trennung, auch die kürzeste, erregte das Gemüt der Zarin derart, daß der Kaiser selbst politisch wichtige Reisen aufschob, wenn die Zarin nicht daran teilnehmen konnte. In aufgeregter Erwartung verbrachte Alexandra Feodorowna die Stunden, die Nikolaus den Regierungsgeschäften widmete. Hin und wieder ertönte aus dem Arbeitszimmer des Monarchen ein kurzer Pfiff. Dann röteten sich die zarten Wangen der Zarin, sie verließ ihre Gäste, ihre Bücher, um in freudiger Erregung dem Zeichen ihres Gatten zu folgen.

In den Stunden des freudigen Beisammenseins rief Nikolaus seine Frau mit dem heiteren Kosewort „sunshine“, während Alexandra ihrem Mann den spielerischen Namen „Lausbub“ verlieh. Ein Historiker jener Zeit schildert das Eheglück des Zaren in folgenden Sätzen: „Niemals ... war zwischen den Gatten auch nur ein einziges unfreundliches Wort gefallen. Stets waren sie beide von der zärtlichsten Rücksicht für einander beseelt und vermieden es, einander auch nur durch einen Blick zu kränken. Vom Beginn der Ehe bis zu dem tragischen, gemeinsamen Ende hatte ihr Ton und ihr Umgang stets etwas von der Stimmung Neuvermählter. Ihre gegenseitige Liebe nahm niemals auch nur im mindesten ab.“

Auch das Tagebuch des Zaren enthält zahlreiche Hinweise auf sein ungetrübtes Familienleben, das nur von der Last des Regierens unterbrochen wurde. „Vormittags mußte ich wieder Berichte entgegennehmen. Doch nachmittags ging ich mit Alix im Garten spazieren. Wir könnten es nie über uns bringen, uns voneinander zu trennen.“ „Da ich vormittags beschäftigt war, sah ich die teuere Alix überhaupt nicht. Nachmittags fuhren wir aber wieder nach Pawlowsk und bewunderten den schönen Sonnenuntergang.“ „Heute hatten wir viel freie Zeit ... Wir frühstückten und dinierten allein. Ich kann es gar nicht beschreiben, wie glücklich das Leben zu zweit in dem schönen Zarskoje verläuft.“ Neben diesen Vermerk schrieb die Zarin in Englisch: „Deine kleine Frau betet dich an.“

An den freien Nachmittagen saßen Zar und Zarin beisammen, blätterten in alten Zeitschriften und Photographiealben und besprachen die kleinen Ereignisse des Tages. Die Zarin nähte oder fertigte Puppen für ihre Kinder an, und der Zar las ihr mit bewegter Stimme die Werke von Dostojewskij, Tolstoi, Gogol, Turgenjew und Tschechow vor.

Nur selten wurde dieses stille Leben durch Fahrten in die finnischen Schären oder in die Krim unterbrochen. Dort unternahm der Zar lange Spaziergänge, fuhr Rad, badete, ruderte und spielte Tennis, während die Zarin auf einer idyllischen Wiese ein Feuer anzündete, um von gesammelten Pilzen und erlegtem Wilde ein Mahl zu bereiten.

Während das Kaiserpaar in seinem idyllischen Leben die große Welt und die lauten Paläste mied, entfremdete es sich langsam dem bunten Wirbel der Diplomaten, Generäle, Politiker und Gelehrten, deren Mittelpunkt einst der prunkvolle Zarenhof gewesen war. Je glücklicher sich das intime Leben des

Monarchen gestaltete, desto höher stieg die Zahl der Nichteingeladenen, der Übergangenen und Beleidigten, die die glänzenden Empfänge und Bälle der alten Zeit vermißten. Selbst die Verwandtenbesuche wurden mit der Zeit eingeschränkt, und zu dem unzufriedenen Geflüster der Aristokraten gesellten sich bald die mißbilligenden Stimmen der kaiserlichen Vettern und Onkel. Nach und nach wurde es sehr still um das Zarenhaus. Das gesellschaftliche Leben der Hauptstadt konzentrierte sich immer mehr in den Salons der politisierenden Damen, und nur ganz wenige Minister, Höflinge und Verwandte konnten sich eines regelmäßigen Verkehrs mit dem Zaren rühmen.

Während Alexander III. trotz seiner Abgeschlossenheit immerhin die notwendigen Repräsentationen beachtete, umgab den Hof seines Sohnes bald eine gähnende Leere. Die Neger an der Schwelle der kaiserlichen Gemächer standen schläfrig vor den Flügeltüren, die sich nur selten vor einem Besucher öffneten.

Indessen wuchs die Zahl der verstimmten Aristokraten, die zuerst flüsternd, dann immer lauter die seltsamsten Gerüchte über das glückliche Zarenpaar verbreiteten. Die Zarin, die in Erinnerung an ihre Brautschau in jedem Höfling und Minister einen geheimen Gegner witterte, gab sich keine Mühe, die Stimmung der Hauptstadt für sich zu gewinnen, und während die Leere um das kleine Haus von Zarskoje Selo wuchs, während immer mehr Menschen, von der weltfernen Idylle des Herrscherpaares abgestoßen, in die Salons der Mißvergnügten flüchteten, blieben innerhalb des kaiserlichen Gesichtskreises nur ganz wenige Figuren, die im intimen Verkehr mit dem Monarchen das politische Leben des Reiches bestimmen konnten.

10. DUNKEL UM DEN THRON

Piter wurde diese Stadt im Volksmunde genannt, und Piter nannte sich der gewaltige Zar, der in der holländischen Stadt *Zaandam* das Handwerk des Zimmermanns erlernt hatte, um später am Ufer der vierzehn Flüsse die stolze Stadt zu errichten.

Kalter, feierlicher Granit bekleidete die Newa. Paläste umsäumten die Ufer der Flüsse und Kanäle. Prunkvolle Kathedralen beschatteten die Plätze. Über dem Granit des Newaufers errichtete der italienische Zauberer Rastrelli die monumentale Pracht des Winterpalais; magisch schimmerte durch den Nebel auf schäumendem Roß mit siegreich ausgestreckter Hand das Falconetische Denkmal des großen Peter.

Der Fluch der unzähligen Bauern, auf deren Knochen Petersburg errichtet war, lastete auf der stolzen Stadt. In den weißen Petersburger Nächten, im unruhigen Zwielicht der gelblich fahlen Sonne wurden die Menschen von bösen drückenden Träumen gewürgt. Wie ein trübes dumpfes Märchen erhob sich die vereiste Stadt, und schwer und dumpf waren die Gedanken, Taten und Träume ihrer Menschen. Schattenhafte Gestalten kreisten um das Zauberwerk Rastrellis. Gierige Hände reckten sich dem Palast entgegen. Ordenbehängte Greise, ehrgeizige Jünglinge, Paradegeneräle und Paradepopen belagerten die Zugänge zum Zarenhaus. Ungezählte Wünsche, Pläne und Hoffnungen trafen sich in den Marmorhallen des Palastes, stießen einander ab, gingen ineinander auf und stürzten sich wie ein gespenstischer Spuk über den blassen, jünglingshaften Mann am Schreibtisch, der verträumt in die kalte, verzauberte Ferne der eisigen Wüste starrte.

Wie eine feste Mauer umgab den Zaren während seiner ersten Regierungsjahre die Schar der großfürstlichen Onkel und Vettern. Großfürst Alexander Michailowitsch weiß diese Schar in den dunkelsten Farben zu schildern. Er schreibt:

„Nikolaus II. verbrachte die ersten Jahre seiner Regierung am Schreibtisch und lauschte mit einem Gefühl, das sich am ehesten als Schreck bezeichnen läßt, den Ratschlägen und Hinweisen seiner Onkel. Er fürchtete sich, mit ihnen allein zu bleiben. In Gegenwart anderer betrachteten die Onkel seine Äußerungen wie kaiserliche Befehle. Blieb aber der Neffe mit ihnen Auge in Auge allein, so wurde ihr Alter sofort fühlbar, und der letzte Zar seufzte schwer, wenn ihm inmitten der Morgenarbeit der Besuch irgendeines Onkels gemeldet wurde. Dauernd verlangten sie etwas. Onkel Nicolai Nicolaiewitsch dünkte sich als großer Heerführer, Onkel Alexei Alexandrowitsch wollte über die Meere herrschen. Onkel Sergei Alexandrowitsch wollte Moskau in ein Familiengut verwandeln. Onkel Wladimir Alexandrowitsch betreute die Künste. Sie alle hatten ihre Lieblinge, Generäle, Admiräle ... Balletteusen ..., für die man eine russische Woche in Paris veranstalten mußte ... Gegen sechs Uhr abends war der junge Kaiser entkräftet, bedrückt und betäubt. Mit Wehmut blickte er auf das Bild seines Vaters und bedauerte, daß ihm die Fähigkeit fehlte, die Sprache dieses gefürchteten obersten Walters des russischen Schicksals zu sprechen. Alexander III. fürchteten sie alle wie Feuer."

An der Schwelle der kaiserlichen Gemächer, den Verwandten den Zutritt verweigernd, stand nur ein Mensch, die junge Zarin Alexandra Feodorowna. Im Bewußtsein der stolzen Großfürsten rangierte die kleine Prinzessin, die über Nacht zur Kaiserin geworden war, weit hinter den entferntesten Blutsverwandten Seiner Kaiserlichen Majestät. In der Erinnerung an die mißglückte Brautschau glaubten die Verwandten, die Kaiserin immer noch als eine bescheidene kleine Ausländerin behandeln zu können. Ihre Ansprüche auf Vollwertigkeit erheiterten die überheblichen Prinzen, und je hartnäckiger diese Ansprüche wurden, desto bösartiger kritisierten die Verwandten jedes Wort, jede Geste, sogar jedes Kleid der jungen Zarin.

Schon in den ersten Tagen ihrer Ehe schrieb Alexandra Feodorowna mit bitterem Unterton an eine ihrer deutschen Freundinnen, Gräfin Rantzau: „Der Kaiser ist von Verwandten, Großfürsten und Großfürstinnen umgeben." Um die gleiche Zeit schrieb sie auch in das Tagebuch ihres Gemahls: „Gestatte nicht, daß andere Dich übergehen und die erste Rolle spielen." Einige Seiten weiter fügt sie halb bittend, halb ermahnend hinzu: „Sprich mit mir über alles, meine Seele, mir kannst Du ganz vertrauen."

Während sie jedoch hartnäckig und zäh um die erste Stelle neben ihrem Gemahl kämpfte, wurden ihre Beziehungen zu dem kaiserlichen Hause immer kühler und offizieller. In einem Gespräch mit der Hofdame Frau Naryschkina-Kurakina klagte die Kaiserin-Mutter über ihre Schwiegertochter: „Sie sagt mir nie, was sie eigentlich tut und vorhat; wenn wir beisammen sind, spricht sie stets über alles Erdenkliche, nur nicht über sich selbst. Es würde mich sehr freuen, wenn sie ein wenig aus ihrer Reserve herausginge."

Die kühle Zurückhaltung den Menschen gegenüber, die sie einst als „hessische Fliege" bezeichnet hatten, die ihre Frömmigkeit, ihr Familienglück, ihre Worte und Gesten mit spöttischem Lächeln verfolgten, sollte die Kaiserin stets behalten. Ihr bürgerlicher Familiensinn und ihr monarchischer Stolz empörte sich in gleicher Weise gegen die ständige Störung der kaiserlichen Arbeit und des kaiserlichen Familienlebens, die die Besuche und Ratschläge der Verwandten verursachten. Die ordenbehängten und sporenklirrenden Großfürsten, die aufgeputzten Großfürstinnen und die strenge Schwiegermutter erschienen ihr als unheilvolle Sendboten der gleißenden, verhaßten Petersburger Welt, die ihre friedliche Abgeschlossenheit stören wollten.

In jahrelangem, unsichtbarem, aber bitterem Kampf gelang es Alexandra Feodorowna, die ungeteilte Liebe und das ungeteilte Vertrauen ihres Gemahls zu erringen. Die zärtliche Leidenschaft der Zarin siegte über die berechnende Liebe der Verwandten, und je mehr Nikolaus die biederen Freuden des Familienlebens zu schätzen begann, desto energischer befreite er sich von den Fesseln der verwandtschaftlichen Ansprüche.

In der gleichen Weise, in der der Zar jenen Ministern am wenigsten vertraute, die die meisten Würden und Orden besaßen, richtete sich sein verwandtschaftliches Mißtrauen zuerst gegen diejenigen Verwandten, die ihm blutsgemäß am nächsten standen. Die byzantinische Höflichkeit des Zaren kleidete dieses Mißtrauen in grazile und unauffällige Formen. Nie kam es zu peinlichen Familienszenen oder Aussprachen. Die Wolke der kaiserlichen Ungnade verdunkelte jedoch nach und nach die Beziehungen zu seinen nächsten Verwandten, die die natürlichen Stützen des Thrones und der Monarchie sein sollten.

Während sich die jungen, entfernteren Verwandten immer noch des kaiserlichen Wohlwollens erfreuten, wußte bald ganz Petersburg, daß sich das Mißtrauen des Monarchen gegen die Frau gerichtet hatte, deren eiserner Wille die ersten Regierungsjahre des Zaren ganz überschattet hatte, und die bis zuletzt die markanteste Persönlichkeit des russischen Lebens blieb, gegen die Kaiserin-Mutter Maria Feodorowna.

Es gibt in der gesamten Geschichte der Neuzeit keinen unglücklicheren, schicksalsverfolgteren Menschen als die Kaiserin-Mutter Maria Feodorowna. Diese zarte, kleine Frau erlebte das Schicksal der Heldin einer klassischen Tragödie. Sie mußte alles überleben, was ihr auf Erden lieb, teuer oder heilig war, den Gatten, den Thron und die Kirche. Sie überlebte die tragische Ermordung ihrer Söhne und Enkel, den Zusammenbruch des Reiches, das

Ende ihrer Dynastie, die Ermordung der Mehrzahl der Freunde und Verwandten. Als eine der wenigen entkam sie unversehrt der Hölle, um mittellos, krank, von der Welt halb vergessen, noch jahrelang die Last des Lebens zu tragen.

Die Vorahnung künftiger Schicksalsschläge warf vorzeitig ihren Schatten auf das Gesicht der Kaiserin Marie. Dieses Gesicht war zu einer lebendigen Maske erstarrt. Seit dem Tode ihres Gatten war in ihrem Antlitz keine menschliche Regung mehr wahrzunehmen. In ihren Zügen zeigte sich weder Lächeln noch Leid, weder Freude noch Kummer. Bei großen Empfängen blickten ihre Augen mit automatischer Huld auf die Anwesenden, und bei der täglichen Messe füllten sie sich ebenso automatisch mit Frömmigkeit. Ihren erstarrten Zügen entströmte eine so überwältigende Kühle, daß selbst die nächste Umgebung hinter dieser Maske keine Seele zu vermuten wagte.

Dem Volke flößte die Kaiserin-Mutter eine abergläubische Furcht ein. In den Dörfern, bei den Bauern und auf den Jahrmärkten erzählten sich die Leute voll Entsetzen, daß die Kaiserin Marie, um nicht zu altern, ihre Gesichtshaut von innen mit Porzellan ausfüllen ließe, deshalb könne sie weder weinen noch lachen. Sie sei vielmehr zu ewiger Jugend verdammt. Das starre Gesicht der Kaiserin-Mutter lächelte kaum, als ihr die Geburt ihres ersten Enkels, des Zarewitsch, gemeldet wurde. Und ebenso regungs- und teilnahmslos blieb dieses rätselhafte Gesicht auch in jener Stunde, als ihr der Hofkurier die Abdankung des Zaren und den Zusammenbruch der Monarchie mitteilte.

Die Kaiserin Marie war eine dänische Prinzessin. Die äußere Kühle brachte sie aus ihrer Heimat zum prächtigen Petersburger Hofe mit. Die Kaiserkrone, die über ein Jahrzehnt auf ihrem Haupte ruhte, hatte keine Russin aus ihr gemacht. Sie sprach schlecht russisch, schrieb fast gar nicht die Sprache ihres Reiches und haßte aus alten, dynastischen Gründen alles Deutsche, nicht zuletzt ihre Schwiegertochter, die deutsche Prinzessin.

In der Stille ihres Arbeitszimmers aber griff die Kaiserin Marie allabendlich zum großen Hofkalender, in dem sie in dänischer Sprache die kleinen Ereignisse des Tages und die gehüteten Geheimnisse ihrer Seele niederschrieb.

Niemand auf der ganzen Welt wußte etwas von der Existenz dieses Tagebuches. In diesen vergilbten Blättern ist aber alles enthalten, was die alte Frau ausfüllte: unbefriedigte Liebe, Sehnsucht nach Wärme und Vorahnung des kommenden Unheils. Sie sah die Krone auf dem Kopfe ihres Sohnes wanken, und die Kraft ihrer in vielerlei Listen geübten Hände reichte nicht aus, um diese Krone zu festigen. Kein Wunder, daß in ihr der Wunsch lebte, diese Krone auf einem würdigeren Haupt zu sehen. Ratlos blickte die Kaiserin um sich, ohne einen Würdigeren finden zu können. Ihr jüngster Sohn Michael, den sie vielleicht für würdig hielt, heiratete eine Bürgersfrau mit jüdischem Blut. Er war von Stund an für die Kaiserin erledigt. Nach ihm kam die lange Liste und trostlose Reihe der fremden Großfürsten. Die Kaiserin sah das Ende und es bangte ihr um die Zukunft des Reiches.

Zar und Zarin fürchteten sich vor der Mutter. Kam sie, auf den Stock gestützt, so sprach der Zar vom Wetter, von Blumen oder von der Gesundheit. Versuchte sie, den Sohn zu warnen, so sagte der Zar höflich: „Ich bin ganz Deiner Meinung, Mama" – und die Kaiserin wußte, daß er ihre Worte im selben Augenblick vergaß. Das schmerzte sie. Der Zar wußte, daß die Mutter mißbilligend auf das deutsche Idyll von Zarskoje Selo blickte. Das schmerzte ihn. Er wußte auch, daß die alte Kaiserin in ihren Händen von alters her eine nicht geringe Macht hatte und daß sie diese Macht jederzeit in Anwendung bringen konnte.

Vielleicht hatte er sogar etwas von der alten, dummen Klatschgeschichte gehört, die plötzlich in Rußland aufgetaucht war. Man erzählte sich, daß die Kaiserin einem Offizier befohlen habe, den Zaren zu erschießen, um den Thron für Michael frei zu machen. Der Offizier, ein treuer Untertan, erschien vor dem Zaren, erzählte ihm die Wahrheit, zog den Revolver und erschoß sich vor den Augen des Herrschers.

Diese Geschichte war erfunden. Es gab aber nichts Unmögliches im Hause Romanow. Hatte nicht der große Peter seinen Sohn ermorden lassen? Hatte nicht Katharina ihren Mann erwürgen lassen? Starb nicht der unglückliche Paul in der Überzeugung, daß die Krawatte seines Sohnes seinen Hals zuschnüre? Alles war möglich in dem blutigen und glorreichen Hause Romanow.

Das Gerücht über den Offizier verflog; eine andere, allerdings viel harmlosere Geschichte stimmte, und ihre Fäden führten – das glaubte der Zar ganz genau zu wissen – direkt zur Kaiserin-Mutter.

Es war im Sommer 1902 im sonnigen Livadia, der Residenz des Zaren und des Hofes. Eine Villa des Ortes war für den Finanzminister Witte reserviert. Diese Villa betrat eines Tages in glühender Hitze, in glänzender Uniform, der Oberzeremonienmeister des Zaren. „Sergei Juljewitsch", sagte er aufgeregt zu Witte, „ich muß Sie vertraulich sprechen."

Die beiden, der Höfling und der Minister, verließen das Haus. Unter den alten Pinien des Gartens sagte der Höfling mit besorgtem Gesicht: „Sie wissen, Sergei Juljewitsch, daß der Zar erkrankt ist." „Ja, eine leichte Influenza." „So lautet der offizielle Bericht. In Wirklichkeit", die Stimme des Höflings wurde zum Flüstern, „ist es Typhus. In leichter Form, aber immerhin Typhus." „Hoffentlich ist der Zustand Seiner Majestät nicht besorgniserregend", entgegnete Witte schnell. „Noch nicht, aber eben deshalb komme ich zu Ihnen, mein lieber Witte. Wir müssen uns überlegen, was geschehen soll, wenn Seiner Majestät ein Unglück zustößt." „Gott beschütze den Zaren", sagte Witte inbrünstig und schlug das Kreuz. Dann runzelte er die Augenbrauen und setzte fort: „Ich verstehe Ihre Frage nicht, Verehrtester. Sollte dem Kaiser ein Unglück zustoßen, wovor uns Gott behüten möge, so treten doch die gesetzlichen Bestimmungen über die Thronfolge in Kraft. In Ermangelung direkter männlicher Nachkommen besteigt dann der nächstälteste Bruder des Zaren, der Großfürst Michael, den Thron."

Der Höfling räusperte sich. „An und für sich haben Sie recht", sagte er, „es ist aber ein besonderer, etwas intimer Umstand hinzugekommen, der die ganze Situation umstößt. Die Kaiserin ist schwanger. Stellen Sie sich nun vor, der Kaiser stirbt, Großfürst Michael besteigt den Thron, und die Zarin schenkt einem rechtmäßigen Thronfolger das Leben. Es würde doch eine unmögliche Lage entstehen. Wäre es nicht klüger, im Falle des Ablebens Seiner Majestät bis zur Entbindung der Zarin einen aus der Zarin und den obersten kirchlichen Würdenträgern bestehenden Regentschaftsrat zu bilden?"

Minister und Höfling sahen einander durchdringend an. Sie konnten gegenseitig ihre Gedanken lesen. „Speichellecker der Zarin", stand im Gesicht Wittes zu lesen. „Hauslehrer des Großfürsten Michael", sagten die Augen des Höflings. Witte unterbrach das Schweigen.

„So wichtig Ihre Bedenken auch sind, ich kann sie nicht teilen. Die Thronfolgegesetze sind die einzigen unabänderlichen Gesetze des Reiches. Den Thron muß Michael besteigen. Allerdings muß es Michael nahegelegt werden, falls die Kaiserin einen Sohn zur Welt bringt, zugunsten dieses Sohnes abzudanken."

Das Gespräch unter den Pinien wurde am selben Tage der Zarin bekannt. Sie biß sich die Lippen, rote Flecken bedeckten ihr blasses Gesicht, sie sagte aber nichts. Witte war eine Macht.

Als der Kaiser genesen war – der Typhus verlief ohne Komplikationen –

führte ihn die Zarin zum gelben Strand des blauen Meeres und erzählte, vor Erregung schwer atmend, von Wittes Verrat an der kaiserlichen Familie. „Er wollte unseren Sohn, deinen Sohn um den Thron bringen." Der Zar sah sie erschrocken an. Was er seit Jahren vermutet hatte, was er nicht auszusprechen wagte, ja nicht einmal zu Ende denken wollte, wurde ihm jetzt zur Gewißheit. Witte war nicht nur der Erzieher des Großfürsten Michael, nicht nur der populärste Mann Rußlands, er war auch der Lieblingsminister Alexanders III. gewesen und wurde – das war das Allerwichtigste – nach dem Tode Alexanders der einzige vertraute Freund der Kaiserin-Mutter. Nie würde er sich in der Frage des Thronwechsels geäußert haben, ohne die Meinung der Kaiserin-Mutter zu kennen. Dahin also, zu jenem kalten, finsteren Hof der alten Kaiserin führten die Fäden der Intrige, deren gefährlichster Exponent Witte war.

Von diesem Tage an verfolgten Zar und Zarin den Minister Witte mit unerbittlichem Haß. Kein Verdienst, keine Tat des genialen Staatsmannes konnte sie versöhnen. Sie ertrugen ihn nur solange es absolut notwendig war, dann entledigten sie sich seiner.

Der Kaiserin-Mutter konnten sie sich aber nicht entledigen. Immer seltener hörte man jedoch auf den kaiserlichen Marmorböden das Aufschlagen des Stockes der Maria Feodorowna. Immer eisiger wurde die Atmosphäre der ohnehin seltenen gemeinsamen Diners. In Gegenwart der Kaiserin Marie wurden weder Politik noch Kindererziehung noch dynastische Fragen erörtert. Das änderte sich auch nicht, als Michael wegen seiner Ehe nach Orel verbannt wurde und endgültig aus der Zahl der Thronkandidaten ausschied.

Von ihrem starren Hof umgeben, alterte die Kaiserin Marie. Kein Leid, keine Klage drang aus den Mauern dieses Palastes. Das Leben lief mechanisch wie das Ticktack einer Uhr. Täglich führte der Oberzeremonienmeister Fürst Scherwaschidse, ein intimer Freund der Kaiserin-Mutter, die lange Reihe der Großfürsten und sonstiger Besucher hinein. Die Besucher küßten die ihnen dargebotene Hand, blickten scheu auf das starre Gesicht der Kaiserin Marie, würgten das Frühstück herunter und empfahlen sich.

Täglich schritt die Kaiserin zur Messe. Täglich spazierte sie mit einem Buch in der Hand durch den Park. Niemand im ganzen Reich ahnte jedoch, welche Fülle von Energie die alte Frau besaß. Nur sehr selten versammelten sich am frostigen Kamin bei der Kaiserin-Mutter die wenigen Intimen. Dann wurden die politischen Ereignisse besprochen. Unmerklich leitete die Kaiserin das Gespräch. Unmerklich setzte sie ihren Willen durch. Die Zahl der

Vertrauten war nicht groß. In gewissen Zeiten verkörperten sie aber beinah die gesamte exekutive Macht Rußlands.

Fern, außerhalb ihres Palastes saß der schwache Sohn, die verhaßte deutsche Prinzeß und die Regierung des Reiches.

Am Kamin der Kaiserin sprach man nicht von Regierungsproblemen, man erörterte nur Wünsche und Hoffnungen. Aus diesen Wünschen und Hoffnungen wurden jedoch Aufgaben und Ziele.

Wenn spät am Abend die Freunde den Palast verlassen hatten, betete die Kaiserin lange vor den Ikonen und schrieb dann kurze Sätze ins Tagebuch, die stets mit der Bemerkung endeten: „Wie unerfreulich, wie trübe doch alles ist."

Auch der bedeutendste Staatsmann jener Zeit, der Finanzminister Witte, der am sonnigen Ufer der Krim die Mißgunst des Zaren so unbedacht geweckt hatte, gehörte dem Kreise der Kaiserin-Mutter an.

Das Äußere und das Gehaben Sergei Juljewitsch Wittes erinnerte an einen Elefanten. Alles an ihm war gewaltig, sein Wuchs, seine Pläne und seine Ideen. Er war der längste und breitschultrigste Beamte des Zaren. Seine Stimme klang rauh und scharf. Seine Manieren waren grob und ungelenk. Im Gespräch mit den Ministern, Höflingen und Generälen, ja sogar mit dem Zaren selbst, bediente er sich der vulgärsten und ungeschliffensten Ausdrücke. Der kleine Zar fühlte stets ein Unbehagen, wenn der robuste Mann, alle höfischen Sitten verletzend, mit seiner rauhen Stimme die Gedanken, Pläne und Hoffnungen des Zaren brutal zerschlug, um ihm mit besonderem Nachdruck seine kaiserliche Minderwertigkeit zu demonstrieren.

So ungelenk und ungeschliffen das Äußere des Finanzministers wirkte, so fein und elastisch war sein Geist. Ohne Zweifel war er der beste Finanzier, den Rußland je besessen hat, und seine gewaltigen Taten rechtfertigten in den Augen Alexanders III. seine grobe Art, seine bescheidene Abstammung und sogar seine jüdische Frau.

Witte devalvierte den russischen Rubel, führte die Goldwährung und das Tarifsystem ein, bedeckte Rußland mit einem Eisenbahnnetz, legte den Grundstein zur Entwicklung von Handel und Industrie und wurde schließlich zum Diktator des jungen, russischen Kapitalismus.

Als Voraussetzung für seine märchenhafte Laufbahn verfügte Witte weder über eine ausgedehnte Bildung noch über eine Reihe glänzender Ahnen. Er besaß auch keinen persönlichen Reichtum, sondern lediglich die Gunst Alexanders III.

Im Jahre 1888 war Witte Leiter der Verkehrsabteilung der südwestlichen Eisenbahn, die sich damals in Privathänden befand. Einmal passierte der Zug des Zaren mit rasender Geschwindigkeit diese Strecke. Auf einer Haltestelle stieg der junge Witte in den kaiserlichen Zug. Er erklärte dem Verkehrsminister, daß Fahrten solcher Art gewöhnlich mit einer Katastrophe zu enden pflegten. Alexander, der diese Worte hörte, trat aus seinem Abteil, maß den jungen Mann mit einem vernichtenden Blick und sagte: „Was reden Sie für Unsinn! Ich fahre durch ganz Rußland mit der gleichen Geschwindigkeit, und niemand hindert mich daran. Nur auf Ihrer Strecke darf ich es nicht. Ihre Bahn ist einfach von Saujuden gekauft!"

Seinem Zaren antwortete Witte nichts, zum Verkehrsminister gewandt, sagte er aber kühl: „Dann wird sich Majestät demnächst das Genick brechen", sprach's und sprang ab.

Einige Wochen später entgleiste der Zarenzug wegen zu großer Geschwindigkeit bei Borki. Alexander setzte den Verkehrsminister ab, berief Witte in den Staatsdienst und ernannte ihn bald darauf zum Verkehrs-, Wirtschafts- und Finanzminister seines Reiches.

Mit seiner ganzen unbändigen Unternehmungslust stürzte sich Witte auf die Staatsführung. Er mischte sich in alle Regierungsfragen ein. Militär, Unterricht, auswärtige Politik, alles sollte seinen Ressorts unterstellt sein.

Seine gewaltigen Pläne und seine herrschsüchtige Natur hypnotisierten die Minister, und selbst Nikolaus II. fühlte sich in Gegenwart dieses Finanzautokraten wie von einem Alpdruck bedroht. Alles an Witte mußte Nikolaus befremden. Nur mit Mühe konnte der Zar den Ton, die Manieren und Gebärden dieses unersetzlichen Mannes ertragen. Je lauter und brutaler Witte seine Maßnahmen durchzusetzen versuchte, desto unauffälliger, unmerklicher aber zäher wurde der Widerstand des Zaren. Die Abneigung des wohlerzogenen Zaren gegen die Manierenlosigkeit seines Ministers war der erste Ansatz zu dem jahrzehntelangen Haß zwischen den beiden, der das ganze Leben Nikolaus II. überschatten sollte. Von Alexander III. an die Geradheit der kaiserlichen Denkart gewohnt, sah Witte mit Erstaunen, daß im Munde des neuen Zaren das Wort „ja" fast nie eine Bejahung bedeutete, meistens jedoch als offenes „nein" aufgefaßt werden konnte. Mit der ganzen Kraft eines robusten Börsianers verachtete Witte den schmächtigen, byzantinischen Aristokraten, der, wie er sich ausdrückte, „stets nach Seitenwegen suchte und auf diesen Seitenwegen immer wieder zu demselben Ziele, zu einer schmutzigen Pfütze oder zu einer Blutlache gelangte."

Wjatscheslaw Konstantinowitsch Plehwe

Zum Gegenspieler Wittes bestimmte der Zar den berühmten Innenminister Wjatscheslaw Konstantinowitsch Plehwe. Als nach dem Rücktritt Durnowos die Frage der Neubesetzung des Innenministerpostens entstand, wandte sich Nikolaus mit der Bitte um einen Rat an seinen alten Lehrer Pobedonoszew. „Es gibt nur zwei Kandidaten“, sagte Pobedonoszew. „Der eine heißt Sipjagin, der andere Plehwe.“ Der Zar, der die beiden wenig kannte, fragte, wer vorzuziehen sei. „Das ist gleich, Majestät“, antwortete Pobedonoszew elegisch, „der erste ist ein Narr, der zweite ein Schuft.“ „Ich frage ernst um Ihren Rat.“ „Ich erteile ihn auch ganz ernst. Für den Posten des Innenministers eignet sich nur ein Narr oder ein Schuft.“

Vorderhand entschloß sich der Zar für den Narren. Sipjagin wurde Innenminister. Erst als dieser am 2. April 1902 dem Attentat des Studenten Balmatschow zum Opfer fiel, wurde zu seinem Nachfolger der so seltsam empfohlene Plehwe ernannt.

Der feine Kenner der russischen Verhältnisse, Fürst Bernhard von Bülow, schildert die Vergangenheit und den Charakter dieses gewaltigen Ministers in folgenden Sätzen:

„Plehwe war einer jener Deutschrussen, die vielleicht weniger grausam als die Nationalrussen, sich doch durch ihre methodische Härte und Strenge noch verhaßter als diese machten. Er war ein Typus, wie man ihn seit Peter dem Großen in Rußland häufig gesehen hatte. Sohn eines verarmten ostpreußischen Gutsbesitzers, war er als Kind mit seinem Vater nach Russisch-Polen gekommen, wo dieser, der in seiner Heimat auf keinen grünen Zweig kommen konnte, sich ein kleines Gut gekauft hatte. Der junge Plehwe wurde dort zum Polen erzogen. Später siedelte der Vater nach dem inneren Rußland um, wo der Sohn sich ebenso rasch aus einem Polen in einen Russen verwandelte, wie früher aus einem Deutschen in einen Polen. Der ehrliche Wilhelm Plehwe war bald ein polnischer Wazlaw geworden. Mit der gleichen Fixigkeit und Unbefangenheit entwickelte er sich etwas später aus einem Wazlaw zu einem russischen Wjatscheslaw. Plehwe hatte eine ungewöhnliche Arbeitskraft, eine eiserne Faust, einen unbeugsamen Willen und hohen persönlichen Mut. Beständig von Bomben und Kugeln bedroht, fuhr er in einem gepanzerten Wagen und bestimmte erst im letzten Augenblick beim Einsteigen das Ziel der Fahrt. Trotzdem war Plehwe ein gezeichneter Baum, jedermann war überzeugt, daß er früher oder später in die Luft gesprengt würde.“

Diesen seltsamen, boshaften Mann betrachtete Nikolaus als die wichtigste

Stütze seines kaiserlichen Thrones. Die ganze Politik des Zaren schien ein beständiges Pendeln zwischen dem unersetzbaren Witte und dem hochgeschätzten Plehwe. Denn beide Staatsleute verfolgten einander mit unerbittlichem, zähem Haß.

Es gab kaum eine Regierungsfrage, in der Plehwe und Witte übereingestimmt hätten. Glaubte Witte, daß sich der Zar auf das junge, russische Bürgertum stützen müßte, so erklärte Plehwe, daß die Organe der russischen Polizei die einzigen legitimen Beschützer des Thrones seien. Bezeichnete Witte den Japanischen Krieg als eine verbrecherische Dummheit, so erklärte Plehwe diesen Krieg für eine innen- und außenpolitische Notwendigkeit. Plehwe war für die gewaltsame Russifizierung der Nichtrussen, Witte dagegen. Plehwe war Reaktionär aus indolenter Skrupellosigkeit, Witte liberal aus berechnender Überzeugung. Plehwe betete vor jedem Heiligenbild im Zarenschloß, Witte ging an ihnen achtlos vorüber. Witte war gegen die Obschtschina, Plehwe dafür. Witte hetzte gegen Plehwe die Öffentlichkeit, die Presse und das Ausland. Plehwe legte dem Zaren gefälschte Geheimdokumente vor, aus denen hervorging, daß Witte der Präsident der russischen Republik werden wolle. Plehwe wurde von einem Terroristen ermordet, Witte starb im Bett. Witte war ein aufrechter Mann mit dem Gehaben eines Betrügers, Plehwe war ein Betrüger mit dem Gehaben eines anständigen Menschen.

Am Todestage Plehwes schrieb Nikolaus: „Im guten Plehwe habe ich einen Freund und einen unschätzbaren Innenminister verloren. Schwer straft uns Gott mit seinem Zorn." Am Todestage Wittes sagte der Zar zu einem ausländischen Diplomaten: „Haben Sie schon gehört, Witte ist tot. Das ist der glücklichste Tag seit Jahren!" „Und in der Tat", fügt der Diplomat hinzu, „nie habe ich den Zaren so guter Laune gesehen."

So sehr die beiden Minister den Lauf der Regierungsgeschäfte bestimmen konnten, einen maßgebenden Einfluß auf den Zaren übte keiner von ihnen aus. Das kaiserliche Mißtrauen lastete von Beginn an auf jedem Träger des Ministertitels, und je länger ein Minister im Amte verblieb, desto größer wurde das Mißtrauen des Zaren gegen diesen amtlichen Vollstrecker seines Willens.

In derselben Weise, in der der Einfluß der offiziellen Kreise abnahm, stieg der inoffizielle Einfluß jener schattenartigen Gestalten, die über die Hintertreppen des Schlosses in die kaiserlichen Gemächer gelangten. In der Front dieser unsichtbaren Regierung nahm Fürst Wladimir Petrowitsch Meschtschersky sowohl wegen seines Einflusses als auch wegen der Dauer, während der er ihn ausübte, eine Sonderstellung ein.

Trotz seines ehrwürdigen historischen Namens, trotz des einflußreichen Blattes „Graschdanin“, dessen Herausgeber er war, trotz seiner besonderen Stellung am Hofe, gehörte Fürst Meschtschersky nicht zu den angesehenen Persönlichkeiten der Hauptstadt. Sein eigener Bruder, ein hoher Beamter, erklärte, daß der Fürst Wladimir kaum zu den Menschen gehöre, deren Verwandtschaft man ohne zu erröten zugeben könnte. Auch der Hofminister Graf Woronzow-Daschkow weigerte sich, dem einflußreichen Fürsten die Hand zu reichen, und selbst der zynische Pobedonoszew meinte, daß Wladimir Petrowitsch „einfach ein Schuft ist und ein derart schmutziger Mensch, daß ich ihn überhaupt nicht kennen will, obwohl ich ihn seit seiner Kindheit kenne“.

In der Tat lastete Wladimir Petrowitsch wie ein Alpdruck auf den Beamten des Kaiserreiches. Wenn seine Gestalt mit den feinen aristokratischen Zügen und dem graumelierten Bart im Arbeitszimmer eines Ministers erschien, so handelte es sich stets um eine Bitte für einen der zahlreichen jungen und eleganten Beamten oder Offiziere, denen der Fürst im Augenblick seine Gunst erwies und die er zärtlich: „Meine Söhne im Geiste“ nannte. Wagte der Minister die fürstliche Bitte abzulehnen, so erschienen im „Graschdanin“ langatmige Leitartikel und bissige Notizen, in denen der fragliche Minister der revolutionären Gesinnung, der Unterschlagung und des Verrates beschuldigt wurde.

Meistens pflegte diesen Artikeln ein versiegelter Brief aus Zarskoje Selo zu folgen, in dem dem Minister seine Absetzung mitgeteilt wurde.

Das einflußreiche Blatt „Graschdanin“ war weniger Eigentum des Fürsten als Privatbesitz des Zaren, der dem Fürsten für diese Zeitung einen jährlichen Zuschuß von 80 000 Rubel ausgesetzt hatte. Der Einfluß, den Meschtschersky zuerst auf Alexander III. und dann auf seinen Sohn ausüben konnte, stammte noch aus den Kinderjahren des greisen Fürsten.

Damals gehörte Wladimir zu den wenigen Kindern, die Alexander II. als Spielgefährten für seinen ältesten Sohn, den Zarewitsch Nikolai erwählte. Dem Zarewitsch Nikolai war ein kurzes Leben beschieden. Er starb an der Riviera, sein jüngerer Bruder Alexander III. ehelichte seine Braut und bestieg den Thron. Alexander vergötterte seinen verstorbenen Bruder, und seine Liebe übertrug sich auch auf den Spielgefährten dieses Bruders, auf den Fürsten Meschtschersky. In zärtlicher Erinnerung an den Bruder verzieh der sittenstrenge Zar die moralischen Vergehen des Fürsten, gab Geld für seine Zeitung, duzte ihn und empfing von ihm lange Briefe mit Ratschlägen, Bitten und Denunziationen. So nachsichtig Alexander III. dem Fürsten gegenüber war, so streng und ablehnend stand ihm die Kaiserin Marie gegenüber, die dem Fürsten weder die jungen Beamten noch die Besuche in den Ministerien vergeben wollte.

Es war in erster Linie ihr Einfluß, daß Nikolaus bei seiner Thronbesteigung die Gelder für den „Graschdanin" sperren ließ und dem Fürsten untersagte, Briefe an ihn zu richten. Je größer jedoch die Entfremdung zwischen Mutter und Sohn wurde, desto leichter fiel es dem Fürsten, mit dem ständigen Hinweis auf die Gunst des Vaters das Vertrauen des Sohnes zu erringen. Bald bewilligte der Zar von neuem die Gelder für den „Graschdanin", und es dauerte nicht lange, bis der Fürst in den Salons und Ämtern Petersburgs Briefe des neuen Zaren vorweisen konnte mit der Anrede „Du" und „Mein lieber Freund".

Mit mathematischer Genauigkeit schrieb der Fürst von nun ab seine tagebuchartigen Berichte an den Zaren. Seine nicht unbedeutende literarische Begabung machte diese Briefe zu einer leichten, fesselnden und amüsanten Lektüre, und aus den Antworten des Zaren kann man ersehen, mit welcher Heiterkeit Nikolaus die Berichte des Fürsten las.

In diesen Briefen übermittelte der Fürst dem Zaren seine Meinung über die Minister und Beamten sowie seine seltsamen Anschauungen über die Kunst des Regierens. „Es ist völlig bedeutungslos", schrieb er, „wenn den Zeitgenossen die Maßnahmen des gottbegnadeten Monarchen mißfallen. Erst die Zukunft wird allen zeigen, wie recht der Herrscher immer hat."

Die talentierten und glänzenden Briefe des Fürsten übten auf den Zaren einen großen Einfluß aus, und je öfter die Minister auf dem Schreibtisch des Zaren die letzte Nummer des „Graschdanin" vorfanden, desto leichter wurde es dem Fürsten, für „seine Söhne im Geiste" zu sorgen.

Witte, Plehwe und Meschtschersky: Die ganze erste Hälfte der Regierungszeit Nikolaus II. vollzog sich zwischen diesen drei seltsamen Menschen. Die lärmende Stimme Wittes, die reaktionären Reden Plehwes und die giftigen Unterstellungen Meschtscherskys begleiteten den Zaren bis zu jenem Abgrund, der mit dem Japanischen Krieg begann und der die russische Welt des 19. Jahrhunderts von der Welt des 20. trennt.

Denn außer diesen Dreien war der Zar nur von habsüchtigen Verwandten, von dem zynischen Pobedonoszew und einigen wenigen Höflingen umgeben, die, wie etwa der anekdotenhaft dumme Graf Frederiks oder der Trinker Nilow, blasse, willenlose Schatten waren, die sich mit tierischer Treue vor dem Throne des Monarchen niederwarfen, ohne die drohenden Wolken zu beachten, die sich nach und nach am Himmel der russischen Alleinherrschaft zusammenballten.

11. IM SCHATTEN DES GIGANTEN

„Waschlappen!" Diesen von grenzenloser Verachtung zeugenden Beinamen hatte General Tscherewin dem neuen Zaren bereits verliehen, bevor die Leiche seines Vorgängers in der Peter-Paul-Festung zur ewigen Ruhe gebettet ward. Auch die übrigen Beamten und Würdenträger, die den jungen Herrscher näher zu kennen glaubten, taten ihre Meinung in seltsamen Sätzen und Vergleichen kund. „Nikolaus II. wird ein neuer Paul I. sein", sagte der Innenminister Durnowo, und dieser Hinweis auf den unglücklichsten Despoten unter den Zaren war wenig geeignet, das Dunkel, das das geistige Antlitz des neuen Monarchen beschattete, zu erhellen.

Auch der Oberprokurator der Heiligsten Synode, Pobedonoszew, der Lehrer des Zaren, kleidete seine Meinung in unklare, aber respektlose Sätze. Seiner Ansicht nach war der neue Zar unreif, leicht beeinflußbar und unselbständig. Selbst der treue Hofminister, Graf Woronzow-Daschkow, der älteste Diener des Thrones, glaubte kaum unter dem neuen Monarchen sein Amt bekleiden zu können. „Denn", so drückte sich der vornehme Mann aus, „er könne nicht mit Menschen zusammenarbeiten, die unfähig sind, ihr Wort zu halten."

Zwei Wege lagen vor dem Zaren. Der Weg des Großvaters, Alexanders II., des großen Befreiers und Reformators, und der Weg des Vaters, des gewaltigen und harten Reaktionärs. Sollte das seltsame Verhältnis zum Vater dem Zaren den Weg des Großvaters weisen, so mußte jedenfalls das blutige Ende ebendieses Großvaters dem jungen Zaren als warnendes Beispiel dienen.

Die ersten Taten Nikolaus' waren nicht geeignet klarzustellen, für welchen der beiden Wege er sich entschieden hatte. Wenige Tage nach der Thronbesteigung hob der Zar die geheime Palastwache auf und spazierte allein, dem Beispiel des Großvaters folgend, über den menschenerfüllten Newsky-Prospekt. Von ängstlichen Gemütern konnte das als Vorzeichen einer liberalen Ära gedeutet werden. Als jedoch eine Gruppe russischer Emigranten dem neuen Zaren den Entwurf einer liberalen Verfassung übersandte, schrieb der Zar an den Rand des Schriftstückes: „Was für ein Quatsch!" Diese kurze Bemerkung war wiederum geeignet, die ängstlichen Gemüter zu beruhigen.

Erst im dritten Monat seiner Regierung sollte das undeutliche Bild des

Zaren klare und feste Umrisse erhalten. Am 17. Januar 1895 empfing Nikolaus im großen Konzertsaal des Winterpalais die Vertreter des Adels, der städtischen Selbstverwaltung und der Landstände. Aus ihren Provinzen, Städten und Dörfern sandten sie ihrem Zaren Glückwünsche, Denkschriften und Adressen.

In feierlichen Sätzen berichteten die Stände von den Nöten des Volkes. Als geeignetes Mittel gegen diese Nöte erschien den Verbänden jedoch weder eine neue Bauerngesetzgebung noch ständische oder agrare Reformen, sondern lediglich die Beschränkung der kaiserlichen Macht durch eine Art westlichen, liberalen Parlamentarismus.

In diesen Briefen und Adressen erblickte Nikolaus eine Aufforderung, den Zareneid zu brechen. Auch sah er darin eine versteckte Kritik an dem eben verstorbenen Vater. Am Rande eines dieser Schriftstücke, es war die Adresse des Landstandes von Twerj, des liberalsten Landstandes ganz Rußlands, schrieb der Zar den ersten strengen Satz seiner Regierungszeit: „Äußerst unzufrieden."

Am 17. Januar sollten die pflichtvergessenen Stände die Antwort ihres Zaren vernehmen. Gespannte Stille herrschte im großen Konzertsaal, als der Zar blaß und erregt vor die tausendköpfige Menge trat. Während sich die Vertreter in Ehrfurcht verbeugten, irrten die Augen des Monarchen über das kleine Papier, das, in der kaiserlichen Mütze verborgen, den Inhalt seiner Ansprache enthielt. Er sprach:

„Ich freue mich, die Vertreter der Stände zu sehen, die gekommen sind, um mir ihre alleruntertänigsten Gefühle zu Füßen zu legen. Ich glaube an die Aufrichtigkeit dieser Gefühle, die seit jeher jedem Russen eigen sind. Es ist mir aber bekannt, daß in der letzten Zeit in den Versammlungen der Landstände Stimmen hörbar wurden, die, von einer sinnlosen Hoffnung hingerissen, die Teilnahme der Vertreter der Landstände an der Verwaltung erwarten. Mögen alle wissen, daß ich, all meine Kräfte dem Volkswohl widmend, fest und wachsam die Grundsätze der Alleinherrschaft wahren werde, wie es auch mein unvergeßlicher verewigter Vater tat."

Nikolaus hob die leicht geröteten Augen, sein ruhiger Blick streifte die Vertreter des Adels von Twerj und plötzlich fügte er hinzu: „Ich sage es offen und laut, damit es alle hören können."

Im großen Saal wurde es sehr still. Mit verstörten Gesichtern zogen die Adelsmarschälle am Zaren vorbei. Jeder brachte ihm eine symbolische Gabe dar. Als der greise Adelsmarschall von Twerj dem Zaren eine große Silberplatte mit Brot und Salz überreichen wollte, stürzte die Gabe aus seinen zitternden Händen. Der Zar zuckte zurück. Erblaßt blickte er in das erschrockene Gesicht des Marschalls. Verschüttetes Salz und umgestoßenes Brot bedeutet nach dem alten russischen Aberglauben großen Streit zwischen Schenker und Beschenkten.

In trüber, bedrückter Stimmung kehrten die Vertreter der Stände in ihre Städte, Dörfer, Adelsnester und liberalen Klubs zurück. Und das ganze Reich, das ungeheuere Rußland, durchzog bald die Kunde von den strengen Worten des Zaren, von den „sinnlosen" Hoffnungen der Untertanen und von dem großen Streit, der zwischen Zar und Volk bevorstand.

Nikolaus II. hatte den Weg seines Vaters gewählt.

In den liberalen Salons der Hauptstadt flüsterten die Aristokraten einander zu, daß nur der zynische Geist Pobedonoszews dem Zaren den Satz von den „sinnlosen Hoffnungen" hatte vermitteln können. Einige Tage nach der Rede fragte der Greis im Gespräch mit der Fürstin Radziwill, ob man ihn tatsächlich für den Autor der kaiserlichen Ansprache halte. „Natürlich", erwiderte die Fürstin. Darauf Pobedonoszew: „Ich glaubte, man würde mir mehr Intelligenz und gesunden Menschenverstand zutrauen." „Aber wer konnte den Kaiser denn sonst auf diese unglückselige Idee bringen?", fragte die Fürstin. „Wer, Sie wissen es nicht? Natürlich die junge Kaiserin." „Sie? Aber was weiß sie von Rußland." „Nichts, aber sie glaubt alles zu wissen ... Sie ist autokrater als Peter der Große und grausamer als Iwan der Schreckliche. Ihr kleiner Geist glaubt über eine große Intelligenz zu verfügen."

Die Worte Pobedonoszews waren nicht für die Allgemeinheit bestimmt. Vor der Öffentlichkeit übernahm der Greis mit ruhiger Gelassenheit die Verantwortung für die Rede seines Schülers, deren selbstherrlicher Geist ihm nicht allzu fremd sein konnte.

Während das liberale Rußland annahm, daß der neue Zar, der im Gegensatz zu seinem Vater die Herrschaft über ein ruhiges und geordnetes Reich antrat, zur liberalen Politik des Großvaters zurückkehren würde, war die ständige Frage, die Nikolaus vor jeder Maßnahme an seine Ratgeber stellte: „Was denken Sie, wie würde in diesem Fall mein Vater handeln?"

Der selbstherrliche Geist des Vaters bestimmte die zehn ersten Regierungsjahre des Sohnes. Dem Vermächtnis des Vaters folgend, reiste der Zar nach Paris, bekräftigte das Bündnis mit Frankreich, baute Festungen gegen Deutschland und Eisenbahnen durch China. Dem friedliebenden Geiste Alexanders entsprach auch seine bedeutendste Tat dieser Jahre, die Gründung des Haager Friedenstribunals, des ersten internationalen Gerichtshofes der Welt.

Am 12. August 1898 wandte sich die kaiserlich russische Regierung an das Ausland mit dem Vorschlag, künftighin alle Streitigkeiten zwischen den Nationen auf dem friedlichen Wege der internationalen Verständigung zu regeln. Vom Geiste der christlichen Nächstenliebe beseelt, wollte der Zar der Menschheit den ewigen Frieden verkünden. Er war gewillt als mächtigster Monarch seiner Zeit den Geist der Gerechtigkeit dem waffenklirrenden Geist des Krieges vorzuziehen.

Der Herrscher eines Sechstels der Welt erschien vor dem Auslande mit den sanften Zügen eines Friedensfürsten, und die erste Tat des neugegründeten Tribunals, das am 6. Mai 1899, am Geburtstage des russischen Zaren seine Arbeit begann, waren Worte des Dankes und der Anerkennung für den friedenspendenden Zaren.

Die Entstehung dieses humanen Friedensgedankens wird von einem der Mitwirkenden, vom Minister Witte, in folgenden Sätzen geschildert: „Gegen Mitte des Jahres 1898 erschien bei mir der Außenminister, Graf Murawjew ... Graf Murawjew erklärte mir, daß er meine Meinung über folgende Frage wissen wolle. Er hatte kürzlich von dem Kriegsminister, General Kuropatkin, einen Brief erhalten, in dem ihm dieser mitteilte, daß nach den Berichten, die sich in seinem Besitz befänden, Österreich eine rapide Verstärkung und Neubewaffnung seiner Artillerie beginne. Unsere Artillerie dagegen kann sich wohl mit der deutschen Artillerie messen, in anbetracht der österreichischen Maßnahmen wird es hingegen notwendig sein, unsere Artillerie wesentlich zu verstärken. Deshalb hatte Kuropatkin beim Außenministerium angefragt, ob dieses es nicht für möglich halten würde, mit der österreichischen Regierung zu verhandeln, damit diese die Neubewaffnung und Vergrößerung der Artillerie unterlasse, wenn wir unsererseits die gleiche Verpflichtung übernehmen würden ... Ich sagte Murawjew, daß meiner Ansicht nach der Vorschlag Kuropatkins völlig unmöglich sei. Denn einerseits würde Österreich unseren Vorschlag ablehnen und sich vielleicht noch in delikater Weise über uns lustig machen und andererseits würde unser Vorschlag ganz Europa zeigen, daß wir angeblich nicht in der Lage sind, unsere Streitkräfte zu vermehren ... Im weiteren Verlauf des Gespräches setzte ich Murawjew auseinander, welcher Schaden der ganzen Welt und insbesondere Europa durch die wachsenden Aufrüstungen zugefügt würde, daß all diese Ausgaben die Bevölkerung schwächen und ihr die Möglichkeit nehmen, im Wohlstand zu leben, und, daß die Folge davon die Verbreitung der sozialistischen Lehren sei, sowie die ganze sozialistische Propaganda aller Art, die sich neuerdings von Westeuropa kommend auch bei uns fühlbar macht ... Meine Gedanken übten auf den Grafen Murawjew offensichtlich einen bedeutenden Einfluß aus. Ich konnte ihn umso leichter beeinflussen, als meine Gedanken, obwohl sie nichts Neues darstellten, Murawjew bei seiner vollständigen Kulturlosigkeit teilweise völlig erschütterten. Einige Tage nach diesem Gespräch erhielt ich durch ihn die Allerhöchste Aufforderung zu einer wichtigen Besprechung im Außenministerium zu erscheinen. Graf Murawjew teilte uns mit, daß er Seiner Majestät den Vorschlag, die Abrüstungsfrage zur internationalen Diskussion zu bringen, unterbreitet hatte. Seine Majestät habe diese Anregung mit Wohlwollen empfangen. Dann verlas Graf Murawjew das Projekt des Aufrufs an die Mächte zwecks Einberufung eines internationalen Friedenstribunals."

Während im Haag die Vertreter der Mächte die Dankadressen an den Zaren verfaßten, herrschte im Reich des Zaren eine seltsame und bedrückende Stille. Demütig in sich versunken wartete das Volk der Bauern auf die Entscheidung seines Schicksals. In ihren fernen Dörfern und Städten saßen die Vertreter der Stände, diskutierten leise und zitterten vor dem Zorn des Zaren. Kein Wort, kein Hauch regte sich im Lande, und doch barg diese Stille etwas Unheimliches und Drohendes. Reich und Volk lebten jeder sein eigenes, verkapseltes Dasein.

Es gab zwischen den beiden keine Brücke. Die kaiserliche Strenge des Reichsgedankens glaubte das lebendige Volkstum leugnen zu können, ebenso wie dieses in den Trägern des Reichsgedankens lediglich den Feind des erdgebundenen autochthonen Daseins sah. Noch lag die Macht bei den Trägern des Reichsgedankens, noch saßen in den Provinzen des Reiches die robusten Gouverneure, unbeschränkte Herrscher über Millionen von Menschen. Noch raste der Großfürst Sergius mit irrem Blick durch Moskau. Noch bog sich der Tisch des Zaren unter der Last der alleruntertänigsten Berichte der Gouverneure und Generalgouverneure. Mit mechanischem Fleiß las der Zar diese Berichte, schrieb am Rande „erfreut" oder „betrübt" und setzte ans Ende die stets gleichlautende Formel: „Mit Vergnügen gelesen, Nikolaus."

Das wahre Leben, das sich hinter dem Stoß der Berichte verbarg, entging jedoch den Blicken des Zaren. Unbeirrbar wanderte Nikolaus auf dem Pfade seines Vaters, unterschrieb Ukase und Gesetze, beschränkte die ohnehin beschränkte Selbstverwaltung, entsandte Soldaten zur Niederschlagung von

Unruhen, verhängte, den Ratschlägen der Gouverneure folgend, über ganze Gebiete den sogenannten „verschärften Schutz“ und sehnte sich insgeheim nach einer Volksstimme, die ihm über den Kopf der liberalen Adelsmarschälle und reaktionären Minister hinweg die wahren Nöte des Volkes offenbaren würde.

Diese Stimme ertönte am 14. Februar 1901. An diesem Tage fiel der erste Schuß des Volkes gegen die Reichsgewalt. Der Student Karpowitsch verwundete den Kultusminister Bogoljepow, und gleichsam, als ob dieser Schuß die geheimnisvolle und blutige Zukunft entschleiert hatte, begann jetzt eine Serie von Attentaten, Ermordungen und Überfällen.

Am 2. April 1902 erschoß der Student Balmaschow im Gebäude des Ministerkomitees den reaktionären Minister Sipjagin. Am Rande des Berichtes über die Ermordung seines Innenministers vermerkte der Zar: „Unersetzlicher Verlust.“ Das war das erste Glied in der langen Kette der gleichlautenden Bemerkungen, mit denen der Zar die Berichte über die Ermordung seiner besten Diener zu versehen pflegte.

Trotz dieser warnenden und tragischen Zeichen, mit denen Rußland seinem Zaren die bevorstehende Katastrophe ankündigte, umgab das Schloß des Monarchen tiefe Stille. Die Diskrepanz der kaiserlichen Gefühle fand keinen Weg zu den Herzen der Untertanen. In dem dichten Wall der Minister und Höflinge, der den Zaren umgab, war niemand, der ihn über die wahre Bedeutung dieser Sturmzeichen aufgeklärt hätte. Der einzige, der es hätte tun können, war Witte. Die lärmende Stimme des Finanzministers war jedoch gänzlich ungeeignet, auf den schüchternen, höflichen Zaren Eindruck zu machen.

Nur sehr selten drang die Stimme des Volkes in die Abgeschlossenheit von Zarskoje Selo. Nur sehr selten erschien am stillen Hofe ein neuer Mensch. Nur wenige neue Bekanntschaften schloß der Zar im Laufe seiner Regierungsjahre. Die Anzahl seiner persönlichen Freunde und Bekannten war so gering, daß er selbst die höchsten Beamten und Würdenträger oft erst anläßlich ihrer Ernennung kennenlernte. Je drohender sich jedoch die Sturmzeichen am Firmamente Rußlands zeigten, desto kühler wurde der Zar, wenn er aus dem stillen Glück des Familienlebens in die lauernde, unbegreifliche, verworrene Außenwelt trat.

Mit dem ihm eigenen feinen Einfühlungsvermögen schildert René Fülöp-Miller die Beziehungen des Zarenpaares zu der großen Welt, die sie umgab:

„Solange Nikolaus und Alexandra sich innerhalb ihres magischen Kreises bewegten, waren es schöne, fröhliche, gute und liebenswerte Menschen. Jene wenigen, die in ihr abgeschlossenes Heim Zutritt hatten, bewunderten die Schönheit der Kaiserin, den fröhlichen und natürlichen Blick des Zaren und sprachen in aufrichtiger Begeisterung von dem bezaubernden Wesen dieses Paares. Wer sie aber außerhalb ihrer stillen Häuslichkeit zu Gesicht bekam, wer ihnen bei Empfängen, Festen und sonstigen offiziellen Anlässen begegnete und sich von dem äußeren Anschein nicht blenden ließ, erkannte sofort, daß er hier zwei schüchterne, ängstliche und ewig verlegene Menschen vor sich hatte."

Nur sehr selten drang in jenen magischen Kreis des kaiserlichen Privatlebens eine freie Stimme vor. Nur sehr selten fand der Zar in dem Stoß der alleruntertänigsten Berichte ein Schriftstück, in dem ihm ungeschminkt die Lage des Landes geschildert worden wäre. Eines dieser Schriftstücke, das den Zaren erreichte, stammte aus dem Jahre 1902 und hatte folgenden Wortlaut:

„Majestät. Ich möchte nicht sterben, ohne Ihnen gesagt zu haben, was ich von Ihrer bisherigen Tätigkeit denke, wie sie meiner Überzeugung nach sein sollte, wieviel Gutes Ihre Regierung Millionen von Menschen und Ihnen selbst bringen könnte und wieviel Böses sie bringen wird, wenn sie in ihrer jetzigen Richtung fortgesetzt wird. Ein Drittel Rußlands befindet sich im Zustande des sogenannten ‚verschärften Schutzes', was soviel bedeutet wie völlige Gesetzlosigkeit. Das Heer der geheimen und offiziellen Polizisten wächst immer mehr an. Die Gefängnisse, die Verbannungsorte und Zuchthäuser in Sibirien sind nicht nur mit Hunderttausenden von gemeinen Verbrechern, sondern auch mit politischen Sträflingen überfüllt, zu denen man jetzt auch die Arbeiter rechnet. Die Zensur verbietet alles mit einer Willkür, wie sie nicht einmal in den schlimmsten Zeiten der vierziger Jahre geherrscht hat. Niemals noch sind die religiösen Verfolgungen so häufig und so grausam gewesen wie jetzt, und dieser Zustand wird immer noch ärger. In den Städten und in den großen Industriezentren sind Truppen zusammengezogen, die mit geladenen Gewehren gegen das Volk aufgeboten werden. An vielen Orten ist es bereits zu brudermörderischem Blutvergießen gekommen. Weiteres Blutvergießen wird überall vorbereitet und wird unvermeidlich stattfinden. Als Resultat dieser ganzen grausamen Verwaltung ergibt es sich, daß die Bauernschaft, jene hundert Millionen Menschen, auf denen die Macht Rußlands ruht, mit jedem Jahr ärmer wird, und daß die Hungersnot bei uns zu einer regelmäßigen und geradezu normalen Erscheinung geworden ist."

Der Autor dieses Briefes wurde nicht in Ketten gelegt. Die Schergen des Zaren brachten ihn nicht nach Sibirien. Der Zorn des Zaren entlud sich nicht auf sein greises Haupt. Der Name des Verfassers war Graf Leo Tolstoi, und der Zar, der an stillen Abenden seiner Frau die Werke des großen Dichters vorlas, befahl, Tolstoi ein für allemal volle und unbeschränkte Redefreiheit zu gewähren.

Und doch erreichte den Dichter die Antwort des Zaren. An einem stillen Nachmittag betrat ein Generaladjutant des Zaren den Hof des Gutshauses von Jasnaja Poljana. In dem Arbeitsraum des Dichters ertönte das gnadenvolle Wort des Monarchen. Von der Lektüre des Tolstoibriefes bewegt, bat Nikolaus den Grafen, im kaiserlichen Schloß zu Petersburg zu erscheinen. Das Wort Tolstois sollte dem Zaren in derselben Weise den liberalen Geist verkünden, wie einst das Wort Dostojewskijs dem jungen Großfürsten den Geist der gottgewollten Selbstherrlichkeit vermittelt hatte. Der Ruf des Zaren blieb unerwidert. Der Dichter der Sanftmut weigerte sich, den Palast des Imperators zu betreten. Die Worte des Zaren bewegten jedoch den Erben des alten Bojarengeschlechtes.

Wie einst in den Zeiten der Gefahr die Bojaren Tolstoi mit Mann und Roß ihrem Zaren zu Hilfe geeilt waren, so entsandte der Dichter Tolstoi jetzt seinen Sohn zum Palaste des Zaren, um dem Souverän gegenüber die stolze Warnungspflicht des Vasallen zu erfüllen. Und wie sich einst die Tore des Kremls vor dem Bojaren Tolstoi geöffnet hatten, so öffneten sich jetzt die Türen des kaiserlichen Arbeitszimmers vor dem jungen Grafen Leo Tolstoi, dem Sohne des Dichters.

Sie saßen einander gegenüber, Graf Leo Tolstoi und Zar Nikolaus II. In der Stille des kaiserlichen Zimmers ertönte die Stimme des Grafen. Geheimnisvoll spiegelten sich in den Worten des Sohnes die Gedanken des Vaters. Hinter der ehrerbietigen Gestalt des Vasallen erstand unmerklich der gigantische Schatten des Propheten. Seltsame, ungewohnte Klänge streiften das Ohr des Zaren. Der Mann mit dem breiten Gesicht berichtete von der gottgewollten Demut des Christen, von den Geboten Moses, von der Pflicht zur Sanftmut und Nachsicht. Vor den Augen des Zaren entstanden die Visionen der christlichen Heiligen, die in trunkener Ekstase den alten Monarchen den Geist der Askese verkündet hatten. Aufmerksam lauschte der Zar den Worten.

Der Sendbote des Dichter-Propheten verlangte gar seltsame und unbegreifliche Dinge. Der Zar fand, daß diese Worte mitunter an das unartikulierte Lallen eines Kindes erinnerten. Zum erstenmal seit vielen Jahrzehnten traf ein russischer Zar Aug in Aug mit einem Menschen zusammen, in dessen Worten, Gedanken und Taten das russische Volk, die russische Seele gleichsam konzentriert waren.

War es die Ehrfurcht vor dem Zaren, die dem Sohn des Dichters die Worte geraubt hatte, oder standen auch hier zwei Welten einander gegenüber, zwischen denen es keine Brücke gab? In dem schickalshaften Augenblick, als ein Zar einen Dichter um Rat fragte, erfuhr er von der Eitelkeit der irdischen Dinge, von der Notwendigkeit der Askese im Geist, von der Sündhaftigkeit der irdischen Freuden. Und verwundert vernahm er aus dem Munde des Grafen den seltsamen Rat, er solle, um Rußland zu retten, die kleinsten irdischen Genüsse aufgeben, kein Fleisch essen, nicht rauchen, nicht trinken, denn durch die Läuterung des Körpers ergäbe sich die Läuterung der Seele.

Der Zar blickte den Grafen schweigend an. Konnte dadurch Rußland gerettet werden? Sollte der gesalbte Monarch im Büßergewand durch das Reich pilgern? Die Herrscher der Heidenwelt mußten ihren Unglauben durch Kasteiungen büßen. War denn der Zar ein Heide? War nicht auch sein Reich ein Werk Gottes, hatte er nicht die Krone aus der Hand des Herrn empfangen?

Der Graf sprach weiter. Die Worte des Propheten verhallten im Raum, es ertönte die Stimme des Liberalen. Die Beschränkung der Zarenmacht, die Verfassung, wie oft hatte der Zar diese Worte aus dem Munde der liberalen Politiker vernommen. Er blickte Tolstoi an. Sein breites Gesicht erinnerte an die Züge der alten Bojaren. Auch damals, vor vielen Jahrhunderten, als die alten Tolstois den Thron des Zaren umgaben, hatten die Bojaren die Beschränkung der gottgewollten Allmacht des Monarchen verlangt.

Nikolaus schloß die Augen. Vielleicht dachte er jetzt an jenen Einzigen unter den Zaren, der die Krone des Reiches nicht aus der Hand des Herrn empfangen hatte. Es war im Jahre 1606, als der Moskauer Pöbel durch die engen Gassen zum Kreml eilte, als er am Roten Platz die Leiche des falschen Demetrius einäscherte und in wilder Trunkenheit zum Kreml emporrief: „Möchten zum Zaren den Fürsten Wassili Schuisky!“ Von alten Bojaren umgeben, erschien der Fürst am Roten Platz. Unter dem Jubel des Mobs empfing er die blutbefleckte Krone der Zaren. Von strengen Bojarenblicken geleitet, betrat er die Uspensky-Kathedrale. Voll ängstlicher Demut küßte er das Kreuz und legte den ketzerischen Schwur ab: „Nichts zu unternehmen, was die Bojaren nicht gutheißen.“ Wie ein Dieb, der die Krone vom Tisch des Herrn gestohlen hat, teilte Wassili seine Allmacht mit den Helfershelfern seines Verbrechens. Gottes gerechter Zorn lastete aber auf dem Zaren und dem Volk, die den Geboten der Selbstherrlichkeit entsagt hatten. Hunger und Not überzogen Rußland. Aufstände erschütterten das Reich, Feindesheere verwüsteten das Land. In scheuer Furcht verließen die Krieger des unwürdigen Zaren das Feld des Kampfes. Bis zum heiligen Kreml drang das Heer des Polenkönigs Wladislaw. Menschenleichen bedeckten die Gassen Moskaus, und Menschenfleisch war die Nahrung des abtrünnigen Volkes. Vier Jahre geißelte Gott das Land, dann floh Zar Wassili aus dem Kreml, warf den abtrünnigen Bojaren die Krone zu und zog in ein fernes Kloster, um als demütiger Mönch vor Gottes strengem Antlitz um Vergebung seiner Sünden zu erflehen.

Schwer bereute das Volk seinen Frevel. Und im vielfachen Leid offenbarte sich ihm der strahlende Weg der Alleinherrschaft. Glockengeläut erfüllte den Kreml, der Weihrauch der Gebete strömte zum Throne des Herrn, und der Kelch der unerforschlichen Gnade Gottes ergoß sich über den neuen Alleinherrscher, über den 16-jährigen Michael, den ersten Zaren des Hauses Romanow.

Der Zar hob den Kopf. Seit zwei Stunden verkündete der Graf die Worte seines Vaters. Die Augen des Zaren irrten durch den Raum. Seine Blicke schienen nach innen gerichtet. Wie im Traum erhob sich vor ihm das breite Gesicht Tolstois. Die Stimme des Zaren klang dumpf, als käme sie aus der Ferne der Jahrhunderte. Er sagte: „Ich habe in der Uspensky-Kathedrale geschworen, die Macht, die Gott mir anvertraut hat, mit niemandem zu teilen. Ich muß meinen Schwur erfüllen. Unbefleckt empfing ich die Last der Alleinherrschaft, unbefleckt will ich sie meinen Erben weitergeben.“

Wie eine alte, heilige Zauberformel kam der Satz von den Lippen des Zaren. Und alles: die Worte Tolstois, die Adressen des Adels, die Schüsse der Terroristen, die Bitten der Stände, alles stürzte kraftlos zusammen beim feierlichen Klang dieses einen Satzes, den Nikolaus vierundzwanzig Jahre lang wie einen ehernen Wappenschild allen Warnungen, Mahnungen und Bitten zum Trotz entschlossen entgegenhielt.

12. DIE BESCHWÖRUNG DES ZAREWITSCH

Ein großes, langgestrecktes, dreistöckiges Palais inmitten eines breiten, kahlen Gartens. Die acht klassischen Säulen an der Frontseite und die strengen Linien des Portals atmen den Geist eines genialen Meisters. Das Palais entstieg den finnischen Sümpfen zusammen mit den Palästen an der Newa, zusammen mit dem majestätischen Peterdenkmal, zusammen mit der ganzen strengen Pracht der kaiserlichen Stadt St. Petersburg. Der Italiener Rastrelli, dessen Kunst dieses Haus errichtete, bestimmte es für die barocken Feste der glänzenden Katharina. Die Kaiserin jedoch bestimmte es für die adligen Jungfrauen des Landes, deren edle Schönheit in dem klassischen Palais durch den Schliff der Etikette und die grazile Kunst der Courtoisie ergänzt und vollendet werden sollte.

In den langen Gängen des Smolny-Institutes wuchsen Generationen der schönsten und vornehmsten Jungfrauen Rußlands auf. Generationen von Gardeoffizieren und Höflingen träumten von der Schönheit der Smolnydamen.

Hinter den Zweigen der Smolnybäume, die so trostlos und gottverlassen in den trüben Himmel blickten, verbarg sich einst ein alter, verliebter Kaiser. In der Nacht schlich ein kleines Mädchen aus dem Haus, und bis zum Morgengrauen wanderten durch die Alleen engumschlungen Seine Majestät Kaiser Alexander II. und die jugendliche Prinzessin Dolgoruki. Erst gegen Morgen schlich die Prinzessin, von den besorgten Blicken des Kaisers begleitet, in ihr Zimmer zurück, denn der Kaiser fürchtete die gestrengen Lehrerinnen des Institutes nicht minder als seine zukünftige Lebensgefährtin.

Als Alexander III. der Welt des demokratischen Westens einmal seine ganze Verachtung zeigen wollte, erklärte er bei einem Bankett, daß der einzige Verbündete, auf den sich Rußland in der Welt verlassen könne, der König von Montenegro sei. Den vereinigten Streitkräften Rußlands und Montenegros sei niemand auf der Welt gewachsen.

Dieses Zarenwort verpflichtete. Das kaiserliche Wohlwollen ruhte von da ab auf der dunklen balkanesischen Schlucht, aus der das Königsgeschlecht der Njegosch stammte. Die Strahlen der kaiserlichen Gunst übten eine magnetische Anziehungskraft aus, und in den nebligen Straßen Petersburgs, in den Marmorpalästen und Salons konnten die nordischen Aristokraten bald drei kleine, schwarzhaarige, dunkeläugige Mädchen bewundern. Es waren Helena, Miliza und Anastasia, die drei Töchter des Königs von Montenegro. Zar Alexander öffnete diesen drei Mädchen die geheiligten Pforten des Smolny-Institutes; und als unter der Einwirkung der Smolnyerziehung ihre balkanesische Wildheit aristokratischer Gelassenheit gewichen war, glänzten die drei exotischen Prinzessinnen auf den Zarenbällen im Winterpalais.

Ihre südländische Schönheit, durch den Petersburger Frost geläutert, fand Beifall vor den Augen der europäischen Prinzen. Die Prinzessin Helena heiratete den jungen italienischen Thronfolger Viktor Emanuel. Miliza und Anastasia blieben in Rußland und ehelichten, obwohl es ein gewisser Verstoß gegen die Hofgesetze war, das großfürstliche Bruderpaar Peter Nicolaiewitsch und Nicolai Nicolaiewitsch.

Unter der kühlen Eleganz der Großfürstinnen verbarg sich aber das heiße, balkanesische Blut. Die montenegrinische Wildheit, durch den Basiliskenblick der Lehrerinnen gebannt, tobte noch mächtig in den Seelen der beiden Schwestern. Die Petersburger Gesellschaft, die die beiden Prinzessinnen etwas herablassend „Die Montenegrinerinnen" nannte, bot keinen Raum für diese übersprudelnde, südländische Energie. Das feurige Blut der Njegosch drohte in der Welt der nassen Straßen und kalten Herzen zu erstarren. Die tiefen Schluchten und dunklen Abgründe der Heimat lebten in der Seele der Prinzessinnen. In der formlosen Natur des finnischen Nebels träumten sie von schwindelnden Wundern und mystischen Abgründen. Die im Smolny gelähmten Seelen suchten wenigstens im Geiste der Welt des Petersburger Frostes zu entrinnen.

Gegen Ende des 19. Jahrhunderts war das in der Petersburger Hofgesellschaft nur am schwebenden Tisch einer spiritistischen Sitzung möglich. Der Weg jedoch, der in den spiritistischen Sitzungen begann, endete in der einsamen Seele der Zarin Alexandra Feodorowna. Auch die Zarin fühlte sich in der Petersburger Welt fremd und unverstanden. Die gewichtigen Großfürsten und Höflinge, die in den dunkelhäutigen Montenegrinerinnen keine echten Königskinder sehen wollten, weigerten sich auch, die kleine, hessische Prinzessin als echte Zarin anzuerkennen.

Nur Miliza und Anastasia behandelten die junge Zarin mit orientalischer, beinah sklavischer Hingabe. Die kleine hessisch-darmstädtische Vergangenheit wurde in ihren Augen von dem Purpurgewand der Zarin bedeckt. Die orientalische Ergebenheit von Miliza und Anastasia nahm bisweilen seltsame

Formen an. Erkrankte zum Beispiel die Zarin, so verwandelten sich die Großfürstinnen in Wärterinnen. Sie übernahmen die oft peinlichen Aufgaben einer Krankenschwester. In häufigem, langem Beisammensein gewannen sie das Vertrauen und die Zuneigung der Zarin. Denn die Seele der Zarin dürstete nach Wärme und Menschlichkeit, die ihr in Petersburg versagt blieben. An der Misere des irdischen Daseins verzweifelnd suchte auch sie den Umgang mit Geistern, denen allein sie ihr kaiserliches Leid klagen konnte. Denn die Seele der jungen Zarin war um diese Zeit ganz besonders von Leid erfüllt.

Alexandra Feodorowna war eine schöne Frau. Sie war die schönste Kaiserin der Welt. In den Augen aller Menschen, Russen wie Ausländer, mußte sie die glücklichste Frau auf Erden sein. Die kleine Prinzessin Alix machte die beste Partie ihrer Zeit. Sie hatte Paläste und Diener, sie besaß noch mehr, ein zärtlicher und liebevoller Gemahl war ihr zu eigen, der jedes Wort, jeden Wunsch und jeden Gedanken der Kaiserin zu erfüllen bemüht war.

Alles im Leben der Zarin erschien geeignet, aus ihr die glücklichste und zufriedenste Frau aller Zeiten zu machen. Und doch war dieses Leben nur eine lange Kette von Enttäuschungen, Schicksalsschlägen und Leiden. Von dem Tage an, da die junge, glückstrahlende Prinzessin Alix zum erstenmal nach Rußland kam, bis zu ihrem Ende im Keller des Ipatjewschen Hauses verfolgte sie ein tragisches und erbarmungsloses Schicksal.

Das Leid, das um das Ende des Jahrhunderts die Kaiserin bedrückte, war schwer, und das Wissen der Menschen kannte keine Wege, um es zu lindern. Die Kaiserin konnte der heiligsten Pflicht der Landesmutter nicht Genüge leisten. Sie vermochte dem Gemahl und dem Reich keinen Thronerben zu schenken. Vier Töchter erblickten das Licht der Welt, aber der erwartete Sohn ließ immer noch auf sich warten. Die Töchter waren gesund, fröhlich und hübsch. Das eiserne Paulinische Erbfolgegesetz Rußlands schloß jedoch die Zarentöchter für immer von der Thronfolge aus.

Die vier Kaiserinnen, die über Rußland geherrscht hatten, hinterließen peinliche und traurige Erinnerungen. Schon die geringste Andeutung des Zarenpaares, daß eine der Töchter vielleicht die Erbfolge übernehmen könnte, löste gerade bei den reaktionärsten und konservativsten Kreisen einen solchen Widerstand aus, daß das Herrscherpaar diesen Gedanken sofort aufgeben mußte.

In den vielen Stunden des trauten Beisammenseins besprach die Kaiserin mit den Montenegrinerinnen ihren Kummer. Gleich den Montenegrinerinnen glaubte sie, daß dort, wo die irdischen Mittel versagten, vielleicht aus der Welt des Überirdischen Hilfe zu erwarten wäre.

Großfürstin Miliza, die mit jener Welt am engsten verknüpft war, beschloß die geheimen Mächte, die sie so oft zusammen mit der Zarin am Spiritistentisch beschworen hatte, in Bewegung zu setzen.

Im Jahre 1903 weilte die Großfürstin in Frankreich in Compiègne. Zu dem erlesenen Kreis der Illuminaten, die sich allabendlich in ihrer Villa versammelten, gehörte auch der Oberst Graf Murawjew-Amursky, dem sie die Bekanntschaft mit dem Wundertäter Philipp verdankte.

„Dieser Philipp", liest man in einem zeitgenössischen Werk, „war ursprünglich Metzgergehilfe und hieß mit seinem wahren Namen Nisier-Vachot. So seltsam es bei seinem Berufe auch anmuten mochte, war er doch von verträumter Gemütsart, hatte Nächte hindurch mit glühenden Wangen Bücher über Geistererscheinungen, Magie und Mystik verschlungen, bis sein Hang zum Überirdischen dazu geführt hatte, daß ihn sein Meister wegen völliger Unbrauchbarkeit entließ."

Der arbeitslose Nisier-Vachot gab nunmehr ganz seinem Drange nach. Er ließ sich in Lyon nieder und betrieb das magische Gewerbe eines Wunderdoktors. Als ihn nach einigen Erfolgen auch Mißerfolge trafen, verbot die liberale Regierung ihm die weitere Ausübung seiner Praxis. Dieser Umstand lenkte auf den Metzgergesellen, der sich nunmehr Philipp nannte, die Aufmerksamkeit der französischen Konservativen. Philipp übersiedelte nach Paris, und es entstand um ihn eine kleine Sekte von Menschen, die Geisterbeschwörung mit konservativer Lebensanschauung verbanden.

Die Großfürstin Miliza war vom Anblick des Wundertäters gebannt. Ein Magier, dem die französische Aristokratie ihre Anerkennung aussprach, mußte auch den Frost von Petersburg zum schmelzen bringen. Der Metzgergeselle übersiedelte, der Einladung der Großfürstin folgend, nach Petersburg; und bald begannen sich in der kleinen Sommervilla der Großfürstin in Peterhof seltsame Dinge zu ereignen. In den stillen Nachmittagen versammelte sich in der Villa ein erlesener Freundeskreis, zu dem Johann von Kronstadt, Nikolaus II., Alexandra Feodorowna, Großfürstin Anastasia, Großfürstin Miliza, und der Großfürst Nicolai Nicolaiewitsch zählten.

Im Zwielicht der magischen Beschwörungsformeln verloren die Anwesenden jedes Gefühl für das Reale. Die Pforten der überirdischen Welt öffneten sich weit, und es verwunderte die Gäste nicht sonderlich, wenn die Stimme des Zaren Alexander III. nach einigen konservativen Ermahnungen plötzlich seinem Sohne mit tiefem Ernst verkündete: „Und vergiß nicht, viel, sehr viel Geld dem König von Montenegro und dem treuen Dr. Philipp zu geben."

Verzückt, ergriffen und bewegt empfingen Zar und Zarin die seltsamen Visionen, die ihnen Philipps Macht vorführte. Einem Manne, der den Geist Alexanders III. beschwören konnte, mußte es auch gelingen, die Seele des noch ungeborenen Zarewitsch den Tiefen des Weltalls zu entreißen.

Die Anerkennung des Zaren für den Wundertäter blieb nicht aus. „Im Widerspruch zu allen Gesetzen", schreibt Graf Witte, „erhielt Philipp die Würde des Doktors der Medizin der Petersburger kriegsmedizinischen Akademie und den Rang eines wirklichen Staatsrates, beides geheim. Der hl. Philipp ging zum Militärschneider und bestellte sich die Uniform eines Militärarztes."

Als wirklicher Staatsrat und Arzt war Philipp endlich befugt, seine überirdischen Kräfte an der Zarin zu beweisen. Er übersiedelte ins Winterpalais, und die Reihe mystischer Beschwörungen, die er nunmehr vornahm, sollten die Zarin mit einem Sohne segnen. Die arme Frau, von der Mißgunst des Hofes umgeben, von den vorwurfsvollen Blicken des Volkes verfolgt, gab sich ganz dem magischen Einfluß Philipps hin. In Gebeten, Kasteiungen und Psalmengesängen erflehte sie Gottes Segen auf ihren Leib hernieder. Verkrampft, mit allen Gliedern zuckend, fühlte die Kaiserin, wie eine magische, überirdische Macht ihres Körpers Herr wurde. Ein strahlendes Lächeln umspielte ihre blassen Züge. Die Macht des Geistes hatte in unzähligen Meditationen gesiegt, die Kaiserin fühlte sich zum fünften Male Mutter.

„Die Kaiserin", erzählt Witte, „begann weite Kleider zu tragen. In den letzten Monaten der Schwangerschaft legte sie das Korsett ab, und alle bemerkten, daß sie voller geworden war. Der Kaiser strahlte voll Freude. Die Schwangerschaft wurde offiziell bekanntgegeben. Die Kaiserin hörte auf zu empfangen. Es vergingen neun Monate. Stündlich erwartete man in Petersburg den Kanonensalut von der Peter-Paul-Festung, der die Geburt eines Sohnes oder einer Tochter verkünden sollte. Die Kaiserin legte sich nieder. Der Leibgeburtshelfer Ott übersiedelte mit seinen Assistenten ins Palais. Man erwartete von Stunde zu Stunde das freudige Ereignis. Die Geburt ließ indessen auf sich warten. Daraufhin redete Professor Ott dem Zarenpaar zu, man möge ihm gestatten, die Kaiserin zu untersuchen. Aus begreiflichen Gründen weigerte sich die Kaiserin, eine Untersuchung vor der Geburt zuzulassen. Schließlich untersuchte sie Ott doch und erklärte, daß die Kaiserin gar nicht schwanger sei, was dann in entsprechender Form in Rußland bekanntgegeben wurde.“

Dieses tragikomische Ereignis war wenig geeignet, das Ansehen der Kaiserin zu heben. Das Herrscherpaar ertrug diesen Schicksalsschlag mit bewundernswerter Fassung, und die hysterische Schwangerschaft der Zarin hat für keinen Augenblick das harmonische Glück ihrer Ehe getrübt. Zar und Zarin glaubten, daß auch dieses Unglück nur eine erneute Prüfung Gottes sei, die der Zar wie Hiob ertragen mußte, um dann den hundertfachen Lohn zu empfangen.

Seltsamerweise blieb auch ihr Glaube an Philipp voll erhalten. Dieser wurde in allen Ehren entlassen, und die Geschenke, mit denen ihn die Zarin überhäufte, bewegten auch ihn, sich erkenntlich zu zeigen. Vor seiner Abreise gab er der Zarin ein Heiligenbild mit einem Glöckchen. Magisch vor sich hinstarrend erklärte der Scharlatan, daß dieses Glöckchen jedesmal zu läuten begänne, wenn sich ein schlechter Mensch den Majestäten nähere. Die Kaiserin, die immer noch im Bann der Philippschen Hypnose stand, glaubte fest an das Glöckchen, ebenso wie sie an die andere Prophezeiung des Wundertäters glaubte, daß irgendwann der Himmel ihr einen mächtigen Freund entsenden werde, bei dem sie Zuflucht vor all ihren irdischen Nöten finden werde.

Philipp reiste ab. Die Sehnsucht der Zarin blieb aber unerfüllt. Jedoch der Weg, auf dem diese Sehnsucht ihre Erfüllung finden mußte, war nunmehr beschritten. In traumhafte Visionen versunken flehte die Zarin um Einlaß in die verborgene Geisterwelt, die allein befugt war, ihr den gewünschten Sohn zu entsenden. Der Wunsch der Zarin, einst nur im engen Familienkreis bekannt, wurde nunmehr allgemein erörtert. Höflinge, Popen und Wundertäter berieten sich über übersinnliche Probleme, denn unermeßliche Gnaden winkten jedem, der den himmlischen Mächten den künftigen Zarewitsch entreißen konnte.

In den stillen Frühlingsnächten des Jahres 1903 sahen die Einwohner Petersburgs, wie über die bleierne, vom Mondschein übergossene Newa ein kleiner Kahn glitt. Im Kahne saß einsam und in sich versunken der Zar. Mondschein umspielte die schmale Gestalt. Träumerisch blickte er auf die müden Wellen des Flusses. Er ruderte, und die silbernen Tropfen, die vom Ruder spritzten, nahmen im Mondschein seltsame und phantastische Formen an.

Die Petersburger verfolgten ihren Zaren mit traurigen, nachdenklichen Blicken. Jeder wußte, woran der kleine Zar im Boote dachte.

Bei den traumhaften, verklärten Mondscheinfahrten dachte der Zar an die Ewigkeit, an Gott und an den Sohn, den ihm der Himmel verweigerte. Vor seinen halbgeschlossenen Augen entstand die kräftige Gestalt seines besten Freundes, des großfürstlichen Vetters Alexander. In der gleichen Zeit, in der die Zarin vier Töchter gebar, wurden dem Großfürsten nacheinander vier gesunde Söhne geschenkt. Der Neid gegen diesen glücklichen Vater steigerte sich in der Seele des Zaren beinah zum Haß. Neben diesem Vetter dachte der Zar mit bedrückter Wehmut an seinen Bruder Michael, der nach ihm den Zarenthron besteigen sollte. Eine scheue, abergläubische Furcht hinderte ihn daran, dem legitimen Thronfolger den Titel des Zarewitsch zu verleihen. Er glaubte damit öffentlich zuzugeben, daß er an der Geburt eines eigenen Sohnes zweifele.

Noch aber waren nicht alle Mittel erschöpft, nicht alle Geister beschworen. In den schlaflosen Frühlingsnächten ließ der Zar manchmal den Hofgeistlichen, Vater Theophan, kommen. In langen Gesprächen mit dem klugen Popen rief der Zar als oberster Herr der Kirche die Macht der orthodoxen Geistlichkeit an. Für die irdischen Nöte des Herrschers hatte der Pope eine theologisch abgeklärte Antwort. Zar und Zarin brauchten nach seiner Meinung eine mächtige Stütze am Throne des Allmächtigen, und diese Stütze konnte kein anderer sein als der ehrwürdige Seraphim, ein frommer Asket, der in der zweiten Hälfte des 19. Jahrhunderts in Sarow, im Gouvernement Tombowsk, verstorben war. Seit seinem Tode wartete der ehrwürdige Seraphim an der Pforte des Himmelsgartens, doch erst das Machtwort des Zaren konnte ihm den Einlaß in die Schar der griechisch-orthodoxen Heiligen gewähren. Dann aber würde der dankbare Seraphim die ganze Macht eines Heiligen im Himmel für den Zaren einsetzen.

Mit seinen müden, leicht geröteten Augen verfolgte der Zar die silbernen Wassertropfen, die vom Ruder rannen. In ihrem glitzernden Licht erblickte er die Geschichte und Leiden des Asketen. Seraphim mied die Menschheit. Er lebte in einem Hain in der Nähe von Sarow. Dort predigte er den Bauern, segnete die kinderlosen Frauen und badete in einem kleinen Bach, der von da an den Ruf einer heilbringenden Quelle gewann. Die Bauern strömten zu diesem Asketen. Doch begnügte sich Seraphim nicht nur mit Predigten im Kreise der frommen Zuhörer. In mystischer Exaltiertheit verkündete er auch die Zukunft Rußlands. Am Hofe des Zaren lebte die Legende, daß irgendwo ein Schriftstück aufbewahrt liege, das die Ereignisse der Regierungszeit Nikolaus II. vorhersage.

Der Zar befahl das Schriftstück zu suchen. Seltsamerweise fand sich die prophetische Schrift nicht in einem fernen Kloster, sondern in den Archiven der Polizeiabteilung des Innenministeriums. Das Schriftstück lautete: „Zu Beginn der Regierungszeit dieses Monarchen wird es viele Volksplagen geben. Es wird einen unglücklichen Krieg geben. Eine große Wirrnis beginnt im Reiche. Vater erhebt sich gegen Sohn und Bruder gegen Bruder. Die zweite Hälfte der Regierungszeit wird aber licht sein, und dem Herrscher ist ein langes Leben beschieden."

Weniger diese Prophezeiungen als die flehentlichen Bitten der Zarin bewegen Nikolaus II., die Heiligsprechung Seraphims vorzunehmen. Der Innenminister Plehwe, mit dem der Zar diesen Plan besprach, weinte vor Rührung. Mit seiner kalten, bösen Stimme erklärte der Staatsmann, daß auch er danach lechze, die Gebeine Seraphims mit seinen frommen Tränen zu benetzen. Allerdings waren Heiligsprechungen nicht das Ressort des Innenministers. Über das Schicksal der Kirche waltete mit eiserner Strenge der reaktionärste Mann Rußlands, der Greis Pobedonoszew.

Der Oberprokurator der heiligsten Synode Konstantin Pobedonoszew, war nicht wenig erstaunt, als er eines Tages zum Allerhöchsten Frühstück geladen wurde. Der böse, mächtige Greis war schon längst bei dem Zarenpaar in Ungnade gefallen, und nur die Ehrfurcht vor seiner Vergangenheit und seinem Alter hinderte den Zaren daran, den klugen Mann zu verabschieden.

Während des Frühstückes fragte der Zar Pobedonoszew, wie er sich zu einer etwaigen Heiligsprechung Seraphims stellen würde. Die tiefen, stachligen Augen Pobedonoszews richteten sich voll Mißbilligung auf das Zarenpaar. Seine trockene, pergamentfarbene Haut erhielt ein mumienhaftes Aussehen, als er kühl und sachlich erklärte, daß die heiligste Synode eine Kanonisierung erst vornehmen könne, wenn der Betreffende mindestens hundert Jahre tot, seine Leiche unverwest und die Nachforschungen der Synode über das fromme Leben des Verewigten abgeschlossen seien.

Während Pobedonoszew sprach, bedeckte sich das Gesicht der Kaiserin mit hektischer Röte, sie atmete schwer und blickte mit unverhülltem Haß auf den Greis, der sie um ihren Sohn bringen wollte. Als Pobedonoszew geendet hatte und seine schlangenhaften Augen fragend auf die Zarin richtete, hob Alexandra Feodorowna stolz den Kopf und verkündete kurz: „Der Kaiser kann alles!"

Pobedonoszew verbeugte sich sprachlos.

Der Kaiser konnte alles. Seraphim wurde heiliggesprochen.

Dieser Tat wurde ungeheure Bedeutung beigemessen. Die Höflinge bezeichneten die Feier der Kanonisierung am 30. Juli 1903 als das wichtigste Ereignis Rußlands im 20. Jahrhundert.

Am Grabe des neuen Heiligen vereinten sich Hof und Volk, Gesellschaft und Geistlichkeit. Der Minister Plehwe, der in seinem Leben zweimal den Glauben gewechselt hatte, kniete vor den Gebeinen Seraphims nieder und vergoß Tränen kindlicher Rührung. Die festliche Decke für den Sarg stickte eigenhändig der Fürst Putjatin. Die Höflinge stifteten Leuchter, Teppiche, Glocken und Altäre. Zahlreiche Personen begannen mit frommen Gebeten vor den Gebeinen Seraphims eine glänzende Hof- und Beamtenkarriere. Die Tränen Plehwes gewannen ihm das unumschränkte Vertrauen des Zaren, und die gottgefällige Stickerei des Fürsten Putjatin erwirkte ihm die Würde des Vizeoberhofmeisters am Hofe.

Über dreitausend Personen der Hof- und Adelskreise strömten nach Sarow, um vor den Augen der Majestäten ein erfrischendes Bad in der heiligen Quelle zu nehmen.

Über der weiten Steppe von Sarow brannte unbarmherzig die Sonne. Auf den ausgedörrten, trockenen Feldern lagerten Tausende von Krüppeln, Wahnsinnigen, Tauben, Kranken und Pilgern. In der heißen Luft ertönte der fromme Gesang der Psalmen. Bauern erzählten einander von den Wundern des neuen Heiligen.

In der glühenden Hitze des Julitages schritt der Zar über das von Pilgern belagerte Feld. Krüppel und Kranke streckten ihm betend und lallend ihre verunstalteten Glieder und grauenerregenden Geschwüre entgegen. Zar und Heiliger vereinten sich in den Augen des Volkes zu einem einzigen gnadenspendenden Geschöpf. Anfällige Männer und Frauen fielen vor dem blassen Zaren in die Knie, fingen seine Blicke auf und erflehten seinen Segen. Die Begegnung mit dem Gottbegnadeten versprach dasselbe Wunder wie das Gebet bei den Gebeinen des Heiligen. Der Zar fühlte, daß hier auf dem ausgedörrten Felde von Sarow alles Menschliche von ihm abfallen mußte. Der Gottbegnadete verwandelte sich in einen Gottähnlichen. Und während die Höflinge vom heiligen Seraphim Orden und Würden erflehten, erteilte der Zar seinen Segen an das Volk. Kranke und Lahme jauchzten, vom Blick des Zaren getroffen, und die breite Steppe von Sarow verwandelte sich vor den erstaunten Blicken der Hofpopen in den Schauplatz eines orientalisch-heidnischen Mysteriums.

Am Abend nach der feierlichen Heiligsprechung fand zu Ehren des Herrscherpaares ein Festessen statt. Der großen Zahl der geladenen Höflinge und Würdenträger fiel es auf, daß das blasse Gesicht der Zarin sich immer wieder mit roten Flecken bedeckte, ihre unruhigen Blicke streiften wie abwesend durch den Saal, sie atmete schwer und kämpfte offensichtlich mit großer innerer Erregung.

Kurz vor Mitternacht erhob sich die Zarin von der Tafel. Während das Fest seinen Fortlauf nahm, durchschritt Alexandra Feodorowna in Begleitung einer alten Hofdame den Hain, der zu der alten Quelle führte. Um Mitternacht kniete sie im Festgewand vor der Quelle nieder. Die Mondstrahlen fielen auf ihr zurückgeworfenes Haupt. Ihre Lider waren halb geschlossen, und die Lippen flüsterten ein inbrünstiges Gebet. Zu der gleichen Stunde erflehte die hohe Geistlichkeit des Landes am Grabe des Heiligen das Wunder. Dann entkleidete sich die Zarin, und, während der Kirchenchor im Kloster die letzten Gesänge zum Himmel emporsandte, stieg Alexandra Feodorowna in die heilbringende Quelle des heiligen Seraphim.

Das mitternächtliche Mysterium verfehlte seine Wirkung nicht. Das Wunder geschah. Was keinem Geisterbeschwörer gelungen war, gelang der frommen Fürbitte eines einfachen russischen Heiligen.

Genau ein Jahr nach dem denkwürdigen Bad am 20. Juli 1904 gebar die Zarin einen Sohn, der den Namen Alexei erhielt.

In einer feierlichen Sitzung erklärte der Senat den neugeborenen Großfürsten Alexei zum Zarewitsch und Erben des russischen Thrones. Die Beamten und Höflinge, die bei der Heiligsprechung anwesend gewesen waren, strömten nunmehr in Scharen zum Palais. Wieder schritt der Zar wie vor einem Jahr in Sarow durch die fromme Menge. Diesmal verteilte jedoch der Herrscher nicht nur Segen und huldvolle Blicke. Die bereitgehaltenen Hände der Höflinge füllten sich mit Orden, Ernennungen, hohen Pensionen und sonstigen Zeichen der kaiserlichen Gunst. Im Arbeitszimmer des Zaren in Zarskoje Selo hing aber von diesem Tage ab eine große Ikone des heiligen Seraphim von Sarow, des Botschafters des Zaren am Hofe Gottes, des Allmächtigen.

Als ein Jahr später der neuernannte Oberprokurator des heiligen Synods, Fürst A. D. Obolensky, im Gespräch mit dem Zaren einige Zweifel an der Heiligkeit Seraphims auszusprechen wagte, antwortete der Zar streng: „Was das Heiligtum und die Wunder Seraphims anbetrifft, so bin ich davon so überzeugt, daß nichts und niemand meinen Glauben erschüttern könnte. Ich habe dafür unleugbare Beweise."

Durch alle Erschütterungen, Kriege, Revolutionen und Verbannungen hindurch trug Nikolaus unbeirrbar diesen Glauben. Kein Schicksalsschlag konnte ihn wankend machen. Und bis zu seinem tragischen Ende blickte er in hingebungsvoller Ehrfurcht zu der Ikone seines Botschafters am Throne Gottes empor.

13. DER „WANZENSTICH“

Streng klangen die Sätze der byzantinischen Chronik. Mauritius, Kaiser von Byzanz, der im Jahre des Herrn 582 den Thron bestieg, war ein guter Mensch und gerechter Herrscher. Seine Regierung war eine Glanzzeit des Reiches. Eines Tages beging jedoch der Kaiser eine schwere Sünde. Sein siegreiches aber unruhiges Heer, das in glänzenden Feldzügen Asien verwüstete, wurde zum Kampf nach Europa entsandt. Dort kam das Unheil über die Armee. Sie geriet in die Gefangenschaft der Barbaren. Der Kaiser selbst trug daran die Schuld. In kluger Berechnung sandte er dem bedrängten Heer keine Hilfe. Seine unruhigen, frevelhaften und rebellierenden Krieger erschienen ihm gefährlicher als die robusten Barbaren der fernen Länder. Als dann die siegreichen Barbaren ein hohes Lösegeld für das gefangene Heer verlangten, verhandelte Mauritius so lange, bis die verärgerten Feinde alle Gefangenen erdolchten.

Das Blut der Untertanen würgte den Kaiser. Schwer lastete auf ihm die Sünde und unerträglich erschienen ihm die Qualen, die Gott ihm im Jenseits bereiten würde. Da sandte Mauritius an alle Patriarchen, Bischöfe und heilige Asketen ein Schreiben. Demütig bat der Kaiser die Frommen, Gott anzuflehen, daß er diesseits alle Qualen seines Zornes über den Kaiser entladen möge, um ihm jenseits die Vergebung seiner Sünden angedeihen zu lassen. Die ganze Kirche erflehte inbrünstig in Gebeten und Kasteiungen Gottes Strafe für den Kaiser.

Gütig erhörte der Allmächtige die Bitten der heiligen Kirche. Ein frommer Asket verkündete dem Kaiser, daß Gottes ewige Gerechtigkeit auch dem Sünder zuteil werde. „Du wirst“, sagte der Asket, „zur ewigen Glückseligkeit zugelassen werden; im irdischen Leben jedoch wirst du dein Reich mit Leid und Schande verlieren.“

In jubelndem Dankgebet stürzte der Kaiser zum Altar des Herrn, und im ganzen Reich jubelten die Frommen ob der Freude des Kaisers. – Bald darauf erhob sich gegen den Kaiser der Krieger Phokas, und mit ihm das ganze Heer. Untätig ließ Mauritius den Aufruhr gewähren, bis er nebst seinem ganzen Geschlecht in die Gefangenschaft der blutigen Rebellen geriet. Sieben Kinder hatte Mauritius, alle sieben wurden vor den Augen des Vaters geköpft, und bei jedem Schlag rief der Kaiser: „Gerecht bist du, o Allmäch-

Zar Nikolaus II 1894

Die kaiserliche Familie 1904. Der Zar, die Zarin und ihre vier Kinder: Olga, Tatiana, Maria und Anastasia

tiger, und gerecht ist dein Gericht.“ Freudig ging er als letzter seines Geschlechtes in den Tod. –

In den hellen Petersburger Nächten blätterte der Zar in den alten vergilbten Schriften. Wie schwere Schläge der überirdischen Gerechtigkeit klangen die Worte der alten Chronik, und wie ein drohendes Menetekel erhob sich vor dem Fenster das Wahrzeichen Petersburgs, die goldene Nadel der Admiralität.

Dreizehn Jahrhunderte trennten den Zaren vom Kaiser Mauritius, der seine Untertanen aus Angst vor Rebellion ins wilde Land der Barbaren geschickt hatte. Gottes Gerechtigkeit vernichtete das Geschlecht des Sünders, der sein Volk um des Goldes willen dem Tod überliefert hatte.

Nikolaus legte die Chronik zur Seite. Ihre Worte klangen wie eine fremde, unwirkliche Sage. Nichts verband den Zaren mit dem sündigen Kaiser. Zwar hatte auch er soeben das christliche Heer gegen die gelben Barbaren geschickt. Mochten aber die Revolutionäre schreiben, daß das Heer das Zarengeld im Osten retten sollte, mochte Plehwe durch den siegreichen Krieg die Rebellion vernichten wollen! Der Zar brauchte kein Geld und er fürchtete sich nicht vor Rebellionen. Gottes Wille drückte ihm das Schwert in die Hand, und Gottes Wille würde den Sieg des christlichen Heeres über die Heiden herbeiführen.

Das blasse Gesicht des Zaren preßte sich an das kalte Fensterglas. Wind wirbelte den Schnee auf. Wie weiße Gespenster erhoben sich am Palastplatze die Schneewolken. Und in weißen Schnee gehüllt, marschierten durch die vereisten Steppen der Mandschurei die Soldaten, die der Zar am 28. Januar 1904 zum Kriege gegen Japan entsandt hatte.

Der Krieg, den der Zar am 28. Januar im Weißen Saal des Winterpalais proklamiert hatte, war im stillen Arbeitszimmer des Innenministers Plehwe ersonnen worden. In den langen Winternächten las Plehwe die Berichte seiner Gouverneure, Spitzel und Polizisten. Aus diesen Berichten erstand das Bild einer drohenden, unabwendbaren Gefahr. Mit pedantischer Genauigkeit notierte der Minister die Anzeichen des nahen Unheils. Seine kalten Basiliskenaugen überblickten die lange Liste der Terrorakte. Seine Hand zitterte, wenn er in diese Liste stets neue Zahlen und Namen eintragen mußte. In den schlaflosen Nächten zog der Minister das blutige Fazit seiner Regierung:

September 1903. Blutige Unruhen anläßlich der Russifizierung der armenischen Kirche in Kars, Baku, Elisabethpol und Nucha. Eisenbahnstreik in Borisoglebsk. Hinrichtung von vier Revolutionären in Elisabethpol.

Standrecht in fünf Städten Transkaukasiens. Ausräumung eines geheimen Waffenlagers in Ufa. – Oktober 1903. Ermordung des Gerichtspräsidenten in Ufa. Schwere Verwundung des Statthalters im Kaukasus, des Fürsten Golitzyn. Standrecht in den nordwestlichen Gouvernements. Streik in Reval. Bombenexplosion in Riga. – November 1903. Attentat auf den Polizeipräsidenten in Bjalostok. Bauernunruhen im Gouvernement Charkow und Pskow. Studentenunruhen in Kiew. Unruhen in Nikolaijewsk und Bachmet. Regierungsfeindliche Demonstranten in Charkow. Hinrichtung zweier Terroristen in Cherson. – Dezember 1903. Studentenunruhen in Warschau und Charkow. Bauernrevolte in den südlichen Gouvernements. – Januar 1904. Attentat auf den Gouverneur vom Lomja, Baron Korff, und auf den Polizeipräsidenten von Kiew.

Plehwes Augen wurden klein. Matt brannte das Licht in seinem Arbeitszimmer. Unten auf der Straße promenierte die Geheimwache. Der gepanzerte Wagen wartete vor der Tür. Seit langem schon pflegte Plehwe, wenn er eine Verabredung für einen der nächsten Tage traf, melancholisch hinzuzufügen: „Wenn ich noch am Leben sein werde."

Den Ausweg aus dieser mißlichen innerpolitischen Lage erblickte der Minister in einem kleinen aber siegreichen Krieg. Das Rauschen der Fahnen würde die Stimmen der Unzufriedenen übertönen. Die Heldentaten des Zarenheeres würden die Herzen der Zweifler erneut für den Thron des Monarchen gewinnen, und das Phantom der Revolution würde kraftlos zusammenbrechen, sobald der Triumphzug des siegreichen Heeres durch die Straßen von Petersburg ziehen würde. In kluger Berechnung des kaiserlichen Charakters wählte der Minister zum Objekt des außenpolitischen Sieges über den innerpolitischen Feind den fernen Osten.

Die Seele des jungen Zaren war mit mystischer Liebe zu den fernen östlichen Regionen seines Reiches erfüllt. Nicht in den engen Gebieten des europäischen Westens, sondern in der endlosen Weite des Orients lag der Schwerpunkt der russischen Macht. Dieses Land barg den künftigen Ruhm des Zaren, dieses kernige, sibirische Bauerntum war berufen, dem christlichen Zaren die heidnische Welt des Orients zu Füßen zu legen und neue Lorbeeren in die strahlende Krone der russischen Alleinherrschaft zu flechten.

Korea, Mandschurei, Tibet. Stille, ferne Länder voll seltsamer Geheimnisse und lockender Ziele zogen den Zaren an. Und in der Tat schien diese magische Welt nur auf das Zauberwort des Zaren zu warten. Als nach dem Japanisch-Chinesischen Krieg die Chinesen im Frieden von Simonoseki den

Japanern die Halbinsel von Kuantun abtraten, genügte ein Wort des Zaren, daß Japan demütig auf alle Erfolge des siegreichen Krieges verzichtend, Kuantun räumte. Ein weiteres Machtwort des russischen Monarchen genügte, daß die Chinesen die zurückgewonnene Halbinsel freiwillig an die Russen abtraten. Ein Stirnrunzeln des Purpurträgers errang Rußland die Mandschurei und die große chinesische Eisenbahnstrecke. Als endlich die Chinesen rebellierten, als der Boxeraufstand das Reich der Mitte erschütterte, sandte der Zar zusammen mit den Westmächten den braven General Linewitsch nach China. Das Heer des Zaren zog mit klingendem Spiel in die heilige Stadt Peking ein, plünderte die Paläste, vertrieb den Kaiser und hißte die russische Fahne über den stillen Porzellanpagoden des gelben Imperiums.

Kraftlos und demütig lag der Orient zu den Füßen des Zaren. Russische Generäle beherrschten den Hof des Kaisers von Korea, russische Truppen erbauten die mandschurische Eisenbahn, russische Ingenieure errichteten die Festung Port Arthur im Herzen Chinas, und der deutsche Kaiser stellte die russische Vorherrschaft im fernen Osten in seinem berühmten Telegramm an den Zaren fest: „Der Admiral des Atlantik grüßt den Admiral des Pazifik.“

Still, in traumhafte Visionen versunken, schlummerte bei den Klängen der alten Gebetsglocken die gelbe Rasse. Kein Wort, kein Hauch übertönte die feierliche Ruhe der gelben Paläste. Im Innern der Paläste, Klöster und Burgen flackerte aber eine geheime Flamme. Unmerklich rüsteten die gelben Völker zum gewaltigen Kampf gegen den jahrtausendealten Feind. Und wie in den Zeiten Dschingis Chans, wie in den Zeiten Batys und Tamerlans, mußte das Volk der Russen als erstes den Schlägen der gelben Rasse entgegentreten.

Ende des 19. Jahrhunderts übernahm das Volk der Japaner die Führung über die gelbe Rasse. Am 13. April 1898 errang Japan seinen ersten Sieg über die Welt der weißen Rasse. An diesem Tag unterschrieben Rußland und Japan das Übereinkommen betreffs des fernen Ostens. Laut diesem Abkommen zog Rußland seine Generäle aus Korea zurück, überließ das Land dem uneingeschränkten Einfluß Japans und erhielt dafür die unbeschränkte Vorherrschaft über Kuantun, Ljaodan und die Mandschurei.

Nur widerwillig unterschrieb der Zar auf Anraten seiner Minister das Übereinkommen.

In den Hofkreisen hatte der kaiserliche Widerwille die Kraft des Gesetzes. Aufmerksam beachteten die Höflinge jedes Stirnrunzeln, jede Andeutung, jedes Wort des Monarchen. Was die Minister in ihrer leichtfertigen Schwäche verbrochen hatten, sollte von der treuen Ergebenheit des kaiserlichen Hofes wieder gutgemacht werden.

In den Kreisen der Hofchargen tauchte das schlitzäugige Gesicht des Rittmeisters der Kavaliergarde Besobrasow auf. Von grenzenloser Kaisertreue beseelt, entwarf der Rittmeister den Plan der friedlichen Bezwingung Koreas. Wie Hastings und die westindische Kompanie Indien für die englische Krone bezwungen hatten, sollte eine russische Handelsgesellschaft auf dem Wege der friedlichen kapitalistischen Entwicklung Korea unmerklich in eine russische Kolonie verwandeln. Die Hastingssche Idee des braven Rittmeisters fand Beifall. In den höchsten Kreisen des Hofes wurde es Sitte, Gelder zur friedlichen Eroberung Koreas zu zeichnen. Eine rasch gegründete Handelsgesellschaft erwarb eine Wald- und Goldkonzession an den Ufern des koreanischen Flusses Jalu. Präsident der Gesellschaft wurde der Schwager des Zaren, der Großfürst Alexander Michailowitsch. In den Regierungs- und Hofkreisen war es bald kein Geheimnis mehr, daß zu den Geldgebern der Gesellschaft auch der Zar selber gehörte.

Vergebens häuften sich auf dem Zarenschreibtisch die Warnungen. Vergebens drohte der gewaltige Witte mit seinem Rücktritt. Vergebens eilte die kluge Frau Besobrasow durch die Salons der Hauptstadt und klagte: „Ich verstehe nicht, weshalb mein Mann eine so gewaltige Rolle spielen kann. Merkt man denn nicht, daß er ein Halbwahnsinniger ist?“ Vergebens entsandte Japan seinen größten Staatsmann, den Fürsten Ito, nach Petersburg mit dem Vorschlag einer friedlichen Regelung des Konfliktes. Fürst Ito wurde mit betonter Kühle empfangen, Witte auf den einflußlosen Posten des Präsidenten des Ministerkomitees verbannt, und Besobrasow durch ein überraschendes Zeichen der kaiserlichen Gnade zum Staatssekretär ernannt.

Und doch wollte der Zar keinen Krieg. Tief im Innern war Nikolaus II. überzeugt, daß auch dieses Mal das Wort des Zaren genügen würde, um ein kleines, orientalisches Volk zur Besinnung zu bringen. Noch am Vorabend des Krieges unterhielt sich Nikolaus mit dem Großfürsten Alexander, der zu den Gegnern des Krieges gehörte. „Man spricht im Volke von einem nahen Krieg“, sagte der Großfürst. „Es gibt keinerlei Gründe, über einen Krieg zu sprechen“, entgegnete der Zar kühl. „Wie willst du denn den Krieg vermeiden, wenn du nicht nachgeben willst?“ „Die Japaner werden uns nicht den Krieg erklären.“ „Und wenn sie es doch tun?“ „Sie werden es nicht wagen.“ „Und wenn?“ „Das wird ja langweilig, Sandro. Ich versichere dir, daß ich weder mit Japan noch mit sonst jemandem einen Krieg zu führen beabsichtige."

Wenige Tage nach diesem Gespräch fielen die Würfel des russischen Schicksals. Nach dem Sturz Wittes war es Plehwe nicht schwer, dem Kaiser das Schwert in die Hand zu drücken. Als am 26. Januar die Japaner die Verhandlungen mit Rußland abbrachen und die russische Flotte bei Port Arthur überfielen, erklärte der Zar den Krieg. Feierlich klangen die Sätze, mit denen Europa an der Schwelle des Jahrhunderts den Kampf gegen Asien eröffnete: „In unerschütterlichem Glauben an die Hilfe des Allmächtigen, in der festen Überzeugung, daß all Unsere treuen Untertanen sich gemeinsam mit Uns zum Kampfe für das Vaterland erheben werden, erflehen Wir Gottes Segen auf Unser Heer."

„Wanzenstich" nannte der Zar den Überfall der Japaner. Und ganz Rußland wiederholte den Satz des Kriegsministers, daß es genüge, die russischen Mützen auf die Japaner zu werfen, damit das ganze Affenvölklein unter der Last dieser Mützen ersticke.

Den Bajonetten der Japaner stellte der Zar die magische Kraft seines Segens entgegen. In seinem Empire-Salonwagen durchquerte Nikolaus II. sein Reich. Unendlich wie die Ewigkeit erstreckte sich vor den Fenstern die russische Steppe. Regimenter mit aufgepflanzten Bajonetten zogen am Zaren vorbei. An kleinen, gottverlassenen Haltestellen im Ural, an der Wolga und an der Kama verließ der Zar seinen Wagen. Hoch zu Roß besichtigte er die todgeweihten Truppen. In mystischer Ekstase starrten die bärtigen Bauern auf ihren Zaren. Tränen benetzten die Gesichter der Soldaten, wenn die zierliche Hand des Gesalbten dem Heer den kaiserlichen Segen erteilte. In frommer Demut sanken die asiatischen Regimenter in die Knie. Wie ein geheimnisvolles Ebenbild Gottes ritt durch die knienden Reihen der schmächtige Zar, und die Worte seines Segens fielen in die magische Stille des verklärten Gebetes.

Im Anblick des knienden Heeres verteilte der Zar die kleinen Ikonen des hl. Seraphim von Sarow. Hingebungsvoll liebkosten die Bauern die Ikonen, die in der heiligen Hand des Zaren geruht hatten, und sie wußten selbst kaum, ob ihre Verehrung der unsichtbaren Hand des Zaren oder der unsichtbaren Huld des Heiligen galt.

Unzählige Kilometer durchraste der Zarenzug. Eine Million Bauern zogen am Zaren vorbei. In der Nähe der Stadt Slatoust, an dem Grenzpfahl mit der Aufschrift „Europa – Asien", hielt der Zar in einem breiten Tal eine glänzende Parade ab. Die Strahlen der Sonne, die sich hinter den asiatischen Bergen erhoben, fielen auf das Haupt des Monarchen. Von ihrem leuchtenden Gold übergossen, erinnerte er an einen alten Moskauer Großfürsten, der die fromme Kraft seines Heeres einem neuen Ansturm der wilden Tartaren entgegensetzte.

Mit Ikonen und Segen versehen, zog das Heer gegen die Mandschurei. Unermüdlich raste der Zarenzug durch das Land. Unermüdlich verteilte der Zar die Ikonen. In Riga hob er dem Heer als Zeichen höchster Gunst seinen kleinen Sohn, den Zarewitsch, entgegen, und die Kinderhand Alexeis gab dem Heer eine Miniatur-Ikone des hl. Seraphim mit auf den Weg. In den aristokratischen Salons der Hauptstadt wurde das fromme Zelebrieren des Zaren mit boshaftem Lächeln verfolgt. Die Frömmigkeit des Kaisers belustigte die aufgeklärten Städter, und ganz Petersburg wiederholte bald den Ausspruch des Generals Dragomirow: „Die Japaner bekämpfen uns mit Kanonen, wir die Japaner mit Ikonen."

Mit verbissener Freude erzählten sich die Liberalen von den großfürstlichen und kaiserlichen Millionen, zu deren Rettung die Bauern in die Mandschurei geschickt wurden. Mit offenen Armen empfingen die terroristischen Parteien die japanischen Abgesandten, die ihnen Geld zur Bekämpfung des Zarentums zur Verfügung stellten. Das ganze unterirdische Rußland schien in freudiger Erwartung auf eine Niederlage des kaiserlichen Heeres zu lauern.

Zum Oberbefehlshaber über eine Million Soldaten ernannte der Zar den Statthalter im fernen Osten, Admiral Alexejew, einen Marinediplomaten, der kaum jemals eine Abteilung Infanterie außerhalb der Parade gesehen hatte. Da der Sieg der Waffen in der Hand Gottes und nicht in der irdischen Kunst der Generäle ruhte, glaubte der Zar, daß dieser pflichteifrige Mann ein geeignetes Werkzeug sein würde.

Nachdem die ersten Monate des Krieges seine völlige Unfähigkeit erwiesen hatten, entsandte der Zar den ehemaligen Kriegsminister, General Kuropatkin, zu den Truppen, ohne jedoch den Admiral Alexejew abzuberufen. Kuropatkin war ein kluger und tapferer General, mit der Seele eines Regimentsschreibers. Er fuhr zur Front wie ein Sieger zum Triumphzug. Ikonen, Dankgebete und Hochrufe begleiteten seinen Weg. Die Gebete der Stationspopen vermochten jedoch die Verletzungen der Grundregeln jeder Kriegsführung nicht wettzumachen: Auf dem Heer lastete die Rivalität zweier Führer, Alexejews und Kuropatkins.

Verlangte Alexejew eine forsche Offensive, so befahl Kuropatkin einen strategischen Rückzug. Die beiden gleichberechtigten Heerführer überschütteten den Zaren mit Feldzugsplänen, strategischen Vorschlägen und gegenseitigen Denunziationen.

Wohl nie ist eine Armee unvorbereiteter in einen Feldzug gegangen als das russische Heer in den Japanischen Krieg. Im langen Frieden war das russische Schwert verrostet. Die veraltete Artillerie der russischen Flotte stand der japanischen an Reichweite erheblich nach. Den Geschützen fehlten teilweise die Verschlüsse. Neugelieferte Patronen paßten nicht in die Gewehre. In grenzenloser Unterschätzung des Gegners hatten die russischen Generäle die einfachsten Maßnahmen zur Vorbereitung des Krieges unterlassen.

Am 31. März 1904 vernichtete eine japanische Mine den großen russischen Panzerkreuzer „Petropawlowsk“, auf dem sich Admiral Makarow, der Oberbefehlshaber der fernöstlichen Flotte befand. Dieser Verlust eröffnete die lange Reihe der Schicksalsschläge, die lawinenartig auf den zarten Zaren hereinbrach.

Am 18. April schlugen die Japaner die russischen Truppen bei Türentschen. Am 28. April landeten die Japaner in Bitsivo und belagerten Port Arthur. Am 28. Mai siegten sie in der Seeschlacht bei Port Arthur. Am 25. August verloren die Russen die siebentägige Schlacht bei Liau-jang. Am 22. Dezember fiel das belagerte Port Arthur. Am 25. Februar 1905 verloren die Russen die Hauptschlacht bei Mukden, und am 14. Mai vernichtete Admiral Togo in der Bucht von Tsushima fast die gesamte Flotte des Zarenreiches. Der Krieg war verloren.

Über eine halbe Million Leichen bedeckten die Mandschurei. Eingeschlossen in Zarskoje Selo las der Zar die schmachvollen Berichte der Niederlagen, Verluste und Rückzüge seiner Truppen. Mit leeren Augen blickte er in die Ferne.

Die blassen und erschrockenen Höflinge suchten nach den Anzeichen des seelischen Zusammenbruches. Ihre mitleidsvollen Blicke umschmeichelten den Monarchen. Jeder war bereit, den Zaren in alleruntertänigster Ergebenheit zu trösten. Aber Nikolaus achtete den Trost seiner Untertanen gering. Als wichtigstes seelisches Gut hatte er von seinen robusten Ahnen die unerschütterliche, kaiserliche Haltung geerbt. Die Worte des Mitleids erstarben auf den Lippen der Höflinge beim Anblick des stets gleichmäßig liebenswürdigen Zaren. Der Verlust des Krieges war für Nikolaus seine private, kaiserliche Angelegenheit. Kein Höfling, kein Minister, kein General sollte in diese persönliche Sphäre des Monarchen eindringen.

Am Tage des Unterganges von „Petropawlowsk“ schrieb der Zar in sein Tagebuch: „Ich konnte mich gar nicht über das entsetzliche Unglück beruhigen“, als aber am gleichen Tag der diensttuende Hofgeneral Rydzewsky mit blassem und verstörtem Gesicht in sein Zimmer trat, faßte ihn der Zar lächelnd am Arm und führte ihn zum Fenster. Dort zeigte er auf die Schneeflocken und sagte: „Was für ein Wetter. Es wäre schön, heute zu jagen. Wir waren schon lange nicht zusammen auf der Jagd. Was haben wir heute? Freitag? Also verabreden wir uns für morgen.“ Als der erschütterte General eine halbe Stunde später die Palasttreppe hinunterstieg, sah er, wie der Kaiser vor dem ganzen Hofgefolge auf Raben schoß.

Als einige Monate später ein Adjutant dem Zaren das Telegramm überbrachte, in dem ihm die Niederlage von Mukden gemeldet wurde, traf er den Herrscher beim Tennisspiel an. Nikolaus entschuldigte sich bei seinen Mitspielern, las das Telegramm, steckte es in die Tasche und setzte das Spiel mit der gleichen Liebenswürdigkeit fort. Die verlorene Schlacht hinderte ihn nicht daran, die Partie zu gewinnen.

Am 14. Mai 1905 fand am Hofe ein großes Diner statt. Zum neunten Mal feierte der Zar die Tage der Moskauer Krönung. Während des Diners traf ein Kurier des Marineministers ein und reichte dem Kaiser eine Depesche. Nikolaus erbrach sie und las den kurzen Bericht, in dem ihm der Verlust seiner gesamten Flotte gemeldet wurde. Er faltete das Telegramm zusammen, zog sein goldenes Zigarrenetui und ließ den Oberzeremonienmeister verkünden: „Majestät gestatten zu rauchen.“ Beim Anblick des ruhig rauchenden Zaren kam keinem von den Gästen auch nur der Gedanke, daß er im gleichen Augenblick ein Kreuz über die schönsten Hoffnungen seines Lebens gesetzt hatte.

Erst in der Nacht, allein in seinem Schlafzimmer, notierte der Zar in sein Tagebuch: „Meine Seele schmerzt. Es ist unsagbar schwer und traurig.“

Während aber die Höflinge mit steigendem Staunen die Haltung des Zaren bewunderten, während die liberalen Kreise beim Anblick des liebenswürdig lächelnden Zaren von der kalten Indifferenz eines Degenerierten sprachen, während das Kriegsmuseum in Tokio sich mit Ikonen des hl. Seraphim füllte und sich das zerschmetterte Heer über Sibirien ergoß, tauchten im Reich die rebellischen Flugschriften der Revolutionäre auf, die Schüsse der Terroristen erschollen. Die alten Adelsgüter standen in Brand. Über dem ganzen Land erhob sich voll drohender Größe das spukhafte Phantom der Revolution.

14. DER KELCH

Zum Vollzieher der Todesurteile an den Ministern, Generälen und Gouverneuren bestellte das geheime Komitee der sozialrevolutionären Partei einen untersetzten, dicken Mann mit schwarzen, trüben Augen, wulstigen Lippen, einem dunklen Schnurrbart und fleischigen Händen. Aus der Hand der Partei empfing der beleibte Mann die Namen der Verurteilten und Gelder zu ihrer Vernichtung. Wie ein unumschränkter Autokrat herrschte er über die berühmte „Bo“, die geheime Organisation der Bombenwerfer, Terroristen und Mörder. Der Name des obersten Führers der „Bo“ war Ingenieur Ewno Asew.

Zum Leiter des Abwehrkampfes gegen die Terroristen bestellte Plehwe einen dunkelhäutigen, korpulenten Herrn mit schweißigem Gesicht, barschen Manieren und grenzenlosen Honoraransprüchen. Aus der Hand dieses Mannes erhielt Plehwe Mitteilungen über die geplanten Attentate, die Namen der Verschwörer und die Adressen ihrer Zusammenkünfte. Der Name dieses obersten Kämpfers gegen die „Bo“ war Ingenieur Ewno Asew.

In der apokalyptischen Gestalt des berühmten Verräters verflocht sich das Netz Plehwes mit dem Netz der Sozialrevolutionäre und das ganze gespenstische Bündel von Geheimnis, Mord und Verbrechen lag in der Hand des vielseitigen Ingenieurs, der in seinem kunstvollen Gewebe mit dem Gleichmut einer Spinne Großfürsten, Generäle und Terroristen einfing.

In der seltsam verzerrten Seele Asews spiegelte sich die Geschichte Rußlands als eine traurige Reihe von Attentaten und Gegenattentaten. Er betrachtete die Aufrechterhaltung ihres Gleichgewichtes als seine innere Berufung. Je höher die Zahl der von ihm verratenen Revolutionäre stieg, desto leichter fiel es ihm, gelegentlich auch einen Gouverneur oder General vor die Revolvermündungen der „Bo“ zu stellen. Und während die Revolutionäre mit Asews Hilfe die Regierung zu stürzen hofften, glaubte Plehwe, auf die wertvolle Mitarbeit Asews gestützt, die Zügel seines Systems immer fester anziehen zu können.

Als Feinde seines Regimes betrachtete Plehwe die Bauern, die Arbeiter und die Intellektuellen. Obgleich die Bauern über das ganze unermeßliche Land verstreut, unorganisiert und weit voneinander entfernt waren, wirkten sie entscheidend durch die Millionenschwere ihrer Zahl. Die Wünsche der

Bauern nach der Aufhebung der Obschtschina betrachtete Plehwe als ein revolutionäres Ansinnen. Seit vielen Jahren arbeitete unter dem Vorsitz Wittes ein staatliches Komitee zur Erforschung der Agrarfrage. Als von den 600 lokalen Komitees dieser Kommission 592 die Aufhebung der Obschtschina verlangten, setzte Plehwe am 26. Februar 1904 beim Zaren die Auflösung der Komitees und eine erneute Verschärfung der Bauerngesetze durch. Die einzelnen Mitglieder der Kommission wurden verbannt. Der ungeheuer blutige Bauernaufstand, der im Jahre 1905 Rußland erschütterte, war die direkte Folge dieser Maßnahmen.

Doch richtete sich die Aufmerksamkeit Plehwes weniger auf die unorganisierten und verstreuten Bauern als auf jene drei Millionen Fabrikarbeiter, in denen der Minister die natürliche Avantgarde der Revolution erblickte. In derselben Weise, in der Asew die Revolutionäre physisch vernichtete, übernahm der Ochranaagent Subatow die Vernichtung des rebellischen Geistes der Arbeiter.

Subatow war einer der klügsten und gebildetsten Polizeiagenten Rußlands. Seine Idee der Arbeiterorganisation entbehrte nicht der sozialen Grundlage. Die Rettung der monarchischen Ordnung erschien Subatow weitaus wichtiger als der Schutz der russischen Fabrikbesitzer, deren Gelder noch dazu in nicht geringen Mengen zur Unterstützung der bürgerlichen liberalen Strömungen verwandt wurden. Der geheimen sozialistischen Arbeiterorganisation beschloß Subatow offizielle, polizeiliche Arbeiterorganisationen entgegenzustellen, die gleich den Sozialisten den Kapitalismus bekämpfen sollten, doch weniger zwecks Errichtung eines sozialistischen Zukunftsstaates, als zur Verteidigung der monarchisch-christlichen Gerechtigkeit im Russischen Reich.

Unter dem Schutz des Ministers gründete Subatow zuerst in Moskau, dann auch in den übrigen Städten Arbeiterorganisationen und Klubs, in deren Räumen in Anwesenheit wohlwollender Generäle der Kapitalismus verdammt und Ergebenheitstelegramme an den Zaren gesandt wurden. Der Erfolg dieser Maßnahmen war ungeheuer, doch beide, sowohl der Minister als auch der Polizist übersahen, daß damit zum erstenmal in Rußland ein Kelch geformt wurde, der sich, von der Hand der Arbeiter getragen, gegebenenfalls einmal mit Blut füllen konnte.

Die Zügelung der Bauern und die Gewinnung der Arbeiter vermochte jedoch die Welle der revolutionären Ereignisse nicht einzudämmen. „Wir stehen vor einer Revolution, und nur ich sehe es“, erkannte Plehwe traurig.

Mit der Kraft wildgewordener Berserker stürmten die entwurzelten Scharen der russischen Intellektuellen gegen die Feste der Alleinherrschaft an. „Intellektuelle? Man müßte der Akademie befehlen, dieses Wort aus dem russischen Lexikon zu streichen", sagte einmal der Zar, und die Welt des Intellektualismus beantwortete diesen Satz mit erbitterten Haß gegen das für sie unverständliche Phänomen der Zarenherrschaft.

Die Niederlagen des kaiserlichen Heeres erschienen den Intelligenzlern als das erste Anzeichen des kommenden Heils. An allen Ecken des Reiches, bei allen nur erdenklichen Gelegenheiten erscholl zu Beginn des Jahres 1904 der intellektuelle Ruf nach westlichem Liberalismus. Auf dem Ärztekongreß in Petersburg erklärten die Versammelten, daß nur die volle Rede-, Presse- und Versammlungsfreiheit die Bekämpfung der Syphilis und Tuberkulose erwirken könne. Der Lehrerkongreß in Moskau stellte fest, daß der Unterricht der lateinischen Sprache nur in einem verfassungsmäßig regierten Lande möglich sei, und selbst die Veranstalter der allrussischen Viehausstellung in Charkow fühlten sich verpflichtet zu erklären, daß nur die Despotie des Zaren „die Aufzucht des rassereinen russischen Rindviehs" verhindere.

Millionäre wie Morosow, Malzew und Tereschtschenko spendeten Unsummen für die Revolution. In Odessa baute der Pöbel Barrikaden, blutige Unruhen erschütterten die Randgebiete. Gouverneure und Polizisten fielen den Schüssen der „Bo" zum Opfer, und das ganze liberale Rußland beantwortete mit höllischem Gelächter die Erklärung des „Beters der russischen Erde", des Vaters Johann von Kronstadt, daß die einzige Verfassung des heiligen Rußland die Bibel sei.

Inmitten dieses tiefsten Niederganges des Reichsgedankens beschloß der von den Revolutionären bedrängte Asew, seinen Auftraggeber, den Innenminister Plehwe, zu ermorden.

Der Mörder hatte die Bombe nicht gekauft. Auch die geheimen Werkstätten der Revolutionäre vermochten diese Bombe nicht herzustellen. Die Stahlwände des ministeriellen Wagens verlangten nach einem besonders starken Geschoß. Die Bombe für Plehwe wurde auf Plehwes eigenen Befehl im staatlichen pyrotechnischen Institut hergestellt. Die Polizei selbst händigte sie Asew aus.

Am 15. Juli 1904 ordnete Plehwe zum letztenmal die Papiere für seine Aktenmappe. Am baltischen Bahnhof wartete der Zug nach Zarskoje Selo. Die blutlosen Lippen Plehwes lächelten. Seine trockene, mit blauen Adern überzogene Hand strich über die Mappe, in der ein ausführlicher Bericht lag, der an Hand zahlreicher Briefe dem Zaren beweisen sollte, daß der Vorsitzende des Ministerkomitees, Staatssekretär Witte, der wahre Leiter und Anstifter aller revolutionären Exzesse sei.

Der Zug nach Zarskoje Selo fuhr ohne Plehwe ab. Die Mappe gelangte nie auf den Arbeitstisch des Zaren. Als der Wagen Plehwes, von Geheimspitzeln umgeben, am Warschauer Bahnhof vorbeifuhr, sprang ein hagerer Mann mit wildfunkelnden Augen und ausgestreckten Händen vor. In jähem Schreck bäumten sich die Pferde auf. Ehe der Kutscher ihre Wildheit zügeln konnte, warf der Mann einen kleinen, eingewickelten Gegenstand vor die Räder des Wagens. Entsetzt blickte Plehwe aus dem Fenster seines Stahlvehikels. Für einen kurzen Augenblick trafen sich seine Augen mit denen des Mörders, und bis zu seinem Tode verfolgten den Studenten Ssasonow die grünlichen, mit abgrundtiefem Schrecken erfüllten, plötzlich erstarrten Augen des Ministers.

Der Mörder Ssasonow wurde nicht gehängt. Das russische Gesetz kannte keine Todesstrafe für Attentate auf Minister. In der Zelle des sibirischen Kerkers verfolgten ihn aber die grauenerfüllten Augen des Ministers, bis er, sieben Jahre nach seiner Tat, erhängt in seiner Zelle aufgefunden wurde.

Zum Nachfolger Plehwes wurde der liberale Fürst Swiatopolk-Mirsky ernannt. Der Fürst hatte keinerlei Neigung, den Weg fortzusetzen, auf dem zwei seiner Vorgänger, Sipjagin und Plehwe, den Tod gefunden hatten. Schon in seinem ersten Zeitungsinterview erklärte er, daß „das gegenseitige Vertrauen der Grundstein der Beziehungen zwischen der Regierung und der Öffentlichkeit sein müssen“ und daß er fest „an die Weisheit der öffentlichen Meinung glaube“. Während zum Erstaunen der Plehwischen Beamten zahlreiche verbannte Intellektuelle zurückgebracht wurden, während in Petersburg ein liberaler Kongreß öffentlich den blutigen Zarismus verdammen durfte, überbrachte der neue Minister dem Zaren im November 1904 den Entwurf der Gewährung zahlreicher liberaler Freiheiten und der Einberufung einer Volksvertretung, die „Duma“ genannt, die den Zaren und die Minister bei den gesetzgeberischen Arbeiten beraten sollte.

In einer Sitzung der obersten Würdenträger des Reiches wurde unter dem Vorsitz des Zaren über den Plan Swiatopolk-Mirskys beraten. Mit Ausnahme Pobedonoszews sprachen sich alle Minister für die Reformen aus. Die Bomben der Terroristen, die unsichtbar einen jeden der Minister bedrohten, beeinflußte die Anschauung der Würdenträger. Als zum Abschluß der Sitzung der Zar den Minister Witte beauftragte, ihm den Entwurf eines liberalen Ukases vorzulegen, wurde dieser Vorschlag allgemein mit Beifall aufgenom-

Kaiserin Alexandra Fjodorowna

men. Eine ungeheuere Erregung bemächtigte sich der Würdenträger. Eine neue Ära schien anzubrechen. Die Sonne der Alleinherrschaft versank im Gewölk der liberalen Gesinnung, und ergriffen blickten die Minister auf den Zaren, dessen Wort genügte, um das gefährdete Staatsschiff in ein neues, ruhigeres Fahrwasser zu leiten.

Wenige Tage darauf wurde der Entwurf „der Maßnahmen zur Verbesserung der staatlichen Ordnung" dem Zaren vorgelegt. Am Morgen des 11. Dezember erreichte Witte die Aufforderung des Zaren, abends zu einer privaten Besprechung nach Zarskoje Selo zu kommen.

Das matte, gedämpfte Licht des kaiserlichen Arbeitszimmers beschattete drei Gestalten. Neben dem zierlichen Zaren lehnte im weichen Sessel die gigantische Gestalt Wittes. Von der Ecke des Tisches starrte der Großfürst Sergius mit seinen wahnsinnigen, blauen Augen den Minister an. Der blonde Bart des Großfürsten umrahmte sein blasses Gesicht wie das Gold alter Meister die Bildnisse der Moskauer Zaren.

In der gedämpften Ruhe des Raumes ertönten die Worte des Zaren, wie die silbernen Schläge einer zierlichen Wanduhr. Mit seinen kleinen Händen blätterte er in dem Witteschen Entwurf. Der neunte Punkt, der Punkt über die Zulassung der Volksvertreter zum Staatsrat, erregte die Zweifel des autokraten Monarchen. Witte, der von oben herab mit überlegenem Lächeln auf den Zaren blickte, scheute sich nicht, ihm den bitteren Kelch der Wahrheit zu kredenzen. Mit ruhiger Stimme erklärte er dem Zaren das, was ihm alle Minister und Höflinge angstvoll zu verheimlichen suchten. Die Heranziehung der Volksvertreter zum Staatsrat war in der Tat der Beginn einer kommenden Verfassung. Mit kühler Sachlichkeit setzte der Minister auseinander, daß es nur zwei Wege des künftigen Regierens gäbe, entweder der langsame, aber unweigerliche Verzicht auf die Selbstherrschaft oder das starre Festhalten an der alten Form.

Das Gesicht des Zaren verfinsterte sich, ängstlich blickte er auf den gewaltigen Onkel. Die Augen von Sergius glühten im eisigen Feuer eines Besessenen. Den Zaren erinnerte der Anblick dieses herrischen Onkels seltsam an das wilde Antlitz des Grausamen Iwan. Auch Iwan der Grausame hatte in den Zeiten der Not die Vertreter des Volkes, den sogenannten „Semsky Sobor" versammelt, um mit ihm über die Nöte des Landes zu beraten. Wie vor einer fleischgewordenen Ikone hatten damals die Vertreter des Landes vor dem Zaren gekniet, um gottergeben und fromm die Weisungen des Gesalbten zu empfangen.

„Was würden Sie von der Einberufung eines Semsky Sobor halten?“, fragte Nikolaus. Witte lächelte spöttisch. „Majestät, ich glaube kaum, daß man diese ehrwürdige Altertümlichkeit heute noch aus der Vergangenheit ausgraben kann.“ Die Augen des Großfürsten Sergius leuchteten zufrieden. Er strich sich den Bart. Für den Großfürsten war selbst Iwan der Grausame ein gefährlicher Liberaler. Das Gesicht des Zaren bekam einen entschlossenen Ausdruck. Leise, aber fest ertönten seine Worte: „Ja, ich werde nie und nimmer eine konstitutionelle Regierungsform einführen. Ich halte sie für schädlich für das mir von Gott anvertraute Volk, deshalb streiche ich diesen Punkt.“

Am nächsten Tag erschien der berühmte Ukas vom 12. Dezember, der den Abschied des Zaren von der Politik seines Vaters besiegelte. Die Worte des Abschiedes lauteten: „Gemäß dem heiligen Vermächtnis Unserer gekrönten Ahnen, ständig um das Wohl des Uns von GOTT anvertrauten Volkes besorgt und die unerschütterlichen Grundlagen der Reichsgesetze wahrend, betrachten Wir als Aufgabe der Regierung die ständige Sorge um die Nöte des Landes und die weise Scheidung all dessen, was den Interessen des russischen Volkes zuträglich ist, von den oft irrtümlichen, von vergänglichen Erscheinungen bestimmten Hoffnungen.“

Es folgten acht Punkte, in denen religiöse Toleranz, Erweiterung der Selbstverwaltung und Lockerung der Pressegesetze versprochen wurden. Der neunte Punkt, die Lockerung der Alleinherrschaft, fehlte.

Fast kein einziger Punkt des Ukases vom 12. Dezember ist verwirklicht worden. Es nahten die wirren Tage von 1905, die Tage, in denen das Blut der Untertanen sich wie ein feuriger Strom über den weißen Hermelin des Zaren ergoß und alle Pläne, Ukase und Maßnahmen der vorrevolutionären Zeit hinwegschwemmte.

15. DER BLUTIGE SONNTAG

Am 9. Januar 1905 zerriß das Band zwischen Rußland und dem Zaren. Die Schüsse einer Rotte Semjonowzy und die schweren Pallasche der Gardekürassiere zogen durch den weißen Schnee Petersburgs eine breite, blutige Bahn. Im feurigen Glanz erhob sich hinter dieser Spur das dunkle Massiv des Winterpalais, und der Kreis der Soldaten, die das Zarenhaus umgaben, erinnerte an einen eisernen Reifen, der die Zarenmacht wie einen Sarg geheimnisvoll umschloß.

Am Abend des 9. Januar wurde unter dem Schnee der Petersburger Plätze die Liebe zum gottähnlichen Zaren für immer begraben. Weiches, überirdisches Licht strahlte von den Zügen des Zaren auf das Christenvolk aus. Am 9. Januar vermengte sich aber dieses Licht mit den blutigen Strahlen des kaiserlichen Zornes. Vor den Augen des erschütterten Volkes verwandelten sich die sanften Züge eines Heiligen in das feurige Antlitz eines strafenden Imperators.

Am Vorabend des blutigen Sonntags gingen in der Stadt seltsame Dinge vor. Um sechs Uhr abends trat aus dem Gebäude des Polizeireviers am Newsky-Prospekt ein biederer Polizeioberst. Im Zwielicht des Abends offenbarte sich ihm ein ungewohntes Schauspiel. Eine ungeheuere Menschenmenge staute sich vor dem Revier. Auf dem Balkon des gegenüberliegenden Hauses erhob sich eine hohe Gestalt im Priestergewand, ein großes, goldenes Kreuz an der Brust. Der wehende Bart, die langen, schwarzen Haare und die feurigen Augen des Popen erinnerten an die Bildnisse alter Asketen. Mit donnernder Stimme warf er Zarenlästerungen und revolutionäre Aufrufe in die Menge. Das Volk jubelte, von wilder Freude ergriffen.

Der Anblick des revolutionären Popen erschütterte den braven Polizeioberst. In dienstlichem Eifer rief er den Stadthauptmann von St. Petersburg, General Fullon, an. „Exzellenz", meldete der Oberst, „der Pope Georg Gapon lästert den Zaren und hält revolutionäre Reden dem Polizeirevier gegenüber. Halte das Eingreifen der Polizei für erforderlich. Befehlen Exzellenz, Gapon zu verhaften?"

Am anderen Ende der Leitung ertönte die müde, etwas lispelnde Stimme des Generals: „Ich befehle Ihnen, Gapon in Ruhe zu lassen. Nicht eingreifen. Er darf weiterreden."

Pope Georg Gapon

Der Oberst hängte den Hörer ein. Aus den Fenstern des Reviers sah er den wehenden Bart des Popen. Er krächzte verlegen. Der Herr Stadthauptmann wagte ein gefährliches Spiel. Für den erfahrenen Polizeioberst bestand kein Zweifel mehr, der revolutionäre Pope war ein Agent der Polizei.

Der Pope Gapon füllte als erster die Kelche der polizeilichen Arbeiterorganisationen mit dem roten Wein der Revolution. Einst einfacher Gefängnisgeistlicher, wurde er im Dienste Plehwes ein eifriger Organisator jener Arbeiterverbände, in denen der Minister die radikalisierten Gemüter der Untertanen einzufangen suchte. Gapon hatte eine labile Seele und einen exaltierten Charakter. Ihn schwindelte auf der schmalen Brücke der Provokation. Während er geflissentlich das Gehalt von Plehwe empfing, stiegen ihm die Hochrufe, mit denen die Arbeiter seine sozialistischen Reden empfingen, mächtig zu Kopf. Gott und Zar, Christentum und Sozialismus, Habgier und Ruhmsucht verschmolzen in der Seele des Popen zu einer abstrusen Einheit. Sollte der polizeiliche Dienst seine Habgier befriedigen, so war es die Pflicht der christlichen Arbeiter, den frommen Popen auf ihren Schultern zum rechtgläubigen Zaren zu tragen, dessen strahlende Krone nunmehr eine sozialistische Rötung erhalten mußte.

In den Vorstädten und Arbeitervierteln der Hauptstadt wurden dem Popen halbgöttliche Ehren zuteil. Seine ekstatischen Reden, in denen sich biblische Zitate mit marxistischen Schlagworten vereinten, packten die Seelen der Arbeiter, die die angestammte Treue zum Väterchen Zaren mit der Hoffnung auf soziale Reformen vereinten. Mit der unerschütterlichen Ruhe der Käufer, die des gekauften Objektes sicher sind, blickten die polizeilichen Organe auf das Treiben des Popen. In voller Uniform erschien in den Arbeiterversammlungen der Stadthauptmann Fullon. Mit huldvollem Lächeln lauschte er den monarchisch-sozialistischen Ergüssen des Popen, und selbst als der Sozialismus über die Zarentreue zu triumphieren begann, meldete er dem Innenminister, daß die Reden Gapons ein willkommenes Ventil am Dampfkessel der Revolutionsgesinnung seien. Dem simplen General kam gar nicht der Gedanke, daß der ehrgeizige Pope eines Tages das Ventil schließen könnte, um den Kessel der Revolution zum Bersten zu bringen.

Die Wachsamkeit der Behörden blieb auch dann noch passiv, als im Kopfe Gapons der Plan entstand, an der Spitze des gesamten Petersburger Arbeitervolkes zum Zaren zu pilgern, um dem Landesvater seine frommen Wünsche demütig zu unterbreiten. Die geübte Hand eines wohlwollenden Polizeioffiziers hatte sogar den Aufmarsch der Arbeiterbataillone mit militärischer Exaktheit vorbereitet. Einige Tage vor dem 9. Januar verteilten polizeiliche Organe Zarenbildnisse und Nationalfahnen an die Arbeiter. Erst im letzten Augenblick besannen sich die Behörden und verlangten vom Popen den Text der Bittschrift, die die Petersburger Arbeiter dem Monarchen vorlegen wollten. Mit siegreichem Lächeln überreichte Gapon dem Minister die Petition.

„Herrscher!“, lautete sie. „Wir Arbeiter und Einwohner der Stadt Petersburg, unsere Frauen, Kinder und Greise kommen zu Dir, o Herrscher, um Schutz und Wahrheit zu finden …“ Der lange Text der pathetischen Ansprache schloß mit den Bitten und Vorschlägen der Arbeiter. Sie baten um die Einberufung eines Parlamentes und eines verantwortlichen Ministeriums. Sie erflehten die Enteignung des Adelslandes, die allgemeine Amnestie, Trennung der Kirche vom Staat, Einführung von Arbeiterräten und vieles andere mehr. Für jeden einzelnen dieser Punkte wurden die Untertanen des Zaren gewöhnlich nach Sibirien verbannt.

Bei Durchsicht der Bittschrift hatten die Minister und der Stadthauptmann das Gefühl, als ob die ganze Pracht ihrer Ämter mit ächzendem Krach in den Abgrund stürze. Ihr erster Gedanke war, die Prozession zu verbieten und den wahnsinnig gewordenen Popen zu verhaften. Mit dem Wagemut eines Hasardeurs spottete Gapon der ministeriellen Beschwörungen. Am Abend des 8. Januar war er der Herr der Petersburger Gasse.

Beim Anblick seines gewaltigen Arbeiterheeres dachte der Pope, daß der Himmel ihn zur Rettung Rußlands entsandt habe. Vielleicht würde er morgen auf den Schultern seiner Arbeiter im Palast einziehen und wie ein Erzengel zu Gottes Rechten am Throne des Zaren Aufstellung nehmen. Den Popen schwindelte. Der Klang seiner eigenen Worte berauschte ihn. Wie ein durchgehendes Pferd raste er in die Weltgeschichte, ohne die Schluchten und Abgründe auf seinem Weg zu beachten.

Ein vom Minister rasch einberufener Rat beschloß, die Prozession zu gestatten, sie jedoch weder zum Palast noch zu den großen Plätzen vorzulassen. In der Nacht wurden in aller Eile in den Kasernen Patronen verteilt, Sanitätswagen und Krankenhäuser wurden bereitgestellt und Gardetruppen alarmiert. Als am Sonntag, dem 9. Januar, die matte Sonne die trüben Straßen der Hauptstadt erhellte, waren die Knotenpunkte der Stadt Petersburg von den Regimentern der Semjonowzy, von der berittenen Garde, von den Kürassieren und den Kosaken besetzt.

Trübes Rot fiel auf die schmutzigen, verschneiten Straßen der Stadt.

Dumpfe Wolken hingen am finnischen Himmel. Grau und trostlos erstreckten sich an den Ufern der Petersburger Inseln die Arbeiterhäuser. Am frühen Morgen füllten sich die Straßen mit festlich gekleideten Menschen. Feierlicher Ernst spiegelte sich auf den Gesichtern der Arbeiter. Zum erstenmal in der Geschichte pilgerte das Volk zum Zaren. Hoch über der Menge wehten die kaiserlichen Fahnen und Bildnisse.

„Die Menge glich einer herbstlichen, dunklen Ozeanwelle, aufgeweckt von dem ersten Hauch eines nahenden Gewitters. Langsam strömte sie vorwärts. Die grauen Gesichter der Menschen erinnerten an die trüben, schäumenden Wellenkämme. Aufgeregt glänzten die Augen, und die Menschen blickten aufeinander, als ob sie ihrem Entschlusse nicht trauten und über sich selber staunten. Die Worte kreisten über der Menge wie kleine, graue Vögel ... Am meisten sprach man über ‚ihn', überzeugte einander, daß ‚er', der Gute, der Gerechte, alles, alles verstehen wird." So beschreibt Maxim Gorki den Morgen des 9. Januar.

Langsam schritt das Volk über den Newsky-Prospekt. Stumme Sehnsucht überschattete die Gesichter der Menschen. Wie Kinder um den Vater, so scharten sie sich um die Bildnisse des Zaren. Voran, mit seinem wehenden Priesterrock, einer großen, wilden Wolke gleichend, schritt der Pope Gapon. Stille lag über dem Volk. Die Menge erinnerte in ihrer grauen Dumpfheit an die Zarengäste auf dem Chodinskyfeld. Je näher die Menge zum Palast heranrückte, desto aufgeregter wurde die Stimmung. Die Vision des gütigen Halbgottes schwebte vor den Arbeitern. Lockend und gnädig glitt über das Volk das weiche Antlitz des Zaren. Dumpfe, Kirchenchorälen gleichende Lieder durchbrausten die Straßen. Wie ein gewaltiges, vorsintflutliches Tier streckten die Arbeiter ihre Hände dem Palast entgegen.

Die Kette der Bajonette versperrte den Weg. Die Gesichter der Soldaten waren übernächtigt und gespannt. Seit vier Uhr morgens warteten sie auf das Volk. Ihre Augen und Hände erinnerten an das stählerne Spiel gespenstischer Automaten. Die breiten Backenknochen der Kosaken schimmerten bläulich vor Frost. Kalter Schrecken spiegelte sich im Gesicht des kommandierenden Offiziers. Vor den Augen der Menge leuchtete der blaue Stahl der Degen. „Keinen Schritt weiter, sonst wird geschossen!", rief der Offizier. Der Pope fuchtelte mit dem Kreuz. Niemand darf den Weg zum Zaren versperren! Niemand darf auf Zarenbildnisse schießen! Die Menge drang vor. In die vereiste Luft fielen die Töne der Zarenhymne. Mit dumpfem Geräusch hoben die Soldaten die Gewehre. Heiser klangen die Worte des Kommandos.

Gleiches Entsetzen stand in den Augen der Mannschaften und der Arbeiter. Nur wenige Schritte trennte sie voneinander, und in trockener Angst sauste über das Volk der Ruf des Offiziers: „Feuer!"

In diesem Augenblick hat Nikolaus II. das Spiel seines Lebens verloren.

Wilde Panik bemächtigte sich der Menge. Frauen und Kinder sanken blutüberströmt zu Boden. Wie die Türe des Infernos öffneten sich die Reihen der Soldaten. Heraus ritten auf kleinen, langmähnigen Pferden die Kosaken. In der trüben Sonne glänzten die krummen Säbel. Die Seitengassen füllten sich mit fliehenden Menschen. Blutstreifen zeigten den Weg der Flucht an. Durch die leeren Straßen ritten mit kriegerischem Geheul die Kosaken.

In der Mitte der Straßen, im schmutzigen, rötlichen Schnee lag, von Soldatenkugeln durchbohrt, von Kosakenpferden zertrampelt, im Kot der Gasse das Bildnis Nikolaus II. Alexandrowitsch, Zaren und Alleinherrschers Allrußlands.

Zweihundert Leichen bedeckten die Straßen und Plätze der Stadt. Die Leiche des Popen war nicht darunter. Durch dunkle Hinterhöfe und Seitengassen floh Gapon vor den Säbeln der Kosaken.

Am Abend des 9. Januar erschien vor einem überfüllten Saal der Dichter Maxim Gorki. Diesmal las er keine Novellen, hielt keine literarischen Vorträge. Statt dessen führte er den Popen Gapon aufs Podium. Mit jubelndem Beifall empfingen die liberalen Petersburger den Diener Plehwes. Gapons Gesicht war haßverzerrt. Die alten, polizeilich genehmigten Zarenlästerungen verwandelten sich in seiner Seele nunmehr in aufrechte Flüche gegen den Gesalbten. Mit donnernder, prophetischer Stimme schrie er seine Rede in die Menge: „Teuere, blutsverwandte Brüder! Die Kugeln der kaiserlichen Soldaten töteten in uns den Glauben an den Zaren. Nehmen wir Rache an diesem vom Volk verfluchten Zaren und seinem ganzen Schlangengeschlecht, an allen Ministern und Plünderern der russischen Erde. Plündert die kaiserlichen Paläste! Die Soldaten und Offiziere, die unsere unschuldigen Frauen und Kinder ermordeten, alle Unterdrücker des russischen Volkes belege ich mit meinem priesterlichen Bann!"

In der Nacht darauf floh Gapon ins Ausland. Das Leben in der Emigration ermüdete und ernüchterte ihn jedoch bald. Er kehrte nach Petersburg zurück. Weder Sibirien noch Kerker erwarteten ihn. Die Polizei stand treu zu ihren Agenten. Aus der Hand des Polizeiministers empfing Gapon ein dickes Bündel Banknoten, um erneut den Geist der polizeilich genehmigten Revolution in die Arbeiterviertel zu tragen.

Diesmal gelang es den Revolutionären, den Ursprung der Gaponschen Begeisterung zu erforschen. Am 6. April 1906 wurde Gapon in eine kleine Villa bei Petersburg gelockt und dort von seinen ehemaligen Genossen erwürgt. Er wurde bald vergessen.

Den Tag des 9. Januar vergaß das russische Volk seinem Zaren nicht. Wie der blutige Tag der Chodinsky-Katastrophe, überschattete der blutige Sonntag als tragisches Wahrzeichen die ganze Regierungszeit Nikolaus II. Am 9. Januar trennte sich das Volk von seinem Zaren. Die Trennung schmerzte. Das Echo der Petersburger Schüsse durchbrauste das Land. In jeder Stadt, in jeder Fabrik erzählten sich die Intellektuellen und Arbeiter von dem blutrünstigen Zaren, der mit Schüssen und Säbeln die Arbeiter empfangen hatte, die mit Ikonen und Bildern zum Altar seiner Gnade pilgern wollten.

Den Tag des 9. Januar verbrachte der Zar wie gewöhnlich in Zarskoje Selo. Erst am Abend vorher erfuhr er von seinem Innenminister, daß irgendein sozialistischer Pope, namens Gapon, die Arbeiter zum Streik auffordere, daß aber die Polizei alle Maßnahmen zur Sicherung der Ordnung getroffen habe. Niemand sprach dem Zaren von den Ikonen, Kirchenchorälen und byzantinischen Kreuzen, mit denen das Volk zu ihm pilgern wollte. Niemand erzählte ihm von dem inbrünstigen Glauben von Tausenden, die aus dem Munde des Gewaltigen die Worte der Gnade vernehmen wollten.

Als am Tage des 9. Januar das Blut des Volkes wie ein roter Strom durch die Petersburger Gassen floß, schrieb der Zar in sein Tagebuch: „Welch schwerer Tag. Unruhen in Petersburg. Militär mußte schießen. Viele Tote und Verletzte. Herr, wie weh es mir tut, und wie schwer es ist."

Der zierliche, traumverlorene Zar, der soeben zum erstenmal den Namen Gapons vernommen hatte, ahnte nicht, daß sich mit dem Tage des 9. Januar ein blutiges Kreuz drohend über der frommen, goldenen Kuppelwelt des alten Rußland erhob.

16. ZAR UND CÄSAR

Wie die zerfetzte Fahne eines geschlagenen Regimentes flatterte die russische Alleinherrschaft im Sturm der Revolution. Eine seltsame Stille lag über dem weißen Palais von Peterhof. Mit aufgepflanzten Bajonetten patrouillierten die ausgewähltesten Gardeoffiziere des Zaren in den menschenleeren Alleen des Parkes. In der kleinen Bucht wehte die Andreasflagge der wachthabenden Torpedojäger. Der Sitz des russischen Zaren erinnerte an das Lager eines Eroberers inmitten eines bezwungenen, rebellierenden Landes.

Mit blassem Gesicht spazierte der Zar an den prachtvollen elisabethanischen Fontänen vorbei. Erschrockene Blicke der Gardeoffiziere streiften seine schmächtige Gestalt. In der Dämmerung der langen Sommerabende betrachtete der Zar das lichtdurchflutete Wasserspiel der Fontänen. In jedem Tropfen des glitzernden Wassers spiegelte sich der Zauber der Selbstherrlichkeit. Wie ein Wassertropfen im Meer ging das Volk im Zarentum auf.

Denn alles im Lande, die Menschen, die Häuser, die Flüsse und die Erde gehörten dem Zaren, so wie ihm seine Hände, seine Augen und seine Kinder gehörten. Im Bewußtsein des Russen sollte es im Lande keinen anderen Eigentümer geben als den Monarchen. Wenn der Bauer atmen durfte, wenn der Städter ein Haus bewohnen durfte, wenn die Sonne aufging und die Erde ihre Früchte gebar, so geschah es nicht kraft eines verbrieften Rechtes, sondern durch die unerforschliche, gnadenspendende Güte des Gesalbten. Und sollte der Zorn des Zaren über das Volk herniederbrechen, sollte der Zar die Hütten der Bauern in Brand setzen oder sich ihre Kinder und Frauen aneignen, so war das kein Unrecht, sondern lediglich die Rücknahme eines freiwillig erteilten Privilegs. Denn der Zar war der verkörperte Genius des Volkes und seine Selbstherrlichkeit eine aktive Selbsterkenntnis der Nation, in einer Person konzentriert.

Zwei Jahrhunderte lang versuchte Rußland die historische Genesis dieser Macht zu deuten. Die magische Macht des Zaren kämpfte gegen die gepanzerte Gewalt der Cäsaren. Die gewaltsam nach Rußland verpflanzte römische Cäsarenidee war der alten orientalischen Symbolik des Herrschens entgegengesetzt. Der Kaiser war kein Sippenführer, kein Totem, sondern ein Heerführer, der die Macht über das Volk ergriff und sie für sich und seine Armee ausübte. Je deutlicher im Laufe der Jahrhunderte das Schwert des Kaisers die demütig von Gott empfangene Krone des Zaren verdrängte, desto unverständlicher mußte der Petersburger Herrscher dem russischen Volke werden.

Bei den Fontänen von Peterhof dachte Nikolaus an die Symbole seiner Macht und an die fromme Einfachheit des alten Herrschergedankens. Die gehegtesten Träume und die heiligsten Ideen des Zaren lagen zerschlagen und besudelt im Kote der Petersburger Gassen. Gardebajonette schützten den Erben Peters des Großen vor der komplizierten Problematik des 19. Jahrhunderts. In den geraden, lichtdurchstrahlten Alleen des Parkes sehnte sich der Zar nach der geraden und lichten Herrscherart seiner Ahnen.

Unkompliziert und gerade wie diese Alleen sollte auch seine Herrschaft sein! Ein einfacher, aber treuer Mensch konnte den Ausweg finden, der den gelehrten Ministern in ihrer komplizierten Denkweise verborgen blieb.

Der einfache und unkomplizierte Mann, dem der Zar die Herrschaft über das Reich überlassen wollte, war der General Demetrius Trepow.

Schon der Vater des Generals hatte sich um die Vernichtung der Revolutionäre außerordentlich verdient gemacht. Er wurde von der bekannten Revolutionärin Vera Sasulitsch angeschossen. Der General selbst erwarb sich hohe Verdienste auf dem Posten des Oberpolizeimeisters von Moskau, woselbst er das besondere Vertrauen des Generalgouverneurs, des Großfürsten Sergius, errang. Hinzu kam, daß Trepow einstmals in der berittenen Garde gedient hatte und die Offiziere dieses privilegierten Regimentes von Beginn an das Vertrauen des Monarchen genossen. Von Frederiks ins Palais eingeführt, vermochte der General auf das Herrscherpaar einen günstigen Eindruck zu machen.

Trepow hatte eine laute Stimme, funkelnde, energiegeladene Augen, war von mächtiger Statur und erschien dem Zaren als der Inbegriff der soldatischen Offenheit, Gradheit und gesunden Unkompliziertheit. Seinem kaiserlichen Herrn war Trepow mit einer unerschütterlichen, hündischen Treue ergeben. Im Gegensatz zu den meisten Beamten des Reiches war er nicht nur ein gehorsamer Untertan Seiner Majestät, Kaiser Nikolaus II., sondern gehörte auch zu den ganz wenigen, die dem Oberst Nicolai Alexandrowitsch Romanow hingebungsvoll zu dienen bereit waren.

Zwei Tage nach dem blutigen Sonntag legte der Zar das Schicksal des erschütterten Reiches in die wackeren Hände Trepows. Offiziell wurde der General zum Vizeinnenminister und Generalgouverneur von St. Petersburg ernannt, inoffiziell wurde er zum unumschränkten Diktator des Reiches.

Beim Anblick der furchteinflößenden Augen des Generals zog es der liberale Fürst Mirsky vor, sich in die Ruhe eines aristokratischen Daseins zurückzubegeben. Zu seinem Nachfolger auf den Posten des Innenministers ernannte der Zar einen phlegmatischen und indifferenten Herrn namens Bulygin, der die Frage, auf welche Weise die eine oder die andere Maßnahme in seinem Ministerium getroffen würde, mit stoischer Ruhe wie folgt zu beantworten pflegte: „Ich habe es selbst erst heute aus der Zeitung erfahren."

Das politische Programm des neuen Diktators war gradlinig und dennoch verworren. Die Arbeiterfrage beabsichtigte Trepow nach der altbewährten Subatowschen Schablone zu lösen. „Aufwiegler sind es", meinte er entschlossen. „Man schlage sie. Sie reden große Töne. Man rücke ihnen zu Leibe. Die Arbeiter wollen Revolution machen? Da braucht man bloß selbst den polizeilichen Revolutionär zu spielen und man hat sie in der Hand."

Auch für die Maßregelung der liberalen Studentenschaft fand Trepow einen geraden und unkomplizierten Weg. Er unterbreitete dem Monarchen den Vorschlag, einfach alle Hochschulen des Reiches für ewige Zeiten aufzulösen, die Universitäten in Kasernen zu verwandeln und die Volkserziehung gegebenenfalls privaten Stiftungen zu überlassen. Bei Straßenunruhen erteilte er den Soldaten den Befehl: „Mit Kugeln wird nicht gespart."

Gleichzeitig schlug er aber dem Zaren eine Reihe von linksradikalen Maßnahmen vor, die selbst die konsequentesten Revolutionäre in Erstaunen versetzten.

Seine Aufgabe erblickte Trepow in der Rettung der Monarchie, und wenn es sich erweisen sollte, daß die Monarchie beispielsweise nur durch die Vernichtung des Kapitalismus gerettet werden könnte, so hätte der brave General nicht gezögert, auf dem Platz vor dem Palais auch einige Bankiers hängen zu lassen.

Am 6. Juni öffnete Trepow den Vertretern der Intelligenz die Tore des Zarenhauses. Eine Abordnung liberaler Politiker erschien im Palais, und aus dem Munde des liberalen Fürsten Trubetzkoi erfuhr der Zar, daß es der absolute Wunsch der russischen Bauern sei, nach den Grundsätzen des westlichen Kapitalismus regiert zu werden. Die Verkünder der angeblichen Wünsche der Bauernschaft waren vierzehn Aristokraten, darunter die Träger der ältesten Adelsnamen, Fürst Schachowskoi, Fürst Dolgorukow, Fürst Lwow und Graf Heiden. Bauern waren in dieser Abordnung nicht vertreten. Der Zar beantwortete die Vorschläge mit einigen nichtssagenden Worten. Während sich aber die vierzehn Aristokraten enttäuscht vor dem Zaren verbeugten, erkannte Trepow, daß wieder einmal nicht das Volk, sondern die überheblichen Adligen dem Zaren zu trotzen wagten.

Noch in den Tagen Iwan des Schrecklichen hatten die edlen Bojarengeschlechter versucht, dem Zaren ihren Willen aufzuzwingen. In einem Strom von Blut erstickte der grausame Zar die Rebellion des Bojarenvolkes. Auch der große Peter hatte mit Eisen und Schwert die frondierenden Aristokraten ausgerottet. Als Paul I. über den Kopf der Aristokraten hinweg seine kaiserliche Macht auszuüben begann, drangen in sein Schlafgemach nicht die treuen Bauern, sondern sechs Adlige, Fürst Dolgoruki, Fürst Wjisamesky, Fürst Jaschwil, Fürst Subow, Graf Uwarow und Graf Panin. Als der Sohn des erwürgten Paul die aristokratischen Freiheiten nicht gewähren wollte, marschierten an der Spitze der aristokratischen Regimenter gegen das Winterpalais Fürst Odojewsky, Fürst Trubetzkoi, Fürst Wolkonsky und Graf Murawjew. Und auch jetzt, nach vielen Jahrzehnten, verbeugten sich vor dem Zaren in steifer Verachtung nicht das Volk, sondern wieder die Vertreter der alten Adelsgeschlechter, Fürsten und Grafen, Erben von Rurek und Hedemin.

Der organisierten Macht des pflichtvergessenen Adels beschloß Trepow das zarentreue Volk entgegenzustellen. Als Iwan IV. die Rebellion der Bojaren unterdrücken wollte, scharte er um sich verwegene Gesellen, aus denen er die Regimenter der Opritschniki bildete. Das Wappen dieser Regimenter war ein Hundekopf und ein Besen. Mit dem Besen sollte die zarenfeindliche Schmach von der russischen Erde weggefegt werden und den Hunden sollten die Leichen der Zarenfeinde zum Fraße vorgeworfen werden.

In Anbetracht der veränderten Zeiten veränderte sich auch das Wappen der Opritschniki des Generals Trepow. Das Wappen der „Schwarzen Hundert", jener Genossenschaft zarentreuer Männer, die die liberale Rebellion vom Antlitz der russischen Erde wegfegen sollten, wurde das Bildnis des Erzengels Michael. Dem roten Terror der Revolution sollte der weiße Terror der „Schwarzen Hundert" entgegengestellt werden.

Die Stimme des zarentreuen Volkes sollte jedoch nicht nur in den Scharen der „Schwarzen Hundert" ertönen. Die liberalen Kongresse und Versammlungen sollten vor der mächtigen Stimme einer zarentreuen Duma verstummen. Diese Duma war hauptsächlich aus den untersten Schichten des Volkes zusammengesetzt und beugte sich in stiller Ergebenheit vor dem Willen des Monarchen.

Am 6. Januar 1904 erschien der Ukas des Zaren über die Schaffung des

Parlamentes ohne Parlamentarismus. Dieses Parlament, das den Beinamen „Bulyginsche Duma“ erhielt, durfte dem Monarchen lediglich ehrerbietige Vorschläge unterbreiten, um dann, wie in den Zeiten des Semsky Sobor, in all untertänigster Ehrfurcht die Zarenentschlüsse entgegenzunehmen.

Mit dem Eifer eines überzeugten Polizisten versuchte Trepow die Schatten der Vergangenheit inmitten des rebellierenden Landes zum neuen Leben zu erwecken. Gegen diese drohenden Schatten der Vergangenheit erhoben sich mit elementarer Gewalt die Gespenster der Zukunft, die in einem einzigen, mächtigen Ansturm Vergangenheit und Gegenwart überrennen wollten, um unter den Trümmern der Alleinherrschaft das ganze glorreiche Haus Romanow zu begraben.

17. DIE ERMORDUNG DES GROSSFÜRSTEN SERGIUS

Großfürst Sergius war grausam wie ein degeneriertes Kind. Er war der Lieblingsoheim und Schwager des Zaren, und dieser betraute ihn mit der Macht über die heiligste Stadt des Reiches, über Moskau, die Wiege der Romanows. In dem blassen, feingeschnittenen Gesicht des Großfürsten, das von einem weichen Vollbart umgeben war, standen große, kalte Augen. Wenn sein Wagen durch die Straßen Moskaus sauste, sprangen die Passanten erschrocken zur Seite.

Um die Ruhe und Ordnung in Stadt und Land aufrechtzuerhalten, bediente sich Sergius eines einzigen Mittels: des erbarmungslosen, brutalen, allumfassenden Terrors. Während der Großfürst über Moskau herrschte, gab es keine Unruhen in der Stadt.

Eines Tages, als der Wagen des Großfürsten wieder einmal durch die Straßen fuhr, zeigte sich an einer belebten Kreuzung ein einfach gekleideter Mann. Der Mann lief dem Wagen entgegen und fuchtelte wild mit den Händen. In geringer Entfernung vom Wagen blieb er stehen und warf mit voller Kraft einen kleinen, dunklen Gegenstand vor die Füße der Pferde. Im gleichen Augenblick ertönte eine fürchterliche Detonation. Die Pferde stürzten zuckend zu Boden. Der Galawagen wurde zerschmettert. Splitter der Bombe zerfetzten zwei kleine, feierlich gekleidete Mädchen, die gerade im Begriff waren, einen echten Großfürsten zu bewundern. Unter den Trümmern des Wagens fand man den verunstalteten, blutüberströmten Leichnam Seiner Kaiserlichen Hoheit, des Großfürsten Sergius, des Generalgouverneurs der Stadt Moskau.

Die furchtbare Explosion war weithin hörbar. In der ganzen Stadt erzitterten die Fensterscheiben. In dem nahegelegenen Café Filipow fielen die Tassen um. Auf der Terrasse dieses Cafés saß ein eleganter Herr mit kleinen, schräggestellten Augen und einer großen, glänzenden Glatze. Der Herr las die Zeitung. Als die Explosion ertönte, faltete er die Zeitung zusammen, erhob sich, murmelte etwas von den fürchterlichen Zeiten, in denen man lebte, und verließ das Café.

Der Attentäter Kaljajew wurde gefaßt und hingerichtet. Er war nur das Messer in der Hand des Mörders. Der wirkliche Mörder war jener elegante

Herr, der sich voll Bitterkeit über die schrecklichen Zeiten geäußert hatte. Er führte den Beinamen „General Bo“. Sein wirklicher Name war Boris Sawinkow. In eingeweihten Kreisen nannte man ihn „Prinz Hamlet, der die Rolle Cesare Borgias spielen will“.

Zwei Stunden nach der Ermordung des Großfürsten erfuhr man davon im finsteren, burgartigen Schloß Peterhof, das der Zar um diese Zeit bewohnte. Totenstille herrschte in Peterhof. Gespensterhaft bleich schritten die Hofleute durch die Säle. „Der Lieblingsoheim des Zaren“, flüsterten sie, „wie schrecklich“. Niemand wagte dem Zaren die Schreckensbotschaft zu überbringen. „Er wird den Boten erschlagen“, sagten ängstlich die Hofleute. „Wer kann es ihm sagen?“, flüsterte man. Namen schwirrten durch den Raum. Aus dem hastigen, angstvollen Flüstern, aus dem erschrockenen Tasten, aus dem verzweifelten Suchen, erwuchs endlich ein Name: „Die Kaiserin-Mutter.“ – Nur sie konnte dem Sohn die furchtbare Nachricht überbringen. „Die Kaiserin-Mutter“, sagte der Hofminister, „sie wird es tun.“

Der Zar saß am Fenster des kleinen Salons. Es dämmerte. Er blickte auf die gespenstischen Schatten der Bäume, die sich vor seinem Fenster erhoben. Sein Gesicht war ruhig. Die Tagesarbeit war beendet. Für heute waren keine Berichte mehr zu erwarten. Der große Sessel war weich und bequem. Er versprach Erholung. Doch hatte nicht in dem gleichen Sessel einst der unglückselige Paul gesessen? Hundert Jahre trennten den Zaren von jenem unglücklichen Vorgänger. Unglücklich? Wer war glücklich in der langen Reihe der Romanows?

Der Zar entsann sich des Frühstücks, das er im gleichen Salon mit dem König von England eingenommen hatte. „Das Profil Ihres Mannes“, hatte Eduard VII. zu Alix gesagt, „erinnert sehr an das Profil des Zaren Paul“. An der eisigen Stille, die diesen Worten folgte, merkte der König, daß er einen Fauxpas begangen hatte. Der König von England war in der Geschichte der Romanows nicht sonderlich bewandert. Er wußte nicht, daß der unglückselige, häßliche Paul den Beinamen „der widerliche, stumpfnasige Zwerg“ führte. Er wußte auch nicht, daß an der Ermordung des Zwerges der englische Botschafter, Sir Whitworth nicht unbeteiligt war. –

Der Zar blickte sich um. Im dämmernden Zwielicht glänzten die großen Spiegeltüren. Aus dem Spiegel blickte ein blasses Gesicht mit großen Augen, einem blonden Spitzbart und leicht in die Länge gezogenem Schädel. Nichts erinnerte in diesem Gesicht an Paul. Das Spiegelbild bewegte sich. Es kam etwas näher und verschob sich. Der rechte Schnurrbart und die rechte Wange verschwanden. An ihrer Stelle erschien eine Hand, die leise den Türgriff niederdrückte.

Ins Zimmer trat die Kaiserin-Mutter, Maria Feodorowna. Sie näherte sich dem Sohn. „Mein armer Niki", sagte sie, und ihre Hand strich über sein Haar, „es ist etwas Fürchterliches geschehen". Der Zar sah sie fragend an. Seine Augen bekamen einen müden und gequälten Ausdruck. Die Kaiserin beugte sich zu seinem Ohr: „Onkel Sergius!", flüsterte sie kaum hörbar.

Der Zar schloß die Augen. Er bedeckte sein Gesicht mit den Händen. In dem kleinen, halbdunklen Salon ertönte ein leises Schluchzen. War es die Mutter? War es der Sohn?

Es wurde langsam dunkel. Palastdiener zündeten die Lichter an. Das kleine Zimmer an der Ostseite blieb unbeleuchtet.

In einem abgelegenen Flügel des Palastes zu Peterhof saß Prinz Friedrich Leopold von Preußen. Der Prinz war vor einigen Tagen nach Peterhof gekommen, um dem russischen Zaren seinen Besuch abzustatten. Für den heutigen Abend hatte ihn der Zar zu einem intimen Souper geladen. Im Vorzimmer legte der Kammerdiener seine Galauniform bereit. Zur gleichen Zeit erschien der Adjutant und meldete dem Prinzen die Ermordung des Großfürsten Sergius. „Was für ein schreckliches Unglück", sagte der Prinz und erbleichte. Im gleichen Augenblick dachte er: „Wie peinlich, grade jetzt muß ich als Gast bei Hof weilen. Ich will die Leidtragenden so wenig wie möglich durch meine Anwesenheit inkommodieren ..." –

„Die Abendtafel wird natürlich abgesagt?", erkundigte er sich bei dem Adjutanten. „Fragen Sie auf alle Fälle und geben Sie mir Bescheid." Der Adjutant ging und kam mit der Nachricht zurück: „Das intime Souper ist nicht abgesagt."

Schweren Herzens kleidete sich der Prinz an. Schweren Herzens betrat er den Speisesalon. Dort saßen der Zar und der Großfürst Alexander. Beide lachten laut. „Ah, da sind Sie ja, Hoheit", sagt der Zar und schüttelte dem Prinzen die Hand.

Das Essen verlief in angeregter Stimmung. Der Großfürst Alexander erzählte Witze, Nikolaus lachte. Von der schrecklichen Ermordung kein Wort. Friedrich Leopold wagte seinen Augen nicht zu trauen. Er glaubte in einem Tollhaus zu sein, wo zwei Wahnsinnige an einem offenen Grab einen schändlichen Tanz aufführen.

Nach dem Essen setzten sich der Zar und der Großfürst auf einen schmalen Diwan. Vor den Augen des erschütterten Prinzen begann ein merkwürdiges Spiel. Zar und Großfürst kitzelten und stießen einander. Beide lachten in kindlicher Freude. Wer zuerst am Boden lag, hatte verloren.

„Weiß denn der Zar nichts von der Ermordung?“, fragt der Prinz beim Heimgehen den Adjutanten. „Doch, die Kaiserin-Mutter hat ihm die Nachricht persönlich überbracht.“ Der Prinz sieht den Adjutanten beinah erschrocken an. „Unverständlich“, denkt er, „völlig unverständlich“.

Um die gleiche Zeit, als der Zar gekitzelt und gestoßen zu Boden fiel, betrat eine Dame mit verschleiertem Gesicht, mit von Tränen geröteten Augen, eine Zelle des Moskauer Gefängnisses. Es war die Großfürstin Elisabeth, die Frau des Ermordeten, die leibliche Schwester der Zarin. Sie wollte den Mörder ihres Gatten sehen.

Als sich die vergitterte Zellentür hinter ihr geschlossen hatte, als sie dem Mörder allein gegenüberstand, hob sie den Schleier. „Man wird Sie morgen erhängen“, flüsterte sie voll Entsetzen. „Warum haben Sie das getan?“ Der Mörder sah an ihr vorbei. Vielleicht dachte er an den eleganten Herrn mit den schräggestellten Augen, vielleicht an das ferne Terroristenkomitee, das seinen Tod dereinst rächen würde. „Meine Grundsätze haben mir das Attentat zur Pflicht gemacht“, sagte er trocken. Doch plötzlich veränderten sich seine Gesichtszüge, er blickte die Großfürstin traurig an, stürzte ihr zu Füßen, küßte den Saum ihres Kleides, und in seinem unartikulierten Schluchzen vernahm man die abgerissenen Worte: „Mein Gott, mein Gott, welches Leid!“

Am nächsten Tag wurde der Mörder gehängt. Die Großfürstin ging ins Kloster. Man hörte nicht mehr viel von ihr. Einst eine der populärsten Erscheinungen am russischen Hofe, verfiel sie bald der Vergessenheit. Erst im Jahre 1918 erinnerte man sich ihrer. Sie wurde in der sibirischen Stadt Alapajewsk von den Bolschewiken ergriffen und starb eines martervollen Todes. Hatte der Attentäter ihr Schicksal vorausgesehen, als er entsetzt die Worte stammelte: „Mein Gott, mein Gott, welches Leid!?“

Weder am Tage der Ermordung seines Lieblingsonkels, noch an einem der darauffolgenden Tage war an dem Zaren irgendeine Veränderung bemerkbar. Er war wie immer, reserviert, freundlich und unauffällig.

Einige Wochen nach dem Attentat empfing der Zar den verdienten General Kasbitsch, den Gouverneur einer fernöstlichen Provinz. In seiner Provinz hatten Arbeiterunruhen begonnen. Der General berief daraufhin das Militär. Bevor es aber zum Zusammenstoß zwischen der Bevölkerung und den Truppen kam, erschien der General auf dem Balkon seines Palastes und hielt eine zweistündige rührende Rede über Christentugenden und Pflichterfüllung. Es geschah ein Wunder. Die Rede wirkte. Die Arbeiter gingen gerührt und beschämt auseinander.

„Auf diese Weise, Majestät", sagte der General bei der Audienz, „gelang es mir, unnützes Blutvergießen, Tod und Mord zu vermeiden." Bei diesem Satz verzerrte sich plötzlich das Gesicht des Zaren zu einer entsetzlichen Grimasse. Mit geballten Fäusten stürzte er auf den General zu und schrie: „Schießen mußte man, General, schießen, mit Bajonetten und Kugeln gegen das Pack, in Stücke!" Erschrocken prallte der General zurück. Erschrocken lief er die Palasttreppe hinab. Am selben Tag reichte er sein Abschiedsgesuch ein.

Die Worte des Zaren wurden im Vorzimmer gehört. Bald kannte sie ganz Rußland. Einer raunte sie dem andern zu, und bald durchzog das Land ein entsetztes Flüstern: „Der blutige Zar, der blutige Zar."

Nach dem Tode des Großfürsten Sergius herrschte im Palais die Stille eines Leichenhauses. Es wurde seltsam leer um den Zaren. Plötzlich war es sehr schwer geworden, geeignete Kandidaten für die Posten der Generäle und Generalgouverneure zu finden. Die höchsten Würdenträger des Reiches verspürten nach und nach den unbändigen Drang, in den Kurorten des Auslandes Genesung von alten Leiden zu suchen und ihre Kapitalien den ruhigen Safes der Berliner und Stockholmer Banken anzuvertrauen.

Die Zahl der erschossenen und verwundeten Generäle, Gouverneure und Beamten erreichte die Zahl 489. Die Hand des Zaren wurde es müde, Todesurteile zu unterschreiben und unter die Berichte über die Ermordung seiner besten Diener den Schablonensatz zu schreiben: „Unersetzlicher Verlust, man versorge die Hinterbliebenen."

Wie der Donner eines beginnenden Weltuntergangs erreichte das Palais um die Mitte des Monats Juni die Nachricht von der Rebellion des Panzerkreuzers „Potemkin". Der Untergang der Disziplin erschütterte den obersten Waffenträger Rußlands mehr als der Untergang der Flotte bei Tsushima. Am Tage der Potemkin-Rebellion schrieb der Zar in sein Tagebuch den einzigen ungehaltenen Satz, der in diesen intimen Notizen Aufnahme gefunden hat: „Nicht zu glauben ... weiß der Teufel, was in der Flotte vorgeht, wenn bloß die übrigen Mannschaften treu bleiben ... man muß die Aufständischen brutal bestrafen."

Im Anblick der untergehenden Armee, der rebellierenden Flotte und der drohenden Revolution entschloß sich der Zar, die Friedensvermittlung des Präsidenten Roosevelt anzunehmen. Der unselige Krieg, der schon seit vielen Monaten die Kräfte Rußlands erschütterte, sollte auf dem neutralen Boden der Vereinigten Staaten seinen friedlichen Abschluß finden.

Die gleiche Krankheit jedoch, die die Würdenträger zwang, Erholung im Ausland zu suchen, hinderte sie auch daran, die Strapazen einer Amerikareise auf ihre gebeugten Schultern zu laden. Allen graute es vor der undankbaren Aufgabe. Je mehr sich jedoch die spärlichen Reihen der Würdenträger lichteten, desto deutlicher wuchs am Horizonte des kaiserlichen Gesichtskreises die gigantische Gestalt Wittes. Während die Flotte und die Armee untergingen, während die Revolution das Reich erschütterte, stieg der Ruhm Wittes ins Unermeßliche. Hatte er doch in weiser Voraussicht des kommenden Unheils vor dem fernöstlichen Abenteuer gewarnt und sich in bitterer Demut zurückgezogen, als seine Worte kein Gehör fanden.

„Wenn der Zar mich persönlich bitten wird, so bin ich bereit, nach Amerika zu reisen", erklärte Witte dem Außenminister Lambsdorff. Wittes Wunsch wurde erfüllt. Aus der Hand des Zaren empfing Witte den Auftrag, als bevollmächtigter Vertreter Seiner Majestät die Konferenz zu Porthsmouth zu leiten.

Während Witte an Bord des „Wilhelm des Großen" nach Amerika fuhr, schloß sich der Zar in Pawlowsk ab. In den schlaflosen Nächten dachte Nikolaus an die Mission Wittes. In der Hand des klugen Staatsmannes lag jetzt die Ehre des Russischen Reiches. „Keinen Zoll russischen Landes, keinen Groschen Tribut", das waren die Weisungen des Zaren an seinen Minister. Witte hatte einen schweren Stand, gegen ihn waren die Revolution, der Zar, das japanische Heer und die öffentliche Meinung Amerikas.

„Ich beschloß, mich so zu benehmen", schreibt Witte in seinen Memoiren, „als ob Rußland ein mächtiges Imperium wäre, dem eine kleine Unannehmlichkeit in einem fernen Gebiet widerfahren ist".

Gleichzeitig begann Witte mit der ganzen List eines gewieften Diplomaten um die Gunst Amerikas zu werben. Auf dem Weg von New York nach Porthsmouth stieg er aus seinem Wagen und drückte zum Zeichen demokratischer Gesinnung, vor den Augen der versammelten Presse, dem Lokomotivführer die Hand. Trotz aller Warnungen besuchte er in New York das Viertel der russischen Juden, und die Herzen der Schuhmacher und Altwarenhändler schmolzen beim Anblick des Abgesandten des russischen Zaren, der die Läden betrat, um sich nach dem Gang der Geschäfte zu erkundigen.

Witte scherzte mit Journalisten, nahm Einladungen zu unzähligen Diners an, lobte alle Einrichtungen der neuen Welt und notierte melancholisch in sein Tagebuch, daß die amerikanische Gastfreundschaft seinen russischen Magen für mindestens drei Monate ruiniert habe.

Er erreichte aber sein Ziel. Als die Weltpresse den kleinen, häßlichen japanischen Delegierten, Baron Kurino, neben dem jovial lächelnden russischen Riesen Witte erblickte, hatte Rußland die erste Schlacht des verhängnisvollen Krieges gewonnen. In dieser Schlacht wurde keine Provinz, keine Festung und keine Stadt, sondern die öffentliche Meinung Amerikas erobert. Unter dem Druck dieser öffentlichen Meinung verzichteten die Japaner auf Provinzen, Städte und Tribute. „Ihr seid keine Sieger", erklärte ihnen Witte. „Erst wenn eure Armee vor Moskau stehen würde, könnte man von einem Siege Japans sprechen."

Als sich die Japaner nach zahlreichen Verzichten darauf versteiften, die Hälfte der Insel Sachalin zu erhalten, kämpfte Witte mit Löwenmut um den Besitz dieses eisigen Eilandes. Präsident Roosevelt mußte sich über den Kopf des Unnachgiebigen mit dem Zaren in Verbindung setzen. Als der Botschafter Amerikas den Zaren aufsuchte, spielte Nikolaus Tennis. Der Kaiser legte den Schläger zur Seite, drückte dem Botschafter die Hand, verzichtete auf die Hälfte der Insel und kehrte zu seiner Partie zurück. Der Krieg war beendet.

In der Nacht vom 17. August erreichte den Zaren das Telegramm Wittes. Der Friede war geschlossen. „Nach dieser Nachricht war ich den ganzen Tag wie im Rausch", schreibt der Zar in seinem Tagebuch. „Der Friede ist geschlossen und das ist wahrscheinlich gut, denn so muß es sein."

Im Innern grollte er aber dem Staatsmanne, der seine Unterschrift unter die größte Schande Rußlands gesetzt hatte, Verbannung und Strafe sollten über das Haupt des stolzen Ministers hereinbrechen. Erst als Witte auf seiner Rückfahrt vom deutschen Kaiser nach Rominten eingeladen wurde und dort als Friedensstifter gefeiert und geehrt wurde, beschloß der Zar, Witte den Kelch seiner erzwungenen Gnade darzubieten.

Am 16. September kehrte Witte nach Petersburg zurück. Am 18. September bestieg er die kaiserliche Yacht „Standart", auf der Nikolaus im Finnischen Golf kreuzte. Der Kaiser empfing ihn allein in seiner Kajüte. „Sie haben Ihre schwere Mission getreu den Weisungen, die ich Ihnen erteilte, glänzend erfüllt", sagte der Zar. „Sie haben damit mir und dem Vaterland einen außerordentlichen Dienst erwiesen. Zum Zeichen meiner Anerkennung erhebe ich Sie hiermit in den Grafenstand." Gerührt küßte Witte dem Zaren die Hand.

Die Anerkennung der staatsmännischen Verdienste Wittes bedeutete zwar den Dank des Monarchen, nicht aber die Zuneigung des Menschen Nikolaus.

Kurze Zeit nach dieser Ehrung unterhielt sich der Zar mit der greisen Fürstin Golitzyn. „Es wäre interessant", meinte die Fürstin, „das Gehirn eines Menschen aufzuschneiden, um zu sehen, was alles darin verborgen ist."

„Wessen Gehirn interessiert Sie denn so?", fragte der Zar.

„Das Gehirn des Grafen Witte", war die Antwort.

„Das ist doch sehr einfach. Sie würden sehen, daß er mich ebenso haßt, wie ich ihn."

18. DIE BEUTE

An der Wolga brannten die Adelsgüter. Mit schweren Äxten schlugen die Bauern Löcher ins dicke Flußeis. Im eisigen Wasser versanken Gutsbesitzer, Polizisten und Popen. Der rote Feuerschein des Brandes erhellte die breiten Ufer. Auf den Adelshöfen schlachteten die Bauern das Rassevieh. Der Haß entlud sich plötzlich gegen die Kühe, Hengste und Schafe, deren edle Rasse an den Adel ihrer Besitzer erinnerte.

Das Feuer an der Wolga entzündete den Brand im Kaukasus. Am Ufer des Kaspisees loderten die Bohrtürme von Baku. Über die kotigen Straßen der ukrainischen Dörfer ergoß sich die Welle der Pogrome. In Kronstadt, in Sewastopol und Kertsch rebellierten die Matrosen und Soldaten. An den Ufern des Baltikums zerstörten die lettischen Waldbrüder die Schlösser der deutschen Barone. Gouverneure saßen eingeschlossen in ihren Palästen, und die Wache vor ihren Türen war oft die einzige zuverlässige Truppe in der Provinz. Wie eine Geißel Gottes drohte sich das Millionenheer aus der Mandschurei über Rußland zu ergießen. In den Industriezentren des Reiches entstanden Arbeiterräte, Sowjets genannt, die die Absetzung des Monarchen und die Proklamierung der Republik verlangten.

Zur Wiederherstellung der Ordnung entsandte der Zar die ausgesuchtesten Garderegimenter des Reiches. Durch die Wälder des Baltikums marschierten die Rotten der Preobraschenzi, Kavaliergarden in Helmen patrouillierten auf den Straßen Petersburgs, die silberne Rotte der Semjonowzy umschloß Peterhof, unzählige Hundertschaften berittener Kosaken ergossen sich über die Steppen der Ukraine.

Den goldenen Helmen der Kavaliergarde und der silbernen Rotte der Semjonowzy stellte das revolutionäre Rußland die Parole des Generalstreiks entgegen. Am 8. Oktober 1905 legten eine Million Menschen die Arbeit nieder. Eisenbahnen standen still, Post und Telegraphenschalter blieben geschlossen. Die Städte hüllten sich in tiefes Dunkel.

Die offizielle Mitteilung der russischen Telegraphenagentur zählt die Beteiligten am Streik sehr genau auf. Es gab keine öffentliche Organisation, die am Streik unbeteiligt gewesen wäre: Die Zöglinge der verschiedensten Lehranstalten, angefangen mit den Gymnasiasten, beendet mit den Studenten; dazu Eisenbahner, Ingenieure, landwirtschaftliche Arbeiter, Fabrikarbeiter, Telegraphisten und Postbeamte, Setzer, Druckereiarbeiter der Zeitungen, Ärzte, ganze Truppenteile, Magistrats- und Staatsbeamte, Bankangestellte, Anwälte und Richter, Hausangestellte, Kellner, Apotheker, Portiers und Polizisten.

Die Hauptstadt war wie ausgestorben. Die Straßen lagen leer. Die Börsen waren geschlossen. Nur in einzelnen Salons versammelten sich aufgeregte Politiker und verhandelten darüber, ob der Großfürst Demetrius, der Fürst Dolgoruki oder der Fürst Schtscherbatow der künftige russische Zar werden würde.

Düstere Stimmung herrschte im Schlosse Peterhof. Schattenhaft huschten die Höflinge durch die dunklen Säle des Palastes. Die Minister konnten Peterhof nur nach stundenlanger Wagenfahrt erreichen. Im Zimmer der Hofkanzlei versammelten sich übernächtigte, graue Gestalten. Kraftlos sanken die Höflinge in die Ledersessel. Der Oberhofmarschall Graf Benckendorff blickte mit fahlem Gesicht auf die Schar der Hofbeamten und sagte: „Wie schade, daß der Kaiser fünf Kinder hat. Das wird die bevorstehende Flucht ins Ausland erschweren."

In diesen tragischen und düsteren Todestagen der Alleinherrschaft entfaltete sich die romanowsche Haltung des Kaisers in vollem Glanz. In unübertrefflicher Ruhe spielte Nikolaus Billard, unternahm Spazierfahrten im kleinen Motorboot, verabschiedete sich von den Höflingen, die plötzlich in wichtigen persönlichen Angelegenheiten ins Ausland fahren mußten, bewunderte die Sonnenuntergänge und schrieb in sein Tagebuch: „Das sind ja schöne Zeiten."

Am Sonntag, dem 9. Oktober, um sechs Uhr abends, betrat Witte, einer kaiserlichen Einladung folgend, das Arbeitszimmer des Zaren. Wie vor einem Jahr war der Kaiser auch diesmal nicht allein. Der Großfürst Sergius, dessen irrer, fanatischer Blick damals auf Witte geruht hatte, war tot. An seiner Stelle saß gespannt, gerade und regungslos die Zarin Alexandra Feodorowna. „Sie sprach kein Wort, saß wie ein Automat und errötete gewohnheitsgemäß wie ein Krebs", schreibt Witte.

In dem dunklen Peterhofer Arbeitszimmer klangen die Stimmen dumpf und müde. Vor dem kleinen blassen Zaren, vor der versteinerten Zarin saß in stolzer, siegesbewußter Haltung die lebendige Verkörperung der verhaßten neuen und feindlichen Welt, die sich plötzlich aus den stillen Ebenen Rußlands gegen den Zaren erhob.

Die Schonung der kaiserlichen Gefühle lag Witte fern. In ruhigen, siegessicheren Sätzen berichtete er dem Zaren, daß der drohende Zerfall des Reiches nur durch eine Militärdiktatur oder durch eine konstitutionelle Reform behoben werden könne. Für den Posten des Diktators wäre vielleicht der Großfürst Nicolai Nicolaiewitsch geeignet, für den Posten des Reformators, er, Graf Witte.

Auch die bevorstehenden Reformen wurden von Witte eingehend erörtert. Es waren Pressefreiheit, Glaubensfreiheit, Amnestie und die Einführung einer Duma, deren gewählte Vertreter allein die gesetzgebenden Funktionen zu vollziehen hätten. „Früher", meinte Witte, „hätte die Alleinherrschaft vielleicht noch gerettet werden können. Jetzt aber, nach dem schmachvollen Krieg", und er blickte boshaft auf den Kaiser, „wird es unmöglich sein."

Auch den Weg, den der Trauerzug der Alleinherrschaft einschlagen sollte, vermochte der Graf vorzuzeichnen. Das alte Ministerkomitee, in dem die Minister nur lose miteinander verbunden waren, mußte aufgelöst werden. An seine Stelle sollte ein Ministerrat treten, in dem nach europäischem Muster der Ministerpräsident die Tätigkeit sämtlicher Ressorts überwachen, leiten und bestimmen sollte. Der neue Ministerpräsident sollte Graf Witte sein.

Aus den Händen des Grafen empfing der Zar das ausgearbeitete Programm der Reformen des Russischen Reiches. Witte erklärte sich nur dann bereit, noch einmal die Rettung des Vaterlandes zu übernehmen, wenn der Zar den Inhalt des Schriftstückes unverändert akzeptierte.

Drei Tage las der Zar die Wittesche Grabrede auf die Alleinherrschaft. Am vierten Tag, am Mittwoch dem 13., erhielt Witte das kaiserliche Telegramm: „Ernenne Sie zum Vorsitzenden des Ministerrates zwecks Vereinigung der Tätigkeit aller Minister."

Wutentbrannt raste Witte nach Peterhof. Seine Stimme überschlug sich, als er dem Zaren erklärte, er nehme die Ernennung nur an, wenn sein Programm und der Verzicht auf die Alleinherrschaft offiziell genehmigt werde.

Am 15. Oktober wurde Witte abermals ins Palais berufen, wo er bis zwei Uhr mittags verweilte. Noch immer weigerte sich der Zar, das Manifest zu unterzeichnen. „Ich muß beten und nachdenken", sagte er zu Witte, „fahren Sie in die Stadt. Ich werde Ihnen bis zehn Uhr abends bekanntgeben, ob ich mich entschlossen habe."

Die große, schwere Wanduhr im Hause Wittes am Kamenoostrowsky-Prospekt schlug zehn. Die Antwort des Zaren war nicht eingetroffen. Witte erhob sich und schlug ein Kreuz: „Der Kelch ist an mir vorübergegangen", sagte er feierlich.

Aber auch die beiden reaktionären Greise Goremykin und Baron Budberg, die um sechs Uhr abends in aller Stille zum Zaren berufen wurden, wagten es nicht, sich in den Wirbel der Revolution zu stürzen. In höfischer Geflissenheit veränderten sie zwar den Witteschen Text, doch weigerten auch sie sich, die Verantwortung für das Schicksal des Thrones zu übernehmen.

Als am nächsten Tag die Lebensmittel in der Hauptstadt auszugehen drohten, klingelten um halb ein Uhr nachts an der Paradetür Wittes Baron Frederiks und der Chef seiner Kanzlei, Masolow. Mit bleichen Gesichtern überreichten sie Witte sein von der reaktionären Hand Goremykins verändertes Manifest. Ein gigantischer Wutausbruch war die Antwort des Grafen. Seine Stimme schlug in hohes Falsett um, und der erschrockene Frederiks vernahm Zarenlästerungen, wie sie noch niemals sein höfisches Ohr gestreift hatten. Die Lästerungen Wittes wurden dem Monarchen wortgetreu überbracht und trugen nicht gerade dazu bei, das Verhältnis der beiden Männer zu bessern.

In der Nacht zum 17. Oktober regnete es in trostlosen, kleinen Tropfen. Die Wolken hingen tief über dem Palais. Der Kaiser schlief nicht. Das Rauschen des Meeres vor dem Fenster verwandelte sich in seinen Gedanken in das Rauschen der Baumwipfel im Belowescher Wald. Alljährlich pflegte der Zar um diese Zeit auf Belowescher Auerochsen zu jagen. Der Regen fiel auf die nasse, dampfende Erde, und das Herz des Zaren bebte in Erwartung des Wildes. War er jetzt selbst das Wild, war jetzt die Alleinherrschaft die Beute? Der Jäger schien das ganze russische Volk zu sein, und der Jagdleiter war Graf Witte.

Schwere Gedanken bedrückten den Kaiser. Sollte das Volk wirklich zarenlos werden? Hatte nicht das Haus Romanow jahrhundertelang dieses feuchte, trostlose Land regiert? Die Alleinherrschaft war keine Form, sie war Weltanschauung. Das Gesicht an das kalte Palastfenster gepreßt, überlegte der Zar, wie die alte Weltanschauung auch in der neuen Form erhalten bleiben könnte. Auch die neue Duma müßte auf die alte Selbstherrlichkeit schwören. Sollten die Abgeordneten ihren Schwur verletzen, so würde der Zar seinen Krönungsschwur zu erfüllen wissen.

Die kühle Analyse ermüdete den Zaren. Auch in seine Seele war der Herbst eingezogen, und während er in der letzten Nacht seiner Allmacht Syllogismen aufbaute, trommelte der Regen monoton an die Fensterscheiben: Ende, Ende, Ende. –

Der Zar wandte sich ab. „Es gibt keine treuen Diener mehr“, sagte er müde. „Man muß Nicolascha um Rat fragen", dachte er weiter und erinnerte sich des baumlangen Onkels, der als einziger Anverwandter von seinem Tulaer Gut nach Petersburg geeilt war, um dem Zaren zu helfen. Sein Erscheinen am Hofe beruhigte die erregten Gemüter, denn alle glaubten, daß der Großfürst gekommen sei, um die Militärdiktatur zu übernehmen.

Schon seit mehreren Tagen konferierte Nikolaus mit dem Onkel. Am Morgen des 17. Oktobers sollte ihm Nicolai Nicolaiewitsch seinen endgültigen Rat erteilen.

Der Großfürst war von riesigem Wuchs. Er hatte eine donnernde Stimme und große, wild funkelnde Augen. Wenn er mit seinen riesigen Füßen über die weichen Teppiche der Paläste schritt, so war es den Anwesenden, als ob durch die vornehmen Hallen der freie wilde Wind der asiatischen Steppen wehte. Bei Paraden ließ der Großfürst ganze Kavallerieregimenter im Galopp an sich vorbeisausen. Er schlug sich dabei voll Begeisterung an die Brust, zerknüllte seine Mütze, riß sie in Fetzen, und aus seiner Kehle drangen wilde, unartikulierte Laute. Er erinnerte in solchen Augenblicken mehr an einen mongolischen Chan als an einen kaiserlichen Prinzen. Der kavalleristischen Begeisterung wegen hielt man ihn für einen großen Strategen.

In den Zarenpalast kam der Großfürst stets wie zu einer Kavallerieattacke. Er riß selber alle Türen auf, die Adjutanten konnten kaum Schritt mit ihm halten, er stellte sich wie ein Koloß vor den Zaren hin und brüllte ihn an: „Guten Morgen, Niki!" Neben dem riesigen Onkel erschien der Zar noch kleiner, als er war. Seine Wangen röteten sich, er erhob sich schüchtern und befangen und sagte: „Guten Tag, Onkel."

Der Zar fürchtete sich vor Nicolai Nicolaiewitsch. Ihn bedrückte der hohe Wuchs, die laute Stimme und die unverständliche Welt des Onkels. Ganz im Innern dachte er manchmal, daß dieser Kerl fähig wäre, mit einem mächtigen Fußtritt ihn, den Zaren, vom Throne zu werfen und sich selbst die Krone der Romanows aufs Haupt zu setzen. In solchen Augenblicken haßte der Zar den Großfürsten.

Der hohe Wuchs und die wilden Augen des Großfürsten waren aber weder der Ausdruck einer inneren Stärke noch das Sinnbild eines unbefriedigten Machthungers. Der Großfürst liebte den kleinen, schwachen Neffen nicht. Doch war dieser Neffe ein gesalbter Zar, und von der Person eines Zaren hatte der Großfürst seine ganz besondere Meinung.

„Glauben Sie, daß unser Herrscher ein Mensch ist?", fragte er einmal im vertrauten Gespräch den Minister Witte. Der nüchterne Witte erwiderte:

„Seine Majestät ist ein uns von Gott gegebener Herrscher, aber er ist natürlich ein Mensch mit allen Eigenschaften eines solchen." Der Großfürst starrte eine Weile in die Ferne und erwiderte dann mit tiefer Überzeugung: „Sie irren, Witte, der Zar ist kein Mensch, er ist auch kein Gott. Vielleicht ist er ein Zwischending, ein Halbgott."

Zu Hause, in seinem Palast oder auf seinem Gut liebte der Großfürst Halbdunkel, leises Seufzen und mystische Gespräche. Die mystischen Gespräche führte mit ihm seine Frau, die montenegrinische Prinzessin, deren Seele ganz in das wunderbare Zwielicht übersinnlicher Magie versunken war. Da der Großfürst höher stand als alle Menschen mit Ausnahme des Zaren, und da mit diesem einzig höheren Wesen nicht viel anzufangen war, blieben für den persönlichen, privaten Verkehr des Großfürsten nur Gott und die Geister übrig. Gott war fern, unerreichbar und undurchdringlich wie ein hoher, strenger Vorgesetzter. Die Geister aber waren zu bezwingen. Das versicherten dem Großfürsten seine Frau, seine Hofleute und sogar die Generäle.

In den stillen, langen Winternächten setzte sich der Großfürst mit seinen Hofleuten an den Tisch. Fenster und Türen wurden geschlossen, die langen nervösen Finger des Großfürsten glitten über die Tischplatte, und das Mysterium begann. Im mystischen Dunkel erschien der Geist Peters des Großen oder der Geist des Ofenheizers am Hofe des Zaren Alexei Michailowitsch. Tassen klirrten, Tische schwebten, der Großfürst saß mit halbgeschlossenen Lidern, mit bebenden Lippen und fühlte, wie er aus dem Bereich des Irdischen in das Reich des Überirdischen glitt.

Als die Revolution kam, suchte der Großfürst keinen Rat bei Generälen, Ministern und Beamten. Er befragte die Geister. Die Geister sprachen sich für die Verfassung aus.

Wie ein Wirbelsturm sauste Nicolai Nicolaiewitsch in den Zarenpalast. Im großen Audienzsaal sah er den alten Hofminister Graf Frederiks, seinen Duzfreund. Mit der linken Hand ergriff der Großfürst den Minister am Kragen, in seiner Rechten blitzte ein Revolver. „Graf", brüllte er, „ich gehe jetzt zum Zaren. Wenn die Verfassung nicht sofort gewährt wird, so schieße ich mir mit diesem Revolver eine Kugel durch den Kopf." Und bevor der Graf zur Besinnung gekommen war, riß der Großfürst die Tür zum Zarenzimmer auf. In der Ferne ertönten zwei Stimmen, die eine donnernd, die andere schüchtern:

„Guten Tag, Niki!"

„Guten Tag, Onkel!"

19. DAS ENDE DER ALLEINHERRSCHAFT

Das Gespräch zwischen dem Zaren und dem Großfürsten dauerte nur wenige Minuten. Mit ungeheuren, ungleichmäßigen Schritten stürzte Nicolai Nicolaiewitsch aus dem Zarenzimmer heraus, stellte sich mammutartig vor Frederiks hin und brüllte: „Majestät haben das Manifest genehmigt. Bestell sofort Witte hierher und laß das Manifest in der Kanzlei ins reine schreiben!"

Um fünf Uhr nachmittags betrat Witte von Nicolai Nicolaiewitsch und Frederiks begleitet das kaiserliche Arbeitszimmer. Nikolaus II. saß am großen Schreibtisch. Mit tiefer Hofverbeugung überreichte ihm Frederiks das Manifest. Die grauen Augen des Zaren mit den mädchenhaft langen, weichen Wimpern hefteten sich auf das Schriftstück. Der Großfürst, der Baron und der Graf warteten geduldig, sie vertraten die kaiserliche Familie, den Hof und die Regierung.

Für den kleinen, gelbhäutigen Obersten am Schreibtisch gab es kein Entrinnen mehr. Von der Wand des Zimmers blickte mit stillem Mißbehagen der heilige Seraphim. Auch er schwieg.

Der Kaiser erhob sich. Mit der rechten Hand schlug er ein breites, byzantinisches Kreuz. Dann setzte er sich nieder und unterzeichnete das Manifest. In geschäftstüchtiger Eile barg Witte das Papier in seiner Aktenmappe.

Die kaiserliche Jacht brachte den Großfürsten und Witte nach Petersburg. Die Augen des Großfürsten funkelten voll wilder Freude, seine Stimme klang wie eine Offenbarung. Visionär vor sich hinblickend sagte er zu dem neuen Diktator: „Heute ist der 17. Oktober, der Tag der Borki-Katastrophe. Zum zweitenmal rettet dieser Tag die kaiserliche Familie."

Im Arbeitszimmer zu Peterhof ging der Kaiser mit gesenktem Haupt auf und ab. Der Tisch, die Fenster, die Bilder an den Wänden, alles war plötzlich so seltsam fremd geworden. Es dämmerte. Im Zwielicht des Abends nahmen die vertrauten Gegenstände feindliche und drohende Formen an. Viele Jahre hindurch bemächtigte sich des Zaren beim Betreten dieses Zimmers stets ein wehes und beklemmendes Gefühl. Einmal sagte er später zu seiner Umgebung: „Dieser Raum erinnert mich an böse Tage. Ich habe damals die ganze Zeit über gefühlt, daß dieser Mensch mich auf einen falschen Weg zu führen suchte, doch fehlte mir die Kraft zu einer Gegenaktion."

Am Abend des denkwürdigen Tages notierte der Zar: „Habe um fünf Uhr das Manifest unterzeichnet. Nach solch einem Tage wird der Kopf schwer, und die Gedanken beginnen sich zu verwirren. Gott helfe uns, Rußland zu beruhigen."

Während der Zar den Untergang der Alleinherrschaft in seinem Tagebuch besiegelte, verkündete das kaiserliche Manifest von allen Mauern, Wänden und Säulen der Stadt Petersburg den Beginn eines neuen Zeitalters. Die Worte des Manifestes lauteten:

„Die Wirren und Unruhen in den Hauptstädten und in vielen Gegenden Unseres Reiches erfüllen Unser Herz mit großer, schwerer Trauer. Das Wohl des russischen Kaisers ist unzertrennlich mit dem Wohle des Volkes verbunden, und die Sorgen des Volkes sind Seine Sorgen ... Der hohe Eid des kaiserlichen Dienstes gebietet Uns mit allen Mitteln Unseres Verstandes und Unserer Macht die baldmöglichste Beendigung der für das Reich gefährlichen Wirren zu erstreben ... Zur Pflicht der Regierung bestimmen Wir die Erfüllung Unseres unabänderlichen Willens ... festzulegen als unerschütterliche Regel, daß kein Gesetz in Kraft treten kann ohne die Genehmigung der Duma und, daß den Vertretern des Volkes die Möglichkeit gesichert wird, über die Gesetzmäßigkeit der Handlungen der von Uns bestellten Behörden zu wachen. Wir ermahnen alle treuen Söhne Rußlands ihrer Pflicht gegen das Vaterland zu gedenken, die Beendigung der unerhörten Wirren zu erstreben und alle Kräfte anzustrengen, um die Ruhe und den Frieden im Heimatlande wiederherzustellen."

Die Setzer und Drucker Petersburgs beendeten den Streik, um das Manifest des Zaren zu drucken. Telegraphisten öffneten ihre Schalter, um die Worte des Zaren in die Welt zu drahten. Eisenbahner bestiegen die Lokomotiven, um die Gnade des Zaren in fernen Städten zu verkünden. Ungeheuere Menschenmengen mit roten Fahnen stauten sich am Newsky-Prospekt. Selbst das Wetter schlug um. Herzen und Schnee tauten unter der Einwirkung der kaiserlichen Gunst und der Sonne, und die liberalen Blätter verkündeten ungeachtet der Jahreszeit die Parole jener Tage: „Frühling im Himmel, Frühling in den Herzen!"

Nur wenige Menschen vermochten in dem wilden Jubel der Oktobertage wehmütig an die tote Selbstherrlichkeit zurückzudenken. Nur in einem ganz engen Kreis von Aristokraten und Geistlichen grollte man dem Kaiser, der den heiligen Schwur verletzt hatte und sich das Palladium der Alleinherrschaft aus seinen schwachen Händen entwinden ließ. Der Jugendgefährte des Kaisers, Graf Scheremtiew, der reichste Gutsbesitzer Rußlands, befahl am Tage des 17. Oktober alle Kaiserbilder in seinem Schloß mit dem Gesicht zur Wand zu hängen. Eine geistliche Zeitung in Moskau erschien mit Trauerrand, und einem einzigen Satz auf der Titelseite: „Gott rette den Zaren."

Der Großfürst Alexander schildert den Eindruck dieser Tage rückwirkend in bitteren Sätzen: „Ohne die Wünsche der Bauern zu befriedigen, legte Nikolaus II. die Selbstherrlichkeit nieder, ungeachtet seines Krönungsschwures in der Uspensky-Kathedrale, heilig die Gebote seiner Ahnen zu wahren. Die Intelligenz bekam endlich ihr heiß ersehntes Parlament. Der russische Zar wurde zu einer Parodie auf den englischen König. Der Sohn Alexanders III. war bereit, seine Macht mit einer Bande von Verschwörern, politischen Mördern und Provokateuren zu teilen. Das war das Ende, das Ende der Dynastie, das Ende des Imperiums."

Die Erbschaft der russischen Alleinherrschaft übernahm der neue Vorsitzende des Ministerrates, Graf Sergei Witte. Wie reife, bereits etwas angefaulte Früchte stürzten die Würdenträger der alten Zeit unter den Schlägen Wittes in den Abgrund der Vergessenheit. Pobedonoszew, Trepow, Bulygin, Minister und Gouverneure wurden mit einem huldvollen Händedruck des Zaren verabschiedet. Seine Macht reichte gerade noch aus, seinen besonderen Günstling Trepow auf dem Posten des Palastkommandanten zu behalten. An Stelle der Zurückgetretenen füllten sich die Säle der Ministerien mit stummen Kreaturen des neuen Großwesirs, des „Grafen von Sachalin", wie Witte spöttisch in den konservativen Kreisen genannt wurde.

Mit der Würde des Premiers übernahm Witte auch die diktatorischen Neigungen eines geborenen Autokraten. Während die Bauern vergebens in den Worten des kaiserlichen Manifestes nach Erleichterung ihres Daseins suchten, während der aus verbitterter Enttäuschung aufgesprungene rote Hahn der Bauernrevolte gespenstisch über Rußland schwebte, erwürgte Wittes schwere Hand die Revolution.

Wie ein Bollwerk stand zwischen Stadt und Land der Zar.

Die liberale Welt, die den Zarismus erschüttert hatte, erbleichte beim Anblick der wutverzerrten, asiatischen Fratze, die sich ihr hinter dem gelichteten Wald der kaiserlichen Bajonette offenbarte. „Die russische Intelligenz muß dem Zaren dankbar sein, daß er sie mit seinen Gefängnissen und Bajonetten vor der Wut der Bauern schützt. Wehe uns allen, wenn wir den Sturz des Zaren erleben sollten", schrieb prophetisch um diese Zeit die revolutionäre Zeitschrift „Wechi".

Noch immer tobte der Aufruhr. Am 3. Dezember verhaftete Witte den Petersburger Sowjet. Zur gleichen Zeit begann der große Moskauer Aufstand Lenins. Drei Tage pochte Lenin an die Kremltüren, drei Tage blickten die uralten Kuppeln der Romanowschen Macht auf die Revolution des roten Sowjets. Dann erstickten die Kanonen des Generals Dubassow den Aufstand Lenins.

Die liberalen Millionäre und Fürsten flohen ins Ausland; einige erschossen sich, andere starben an Herzschlag. Zwei energische und brutale Generäle, Sakomelsky und von Rennenkampf, genügten indessen, um den Eisenbahnverkehr wieder in geregelte Bahnen zu leiten. Ein Dutzend beherzter Generalgouverneure beruhigte das Baltikum, den Kaukasus, Sibirien und Südrußland. Die gottgewollte Ordnung drang siegreich vor.

Das pünktliche Eintreffen der Züge, die Polizisten an den Straßenecken und das siegreiche Lächeln des gealterten Witte gewannen Rußland auch das Vertrauen des Auslandes zurück. Zweieinhalb Milliarden Goldfrancs französischer Anleihe sicherten den Sieg der Witteschen Diktatur.

Während Witte die Armee aus Sibirien nach Rußland transportierte, die Bauern in den Dörfern prügeln ließ und die liberalen Gutsbesitzer wieder in ihre geheiligten Eigentumsrechte einsetzte, schritten die stummen Bataillone der Wähler zur Wahlurne. Zum großen Erstaunen der Regierung schenkten die Bauern ihre eben erst erworbenen Stimmen denjenigen Parteien, die das im kaiserlichen Manifest fehlende Wort „Land" mit Riesenlettern auf ihre Fahnen gesetzt hatten.

Das radikale Ergebnis der Dumawahl entschied das Schicksal des Grafen Witte. Nikolaus II., der zum erstenmal in seinem Leben unter dem Druck Wittes seinen Willen hatte beugen müssen, beschloß sich des diktatorischen Grafen zu entledigen.

Später versuchte Witte in seinen Memoiren umständlich zu beweisen, daß er selbst nichts sehnsüchtiger gewünscht habe, als sich von der Last seines Amtes zu befreien. In Wirklichkeit traf ihn jedoch seine Entlassung wie ein Schlag aus heiterem Himmel. „Ich bin ja nicht fortgegangen, er hat mich davongejagt", sagte Witte kurz nach seinem Rücktritt zu Kokowzow. Noch bitterer klangen seine Äußerungen zum Großfürsten Alexander: „Der Kaiser", sagte er, „ist ein orientalischer Mensch, ein typischer Byzantiner. Wir unterhielten uns zwei Stunden. Er drückte mir die Hand und umarmte mich. Dann wünschte er mir viel Glück und Erfolg. Sinnlos vor Freude kehrte ich nach Hause zurück und erhielt am gleichen Tag den Ukas über meinen Rücktritt."

Als „seidene Schnur“ übersandte der Zar dem gestürzten Diktator die Ordenskette des heiligen Fürsten Alexander Newsky mit Brillanten, dieselbe Ordenskette, die er am Tage seiner Krönung in der Moskauer Kathedrale getragen hatte.

Mit Witte wich ein Alpdruck von der Seele des Kaisers. „Was sagte der Zar, als er mich verabschiedet hatte?“, fragte Witte einmal bei einem alten Höfling. Dieser blickte Witte boshaft an und antwortete: „Der Kaiser sagte: ‚Uff!‘“

Die Revolution war beendet. Majestätisch erhob sich über dem beruhigten Land der kaiserliche Doppeladler. Wie das Plätschern eines beruhigten Meeres ertönten die Nachklänge der sterbenden Revolution. Die Höflinge, von zahlreichen Leiden geheilt, kehrten von ihren Reisen zurück und schmückten erneut die Paraderäume der Paläste. Von ihren Gütern zurückgekehrt, versicherten die Großfürsten dem Zaren ihre verwandtschaftliche Liebe und alleruntertänigste Treue. Und nur der Namenszug des Zaren unter dem Manifest vom 17. Oktober erinnerte noch daran, daß das alte heilige Rußland aufgehört hatte zu existieren, daß der rechtgläubige Zar seine Macht mit rebellischen Rechtsanwälten, liberalen Professoren und idealistischen Schriftstellern zu teilen bereit war.

20. L'EMPIRE CONSTITUTIONNEL SOUS UN TSAR AUTOCRATE

In dem wunderbaren Zwielicht der weißen Petersburger Nächte, in den formlosen Fetzen des dichten Newanebels entstehen seltsame Gebilde, Phantome, Gespenster und Fratzen. Aus dem Dunst der finnischen Sümpfe erheben sich Larven, Höllenhunde, Basilisken, vorsintflutliche Ungeheuer und Dämonen. Ihr giftiger Atem droht die alte, strenge Stadt Peters zu vernichten. Die Geister von 120 000 Bauern, auf deren Leichen die Stadt erbaut ward, drohten die edle Newastadt in einem einzigen Ansturm zu verschlingen.

Als solch ein Ansturm der dämonischen Mächte der Unterwelt erschien dem Zaren und dem Hof der Empfang der ersten Duma im großen Thronsaal des Winterpalais am 27. April des Jahres 1906.

Der Thronsaal des heiligen Georg mit den schneeweißen, korinthischen Säulen, den großen Leuchtern und Marmorbalustraden war der Mittelpunkt des Palastes. An der Wand des Saales erhob sich ein Baldachin. Acht Stufen führten zum Zarenthron. Auf den kleinen Samthockern neben dem Thron lagen die Insignien der kaiserlichen Macht: Die Krone, das Szepter und der Reichsapfel. Über dem Thronsessel war der kaiserliche Hermelinmantel ausgebreitet, in dessen Falten die tausendjährige Herrschaft des Zaren ruhte.

Die Zarin hatte selbst am Morgen des 27. April mit vor Erregung zitternden Händen den kaiserlichen Mantel über den Thron gebreitet. Mit ihren zarten Fingern ordnete sie die Falten des Prunkstückes. In dem weichen Fell des Hermelins fühlte sie das Beben der Selbstherrlichkeit. Heute, am 27. April, sollte die kaiserliche Familie von dieser Selbstherrlichkeit offiziell Abschied nehmen.

Um zwölf Uhr füllte sich der Thronsaal mit den vornehmen Gestalten der Höflinge. Grauhaarige Staatsräte, greise Senatoren und die Herren des Gefolges nahmen rechts vom Throne Aufstellung. Ihnen gegenüber, auf der anderen Seite des Thrones, standen die Abgeordneten der Duma. Das alte und das neue Rußland blickte einander voll unverhohlener Verachtung an. Die beiden Gruppen trennte der breite Gang, durch den das Herrscherpaar zum Throne schreiten sollte. Inmitten des Ganges war ein kleiner Altar mit sechs brennenden Kerzen aufgestellt.

Die Stimmung im Saal war offensichtlich bedrückt. Schon das Äußere der Dumaabgeordneten erschien den vornehmen Herren zur Rechten des Thrones als eine Herausforderung. Während sie in glänzenden Uniformen, in vollem Ordensschmuck steif und würdevoll neben dem Thron standen, zeigten die ersten Reihen der Dumaabgeordneten merkwürdig draufgängerisch aussehende Gestalten, in Arbeiterblusen, Bauernhemden und hohen, derben Stiefeln. Die rebellischen Dumaabgeordneten schienen absichtlich mit diesem Auftreten die demokratische Freiheit der Sitten und die Verachtung der höfischen Anmaßung betonen zu wollen.

Um ein Uhr öffnete sich die breite Tür zum Malachitsaal. Im Gang zeigte sich die zarte Gestalt des Zaren. Er trug die Galauniform eines Obersten des Preobraschensky-Regimentes und das breite Ordensband über der Brust. Rechts von ihm ging die Kaiserin-Mutter, ihr Gesicht war von starrem Ernst erfüllt.

Auf der anderen Seite schritt Alexandra Feodorowna. Ihr schönes Gesicht war bleich wie die Marmorsäulen des Georgsaales. Ihre dünnen Lippen lagen fest aufeinandergepreßt, und die großen Augen richteten sich auf die Erhöhung unter dem Baldachin, wo die magischen Symbole der Alleinherrschaft ruhten.

Der tiefe Baß des Metropoliten schwang im Raum. Der Zar bekreuzte sich inbrünstig, und seine Augen füllten sich mit gewohnter Frömmigkeit. Während der Chor der Geistlichen Gottes Segen für das neue kaiserliche Beginnen erflehte, glaubte der Zar ehrlich und überzeugt, daß mit dem Erklingen dieser altslawischen Töne eine neue Epoche in der Geschichte seines Reiches begänne.

Als der Chor verklungen war, bestieg der Zar langsam den Thron. Der Hofminister Frederiks reichte ihm den Text der Ansprache. Von der atlasbeschlagenen Erhöhung aus überblickte Nikolaus die Schar der Abgeordneten. Die vielen, fremden Gesichter erfüllten ihn mit Mißtrauen. Da waren sie, die Rebellen von gestern! Sein kaiserliches Wort hatte sie in die Newastadt berufen. Würden sie diese Gunst zu schätzen wissen?

Nikolaus entfaltete den Bogen und verlas die Rede. Seine in altertümliche Redewendungen gekleidete Ansprache klang wie die Fortsetzung der kirchlichen Gesänge des Metropoliten:

„Die göttliche Vorsehung, die Mir die Sorge um das Wohl des Vaterlandes auferlegte, bewegte Mich, zur Mitarbeit an der gesetzgebenden Arbeit die Auserwählten des Volkes zu berufen. Mit heißem Glauben an die lichte Zukunft Rußlands begrüße Ich in ihnen diejenigen besten Menschen, die zu wählen Ich Meinen heißgeliebten Untertanen anbefohlen habe. Eine schwere Arbeit steht euch bevor. Ich glaube, daß die Liebe zur Heimat und der heiße Wunsch, ihr zu dienen, euch beseelen und festigen wird. Ich dagegen werde unerschütterlich die Grundlage jener Bestimmung wahren, die Ich euch verliehen habe. Ich bin fest überzeugt, daß ihr alle eure Kräfte dem aufopfernden Dienst am Vaterlande weihen werdet, um die Nöte des Bauernstandes, der meinem Herzen so nahe steht, zu erforschen, um die Bildung und den Wohlstand zu heben – ständig daran denkend, daß zur geistigen Würde und Glückseligkeit des Reiches die Ordnung gemäß den Grundsätzen des Rechtes erforderlich ist. Mögen sich Meine innigsten Wünsche erfüllen, daß Ich Mein Volk glücklich erblicke und Meinem Sohn ein starkes, geordnetes und aufgeklärtes Reich hinterlasse. Gott segne die Arbeiten, die Mir mit dem Staatsrat und der Duma bevorstehen, und möge dieser Tag von nun ab der Tag der Erneuerung des geistigen Gesichtes der russischen Erde, der Tag der Wiedergeburt ihrer besten Kräfte sein. Beginnt mit Ehrfurcht die Arbeit, zu der Ich euch berufen habe, und erweist euch würdig des Vertrauens des Zaren und des Volkes. Gott helfe Mir und euch!"

Die Rede war beendet. Die greisen Staatsräte, die Offiziere und Höflinge riefen: „Hoch!" Nur links vom Throne, in den Reihen der Dumaabgeordneten herrschte ein drohendes und betretenes Schweigen. Die feudalen Klänge der Zarenrede reizten die demokratischen Gefühle der Volksvertreter.

Gemessenen Schrittes ging der Herrscher durch den Saal. Die Türen öffneten sich. Umringt vom Metropoliten, Generälen und Pagen entschwand der Zar den finsteren Blicken der Dumaabgeordneten.

Schweigend entfernten sich die Volksvertreter. Draußen strahlte die Sonne. Die erregte Menge umringte die neuen Herren, die Wache präsentierte. Von der Sonne, dem Jubel und den neuen Ehren geblendet, bestiegen die Abgeordneten die kleinen Newadampfer, die sie zum taurischen Palast, zum Sitze der Duma, bringen sollten.

Die Sorge für die Duma und für die Erfüllung der kaiserlichen Leitsätze übernahm nunmehr der neue Premierminister Iwan Logginowitsch Goremykin.

Iwan Goremykin war ein alter Mann. Er war der älteste Minister des Reiches. „Majestät geruhten mich wie einen alten Pelz aus dem Naphthalinkasten zu holen", sagte er anläßlich seiner Ernennung.

Die Grundsätze, mit denen dieser Zyniker das Reich zu regieren gedachte, übertrafen ihn jedoch bei weitem an Alter. Sie stammten aus dem Jahre 1765, und ihr Erfinder war der berühmte russische Feldmarschall Graf Münich. Auf die Frage nach den Grundsätzen der russischen Regierungskunst hatte dieser alte Hofintrigant geantwortet: „Das Russische Reich hat allen andern Ländern gegenüber einen Vorteil, es wird vom lieben Gott persönlich regiert. Anders ist seine Existenz nicht zu erklären."

Goremykin teilte diese Ansicht. Ein von Gott regiertes Reich bedurfte im Grund keines Premierministers. Noch weniger bedurfte es einer Duma. „Das ist alles Unsinn, das führt ja doch zu nichts", war die ständige Antwort Goremykins auf sämtliche Regierungsfragen, die ihm vorgelegt wurden. Der Gedanke, daß ein Minister dem Zaren eine Regierungsmaßnahme vorschlagen könnte, empfand Goremykin als hochrevolutionär. Seiner Ansicht nach mußten sich die Regierungsgeschäfte von selbst erledigen, da ja Gottes Segen auf ihnen ruhte. Wer diese Meinung nicht teilte, stand in den Augen Goremykins im Verdacht umstürzlerischer Gesinnung. In diesen Verdacht gerieten bei ihm nicht nur Dumaabgeordnete und Generäle, sondern sogar der Zar selbst. Die einzige Tat, die Goremykin nach dem verderblichen Manifest vom 17. Oktober lohnend erschien, war die baldmögliche Auflösung der Duma und die Rückkehr zu patriarchalischen Regierungsformen. In dieser Frage war der Minister um vieles radikaler als der Zar, der kein einziges Mal auch nur den Gedanken aufkommen ließ, sein Zarenwort vom 17. Oktober zu brechen.

Selbstverständlich wußte der Zar, daß die altersschwachen Schultern Goremykins den Regierungslasten nicht gewachsen waren. Gleichzeitig wußte er aber, daß dieser schon etwas senile Mann, dem alles in der Welt unwichtig dünkte, von unerschütterlicher Zuverlässigkeit war. „Für Mich ist das Wichtigste", sagte Nikolaus, „daß Goremykin nichts hinter meinem Rücken unternehmen wird, daß ich ihm voll vertrauen kann und daß er Mir keine Überraschungen bereiten wird."

Die Zusammenarbeit zwischen dem alten Goremykin und der jungen Duma mußte naturgemäß die seltsamsten Formen annehmen. Jedesmal, wenn Goremykin auf der Tribüne erschien und lispelnd oder sabbernd „Meine Herren Dumaabgeordneten" sagte, riefen die also Angeredeten einstimmig: „Zurücktreten! Zurücktreten! Zurücktreten!" Der alte Mann strich in solchen Fällen würdevoll seinen Backenbart, blickte mit Verachtung auf die Duma herab und sehnte sich nach der Stunde, wo er endlich den kaiserlichen Ukas über die Auflösung dieser Räuberbande in der Hand haben würde. „Staatsduma", dachte Goremykin bitter, und vor seinen Augen entstanden wie süße Träumereien die Bilder der alten Zarenduma, die einst gemeinsam mit den Moskauer Zaren das gewaltige Reich Nikolaus II. geschaffen hatte.

„Zarenduma!" In den alten vergilbten Chroniken des Moskauer Reiches wurde dieses Wort als Inbegriff der Würde und Zarentreue gebraucht. In den Zeiten Iwan des Grausamen, Wassili III. und des stillen Alexei versammelten sich täglich die ehrwürdigen, langbärtigen Bojaren in dem kühlen Halbdunkel des Gronowiter Saales zu Moskau. Auf dem goldenen Thron saß, den Monomachhut auf dem Kopf, der Zar und Großfürst. Eifrige Schreiber lasen näselnd Berichte, und die Ukase begannen stets mit dem Satz: „Der Zar befiehlt, und die Bojaren beschließen."

In der alten Duma wurde wenig und nur leise gesprochen. Die Bojaren strichen sich die Bärte, blickten hingebungsvoll zu dem Zaren auf und stritten höchstens über das Alter ihrer Geschlechter und den Ruhm ihrer Ahnen. Der Dumaschreiber Katoschichin, der vor der drückenden Langeweile des alten Moskau nach Schweden geflohen war, schreibt in seinem Erinnerungsbuch: „Die Bojaren in der Duma sitzen stumm und starren auf ihre Bärte, denn sie sind des Redens und Denkens unkundig."

Peter der Große hat dieses ehrwürdige Gremium der alten Adelsgeschlechter aufgelöst, und zweihundert Jahre lang wurde das Wort: „Duma" nur noch in gelehrten Schriften, die sich mit den alten Zaren befaßten, erwähnt. Erst die Revolution erweckte in der Erinnerung des Volkes den Gedanken an diese alte Institution. In den zweihundert Jahren des absoluten kaiserlichen Rußlands waren die alten Ahnengeschlechter untergegangen. Die kühle Stadt Peters kannte keine Bojarenstreitigkeiten und keinen Ahnenstolz. Als das alte Wort „Duma" im Sturmjahr 1905 seine neue Form und Bedeutung erhielt, wurde aus der Zarenduma die Duma des Staates. Die „Bojaren" dieser Duma verspürten allerdings wenig Lust, ihre Bärte zu streichen und hingebungsvoll auf den Zaren zu blicken.

Die Staatsduma tagte in dem alten, halbvergessenen taurischen Palast. Kein Geringerer als der alte Fürst Potemkin, der Taurische Liebhaber der großen Katharina, hatte diesen Palast zum Zeichen seines Ruhmes, seiner Macht und seiner Würde erbaut. Der große Säulensaal sah die malerischen Bälle des Taurischen Fürsten. Hier tanzte Katharina, und hier besprach sie mit Potemkin die Pläne zur Eroberung asiatischer Steppen und europäischer Städte.

Der Glanz des großen Potemkin schien sich auf die Mitglieder der Duma zu übertragen. In wirren Versammlungen, in aufgeregten Reden und rebellischen Beschlüssen dünkten sie sich als kollektive Erben des großen Fürsten, die gleich ihm der obersten Gewalt des Reiches ihren Willen aufzwingen wollten. Vom Jubel der Petersburger Gasse berauscht, vergaßen sie jedoch, daß zwar das Palais der Duma von Potemkin stammte, daß aber die Macht der Duma lediglich jenen Potemkinschen Dörfern glich, die der Taurische Fürst in den eroberten Provinzen über Nacht aus Pappe herrichten ließ, um der Kaiserin den Segen seiner Verwaltung vorzuführen. Diesmal war allerdings nicht der Monarch, sondern die Duma selbst vom Glanze der Potemkinschen Dörfer geblendet.

Während die Regierung die Duma vor die welterschütternde Frage stellte, ob für die Universität Dorpat ein neues Treibhaus bewilligt werden sollte, verlangte die Duma eine allgemeine Amnestie der politischen Gefangenen, die sofortige Enteignung des Grundbesitzes und die Bildung eines Ministeriums, das der Duma und nicht dem Monarchen verantwortlich sein sollte.

Die Wünsche der Duma riefen bei den Ministern Entrüstung und Empörung hervor. Der Finanzminister Kokowzow befürchtete, daß die russischen Werte unter der Einwirkung der Dumareden an der französischen Börse in schwindelnde Abgründe stürzen würden. Der junge, neuernannte Innenminister Stolypin sandte dem Zaren täglich Berichte aus der Provinzpresse, die konstatierte, daß die kaum eingedämmte Revolution bald wieder auflodern würde, wenn man weiterhin die rebellischen Reden der Dumaabgeordneten abdrucken müßte.

Während also die Minister dem Zaren die Auflösung der Duma mehr oder weniger deutlich nahelegten, diskutierten die Abgeordneten darüber, ob der Zar noch den Titel des Selbstherrschers führen dürfe, und ob die Duma berechtigt sei, der Regierung die Kredite zu sperren. Als der greise Goremykin am 13. Mai der Duma seine Regierungserklärung vorlas, sprang der Abgeordnete Nabokow auf die Tribüne und rief pathetisch: „Die Vollzugsgewalt möge sich der gesetzgebenden Gewalt unterordnen!“

Auf dem Arbeitstisch von Zarskoje Selo häuften sich die warnenden Berichte der Minister und mit ihnen die rebellischen Dumareden. Der Zar las beides mit gewohntem Gleichmut. Doch ließ er die fragenden und lockenden Blicke Goremykins unbeantwortet. Er war überzeugt, daß seine Rede vor den Dumaabgeordneten ihren Eindruck nicht verfehlt haben konnte. All diese revolutionären Experimente erschienen ihm nur als Ausdruck des ersten Freudentaumels. Bald würde die Duma merken, daß der Staatsmechanismus um vieles komplizierter war, als es sich die Provinzpolitiker vorgestellt hatten. „Man soll den Ereignissen nicht vorgreifen", sagte der Zar zu seinen Ministern. „Auch die hoffnungsloseste Krankheit kann durch ein Wunder vergehen."

Als sich aber die Krankheit verschlimmerte und das Wunder ausblieb, beschloß der Zar noch einmal sein warnendes Wort als Landesvater an die rebellischen Dumademokraten zu richten. Er war überzeugt, daß selbst das härteste Dumaherz vor den altehrwürdigen Redewendungen seiner Ansprache kapitulieren mußte. Der Entschluß des Zaren, noch einmal zu der Duma zu sprechen, erschütterte das Herz der Minister. – „Ein Monarch", so meinten sie, „darf den Purpur seines Kaisergewandes nicht durch die Berührung mit dem Dumapöbel besudeln." Nikolaus hörte diese alleruntertänigsten Verwahrungen schweigend an. Es war schwer, gegen die Weisheit eines Dutzends wohlmeinender Reaktionäre zu polemisieren.

In der Abgeschlossenheit seines Arbeitszimmers suchte Nikolaus unaufhörlich nach einem Ausweg, der die Würde der Krone und die kindischen Rebellen im taurischen Palast gleichzeitig befriedigte. Er wollte nicht schon jetzt, in den Anfängen der neuen Ära, von seinem Recht der Dumaauflösung Gebrauch machen. „Vielleicht", dachte er, „ist es falsch, alle Schuld bei der Duma zu suchen. Und", so überlegte er weiter, „es muß ja tatsächlich den jungen Menschen in der Duma schwerfallen, mit einer Ruine wie Goremykin zusammenzuarbeiten." Dann entsann er sich des alten Puschkinverses: „Man spanne nicht vor einen Wagen einen Esel und ein zartes Reh", und obwohl Goremykin bestimmt kein Esel und die Duma alles andere als ein zartes Reh war, konnte man diesen Gedanken doch nicht ganz von der Hand weisen.

In den Marmorsälen der Paläste war man gewohnt an einem Stirnrunzeln oder Wimperzucken, an dem Rauch der Zigarette oder am Klang des Schrittes die verborgensten kaiserlichen Gedanken zu erraten. Der erste, der diesmal die Fäden der kaiserlichen Gedanken zu entwirren begann, war der Palastkommandant Trepow.

Die Schläge des Jahres 1905 hatten den wackeren Palastkommandanten nicht sonderlich ernüchtert. Die Politik und die Weltgeschichte beurteilte Trepow aus dem biederen Gesichtswinkel eines arrivierten Palastportiers, der die Möglichkeit hat, seine Meinungen und Betrachtungen der allerhöchsten Instanz direkt vorzutragen.

Der Gedanke, daß die Duma aufgelöst werden könnte, lastete wie ein Alpdruck auf der Seele des diensteifrigen Kommandanten. Für den Fall der Dumaauflösung beabsichtigte Trepow eine Torpedoflottille bereitzuhalten, um so gegebenenfalls die allerhöchste, seinem Schutze anvertraute Familie ins Ausland bringen zu können, wenn es seinen schwachen Kräften nicht vergönnt sein sollte, die äußere Ruhe auf dem Petersburger Palastplatz zu gewährleisten und die blankgeputzten Spiegelfenster vor Erschütterungen durch Terroristenbomben zu bewahren. Im Hinblick auf diese beängstigenden Möglichkeiten erschien Trepow ein liberales Ministerium direkt als ein Fingerzeig Gottes.

Unzählige Male mußte Nikolaus die Gedankengänge des Palastkommandanten anhören. Die Liste des verantwortlichen liberalen Ministeriums lag tagelang auf seinem Tisch. Die Namen von Miljukow, Nabokow und anderen liberalen Politikern waren ihm längst bekannt. Diese Männer waren klug, gebildet und kultiviert, nur fehlte ihnen jegliches Verständnis für die wahre Bedeutung des Zarentums, für den inbrünstigen Glauben der Muschiks und für jenes übersinnliche Element, das allein die Existenz des Zaren und des Reiches verbürgte.

Nikolaus fühlte die schwere Last der Arbeit und Verantwortung, doch war es nicht die Verantwortung vor dem Volke, die ihn drückte. Viel schwieriger stand es mit seiner Verantwortung vor Gott. Von dieser konnte ihn keine Verfassung, kein Ministerium und keine feierliche Versicherung befreien. Mit wem er auch die Verantwortung vor dem Volke teilen würde, die Verantwortung vor Gott lastete einzig und allein auf ihm! In den Augen des Zaren war die Entlastung vor dem Volk mit einer um so schwereren Belastung vor dem Throne des Allmächtigen verbunden.

Immerhin kam es auf den Versuch an. Bei einem der üblichen Wochenberichte überreichte der Zar seinem Finanzminister Kokowzow die von Trepow zusammengestellte Liste der Ministerkandidaten. „Ich bitte Sie“, sagte der Herrscher, „teilen Sie mir Ihre Meinung über diesen Vorschlag offen mit. Sie brauchen weder in Ihren Ausdrücken noch in ihren Gedanken besonders wählerisch zu sein, aber sagen Sie mir ehrlich, was Sie von dieser Liste halten.“

Als Kokowzow die Liste gelesen hatte, erblaßte er. Als alter geschulter Beamter begriff er sofort, was geschehen mußte, wenn der Zar die ehrwürdige Maschinerie des Regierungsapparates den Händen dieser jungen Liberalen anvertraute. „Majestät“, sagte er, „es ist leicht, diese Minister zu ernennen.

Es wird aber sehr schwer sein, sie wieder zu entlassen.“ Dann sprach er leise und eindringlich über die Würde des Monarchen, über die kindischen Dummheiten der Duma und die Achtung vor dem Gesetz. Als der Minister geendigt hatte, erhob sich der Zar, sah Kokowzow traurig an und sagte: „Vieles von dem, was Sie gesagt haben, habe ich seit langem erlebt und erlitten. Ich liebe es, verschiedene Meinungen anzuhören, und lehne nie sofort etwas ab. Es schmerzt mich aber mitunter, Reden zu hören, die die gehegtesten Träume meines Lebens zerstören. Glauben Sie mir, ich werde keine Maßnahmen ergreifen, die ich mit meinem Gewissen nicht in Einklang bringen kann.“

Die Gerüchte über die bevorstehende liberale Regierung beunruhigten die Minister noch eine geraume Zeit. Nur der greise Goremykin ließ sich nicht aus der Fassung bringen. Auf all diese Gerüchte antwortete er voll Gleichmut: „Das ist alles Quatsch. Der Zar wird es nie tun, und wenn er es tut, so wird daraus sowieso nichts.“

Goremykin hatte sich vorgenommen, seine lange Amtslaufbahn mit einer meisterhaften Dumaauflösung zu krönen, bevor er sich wieder in seinen Naphthalinkasten zurückbegab. Immer wieder erklärte er dem Zaren, daß mit der Duma keine Zusammenarbeit möglich sei, aber erst als die Duma gegen den Wortlaut des Gesetzes verstieß, gab ihm der Zar die Genehmigung zur Auflösung.

Am Freitag, dem 7. Juli, erhielten sämtliche Minister die Aufforderung, sich in der Amtswohnung Goremykins zu versammeln. Niemand ahnte, welches Ereignis den Premier veranlaßt hatte, den Ministerrat einzuberufen. Die Minister mußten lange auf den alten Goremykin warten. Er weilte beim Zaren in Zarskoje Selo. Erst um neun Uhr abends öffnete sich die Tür, und die Minister erblickten zu ihrem Erstaunen einen völlig veränderten Goremykin. Seine sonst so trüben Augen leuchteten, die blassen Wangen waren gerötet, und das runzlige Gesicht strahlte vor Freude. Mit jugendlich raschen Schritten näherte sich Goremykin den Ministern und rief: „Ça y est! Gratuliert mir, meine Herrschaften, zu der allerhöchsten Gnade, die mir unser Herrscher erweisen konnte. Ich bin von den Pflichten des Premiers befreit. Zu meinem Nachfolger ist Stolypin ernannt.“

Die verwirrten Minister umringten Goremykin. „Und die Duma?“, fragten sie aufgeregt. Goremykin winkte ab. „Zweiundsiebzig Tage Duma sind genug“, sagte er ruhig. „Die Duma wird morgen aufgelöst. Das führe ich noch durch. Im übrigen fühle ich mich wie ein Gymnasiast, der die Freiheit errungen hat. Ich gehe jetzt einfach schlafen, tut, was ihr wollt. Mein Nachfolger wird gleich eintreffen, mich aber laßt in Ruhe!“ Tänzelnden Schrittes verließ er das Zimmer.

Während der nächsten zwei Tage zeigte sich Goremykin als ein würdiger Erbe der Regierungskunst des 18. Jahrhunderts. Als er am Samstag, dem 8. Juli, das Auflösungsdekret des Zaren in der Hand hielt, konzentrierten er und Stolypin die zuverlässigsten Truppenteile in der Gegend des Taurischen Palais. Unauffällig besetzten die Truppen die Knotenpunkte der Stadt. Am Nachmittag druckte die Staatsdruckerei das Auflösungsdekret. Am nächsten Tag um sechs Uhr früh sollte der Ukas an allen Ecken der Stadt angeschlagen werden.

Den ganzen Tag über hatte Goremykin alle Hände voll zu tun. Das ermüdete ihn. Als er spät abends nach Hause kam, befahl er dem Portier, ihn unter keinen Umständen zu wecken, er sei müde, und nichts in der Welt sei wichtig genug, um seinen Schlaf zu stören. Das unbändige Schlafbedürfnis Goremykins in der Nacht vom 8. zum 9. Juli ist in die russische Geschichte eingegangen. Der kluge Greis wußte genau, wann und warum er seiner Müdigkeit freien Lauf lassen wollte.

Am nächsten Tag erzählten sich die Höflinge, daß in jener Nacht ein Kurier des Zaren vergeblich an der Tür Goremykins gepocht habe. Der geschulte Portier wies ihn mitsamt seiner Mappe zurück. Die mysteriöse Mappe soll den Befehl enthalten haben, die Auflösung der Duma zu verschieben. Als Goremykin am nächsten Tag beim Frühstück erschien, lächelte er vergnügt und verschmitzt. Die Regierungskunst des 18. Jahrhunderts hatte durch ihn einen Sieg gefeiert.

Die Auflösung der Duma verlief ruhig und ohne jeden Zwischenfall. Der Platz vor dem Taurischen Palais war vom frühen Morgen an mit Truppen besetzt. Die Deputierten standen vor verschlossenen Türen. Weder in der Hauptstadt noch in der Provinz machte die Auflösung irgendwelchen Eindruck. Der Aufruf einiger Deputierter, die sich am Tage der Auflösung in der Stadt Wyborg im Hotel Belvedere versammelt hatten und das Volk aufforderten, keine Steuern zu zahlen, blieb unbeachtet. Die russischen Papiere an der Pariser Börse stiegen, und der Herausgeber des Gothaischen Almanachs für das Jahr 1907 notierte die seltsame Wandlung der russischen Geschehnisse mit dem kurzen erstaunlichen Vermerk: „Russie, empire constitutionnel sous un tsar autocrate.“

21. STOLYPIN

Peter Arkadiewitsch Stolypin, der Nachfolger des greisen Goremykin, war vierundvierzig Jahre alt, als ihm der Zar das Schicksal des Reiches anvertraute. Das alabasterfarbene Gesicht des Ministers war von einem dunklen, eckig geschnittenen Vollbart umrahmt. Seine tiefliegenden Augen funkelten von gewaltiger Energie geladen, und als er den tobenden Mitgliedern der zweiten Duma den berühmten Satz zurief: „Ihr braucht gewaltige Erschütterungen, wir brauchen ein gewaltiges Rußland!" hatten die Anwesenden das Gefühl, daß in seiner Person die kernige, russische Provinz dem Zaren endlich einen geeigneten Retter entsandt hatte.

Auf dem glatten Parkett der Petersburger Paläste war Stolypin ein Neuling. Er entstammte dem mittleren Provinzadel, und die kleinen Hütten der russischen Bauern waren ihm weitaus besser vertraut als die kühlen Salons, Klubs und Ämter der Hauptstadt. Zuerst als Adelsmarschall im litauischen Gouvernement, dann als Gouverneur von Grodno und Saratow, durchlief Stolypin eine durchschnittliche Beamtenlaufbahn, bis dem Zaren im Sturmjahre 1905 in der Menge der verzweifelten und verwirrten Gouverneursberichte die klaren und ruhigen Kommentare Stolypins auffielen.

Aus der provinziellen Ferne seines Wolgagebietes brachte Stolypin neben einem groß angelegten Reformplan eine naive Unkenntnis der Petersburger Welt mit. Die Schar der liberalen Politiker und Aristokraten erschien ihm als ein geeignetes Reservoir, aus dem das Reich frische Regierungskräfte schöpfen könnte. Als ihm der Zar den Posten des Premiers antrug, beschloß er daher, die liberalen Politiker zur Mitarbeit heranzuziehen. Die Bombe der Terroristen, die wie ein Alpdruck auf dem Schicksal eines jeden Ministers lastete, wog jedoch in den Augen der liberalen Aristokraten mehr als die zweifelhaften Freuden der Ministerwürde.

Die Verhandlungen Stolypins mit den liberalen Intelligenzlern scheiterten, und von neuem ergoß sich wie im Jahre 1905 eine Sturmflut von Attentaten und Morden über das Russische Reich.

Mit Erstaunen sah das liberale Rußland, daß der Minister, der noch vor kurzem die Mitarbeit der liberalen Kreise angestrebt hatte, gegebenenfalls ein ganz anderes Gesicht zu zeigen vermochte. Über unzählige Provinzen, über ganze Länder und Völker verhängte Stolypin eine Art Belagerungszustand. Jedes politische Vergehen kam vor ein Feldgericht, bestehend aus Offizieren, die als einzige Strafe das Todesurteil fällten. Galgen bedeckten das Land. Binnen kurzem wurden 3500 Todesurteile vollstreckt, und die Revolution erstickte in der „Stolypinschen Krawatte", wie ein Dumaabgeordneter diese Feldgerichte bezeichnete. „Die Krawatte Stolypins" wurde zum geflügelten Wort der Revolution. Und während die Öffentlichkeit die Attentate auf Generäle und Gouverneure mit Begeisterung aufnahm, erhob sich gegen die „Stolypinsche Krawatte" die gewaltige Stimme des Dichters Tolstoi. Mit dem souveränen Recht eines Dichterfürsten schrieb Tolstoi:

„Man möge auch mich ins Gefängnis setzen, damit ich klar erkenne, daß all diese Schreckenstaten nicht für mich gemacht werden, und am allerbesten wäre es, wenn man auch mir wie diesen Bauern das weiße Gewand umwerfen würde, wenn man auch mich vom Brett herunterstieße, damit ich mit meinem Gewicht den eingeseiften Strick um meinen alten Hals zuziehen würde."

Die Stimme Tolstois verklang ungehört. Noch weniger Beachtung schenkte der Minister der zweiten Duma, die, ebenso radikal wie die erste, am 6. März 1907 ihre Arbeiten begonnen hatte. Der zugeknöpfte, schwarze Rock Stolypins, sein blasses Gesicht, seine ruhigen Gesten wirkten auf die Duma wie das rote Tuch auf den spanischen Stier. „Mörder! Henker!" riefen die Delegierten, und niemand wußte, ob ihre Worte dem Minister oder dem Zaren selber galten.

Mit erhobenem Finger auf die Regierungssitze weisend, rief Stolypin den Deputierten zu: „Die Ministerbänke sind keine Anklagebänke ... Der blutige Alpdruck ist noch nicht gewichen, und die Regierung ist gewillt, ihn zu bekämpfen."

Die sozialdemokratischen Abgeordneten, gewohnt den Zarismus mit Messer und Revolver zu bekämpfen, wollten diese Tätigkeit auch unter dem Schutz der Immunität fortsetzen. Es fiel der Polizei nicht sonderlich schwer festzustellen, daß fünfundfünfzig sozialdemokratische Dumaabgeordnete mit dem Fraktionsführer Osol an der Spitze eine ausgedehnte Verschwörertätigkeit entfalteten, deren Ziel die Ermordung des Zaren, des Großfürsten Nicolai Nicolaiewitsch und Stolypins war. Durch das feste Band der revolutionären Blutsbrüderschaft verknüpft, weigerte sich die Duma, die beschuldigten Abgeordneten an die Regierung auszuliefern, und Stolypin beschloß, dem geeinten Willen der Duma die Macht der kaiserlichen Selbstherrlichkeit entgegenzustellen.

Ein kaiserlicher Ukas vom 3. Juni löste die Duma auf. Ein anderer hob das bisherige Wahlrecht auf und schaltete in einem neuen die revolutionären Volkskreise von der Wahlbeteiligung aus. Die Wittesche Verfassung brach unter den Schlägen Stolypins zusammen. Der Staatsstreich gelang, und eine dritte Duma lieferte der Regierung eine willige Majorität.

Während jedoch Stolypin die Duma auflöste, die Revolutionäre mit seiner Krawatte erwürgte und den Staatsstreich durchführte, zeigte er, daß er nicht nur der blutige Kettenhund des Zaren war, als den ihn die liberale Öffentlichkeit hinstellen wollte. In der Stille seines Arbeitszimmers, fern der tobenden Duma, ersann Stolypin einen Plan, der für immer das erschütterte Gleichgewicht der inneren Politik wiederherstellen sollte.

Mit dem erfahrenen Blick eines Gutsbesitzers erkannte Stolypin als die einzige wahre Ursache der Aufstände, Attentate und Verschwörungen: den russischen Bauern. Mit derselben Energie, mit der er die Revolution erwürgt hatte, stürzte er sich nunmehr auf die Bauernfrage.

Als erfahrener Gutsbesitzer kannte er die Nöte und Wünsche der Bauern besser als die slawophilen Greise und revolutionären Jünglinge der Petersburger Paläste. Der Kernpunkt seiner Reformen war die Aufhebung der Obschtschina und die Befreiung der Muschiks von den Fesseln der Bauerngesetze. Der Bauer, endlich von dem Zwange des Mir befreit, endlich zum Eigentümer seiner Scholle geworden, erschien Stolypin als ein weitaus sicherer Bundesgenosse im Kampfe gegen die Revolution als alle anderen Klassen und Stände des Reiches. Gestützt auf Millionen selbständiger und wohlhabender Muschiks konnte die Monarchie allen Stürmen der Revolution Jahrhunderte hindurch siegreich widerstehen.

Allerdings waren die Reformen Stolypins nur für eine kleine, sorgsam gesiebte Elite des Volkes gedacht. Nur den tüchtigen und fleißigen Bauern wollte Stolypin das freie Land, die wirtschaftlichen Kredite und die bürgerlichen Gesetze gewähren. „Mein Gesetz", erklärte Stolypin, „ist nur für den Starken da, nicht für den Faulen, Schwachen und Untüchtigen. Es ist notwendig, dem fleißigen und tüchtigen Bauern, diesem Salz der russischen Erde, die Möglichkeit zu geben, sich von dem Joch seiner jetzigen Lebensverhältnisse zu befreien."

Am 9. November 1906 erschien der Ukas über die Agrarreform und am 17. Juni 1907 wurde er von der dritten Duma genehmigt, und zum erstenmal eröffnete sich der Elite der Muschiks die Möglichkeit, aus dem Drucke der adligen und kaiserlichen Fürsorge in die Welt des freien Daseins zu entkommen.

Mit Zähnen und Krallen klammerte sich der Muschik an das Gesetz. Innerhalb dreier Jahre verteilte Stolypin 8 780 000 Deßjatinen Land an elf Prozent der gesamten russischen Bauernschaft. Zur Stärkung dieser künftigen Stützen des Reiches wurden 12 410 932 Goldrubel landwirtschaftlicher Anleihen und 9 230 725 Goldrubel nicht rückzahlbarer Unterstützungen verteilt.

Während ein Teil der Bauern, die des Segens dieser Reform nicht teilhaftig wurden, in die Städte auswanderten, zu Fabrikarbeitern wurden oder verelendeten, nahm der Reichtum der landwirtschaftlichen Gebiete enorm zu. In wenigen Jahren erweiterten sich die Anbauflächen an manchen Orten um 55 Prozent, mitunter sogar um 75 Prozent, und die neuen Besitzer wurden zu den eifrigsten Hütern der kaiserlichen Gewalt.

Mit wildem Geheul, mit Pfeifen und Toben empfingen die Revolutionäre die Reform Stolypins. „Agrarbonapartismus" nannte Lenin die Reformen, und fast alle Parteien der russischen Revolutionäre donnerten gegen „Die Ausplünderung der Obschtschina" durch Stolypin.

Doch haben die Revolutionäre bald selber den Grund ihrer Verzweiflung erkennen lassen. Der Kongreß der Sozialrevolutionäre, der im September 1906 in London tagte, stellte fest, daß „die Regierung, nachdem sie die offene Rebellion und die Versuche der revolutionären Landenteignung unterdrückt hatte, sich zum Ziel gesetzt hätte, durch Einführung des Privateigentums die revolutionäre Schlagkraft der Bauernschaft zu verringern. Jeder Erfolg der Regierung auf diesem Gebiete ist ein Schlag gegen die Revolution."

Der Erfolg der Regierung war groß. Schon im ersten halben Jahr der Reformen schuf Stolypin 500 000 selbständige, reiche Bauern, die mit der gleichen Inbrunst, mit der sie einst das Land ihrer Gutsbesitzer erstrebt hatten, jetzt bereit waren, mit dem letzten Blutstropfen dieses Land und den Zaren, der es ihnen verliehen hatte, gegen die Revolutionäre zu verteidigen.

Mit stolzem Eifer betrachtete Stolypin den Erfolg seiner Reformen, ohne zu bemerken, daß sich zu seinen revolutionären Feinden auch diejenigen Agrarkreise gesellt hatten, die im Zuge der Reformen eine Gefährdung des adligen Großgrundbesitzers sahen. Mit demselben Haß, mit dem diese Kreise einst Witte verfolgt hatten, bezeichneten sie jetzt Stolypin als den Großwesir, der die Macht der Krone usurpieren wolle.

Trotz alledem stieg die Macht Stolypins immer höher und mit ihr stieg der Haß der politischen Reaktionäre. Als Stolypin dem Staatsrat in der Duma den Plan der Einführung der Landstände in den neun südwestlichen Gou-

Pjotr Arkadjewitsch Stolypin

vernements vorlegte, beschloß die Opposition, ihm einen Kampf zu liefern. In aller Stille begaben sich zwei reaktionäre Mitglieder des Staatsrates, Trepow und Durnowo, zu Nikolaus, um ihm ihre Bedenken gegen den herrschsüchtigen Minister mitzuteilen.

„Alexander III. hätte diese Menschen hinausgeschmissen!“, sagte die Kaiserin-Mutter, als sie von dem Besuch der beiden erfuhr. Nikolaus II. wies den Denunzianten nicht die Tür, er schwieg, und die beiden verstanden das kaiserliche Schweigen auf ihre Art zu deuten. Der Staatsrat lehnte den Gesetzentwurf Stolypins mit den Stimmen von zehn reaktionären Mitgliedern ab.

Eine ungeheure Wut bemächtigte sich Stolypins. Mit dem Rücktrittsgesuch in der Tasche erschien er beim Zaren. Voll aufrichtigen Entsetzens lehnte Nikolaus das Gesuch ab. Dieses Entsetzen in den Augen des Zaren wurde Stolypin zum Verhängnis. Vom Bewußtsein seiner Unersetzbarkeit erfüllt, glaubte Stolypin, dem Monarchen seinen Willen diktieren zu können. Er verlangte die Aufhebung des Staatsrates und der Duma für die Dauer von drei Tagen und die Einführung der Landstände auf dem Wege der außerordentlichen Gesetzgebung während dieser Zeit.

Der kategorische Ton, in dem diese Bitten vorgetragen wurden, setzte den Zaren in Erstaunen. Er sah den Minister verwundert an und sagte kühl: „Gut, um Sie nicht zu verlieren, will ich diese außergewöhnliche Maßnahme genehmigen.“ Darauf erwiderte Stolypin: „Außerdem bitte ich, daß Majestät die Personen, die sich unkorrekt benommen haben, offiziell maßregeln.“ Die Augen des Zaren bekamen plötzlich einen leeren Ausdruck. Er schwieg lange, dann, wie aus einem Traum erwachend, fragte er mit eisiger Stimme: „Was wollen Sie eigentlich, daß ich tue?“ Darauf forderte Stolypin die Ausweisung Trepows und Durnowos aus der Hauptstadt. „Ich kann Sie verstehen, Peter Arkadiewitsch, und werde Ihren Wunsch erfüllen“, sagte der Zar plötzlich mit unerwartet freundlicher Stimme und drückte Stolypin warm die Hand.

Befriedigt kehrte der Minister nach Hause zurück. Er wußte nicht, daß dieser Händedruck den Abschied des Zaren ankündigte. Ein Ultimatum konnte der Zar nicht verzeihen.

Nikolaus fühlte plötzlich, wie der Wille des Ministers gigantisch seine kaiserliche Seele zu überschatten begann. Dieser Wille wurde ihm unheimlich. Gleich der Zarin befürchtete er, daß die Diktatur Stolypins die Strahlen der kaiserlichen Macht verdunkeln könnte. Während jedoch der Zar unter Umständen bereit war, den fremden Willen zeitweilig zu ertragen, kannte die Kaiserin keine Konzessionen. In plötzlich erwachter Eifersucht verfolgte sie von da ab Stolypin, und das Jahr war noch nicht um, als sich der Minister im Netze der unerwartet aufsteigenden Mißgunst unwiderruflich gefangen hatte.

Im Taumel der Macht hatte Stolypin im Jahre 1907 einmal geäußert: „Noch 25 Jahre, und Rußland wird das ruhigste und reichste Land der Welt sein." Von diesen 25 Jahren gönnten Gott und der Zar dem Minister nur vier.

22. DER ERBE

Sechs Monate nach der Ernennung Stolypins schrieb der Zar an seinen Minister: „In Ihrer Person fand ich einen hervorragenden Vollstrecker meines Willens ..." Doch klangen die gnadenvollen Worte des Monarchen müde und traurig. Die Sturmjahre der Revolution hatten den Zaren verändert. Als die Bataillone der Aufständischen zum erstenmal gegen die Zarenmacht marschierten, sagte der Zar lächelnd: „Cela me chatouille." Jetzt lächelte er nicht mehr. Er war gealtert. Sein Haar lichtete sich, seine Augen bekamen einen traurigen Ausdruck, und um den Mund spielte ein melancholischer Zug.

Die zahlreichen Attentatsversuche zwangen ihn, immer mehr auf die gewohnten Spaziergänge zu verzichten, und über die ewigen Vorsichtsmaßregeln gereizt, schrieb er einmal an seine Mutter: „Du wirst verstehen, was in mir vorgeht, liebe Mama. Keine Möglichkeit auszureiten, keine Möglichkeit, irgendwohin zu fahren, und dieses bei sich zu Hause, in dem stets ruhigen Peterhof. Die Schamröte steigt mir ins Gesicht, während ich Dir dies schreibe. Ich schäme mich für meine Heimat und bin empört, daß so etwas in der Nähe von Petersburg geschehen konnte."

Sein eigenes Leben erschien dem Zaren immer mehr als eine Reihe magischer Prüfungen und Geschehnisse, in denen mit wunderbarer Deutlichkeit der göttliche Wille zu lesen war. Die Katastrophe von Borki, das Attentat in Japan und selbst die Revolution nahm er als sichtbare Beweise dafür, daß die göttliche Vorsehung noch Gewaltiges mit ihm vorhabe.

Auch jetzt, nach dreizehnjähriger Herrschaft, verschmähte es Nikolaus, um die Gunst seines Volkes zu werben. Nicht er mußte die Gunst des Volkes erstreben, sondern das Volk, das von seiner Gnade lebte, mußte danach trachten, sich seiner Liebe würdig zu erweisen.

Der Haß der Intellektuellen ließ den Zaren kalt. Als ihm einmal der Senat antrug, die Prügelstrafe für die Bauern endgültig aufzuheben, schrieb er: „Werde aufheben, wenn es mir paßt!" Als man ihm vorhielt, welchen Eindruck solche und ähnliche Resolutionen bei der Öffentlichkeit hervorriefen, erwiderte der Zar gereizt: „Was geht mich die öffentliche Meinung an?"

Als jedoch Stolypin seine große Bauernreform durchzuführen begann, beschloß Nikolaus, seine Verbundenheit mit dem besten Teil seines Volkes zu dokumentieren. Mit einem einzigen Federstrich überließ er den Bauern den größten Teil des ungeheueren Landbesitzes der kaiserlichen Familie. Während die Großfürsten mit Erstaunen diese unerforschlichen Wege der monarchischen Gnade diskutierten, dachte der Zar an das hohe Recht des Herrschers, auch das Letzte mit den Armen seines Reiches zu teilen.

Als vor vielen Jahren der Bojar Boris Godunow zum Zaren gewählt wurde, trat er aus dem Moskauer Kreml auf den Roten Platz, faßte mit den Händen sein edelsteinübersätes Hemd und rief: „Auch das letzte Hemd will ich für die Armen hergeben!" Das Echo dieser Worte erklang in der Seele des Zaren. Im Osten Rußlands gehörten dem Monarchen als Privatbesitz das unermeßliche Altaigebiet. Alle Pläne seines Hofministers umstoßend, überließ er das ganze Land den armen russischen Bauern, nicht achtend, daß sein eigenes Vermögen und das seiner Familie durch diese Maßnahme wesentlich zusammenschrumpfte.

Dem russischen Zaren war das Geld nicht wichtiger als der Sand am Strande von Livadia. Während die Zarin in allen Geldfragen die deutsche Sparsamkeit hervorkehrte, handelte der Zar stets als der Erbe der reichsten und mächtigsten Monarchen der Welt. Allerdings verabscheute Nikolaus den direkten Umgang mit Geld. Nie befand sich in seinen Taschen auch nur die kleinste Münze. Wenn er am Abend mit seinen Offizieren Domino spielte, mußte er stets seine Frau oder seine Töchter um Geld bitten, damit er seine Spielverluste bezahlen konnte.

In persönlichen Fragen war der Zar sparsam und genau. Der Stolz der materiellen Selbstbeschränkung gehörte seiner Ansicht nach zu den Zierden des russischen Herrschers. Er lebte bescheidener als seine Minister und trotzdem erreichte der jährliche Verbrauch des Zaren die märchenhafte Summe von 20 Millionen Rubel. „Für jeden Privatmann, auch für den verwöhntesten", schreibt Großfürst Alexander, „wäre es eine ungeheure Summe gewesen. Doch stand diese Summe in keinerlei Verhältnis zu den Forderungen, die das Leben an den Kaiser stellte."

Die Apanagen der Großfürsten, Wohltätigkeit, Beamtengehälter und Geschenke erforderten den größten Teil des kaiserlichen Jahreseinkommens. Der Zar, der höchstens zwei Wochen im Jahr im Winterpalais verbrachte, mußte dort das ganze Jahr über 1200 Diener unterhalten. In Zarskoje Selo arbeiteten 600 Lakaien. Für die Pflege der Künste verausgabte der Zar zwei Millionen Rubel im Jahr. Die gleiche Summe deckte die privaten Wohltätigkeiten. Jede Großfürstin erhielt am Tage ihrer Hochzeit vom Zaren eine Million Rubel – und nach Abzug der Gehälter, Geschenke, Theaterunterstützungen, Revenuen für Gelehrte, Gesellschaften und Akademien blieben dem Kaiser von den 20 Millionen knapp 200 000 Rubel für seinen Privatgebrauch übrig.

Im gleichen Maß, in dem der Zar sein irdisches Vermögen an seine Untertanen verteilte, glaubte er des überirdischen Schatzes der Gnade teilhaftig zu werden. Die menschlichen Taten erschienen ihm immer mehr als der Ausdruck jenes verborgenen göttlichen Willens, der alle Gefühle und Handlungen der Erdensöhne leitet.

Als der Ministerrat dem Zaren in einem langen Bericht eine Reform der Judengesetzgebung vorschlug, schrieb Nikolaus an Stolypin: „Ich übersende Ihnen Ihren Vorschlag ungenehmigt zurück, obwohl Ihre Beweisgründe vollkommen überzeugend sind und zweifellos für die Genehmigung Ihres Vorschlages sprechen. Eine innere Stimme wiederholt mir jedoch, daß ich diese Entscheidung nicht auf mich nehmen soll. Diese Stimme hat mich noch nie betrogen, auch jetzt will ich ihr folgen. Ich weiß, auch Sie glauben, daß das Herz des Zaren in der Hand Gottes ruht. So sei es. Für alle Macht, die ich ausübe, trage ich eine gewaltige Verantwortung vor Gott und bin jederzeit bereit, ihm Rechenschaft darüber abzulegen."

Die tägliche kaiserliche Arbeit verwandelte sich allmählich in ein seltsames, geisterhaftes Meditieren. Mit der gleichen Inbrunst, mit der der Zar früher seine Ratgeber gefragt hatte: „Wie würde mein Vater handeln?", fragte er jetzt sich selbst: „Was ist der Wille Gottes?" Vor dieser inneren, metaphysisch erfaßten Stimme brachen alle Einwände der Logik kraftlos zusammen.

Zar und Gott standen in Nikolaus' Bewußtsein einander gegenüber. Eine unsichtbare Brücke verband sie miteinander. Über diese Brücke strömte Gottes Gnade und Zorn dem Zaren zu. Und mit der gleichen gedankenlosen Demut, mit der sich die Untertanen dem Zaren auf Gnade oder Ungnade zu unterwerfen hatten, war auch der Zar bereit, Gottes Gunst oder Ungunst auf sich zu nehmen.

Im dreizehnten Regierungsjahr Nikolaus II. ergoß sich der Kelch des göttlichen Zornes über den russischen Zaren. Wie der Dulder Hiob empfing Nikolaus den Zorn des Allmächtigen. Schweigend trug er das Kreuz, das Gott ihm auferlegt hatte. Keine Klage kam von seinen Lippen, denn dort, wo Gott seinen Gesalbten prüfte, hatten menschliche Worte zu verstummen. Das Kreuz des Zaren war der heißersehnte, unaufhörlich erflehte Zarewitsch Alexei.

Der Zarewitsch war noch keine sechs Monate alt, als sich an seinem Körper seltsame und erschreckende Dinge zeigten. Es war am Mittwoch, dem 8. September 1904, kurz bevor sich der Zar und die Zarin zur Morgenmesse begaben, da begann plötzlich aus dem Nabel des Kindes Blut zu spritzen. Der Leibarzt Korowin und der Leibchirurg Fjodorow eilten herbei, doch wollte oder konnte keiner der beiden den Ursprung der seltsamen Blutungen erklären.

Es vergingen drei Jahre. Eines Tages lief der kleine Zarewitsch über die Kiesallee von Zarskoje Selo. Plötzlich stolperte er, fiel nieder und blieb mit schmerzverzerrtem Gesicht auf dem Boden liegen. Blut bedeckte seine Knie und Oberschenkel. Die Kaiserin fiel in Ohnmacht, als sie die blutigen Male am Körper ihres Sohnes erblickte. Sie brauchte keine Ärzte, um diese Krankheit zu erkennen. Ihr Bruder und zwei ihrer Neffen waren an Hämophilie gestorben, an jener seltsamen, unheilbaren und erblichen Bluterkrankheit, die fast ausschließlich die männlichen Mitglieder einer Familie befällt und von gesunden Frauen der gleichen Familie auf ihre Söhne übertragen wird.

Jede, auch die kleinste Verletzung kann bei Hämophilie mit der Verblutung, mit dem Tode enden. Die Beschaffenheit der Blutgefäße verhindert das Gerinnen des Blutes. Das Leben eines Bluters ist in ständiger Gefahr. An jeder Ecke, bei jedem Schritt, im Spiel, bei der Arbeit, sogar im Schlaf lauert der Tod. Jede hastige Bewegung, jede unruhige Geste kann die Katastrophe herbeiführen. Das Leben eines Bluters gestaltet sich zu einem dauernden Martyrium. Kein Feind, kein Folterknecht hätte für das russische Kaiserpaar eine schlimmere Strafe erfinden können, als diese unheilbare Erkrankung des Sohnes. War doch der Zarewitsch für die Eltern die Verkörperung der Dynastie, der Inbegriff der Zukunft, ihrer eigenen und der des Reiches!

Die kostbarsten und teuersten Spielsachen befahl der Zar im Zimmer seines Sohnes aufzustellen. Elektrische Eisenbahnzüge, automatische Puppen, ganze Armeen von mechanisch beweglichen Bleisoldaten, Stadt- und Kirchenmodelle füllten das Kinderzimmer.

Inmitten all dieser Herrlichkeiten saß am Kindertisch, von sorgsamen Blicken der Bedienten gehütet, der blasse, schöne Knabe. Ein Druck auf den Knopf genügte, um die Kirchen zum Läuten, die Soldaten zum Marschieren und die Lokomotiven zum Fahren zu bringen.

Was nützte jedoch der ganze mechanische Prunk, wenn der riesige Matrose Derewenko unablässig neben dem Knaben stehen und seine Bewegungen überwachen mußte, wenn der Knabe weder laufen noch springen, weder spielen noch reiten, noch marschieren durfte, wenn an jeder Ecke in jedem

Zimmer, bei jedem Spaziergang sich die warnenden Stimmen der Eltern und Wärter erhoben: „Alexei, sei vorsichtig, nimm dich in acht!“

Auch das Leben der Zarin verwandelte sich in ein dauerndes Martyrium. Verzweifelt mußte die unglückliche Frau daran denken, daß sie selbst, wenn auch ohne ihre Schuld, die Ursache dieses Leides war. Die Zukunft des armen Kindes erschien ihr in dunkle Trauer gehüllt. Je gefährlicher die Anfälle des Zarewitsch wurden, desto mehr fühlte sich die Mutter verpflichtet, für seine Zukunft zu sorgen. Wenn es ihr schon nicht vergönnt gewesen war, dem Sohne die körperliche Gesundheit zu vererben, so mußte sie wenigstens danach trachten, ihm die Krone des Reiches in ungeschmälertem Glanze zu bewahren.

Die Erkrankung des Zarewitsch veranlaßte die Zarin, sich planmäßig und aktiv mit den Fragen der Politik zu befassen. Wenn sie bis dahin nur um die Macht ihres Gemahls besorgt gewesen war, so durchtränkte sie jetzt den politischen Kampf mit der Stärke ihrer Mutterliebe und der Bitterkeit des verletzten Mutterstolzes. Der Glanz der Selbstherrlichkeit sollte das körperliche Gebrechen des Kindes überstrahlen.

Wie eine Unheilswolke umgab den kaiserlichen Palast der sichtbare Zorn des Allmächtigen. Von ewiger Sorge um den Zarewitsch erfüllt, verzichtete das Herrscherpaar auf allen äußeren Prunk. Die Repräsentationspflichten, die schon lange auf ein Minimum beschränkt waren, wurden nunmehr fast gänzlich vernachlässigt. Das Herrscherpaar schloß sich von der Welt ab.

Von schwerem Schuldgefühl geplagt, verbarg sich die Zarin vor den Menschen. Ihr Gemütsleben litt unter tiefen Depressionen. Menschen, die sie um jene Zeit sahen, glaubten an ihr die Anzeichen einer seelischen Trübung zu bemerken. Aus der verkrampften seelischen Qual der Zarin entwickelte sich bald ein schweres Nervenleiden. Sie wurde von schmerzhaften, nervösen Herz- und Magenkrämpfen befallen und verbrachte Tage und Wochen ausgestreckt auf ihrem Diwan, mit erloschenem Blick in die Ferne starrend.

Während die Haltung der Zarin in den Hofkreisen als hysterisch bezeichnet wurde, bekrittelten die Höflinge gleichzeitig die gefaßte Gelassenheit des Kaisers. „Der Zar ist ein indifferenter Optimist“, sagte ein Höfling, der vergebens auf einen Ausbruch der kaiserlichen Verzweiflung gewartet hatte. Niemand ahnte jedoch, wie weit die Selbstbeherrschung des Selbstherrschers reichte, mit welchem fast übermenschlichem Stoizismus der Zar einer unmittelbaren Gefahr ins Auge zu blicken vermochte.

23. DER TOD STOLYPINS

Die Tage Stolypins waren gezählt. In der übertriebenen Höflichkeit des Zaren, in der kalt ablehnenden Härte der Zarin, in den triumphierenden Blicken von Durnowo und Trepow las der Minister das kurze Wort: „Abschied."

Mehrmals versuchte Stolypin, den Ereignissen vorgreifend, dem Zaren von sich aus seinen Abschied anzubieten. Der Zar lehnte stets ab. „Nicht ich bin von meinen Ministern abhängig", sagte er, „sondern meine Minister von mir. Vergessen Sie nicht, daß wir nicht in Europa sind. In Rußland reichen die Minister keinen Abschied ein, sondern werden verabschiedet, wenn ich es für nötig halte. Wohin sollten wir denn sonst kommen?"

Anfang Mai verließ Stolypin Petersburg, um sich auf seinem Gut in Litauen auszuruhen. Er war überzeugt, daß er nicht mehr als Minister in die Hauptstadt zurückkehren würde.

Während aber in den Kanzleien, Palästen und Ämtern die Eingeweihten den baldigen Regierungswechsel besprachen, ging das Leben seinen gewöhnlichen Gang weiter. Ende August wurde in Kiew unter großen Festlichkeiten das Denkmal Alexanders II. enthüllt. Der Zar und seine beiden ältesten Töchter nahmen an der Feier teil, auch der Premierminister mußte anwesend sein.

In der Mutter der russischen Städte, in der dritten Hauptstadt des Reiches, herrschte anläßlich des Zarenbesuchs unumschränkt der Stallmeister Generalleutnant Kurlow, ein alter und erfahrener Polizist, der oberste Ochranachef des Reiches. General Kurlow hatte eine dunkle und abenteuerliche Vergangenheit. Im Jahre 1905 leitete er blutige Strafexpeditionen gegen die Bauern. Dann fiel er für Jahre in Ungnade. Seine geheimnisvolle Freundschaft mit dem Tibetaner Badmajew ermöglichte ihm schließlich den Wiederaufstieg. Er kannte den Haß der Höflinge gegen Stolypin und betrachtete den Besuch des Zaren in Kiew als Sprungbrett für eine glänzende Zukunft. Er war entschlossen, keine Möglichkeit außer acht zu lassen, um seine zukünftige Karriere wohl zu verdienen.

Kurz vor der Ankunft des Zaren begann in der Kiewer Ochrana ein seltsam geschäftiges Treiben. Der Ochranaleiter von Kiew, Oberst Kuljabko, hatte alle Hände voll zu tun. Agenten wurden gemustert, verdächtige Einwohner verhaftet, ganze Stadtviertel durchsucht.

Der Kaiser traf mit seinem Gefolge am 27. August ein. Der Höhepunkt der Festlichkeiten sollte der Tag des 1. September sein. Für diesen Tag waren eine große Parade, ein Schüleraufmarsch am Hippodrom und eine glänzende Vorstellung im Theater vorgesehen. Das Schicksal bereitete aber ein weitaus seltsameres Schauspiel.

Am 1. September erschien um sieben Uhr morgens beim General Kurlow der Geheimspitzel Bagrow, ein ehemaliger Revolutionär, der der Polizei seit langem Spitzeldienste leistete. Aufgeregt berichtete er, daß nach seinen Informationen in der Nacht in Kiew eine Frau eingetroffen sei, die allem Anschein nach ein Attentat auf den Premierminister plane. Bagrow gab an, die Frau aus seiner ehemaligen Terroristentätigkeit zu kennen.

Diese Nachricht rief begreiflicherweise große Aufregung hervor. Der Gouverneur von Kiew, General Giers, eilte zu Stolypin, um den Minister zu warnen. Der Minister war von einer dichten Schar von Geheimagenten umgeben. In der ersten Reihe der Spitzel stand Bagrow, denn er war der einzige, der die Terroristin von Angesicht kannte.

Stolypin erschien nicht bei der Parade. Erst um fünf Uhr nachmittags kam er zum Hippodrom, wo in Anwesenheit des Zaren die große Schülerparade stattfand. Der Minister trug eine weiße Galauniform, mit einem großen Kreuz an der linken Brustseite. Sein Gesicht mit den edlen, wie aus Marmor gemeißelten Zügen war finster. Die Paraden, Empfänge und Reden ermüdeten ihn.

Aus den Gesprächen mit den Damen der Hofgesellschaft hörte er deutlich die Freude über seinen bevorstehenden Sturz heraus. „Ihr Kreuz auf der Brust erinnert an ein Grabkreuz“, sagte ihm beim Betreten des Hippodroms freundlich ein Hoffräulein.

Giers, der den Minister begleitete, stockte der Atem. „Wollen Euer Exzellenz nicht die Zarenloge betreten?“, fragte er. „Dort wird es am sichersten sein.“ Stolypin sah ihn befremdet an. „Ich darf die Zarenloge doch nur auf Einladung des Hofministers betreten“, sagte er müde, „lassen wir das“.

Weder die strahlende Sonne, noch die Musik, noch der Paradeschritt der Gymnasiasten vermochten die schlechte Laune Stolypins aufzuheitern.

Während der Parade vernahm Giers plötzlich ein lautes Knipsen. Erschrocken wandte er sich um. Ein Photograph zielte mit seinem Apparat auf den Minister. Neben dem Apparat stand ein Zivilist mit durchdringenden Augen. Es war der Spitzel Bagrow.

Bis neun Uhr abends blieb der Gouverneur in der Nähe seines Chefs.

General Trepow

Erst als der Minister durch das Spalier der Polizisten zum Theater schritt, atmete er erleichtert auf, die Gefahr war vorüber.

Zu der großen Galavorstellung im Theater waren nur die auserwähltesten Personen geladen. Giers kannte sämtliche Anwesenden persönlich. Nur 36 Plätze im Parterre, von der zwölften Reihe ab, wurden dem General Kurlow für die Mitglieder der Ochrana zur Verfügung gestellt.

Langsam schritt Stolypin durch den überfüllten Saal. Der mittlere Sessel der ersten Reihe war für ihn bestimmt. Neben ihm saßen General Trepow und der Hofminister Frederiks, hinter ihm, in der zweiten Reihe saß General Kurlow. „Hat man die Terroristin gefunden?", erkundigte sich der Minister beim General. „Noch nicht, Euer Exzellenz." „Beenden Sie diese Angelegenheit schneller", sagte Stolypin ungeduldig und erhob sich, denn an der Brüstung der Loge erschien das blasse Gesicht des Zaren. Die Anwesenden riefen „Hoch!" und während sich der Vorhang langsam hob, spielte die Musik „Gott schütze den Zaren".

Die Vorstellung begann. Der Minister war in Gedanken versunken. Die zarten Arien und Melodien der Oper „Das Märchen vom Zaren Saltan" schienen sein Ohr kaum zu streifen. Auch die Blicke des Zaren schweiften abwesend in die Ferne. Nur die beiden Zarentöchter, Olga und Tatjana, waren von der Pracht der Ausstattung ergriffen. Ihre beiden Köpfe, der blonde und der schwarze, neigten sich zueinander. Mit weitaufgerissenen Augen verfolgten sie die Abenteuer des jungen Prinzen, den die bösen Tanten auf der Bühne in ein Faß steckten und ins Meer warfen.

In der Pause, nach dem ersten Akt, erhob sich Stolypin und lehnte sich mit dem Rücken an die Barriere. Sein Gesicht war dem Zuschauerraum zugewandt. Er sprach mit Minister Frederiks und dem Grafen Josef Potocki.

In der zwölften Reihe erhoben sich die Besucher. Ein Herr im Frack strebte dem Mittelgang zu. Es war der Spitzel Bagrow. Langsam schritt er auf die Bühne zu, blieb zögernd an der zweiten Reihe, dort, wo der General Kurlow seinen Platz hatte, stehen und blickte sich um. Er faßte den Minister scharf ins Auge und richtete gegen ihn diesmal nicht die Linse eines Photographenapparates, sondern den blinkenden Lauf eines Revolvers. Zwei kleine Rauchwölkchen stiegen zur Decke. Die Schüsse verhallten im Lärm des überfüllten Raumes.

Im großen Saal ertönte ein lauter Aufschrei, dann wurde es plötzlich still. Stolypin blieb stehen. Er neigte langsam den Kopf und blickte verwundert auf das Weiß seines Rockes, das plötzlich durch rote Blutflecken entstellt war. Dann legte er Mütze und Handschuhe auf die Barriere und hielt sich mit der linken Hand am Sessel fest. Seine Stimme klang laut und klar, als er sagte: „Ich bin glücklich, für den Zaren zu sterben." Seine Blicke richteten sich auf die Zarenloge. Da stand Nikolaus, aufgerichtet, stramm wie ein Soldat bei der Parade. Die brechenden Augen Stolypins hingen an seiner Gestalt. Mit einer letzten Bewegung hob er die rechte Hand und segnete den Zaren mit einem breiten, byzantinischen Kreuz. Dann sank er zu Boden.

Regungslos, wie vom Zauber der Bekreuzigung gebannt, stand Nikolaus am Rande der Loge. Und während der Mörder abgeführt, während Stolypin langsam von den herbeigeeilten Ärzten hinausgetragen wurde, ertönten im Saal zuerst leise, dann immer lauter, hysterische Hochrufe auf den Zaren. Die Menschen sprangen auf, der Saal erhallte von tobenden Hurrarufen. Der Kapellmeister, von der allgemeinen Raserei mitgerissen, ergriff den Dirigentenstab. Die majestätischen Klänge der Hymne stiegen zur Zarenloge empor. Vor dem roten Samt der Loge erinnerte die versteinerte Gestalt des Zaren an einen uralten Feuergott, dem soeben der Hohepriester selbst als Opfer dargebracht worden war. Im Dunkel der Loge schüttelte sich in lautlosen Weinkrämpfen die junge Großfürstin Olga, die Tochter des Zaren.

Die große Militärparade, die am nächsten Tag in Owrutsch bei Kiew stattfinden sollte, wurde auf Befehl des Zaren nicht abgesagt.

Kurz vor der Parade besuchte der Zar das Krankenhaus. Er wurde nicht zu Stolypin vorgelassen. Im Vorzimmer saß eine Frau mit rotfleckigem Gesicht und verkrampften Händen. Es war Olga Borisowna, die Frau des Ministers. Als sie den Zaren sah, richtete sie sich auf, ging ihm würdevoll entgegen und sagte: „Es gibt noch Susanins in Rußland, Majestät!" Nikolaus prallte erschrocken zurück.

Auch die nächste Parade in Tschernigow wurde nicht abgesagt. Sie fand am 5. September statt. Am selben Tag, um zehn Uhr abends, starb im Kiewer Krankenhaus des Doktor Makowsky Peter Arkadiewitsch Stolypin, Premierminister des Russischen Reiches. Am 6. September fand in Anwesenheit des Zaren die Trauermesse statt. Der Beerdigung seines treuesten Dieners konnte der Zar nicht beiwohnen. Ein aufgeregtes Telegramm der Zarin rief ihn nach der Krim.

Der Mörder Bagrow wurde wenige Tage nach seiner Tat hingerichtet. Dunkle Gerüchte umgaben die Exekution. Der Prozeß ward im geheimen geführt. Es gab Leute, die behaupteten, daß Bagrow bis zum letzten Augenblick mit seiner Freilassung gerechnet hätte. Als ihn die Henker zum Schafott schleppten, soll er geschrien haben: „Was wollt ihr von mir? Ich habe doch nur im Auftrag der Polizei gehandelt!"

Die Untersuchung über die Schuld der Polizei an der Ermordung des Ministers wurde nie abgeschlossen. Der Zar befahl, das Verfahren einzustellen. Das Geheimnis der Ermordung Stolypins sollte nie gelüftet werden.

24. DER GOLDENE KÄFIG

Unheimliche Stille herrschte im Zarenpalais zu Kiew. Die Lakaien gingen auf Zehenspitzen. Die verdreifachte Wache, die an der Tür postiert war, wagte kaum zu atmen. Wie Gespenster schlichen die Generäle des Gefolges umher. Sie schienen das Palais für ein Krankenhaus zu halten. In ihren gedämpften Stimmen lag Verwirrung, Angst und Verzweiflung. Flüsternd zählten sie einander die schrecklichen Daten dieser Regierungszeit auf. Stolypin war ermordet, ermordet waren Plehwe, Sipjagin und Großfürst Sergius. Pobedonoszew war tot, Witte für ewige Zeiten aus dem Gedächtnis des Monarchen gestrichen. Es gab keine Staatsmänner mehr, es gab nur noch Beamte. Bis zum Morgengrauen diskutierte man, welcher treue Diener des Zaren nunmehr als Ministerpräsident vor die Revolverläufe der Terroristen gestellt werden sollte.

Am Tage der Trauermesse für seinen Premier stand Nikolaus am Bahnhof von Kiew. Es regnete in Strömen. Auf dem Bahnsteig spielte die Militärkapelle „Gott schütze den Zaren". Die feierlichen Klänge der Hymne übertönten das hoffnungslose Trommeln des Regens.

Der Salonzug fuhr vor. Zwei Minuten vor der Abfahrt entsann sich Nikolaus, daß Rußland keine Regierung besaß. Es war eigentlich gleichgültig, wer zum Nachfolger Stolypins ernannt wurde. Der wirkliche Nachfolger war der Zar selbst. Nikolaus wandte sich um. Er sah die goldgestickte Uniform und das traurig-feierliche Gesicht des Finanzministers Kokowzow, der in den Hofkreisen kurz „Koko" genannt wurde. Der Finanzminister verstand viel vom bargeldlosen Zahlungsverkehr und der Emissionierung von Anleihen. Mit dem Begriff „Politik" hatte er sich nur selten beschäftigt. – Nikolaus reichte ihm die Hand. „Ich gratuliere Ihnen, Kokowzow", sagte er mit gedämpfter Stimme, „ich ernenne Sie zu meinem Premierminister."

Als der Zug abfuhr, blickte der Zar auf das plötzlich erblaßte Gesicht des neuen Premiers und salutierte die durchnäßten, traurig auf Halbmast hängenden weiß-blau-roten Fahnen.

Die Episode Stolypin war beendet.

In dem sonnigen Schloß Livadia in der Krim erwartete die Zarin ihren Gemahl. Während der Wagen des Zarenpaares durch das Spalier des Konvois rollte, sagte die Zarin leise und schwärmerisch: „Man braucht diejenigen nicht zu bedauern, die nicht mehr sind. Jeder erfüllt seine Aufgabe. Wenn jemand nicht mehr unter uns weilt, so hat er eben seine Aufgabe beendet und hat nichts mehr zu erfüllen."

Der Zar schwieg. Seine Blicke streiften die blaue, krimsche Bergkette, die sich am Horizont abzeichnete. Über dem breiten Gipfel des Ai-Petri-Berges schwebte eine Wolke. Die Wolke und der zackige Gipfel nahmen seltsame Formen an. Sie erinnerten den Zaren an das mit roten Flecken bedeckte Gesicht der Frau Stolypins. Was hatte sie bloß gesagt? „Es gibt noch Susanins in Rußland, Majestät!"

Bei dem Namen Susanin stiegen im Herzen des Zaren Erinnerungen auf, er sah plötzlich Öldrucke vor sich, Bilder aus der vaterländischen Geschichte. Die Öldrucke rochen nach Schulzimmer und schlechtestem Geschmack. Der Bauer Iwan Susanin hatte kindlich-treue Augen und einen weißen Vollbart. Seine Hände waren fromm gefaltet und der Kopf gen Himmel emporgewandt. Im Jahre 1613 führte dieser Öldruckbauer eine polnische Mörderbande durch das kalte Dickicht des nordischen Urwaldes. Die Bande suchte das Kloster, in dem sich der erste Romanow, der jugendliche Michael, verborgen hielt. Der sumpfige Weg wurde immer unheimlicher. Kalter Schrecken lag über dem Urwald, verzweifelt und ratlos blickten die Polen sich um. „Wo ist denn das Kloster?", fragten sie den Bauern. Da richtete Susanin seine Blicke gen Himmel und rief: „Aus diesen Sümpfen gibt es kein Entrinnen. Nie werdet ihr den Zaren finden. Ich habe euch hierhergelockt, um meinen Zaren zu retten. Mordet mich!"

Und während sich die Polen auf den Bauern stürzten, pflegten die Gardeoffiziere, die das Parkett der kaiserlichen Oper in Petersburg füllten, begeistert aufzuspringen und zu klatschen. Die Oper „Das Leben für den Zaren" war ein Paradestück bei Besuchen der kaiserlichen Familie.

Der Sarg Stolypins und die Witwe mit dem fleckigen Gesicht verschwanden. Der Zar trommelte mit den Fingern die Arie von Susanin: „Ich fürchte nicht den Tod, ich sterbe hier für Zar und Gott."

Susanin hatte seine Aufgabe erfüllt. Sein Tod besiegelte die dreihundertjährige Herrschaft der Romanows. Vielleicht war auch der Tod Stolypins nur ein Glied in der langen Kette der Pflichten, die das göttliche Ermessen bestimmt hatte. Der Purpurträger war berechtigt, zum Wohle seines Landes die Opfer seiner Untertanen huldvoll entgegenzunehmen.

Die vaterländische Melodie, die Sonne, die strammen Gestalten des Konvois beruhigten den Zaren. Am Eingang des Schlosses nahm er die Parade der krimschen Regimenter ab und drückte ihrem General, dem Georgier Dumbadse, voll Anerkennung die Hand.

Im Schloß Livadia nahm das Leben wieder idyllische Formen an. Der Zar promenierte am weichen Strand, die Kinder spielten im Sande. An seinen Jugendfreund, den Fürsten Meschtschersky schrieb Nikolaus: „Ich fühle mich hier wunderbar frisch und stark wie immer in dieser lebenspendenden Krim. Die Freiheit, das Baden im Meer, die Spaziergänge verlängern das Leben um viele, viele Monate."

Die Freiheit, die der Zar in der Krim genoß, war allerdings sehr bedingt. Vom Dache des viereckigen, alabasterweißen Aussichtsturmes des neuen Livadiapalastes sah der Zar die lebendigen Mauern des Konvois, der Palastwache und der Garde, die General Dumbadse um den Palast postiert hatte. Täglich vor Sonnenaufgang durchsuchte die Kette der Soldaten im Zarenpark jeden Quadratmeter Erde. Jeden Abend lief Dumbadse wie ein Spürhund durch die Alleen. Er roch Pulver, Höllenmaschinen und Bomben. Tagsüber leuchteten in der Sonne die dreikantigen Bajonette der Wache wie feurige Ausrufungszeichen. Hin und wieder meldete sich der Leiter der Geheimpolizei beim Zaren und bat mit inbrünstiger Stimme und geheimnisvollem Gesicht, bestimmte Teile des Parkes vorläufig nicht betreten zu wollen. Die Sorge um den Gesalbten lastete schwer auf dem Gefolge. Während Nikolaus badete, mit den Kindern spielte und in der Sonne lag, magerten die Generäle sichtlich ab, ihre Wangen fielen ein, sie schwiegen und wanderten ängstlich und finster um sich blickend durch den Park.

Die Wache, die Warnungen und die finsteren Blicke verletzten den Zaren tief. Das Gefühl, daß sein Leben jeden Augenblick von neuem gerettet werden mußte, bedrückte ihn. Er glaubte nicht an die Wache des General Dumbadse. Das Leben des russischen Zaren wurde nicht durch die Bajonette der Soldaten, sondern durch die Allmacht Gottes geschützt. Der Zar würde leben, solange er noch eine Aufgabe auf Erden zu erfüllen hatte. Diese Aufgabe war aber erst erfüllt, wenn er das geeinte, beruhigte und gesundete Reich einem kräftigen Thronfolger überlassen konnte.

Im Sande des Livadiastrandes liegend, verspürte der Zar den brennenden Wunsch, seinen Paradegenerälen einmal zu zeigen, daß nicht sie, sondern die Gnade Gottes den Monarchen schütze.

Eines Morgens erhob sich der Herrscher Rußlands um vier Uhr früh von seinem Lager. Leise schlich er aus dem Zimmer. Im Schrank des Ankleideraums hing sauber gebügelt die Uniform eines einfachen Soldaten des ersten sibirischen Armeeschützenregimentes. Der Zar legte die Uniform an. Unbemerkt verließ er den Palast. Er passierte die Wache. Noch einige Schritte und er betrat das weiche Gras der freien Erde.

Langsam ging Nikolaus über das Feld. Seine Augen blickten der Sonne entgegen. Vielleicht dachte er in diesem Augenblick an seinen Ahnen, den Napoleonbezwinger Alexander. Hatte nicht auch jener seinen Palast in der Krim im Dezember 1825 im Bettlergewand verlassen? Auch er schritt der Sonne entgegen, bis er in die Urwälder Sibiriens gelangte. Dort verbrachte der Zar, geheimnisvoll von der Welt abgeschlossen, in Beten und Kasteiungen den Rest seines Lebens.

Das mystische Leben Alexanders war ein Vorspiel zum tragischen Leben Nikolaus'. Beide waren vom Geheimnis der Allmacht gebannt, und beide suchten die Antwort Gottes in den einsamen Wanderungen durch die Unendlichkeit ihres Reiches.

In der Ferne zeigten sich Bauerndörfer, Arbeiter im Feld grüßten den vorübergehenden Soldaten. Der breite Weg zwischen den Feldern füllte sich langsam mit Menschen. Tataren mit Milchkannen fuhren zur Stadt. Offiziere ritten vorbei und blickten streng auf den sibirischen Schützen, der sie vorschriftsmäßig grüßte. Marktweiber bewunderten den blonden, gepflegten Soldaten. „Wird wohl ein Offiziersbursche sein“, meinten sie. Der Zar strich seinen weichen Schnurrbart. Er kam sich vor wie Harun al-Raschid auf den Straßen Bagdads.

Stunden vergingen. Vom Minarett der tatarischen Moscheen ertönte der klagende Gesang des Muezzins. Nikolaus betrachtete prüfend die Gesichter der Passanten. Endlich sah er die Menschen ohne vorgeschriebene Unterwürfigkeit, ohne spontane Beifallsäußerungen. Nach den Berichten der Revolutionäre sollte Rußland ein einziges, großes Leichenfeld sein. Der Zar glaubte das Urteil der Revolutionäre mit eigenen Augen überprüfen zu können. Die Gesichter der Passanten waren ruhig und zufrieden. Viele lächelten, niemand war zerlumpt oder verhungert. Der Zar vergaß, daß er sich in der gesegnetsten Provinz seines Reiches befand. Seine Seele weitete sich vor Stolz. Das glückliche Aussehen der Händler und Kurgäste erschien ihm als Erfolg seiner Regierungskunst. Die Revolutionäre waren Narren, jeglichen Gefühls für das wahre Rußland bar!

Nikolaus setzte seinen Weg fort. Stumm und einsam ging er über die Felder. Er wagte es nicht, die Bauern anzusprechen. Er wußte, daß sie sofort den Petersburger Herrn erkennen würden. Denn der Herrscher über 160

Millionen Muschiks hatte den unverkennbaren Akzent eines Gardeoffiziers aus der nordischen Hauptstadt.

Es war später Nachmittag, als der Zar ins Livadiapalais zurückkehrte. Aufgeregte Generäle stürzten ihm entgegen. Die Wache präsentierte. Mit verzweifeltem Gesicht bat General Dumbadse den Zaren, ihn sofort in Privataudienz zu empfangen. Während dieser Audienz zählte der General seiner Majestät genau die unzähligen Gefahren auf, die seines Erachtens dem russischen Herrscher drohten. Der Zar hörte lächelnd zu. „Ich brauche mich nicht vor meinen Untertanen zu verbergen", sagte er ruhig. „Der russische Zar ist kein Feigling." „Majestät, das ist kein Mut", rief der General impulsiv. „So, dann werden wohl die Gefahren nicht allzu groß sein?", erwiderte der Zar. „Was verstehen Sie übrigens unter Mut?" General Dumbadse, der ein bekannter Antisemit war, gab seinem Gesicht einen höfischen Ausdruck und sagte: „Ja, wenn Eure Majestät einen jüdischen Kaftan anziehen und sich jüdische Schläfenlöckchen ankleben und dann in diesem Aufzug fünf Minuten vor meinem Hause promenieren würden, das wäre Mut." Der Zar lachte laut und vergaß seinen Zorn über die Generäle.

Die Generäle vergaßen jedoch den Zarenstreich nicht. Vorfälle dieser Art durften sich nicht wiederholen. Die Generäle begannen über einen Plan nachzugrübeln, und schließlich entstand jenes wahnsinnige System, das nur dem Gehirn halbirrer Bürokraten entspringen konnte und das in den Geheimkanzleien der Hofverwaltung der „Schutz der Allerhöchsten Person" genannt wurde.

Der Zar wurde hermetisch von der ganzen Welt abgeschlossen. Über ganze Provinzen wurde zum Schutz des Zaren der Belagerungszustand verhängt. Ganze Armeen wurden um die Paläste postiert. Das gesamte Land wurde umgewühlt, wenn der Zug des Alleinherrschers die 72-stündige Strecke vom Schloß Livadia zum Schloß Peterhof durchraste. Jede Reise des Zaren wurde zu einem Ereignis voll grauenhafter Phantastik.

Tage vor der Reise wurde über Tausende von Kilometern der Eisenbahnstrecke der Kriegszustand verhängt. Die Geleise der Nebenstrecken wurden abmontiert, um „zufällige" Zusammenstöße zu vermeiden. Einen Tag vor der Durchfahrt wurde auf der Zugstrecke die sogenannte „dritte Stufe" erklärt. Von diesem Augenblick an wurde ohne Warnung auf jeden geschossen, der sich dem Geleise auf einen Kilometer näherte. Die Bahnsteige füllten sich mit Geheimspitzeln und Gendarmen. Fahrpläne wurden umgestoßen, Zehntausende von Soldaten standen an der unendlich langen Strecke Wache.

In der Nacht zündeten die Soldaten längs der Bahnlinie Wachtfeuer an, und der rasende Zarenzug, der in der Nacht durch das Spalier der Soldaten und Wachtfeuer sauste, erinnerte an ein Gespenst aus der Apokalypse. – Es vollzog sich kaum eine Zarenreise ohne einige Menschenopfer.

Zu Hause, in Peterhof, umgeben von den berühmten Fontänen, im alten Palais, das einst die schöne Elisabeth und die große Katharina beherbergt hatte, setzte der Zar sein Gefangenendasein fort. Die wahnsinnigsten Pläne und Projekte tauchten auf, wurden durchgeführt oder verworfen; der Zar lebte umringt von Visionen, bösen Vorahnungen und wahnsinnig gewordenen Polizisten.

„Ach, wann werden wir endlich ruhig leben können wie anständige Leute?", seufzte die Zarin. Nikolaus schwieg. Durch die offenen Fenster des alten Palais drangen das melodische Plätschern der Fontänen und die leisen Schritte der Wache.

Die Tage verbrachte der Zar am Schreibtisch seines Arbeitszimmers. Der Raum war mit Eichenholz getäfelt. An der Wand hingen drei Porträts von Solomko, drei Ahnen, Peter der Große, Nikolaus I. und Alexander III. Sie blickten streng auf den Erben der Macht.

Auf dem Tisch des Zaren befand sich eine Zigarettendose, auf deren Deckel ein Bajazzo stand. Öffnete der Zar die Dose, so winkte der Bajazzo unbeholfen mit den Händen und sang die Marseillaise. Die Dose war ein Geschenk der Kaiserin-Mutter. Die Klänge der Marseillaise aus dem Munde eines Bajazzos sollten die Lächerlichkeit aller revolutionären Bewegungen demonstrieren.

Auf dem Arbeitstisch häuften sich die Akten. Nikolaus las sie gewissenhaft und genau. Jedem Vorgang, dem wichtigsten und dem albernsten, widmete er die gleiche Aufmerksamkeit. Tief im Innern war er aber überzeugt, daß das Schicksal des Reiches nicht von der Weisheit der Akten, sondern von Gottes Fügung abhängig sei.

Hin und wieder freute es den Zaren, kleine Verstöße gegen die Gesetze zu begehen und das komplizierte Netz der Verordnungen und Befehle kraft seines kaiserlichen Willens zu durchbrechen. Eines Tages zum Beispiel fand der Zar unter den zahlreichen Zuschriften das telegraphische Gesuch eines jüdischen Uhrmachers namens Itzek Goldenberg aus der Stadt Preluk. Der Sohn des Uhrmachers, ein Student, war in der Hauptstadt erkrankt, und die Polizei verweigerte kraft der bestehenden Gesetze dem armen Juden die Einreiseerlaubnis in die kaiserliche Residenzstadt. Der Zar dachte an seinen eigenen, kranken Sohn und schrieb auf das Telegramm: „Sofort genehmigen! Sein Platz ist am Krankenlager des Sohnes." Die Erledigung des Gesuches von Itzek Goldenberg an den allerchristlichsten Zaren nahm genau 24 Stunden in Anspruch.

Ein anderes Mal lag auf seinem Tisch ein völlig analphabetes Schriftstück der Bäuerin Worobjowa. In unzusammenhängenden Sätzen bat die Bäuerin den Zaren, ihren Sohn vom Militärdienst zu befreien. Obwohl die Bitte sämtlichen Gesetzen widersprach, befahl Nikolaus: „Schickt den Sohn nach Hause, sonst geht der Bauernhof zugrunde."

Entscheidungen dieser Art erschütterten die reaktionären Herzen der Hofgeneräle. Die Öffentlichkeit durfte nichts davon erfahren. Das Hofpresseamt sah darin eine Verletzung der Zarenwürde. Nach der Ansicht des Presseamtes durfte Seine Majestät nur Telegramme an die Chefregimenter und Glückwünsche an neuernannte Generäle absenden.

Nach der Arbeit blieb der Zar im Sessel sitzen und blickte mit weit geöffneten Augen in die Dämmerung des Gartens. Er entzündete eine seiner berühmten langen Zigaretten, die ihm der türkische Sultan alljährlich zum Geschenk machte. Sein Gesicht war unbeweglich. Er dachte in dieser Stunde an die Zukunft von Reich und Dynastie.

In seinem Reich und an seinem Hof lebten genug Erben einst mächtiger Herrschergeschlechter. Das Schicksal dieser Splitter verflossenen Ruhmes stand deutlich vor seinen Augen. Seine Gardeulanen führte Prinz Louis Napoleon Bonaparte, ein Enkelneffe des großen Korsen. In Petersburg lebte ein bescheidener, älterer Oberst, der auf den Namen Fürst Lusignan hörte. Er war der letzte Erbe Guido Lusignans, des Königs von Zypern und Jerusalem. In der Palastkanzlei arbeitete ein junger Mann namens Paléologue, ein Erbe des letzten Kaisers von Byzanz. Bei den Dragonern in Nowgorod diente ein Prinz Murat und bei den Husaren in Grodno Don Jaime de Bourbon, der spanische Thronprätendent. Im Verkehrsministerium arbeitete der Ingenieur Graf O'Rurk, der Nachkomme der alten Könige von Irland. Und das Herz des Zaren füllte sich stets mit Leid, wenn er einen jungen General sah, der beim Innenministerium beschäftigt war. Er trug den Namen Fürst Dschingis Chan und war der Erbe des Welteroberers. Der Zar konnte allerdings nicht ahnen, daß jener General später ein hoher Funktionär der Tscheka werden sollte.

Während der stillen Abende dachte Nikolaus an das Schicksal dieser und unzähliger anderer Königserben, die ihr Dasein im Schatten seines kaiserlichen Purpurs fristeten. Sollten auch seine Erben in Zukunft an den Höfen fremder Monarchen Vasallendienste leisten? Die Entscheidung darüber lag in der Hand Gottes. Von Phantomen der Rebellion gejagt und gehetzt, durch die Polizeimauern von der ganzen Welt isoliert, verfiel der Zar dem alten Traum der Romanows:

Gott der Allmächtige mußte dem Zaren einen Boten entsenden, um dem Herrscher den Weg aus der Finsternis zu weisen. Menschliche Mittel reichten nicht mehr aus. Verzweifelt blickte der Zar um sich. Wer von diesen Generälen, Popen, Ministern und Höflingen war befugt, dem Zaren Gottes Wort zu verkünden? Oder sollte der Zar selber im ständigen Gebet das Wort Gottes zu erlauschen trachten? Oder mußte ihm der Bote des Allmächtigen wie einst den Aposteln als armer Bauer im einfachen Gewande erscheinen?

Bis in die Nacht hinein rauchte der Zar. Der Bajazzo spielte die Marseillaise, in der Ferne plätscherten die Fontänen, und im Nebenzimmer, über eine Handarbeit gebeugt, seufzte die Zarin: „Wann, um Himmels willen, wann werden wir ruhig leben können wie anständige Leute?“

25. WER SCHÜTZT DEN THRON?

In dem riesigen Arbeitsraum des Palastes zu Zarskoje Selo las der Zar die Berichte der Minister, Gouverneure und Botschafter. Seine kleinen, gepflegten Hände blätterten die Bogen um. Hin und wieder ergriff er einen roten Stift und schrieb mit großen, leicht lesbaren Lettern an den Rand: „Das ist auch meine Meinung", oder „Ich werde es nie dulden". Diese Worte entschieden über Karriere und Schicksal unzähliger Menschen, über Glück und Unglück ganzer Völkerschaften …

Alltäglich saßen im großen Zimmer die vortragenden Minister dem Zaren gegenüber. Der Zar hörte den Berichten mit höflicher Aufmerksamkeit zu. Nie konnte jedoch ein Minister wissen, ob seine wohlvorbereitete Rede den Herrscher interessierte oder langweilte.

Kam aber die Rede auf Revolutionäre oder Terroristen, auf ihre Wünsche und Pläne, auf ihre Hoffnungen und Ideale, so runzelte der Zar die Stirn und erklärte: „Diese Leute haben keine Ahnung von meinem Land. Es gibt ja schließlich noch Kräfte, die hinter der Krone stehen! Weder der Adel noch die Kosaken werden zum Beispiel je meine Abdankung zulassen. Für sie wäre das gleichbedeutend mit dem Ausbruch des Bürgerkrieges."

Die Minister pflegten in diesen Fällen höflich mit dem Kopf zu nicken. Sie waren ganz und gar der Meinung Seiner Majestät. Auch sie fürchteten sich vor den Arbeitern, vor den tierisch wilden Bauern und vor den deklassierten Städtern. Daß aber der Adel, das Offizierkorps und die Kirche wie ein fester Wall den Thron schützten, das war auch die ehrliche Überzeugung aller Minister, Höflinge und Generäle.

An den späten Nachmittagen, wenn alle Berichte gelesen und alle Reden angehört worden waren, spazierte der Zar in den stillen, gepflegten Alleen von Zarskoje Selo. Diese Alleen, dieses Schloß, diese Teiche mit den schwarzen Schwänen wurden von den besten Garderegimentern des Reiches geschützt.

Von der hölzernen Brücke, die über den kleinen Teich führte, blickte der Zar auf das glatte, ruhige Wasser und dachte an das Offizierkorps, an den Adel, an die Kosaken und an die Popen, an diese vier Säulen, die Ruhe und Ordnung in seinem Reiche aufrechterhielten. Die zarentreue Gesinnung dieser vier Elemente war die tiefste, unerschütterlichste Überzeugung Nikolaus II. Die Arbeiter waren natürlich revolutionär, desgleichen die Juden, die Polen und vor allem die bettelarmen, hungrigen Bauern. Zarentreu bis ins Mark waren das Offizierkorps der Garde, die Adligen, die Kosaken und die Kirche.

Alle im gewaltigen Reich teilten die Überzeugung des Zaren. Auf der Kaffeeterrasse am Genfer See saß der greise Führer der Revolutionäre, Plechanow, und sprach von der Macht des Adels und von der zarentreuen Garde. „Wie soll man diese Mauern unterwühlen?", fragte er rhetorisch. Die gleiche Frage wiederholten die Verbannten in Sibirien, die Emigranten in Paris, die Juden in der Ukraine und die Botschafter sämtlicher Länder in Petersburg. Für alle war das Reich des Zaren ein Koloß, den ein vierfacher Gürtel schützte.

Es gab nur einen Mann, der diese Meinung nicht teilte. In seinem Londoner Quartier saß am Ofen der kleinen Küche Lenin, sog den vielversprechenden Fettdunst ein, während ihm die Krupskaja Pfannkuchen buk, und wiederholte unaufhörlich: „Alle werden mit uns sein, der Adel, die Kosaken, sogar die Garde, man muß es nur richtig anpacken!"

Das Zarentum war jahrhundertelang fest mit dem Offizierkorps verbunden. Die Offiziere waren eine Sippe, und der Zar war ihr Häuptling. Alles im gewaltigen Reich stand dem adligen Offizier zu, sogar die letzte Entscheidung über die Zarenkrone. Sechsmal hatten die Offiziere über die Erbfolge des Reiches entschieden. Als dann Paul I. der Gewalt der Offiziere trotzen wollte, zerriß das Band zwischen Zar und Offizierkorps. In der Nacht vom 1. März 1799 warf in einem Petersburger Palais der Gardeoffizier Fürst Jaschwil seinen Degen auf den Tisch und schrie:

„Es gibt kein Rührei ohne zerschlagene Eier. Rührei ist die Revolution, Eier sind die Zarenköpfe!" Zwei Dutzend Gardeoffiziere hörten begeistert zu. Das Wort „Revolution" wurde im Zarenreich zum erstenmal von einem Gardeoffizier ausgesprochen und von Gardeoffizieren bejubelt.

Felsenfest war die Bindung zwischen Zar und Adel. Der Adel war im alten Rußland ein Volk für sich, ein Volk unter hundert anderen Völkern des Reiches. Diesem Volke und nicht der vagen Gemeinschaft der Russen entstammte der Zar. Der Zar sprach aus, was der Adel dachte, und der Adel tat, was der Zar aussprach. Nichts in der Welt konnte augenscheinlich diese Bindung zerreißen.

Trotzdem zerriß diese Bindung, als am 14. Dezember 1825 Nikolaus I. auf dem Senatsplatz seiner Residenzstadt St. Petersburg mit Kartätschen auf die adligen Regimenter des Reiches schießen ließ. Das Kartätschenfeuer traf

Zarenbesuch in Berlin im Mai 1913

Nikolaus II. und Wilhelm II. auf der Fahrt ins Jagdrevier bei Borgsdorf

das Herz des russischen Adels. An den Geschützen standen Leute ohne Namen, ohne Adel, Kettenhunde des Zaren. Zwei Monate später wurden fünf Dekabristen, Träger der besten Namen des Reiches, gehängt und unzählige Erben von Rurik und Hedemin in die sibirischen Kerker verbannt. Von da ab sprachen Zar und Adel verschiedene Sprachen. Zum Schutze des alten, heiligen Reiches blieben Gott und die berittenen Kosakenscharen.

Gott! In den Augen des offiziellen Rußland war auch er nur ein Untertan Seiner Majestät. In allen Manifesten, in den Allerhöchsten Erklärungen, Reskripten und Befehlen wurde der Name des Zaren zweimal so groß gedruckt wie der Name Gottes. Betrat der Zar die Kirche, so begrüßte ihn der allerhöchste Herrscher durch die Stimme seiner Diener, der Metropoliten, Archimandriten und Mönchspriester. Der Zar war der oberste Beschützer der Kirche, der lebende Vertreter Gottes auf Erden. Er konnte Heilige ernennen, wie er Generäle ernannte, und Gott mußte die Ernennungen akzeptieren. Gottes Kirche auf Erden lag in der Hand des Zaren. Und das wurde der Kirche zum Verhängnis.

Die alte, griechisch-orthodoxe Kirche mit ihren Heiligen, mit ihren strengen Ikonen, feierlichen Zeremonien und magischen Mysterien wurde zu einem zaristischen Amt. Man machte kirchliche Karriere, wie man militärische machte. Bischöfe erhielten Orden, Titel und Gehälter. In den fernen Provinzen unterstützte das christliche Heer die Ausbreitung der christlichen Kirche.

Im gleichen Maße, in dem die Macht des Zaren über die Kirche wuchs, schwand die Macht dieser Kirche über das Volk. Als die Kirchen zu Ämtern wurden, strömte das Volk aus ihnen heraus. In dem mystischen Halbdunkel der sibirischen Haine, in den unendlichen Wolgasteppen, in den abgelegenen Bergen des Urals entstanden Sekten, Strömungen und Glaubensbekenntnisse, die dem prunkvollen Gebäude der kaiserlichen Kirche genau so gefährlich waren wie die Terroristen und Revolutionäre dem prunkvollen Bau des kaiserlichen Rußland.

Da der offiziellen Kirche keine Märtyrer und Heiligen mehr zur Verfügung standen, ging sie mit den Bajonetten und Kanonen der kaiserlichen Armee gegen die inoffizielle Kirche vor. Die Zahl der verbannten und bestraften Häretiker war größer als die Zahl der verbannten und bestraften Terroristen. Zwar stand das kaiserliche Kirchenamt stramm hinter dem Zaren, hinter diesem Amt gähnte jedoch eine beängstigend große Leere.

Sollten aber Gott, Adel und Offizierkorps versagen, so blieben immer noch die berittenen wilden Kosaken mit der Knute in der Hand und der funkelnden Zarentreue in den Augen. Diese robusten Erben südrussischer Räuber, diese reichsten, verwöhntesten und privilegiertesten Bauern Rußlands betrachtete der Zar als die auserwählten Kinder seines Reiches. Als Zarewitsch war er der oberste Hetman aller Kosakenregimenter gewesen. Seine Leibwache bestand aus Kosaken, er selbst trug mit Vorliebe die Kosakenuniform und zweifelte nicht an der Anhänglichkeit dieses kriegerischen Volksstammes.

In der Tat, wie losgelassene, wilde Steppenhunde durchfegten die Kosaken die Städte. Ihre Peitschen sausten durch die Luft, Arbeiter, Bauern, Revolutionäre stürzten in Windeseile vor ihnen davon. Auf den zerstörten Barrikaden ertönten die Siegeslieder der Kosaken.

Wenn aber das Band zwischen dem Zaren und dem Adel zerrissen war, so hatte zwischen den Kosaken und dem Zaren überhaupt niemals irgendeine Bindung bestanden. In vergangenen Zeiten waren die Kosaken die natürlichen Feinde des Zaren gewesen. Später gab ihnen der Zar Land und gewann damit ihren Gehorsam, nicht aber ihre Liebe. Sie waren berufliche Krieger, Söldner des Zaren, solange es Sold gab. Tief im Innern grollten sie darüber, daß Russen zu ihren Führern ernannt wurden, daß ihnen das alte Recht genommen worden war, selbständig ihre Obrigkeit zu wählen, und daß sich fremde Bauern in der Nähe ihrer freien Kosakendörfer ansiedeln durften.

Vor allem aber vergaßen die Kosaken nie die stolze Reihe ihrer freiheitsliebenden Hetmane, die einst Moskau bedroht hatten und dann von den Zaren geköpft, in Stücke gehauen und verbrannt wurden. Rasin, Mazepa, Bulawin, aufständische Ketzer und Rebellen gegen Zar und Gott, waren die Helden der Kosaken. Mit der glänzenden Stadt Petersburg, mit den kühlen europäischen Zaren verband sie nichts außer dem Sold, dem erzwungenen Eid und dem Privileg, durch die revolutionären Städte zu sausen und die verhaßten Städter zu peitschen.

Das alles wußte nicht, davon ahnte nichts der stille, schmächtige Zar, wenn er auf der Brücke am Teiche von Zarskoje Selo stand und über das Schicksal seines Reiches nachgrübelte. Er kannte nur die alleruntertänigsten Erklärungen des Adels, die feierlich-frommen Gesänge der Metropoliten, die strammen Gestalten der Hofoffiziere und die begeisterten Hurrarufe der zahllosen Kosakenregimenter bei den glänzenden Paraden vor dem Palaste.

Niemand in ganz Rußland, am wenigsten der Zar und seine Feinde, die Revolutionäre, wußten, worauf eigentlich die Macht der Krone basierte. Sie ruhte auf einem festeren Fundament, als Adel, Armee und Kirche es waren. Die unbekannte Stütze des Reiches war der verachtete, gefürchtete, wilde und primitive Muschik, war die Bauernschaft, die um vieles mächtiger und zahlreicher war als alle übrigen Klassen und Völker Rußlands zusammen.

In den kleinen Dörfern in Zentralrußland und an der Wolga, in Sibirien, in den unabsehbaren Ebenen des Reiches lebte ein unerschütterlicher Glaube an die mystische Macht des Zaren. Dieser Glaube war urwüchsig, unverwüstlich und monumental wie die russische Erde, wie der Muschik selbst. Generationen von intellektuellen Revolutionären sprachen zum Volk, um es über das Wesen des blutigen Zarismus aufzuklären. Der Muschik hörte zu, kratzte sich den Schädel; alle Argumente des klugen Städters prallten machtlos an dieser Haltung ab.

Der Muschik war überzeugt, daß der Zar nicht nur der irdische Herrscher des Reiches, sondern auch ein Zauberer war, der mit der Salbung die Gabe, Wunder zu tun, empfangen hatte. Jedes Jahr am 6. Januar mußte der Zar in einer feierlichen Prozession das Wasser der Newa und damit das Volk, das dieses Wasser trank, segnen. Einmal, es war im Jahre 1904, wurde bei diesem Fest ein allerdings mißglücktes Attentat auf den Zaren verübt.

Im nächsten Jahr blieb der Zar dieser Feier fern. Er verweigerte dem Fluß und dem Volk seinen Segen. Sofort begannen in Petersburg und am ganzen Newafluß Typhus-, Ruhr- und Cholera-Epidemien. Das Volk starb, und die Bauern erzählten einander voll Schrecken, daß der Vater des Reiches dem Volke zürne. Die Epidemien dauerten ein Jahr. Am nächsten 6. Januar gelang es der Geistlichkeit, den Zaren zu überreden, das Wasser der Newa wieder zu segnen. Der Zar willigte ein, und vom selben Tage an hörten die Krankheiten auf. Das Volk aber, das an den Ufern der Newa wohnte, neigte sich in Dank und Bewunderung vor dem wundertätigen Zaren.

Selbst am Vorabend der großen Revolution versuchte zum Beispiel der verbannte Revolutionär Sensinow vergeblich, in einem gottverlassenen sibirischen Dorf die versammelten Bauern über den blutigen Zaren aufzuklären. „Wißt ihr, daß wir Krieg mit Japan geführt haben?", fragte Sensinow. „Ja, das wissen wir", antworteten die Bauern und strichen sich selbstzufrieden die Bärte. „Wie ist denn der Krieg ausgegangen?", fragte Sensinow weiter. „Wir, die Russen haben ihn natürlich gewonnen", lautete die Antwort. „Nein, wir haben ihn verloren. Wir mußten doch den Japanern die Hälfte von Sachalin abgeben." „Den Krieg haben wir gewonnen", wiederholten die Bauern beharrlich. „Aber Sachalin", stöhnte Sensinow.

„Wenn der Zar“, antworteten die Bauern gewichtig, „den Japanern die Hälfte dieses ‚Sacharins‘ abzugeben geruhte, so war das sein Wille. Den Krieg aber haben wir gewonnen.“ „Was haltet ihr von dem Zaren?“, fragte Sensinow im weiteren Verlauf des Gespräches. Die Bauern blickten einander an und antworteten unbestimmt: „Ja, was soll man denn von ihm halten? Er ist ja noch so jung.“ „Wieso jung? Er regiert ja schon fünfzehn Jahre und ist vierzig Jahre alt.“ „Na, das meinen wir ja eben, er ist noch ganz jung und neu, was soll man da sagen?“

Der Intellektuelle und die Bauern sprachen beide russisch, und doch waren ihre Sprachen grundverschieden. Für Sensinow waren fünfzehn Jahre eine Ewigkeit. Die Bauern aber konnten sich noch so übermenschlich genau an die Zeiten des grausamen Iwan, Wassili des Dunklen und des stillen Alexei erinnern, daß sie verlegen auf den Fremden schauten, der ein abschließendes Urteil über den Zaren Nikolaus II. verlangte, der in der tausendjährigen Geschichte des Reiches nur den winzigen Abschnitt von fünfzehn Jahren ausfüllte.

Der Zar und die Bauern bildeten für das Gros der Russen eine magische Gemeinschaft, die nicht zerstört werden konnte, solange die russische Erde stand. Nicht immer wußten die Bauern den Namen des jeweiligen Zaren, der Name war unwichtig. Wichtig war das Bewußtsein des geschlossenen Raumes, der die ganze russische Erde umfaßte und dem Volke wie der Schoß der heiligen Mutter Gottes erschien. Dieser Raum war von einer Kuppel überwölbt. Die Kuppel war der Zar. Das Gefühl des Geborgenseins unter dieser Kuppel war der Ursprung der Zarentreue des russischen Volkes. Gern war der Muschik bereit, unter dieser schützenden Kuppel die Adligen zu erschlagen, die Reichen auszuplündern und Raubtaten zu verüben. An der Kuppel selbst war jedoch nicht zu rütteln. Solange sie stand, gab es Vergebung für Mord, Totschlag und Raub. Denn alles, was der Muschik tat, selbst die Revolution, tat er im Namen des Zaren. Der Zar war allgewaltig, allgegenwärtig und unberechenbar wie ein Naturereignis. Im Sausen des Windes, im ewigen Wunder der Saat, im Lauf der Flüsse und im Frost des Winters, überall offenbarte sich für den Muschik das geheimnisvolle Wesen des Zaren, des Gnadenspenders, des Gottvertreters auf Erden.

Vom Väterchen Zar konnte nichts Böses kommen. Das Böse, und die Erde war voll des Bösen, kam von den Adligen, den Bojaren und den Beamten. Die Seele des Volkes lebte in den Traditionen des alten, byzantinischen Mythos. Laut dieser Tradition führten Zar und Volk den gemeinsamen

Kampf gegen das Böse, das zwischen ihnen stand und das Volk vom Zaren trennte. Als Alexander II. die Leibeigenschaft aufhob, das Land jedoch den Gutsbesitzern beließ, war jeder Bauer Rußlands felsenfest überzeugt, daß die Adligen und Reichen den Befehl des Zaren unterschlagen hatten.

Unerschütterlich lebte im Volksbewußtsein die Legende vom guten Zaren, den die bösen Dämonen in Fesseln geschlagen hatten. Hin und wieder verbreitete sich sogar das Gerücht, diese Dämonen hätten den Zaren vertauscht und wollten einen Häretiker mit Krallen und Hörnern auf den Thron setzen. Dann eilte das Volk, mit Sensen, Gabeln und Sicheln bewaffnet, dem Zaren zur Hilfe. Adelsschlösser loderten in Flammen auf, Weinkeller wurden geplündert und die Reichen des Landes erschlagen. Kam zum Schluß eine Strafexpedition, so war sie nicht vom Väterchen Zar gesandt, sondern von den bösen Geistern des Landes.

Die Macht des Zaren über die Seele des Volkes war unbegrenzt. Als zum Beispiel im Jahre 1834 in Moskau und in den benachbarten Dörfern die Cholera wütete, sandte die Regierung Ärzte. Die Ärzte waren entweder Adlige oder Ausländer. Das genügte, damit sich bei den Bauern das Gerücht verbreitete, die Ärzte wollten das Volk vergiften. Inmitten der sterbenden, in Cholerazuckungen liegenden Stadt begann ein wilder, brutaler Aufstand. Ärzte wurden erschlagen, die Polizei davongejagt, und nur mit Mühe konnte die Garde das Kremltor schützen.

Auf dem Throne der Romanows saß damals Nikolaus I. Pawlowitsch. Ungeachtet des Aufstandes beschloß der Zar, im Wagen, ohne Waffen, durch die tobende Stadt zu fahren. Die Menge, die die Straßen besetzt hielt, sah den vornehmen Wagen, den Kutscher und einen Mann in Uniform. „Wieder ein Giftmischer!“, riefen die Bauern. Im Nu bildete sich ein Auflauf. Wild erregte Bauern verfolgten den Wagen, offensichtlich in der Absicht, den Insassen in Stücke zu reißen. Der kaiserlichen Karosse wäre es sicherlich gelungen, den Zaren unangefochten zum Schloß zu bringen. Aber der Zar klopfte am Roten Platz dem Kutscher auf den Rücken und befahl: „Stehenbleiben!“ Sofort umringte die johlende, schreiende und pfeifende Menge die Karosse. Da erhob sich Nikolaus Pawlowitsch. Die Menge erblickte die hünenhafte Gestalt, die hellen, mit kaltem Wahnsinn erfüllten Augen des Zaren und den doppelköpfigen Adler an seinem Helm. Für einen Augenblick wurde es still. Dann ertönte plötzlich die drohende Stimme des Zaren: „In die Knie! In meinem Reich darf nur auf meinen Befehl vergiftet werden!“ Dann drohte er mit dem Finger wie ein strenger Vater seinem unfolgsamen

Sohn und rief weiter: „Hüte ab und bekreuzigt euch!" Lautlos sank das Volk in die Knie, auch der Zar bekreuzigte sich und rief: „Die Cholera wird jetzt vergehen."

Die Cholera verging in der Tat.

Nikolaus Pawlowitsch fühlte noch das mystische Band zwischen Zar und Volk. Auch der Vater Nikolaus II., Alexander III., kannte diese magische Bindung. Bei Nikolaus II. schlummerte das Wissen um jenes heilige Geheimnis des Reiches meist im Unterbewußtsein. Nur in den seltenen Augenblicken der Höhe verspürte er diese jahrhundertealte Bindung. Tastend suchte Nikolaus II. die Stütze im Volk. Ein Zar muß wissen. Tasten darf er nicht.

An der schmalen Holzbrücke, die über den Teich von Zarskoje Selo führte, überdachte der Zar kühl und nüchtern das Schicksal der Krone. Das war ein Fehler, denn die Macht des Zaren beruht weder auf intellektuellen Erwägungen noch auf ökonomischen Kalkulationen, sondern ausschließlich auf dem Gefühl. Das wußte kein Minister, kein Revolutionär, kein hoher General. Nur der Zar mußte es wissen!

In unzähligen Reden, Berichten und Meldungen las er aber immer wieder, daß nur der Adel, die Offiziere und Kirche den Thron stützten. Unwillkürlich begann er daran zu glauben und mit somnambuler Benommenheit schritt er durch die lange Reihe der Phantome zum gähnenden, immer näher rückenden Abgrund. Auf dem Wege zu diesem Abgrund standen stramm und hurrarufend Offiziere, Kosaken, Adlige und Popen. Niemand wußte, niemand ahnte, daß im ganzen Reiche im Grunde nur der Zar und der Bauer einer Meinung über das Wesen des Zarentums waren.

Dumpf fühlte das Volk die Gefahr, die dem Zaren drohte, und bange Ahnung stieg in ihm empor. Als das unfehlbare, heilige Zarentum tatsächlich zu wanken begann, entsandte das Volk aus dem tiefsten Innern seines Wesens die Warnung. Das ganze mystische, unergründliche Rußland pochte zwischen 1904 und 1917 mächtig an die Türen des Zarenpalastes. Der anfällige Mitja Koljaba, die Närrin Darja Ossipowa und zahlreiche andere Narren und Wundertäter waren der Ausdruck der Angst des Volkes um seinen Zaren.

Die letzte Warnung, die das Volk dem Zaren gesandt hat, hieß Staretz Grigori Efimowitsch Rasputin.

26. DIE NARREN DES ZAREN ALEXEI

In Peterhof und in Zarskoje Selo hing im kleinen Kabinett der Zarin neben zahlreichen Bildnissen der Verwandten und Angehörigen auch ein Bild des zweiten Romanow, des Zaren Alexei Michailowitsch, des Allerstillsten. Auch in dem Zimmer des Zaren in Livadia und im Anitschkov-Palast standen Schächtelchen und Schmuckgegenstände aus der Zeit des stillen Alexei. In den ersten Jahren seiner Regierungszeit veranstaltete der Zar in den prunkvollen Empfangssälen des Winterpalais malerische Feste, zu denen alle Geladenen in historischen Trachten aus den Zeiten Alexei Michailowitschs erscheinen mußten.

An solchen Tagen verwandelten sich der Weiße, der Wappen- und der Malachitsaal in die geheiligten Kremlräume der alten Zaren. Bojaren, Wojwoden, Djaken und Narren, Frauen mit schwerem Kopfschmuck, Strelitzen und Popen ließen für eine Nacht am Ufer der Newa die alte Pracht und das strenge Zeremoniell des Kreml-Hofes neu erstehen.

Im Kreise seiner stolzen Bojaren erinnerte der kleine, ruhige Nikolaus in der Tat an den stillen Alexei. Nur selten trug er das schwere goldene Thronornat seiner großen Ahnen. Meist erschien er inmitten des Ballsaales in einer roten Samtjacke, ein kleines Pelzmützchen auf dem Kopf und den schmalen, goldenen Jagddolch im Gurt. Auf der Brustseite der Jacke schillerten in goldenen Fäden die Krone der Zaren und der große byzantinische Reichsadler. Der junge Zar, den gestickten, alten Reichsadler auf der Brust, erschien wie eine symbolische Mahnung der Vergangenheit, die ruhig und gelassen in die Gegenwart tritt. Die Zarin mit der hohen Zarinnenmütze auf dem kunstvoll frisierten Haar, in schwerem Perlenschmuck und langer, mit Edelsteinen bestickter Jacke, erinnerte in solchen Augenblicken an die strenge Kühle einer byzantinischen Ikone.

Zar und Zarin schwärmten für die Zeit Alexei Michailowitschs. Ihr eigenes Leben erschien ihnen manchmal als eine seltsame Parallele zu dem des alten Zaren. Auch jener Herrscher bestieg den Thron als unerfahrener Jüngling, den die Schar selbstsüchtiger Bojaren vom Volke trennte. Wie Alexei, so mußte auch Nikolaus die alten Diener seines Vaters einen nach dem andern verabschieden, bevor er hinter der liebenswürdigen Grimasse der Höflinge das wahre Gesicht seines Reiches erkennen konnte.

Blutige, nie endenwollende Kämpfe und Aufstände erschütterten das Reich des stillen Zaren. Gegen die fromme Macht des Monarchen erhob sich an der Wolga der Rebell Stenjka Rasin. Die Brandfackeln Stenjka Rasins entzündeten die Adelshöfe längs der Wolga, wie die revolutionären Ideen im Jahre 1905 die Köpfe der Intellektuellen. Der Thron des Zaren Alexei wankte; drohend blickte die Fratze der Rebellion in die alten Kremlfenster.

Dem Zaren Nikolaus war es vergönnt, gleich dem stillen Alexei die Aufstände niederzuwerfen, die Bojaren zum Gehorsam zu zwingen und die Ordnung wiederherzustellen. Nikolaus glaubte, daß dies weniger der Tüchtigkeit der Gouverneure als der wundersamen Fügung Gottes zu verdanken war. Die Gebete, die dem zweiten Romanow den Sieg beschert hatten, konnten auch bei dem dreizehnten Sproß dieses Hauses ihre Wirkung nicht verfehlen.

Die seltsame Parallele zwischen dem zweiten und dem dreizehnten Romanow ließ sich leicht aus dem politischen in das private Leben des Zaren überleiten. Auch Nikolaus liebte die stillen Klänge der alten Glocken, das patriarchale Familienleben und jene unerschütterliche seelische Ruhe, um derentwillen die Geschichte dem Zaren Alexei den Beinamen „Der Allerstillste" verliehen hatte.

Auch wurden beide Zaren von den gleichen persönlichen Schicksalsschlägen heimgesucht. Alexeis Traum war es, dem Reiche einen gesunden, kräftigen Erben zu hinterlassen. Gottes strenge Fügung sandte ihm jedoch eine Tochter nach der andern. Unwillkürlich erinnerte sich Nikolaus beim Anblick seiner vier blühenden und gesunden Töchter an die Töchter des Zaren Alexei. Glichen nicht der starke Wille und die außerordentliche Begabung seiner ältesten Tochter Olga den gleichen Anlagen der herrschsüchtigen Prinzessin Sofia, die jahrelang nach dem Tode ihres Vaters das Staatsschiff mit starker Hand durch alle Klippen und Stürme führte? Und als endlich der allmächtige Herrscher die Bitten des frommen Zaren erhörte und ihm die Zarin Maria Iljinischna Söhne gebar, da waren diese Söhne schwach, kränklich und zu frühem Tode verurteilt. Wie der Dulder Hiob ertrug der fromme Zar auch diesen Schicksalsschlag, und der Segen des himmlischen Herrschers blieb nicht aus: der letzte Sohn, den der Himmel Alexei schenkte, war Peter der Große, der erste Kaiser auf dem Throne der Zaren.

Das Leben und das Schicksal des Zaren Alexei erfüllte Nikolaus mit Zuversicht und der Hoffnung, daß auch ihm ein glückliches Ende und ein gro-

Die Zarenfamilie

Der Zar mit den Großfürstinnen Olga und Tatjana

ßer Nachfolger beschieden sein mußten. Der Weg zum Glück war durch den stillen Alexei vorgezeichnet, und die innere Wesensverwandtschaft machte es Nikolaus leicht, diesen Weg zu beschreiten.

Inmitten der Hofintrigen, Aufstände und Katastrophen aller Art führte der stille Zar das patriarchale Leben eines friedlichen Gutsbesitzers. Der fromme Sinn des Herrschers Alexei beschäftigte sich viel mit göttlichen Dingen. Seine flehentlichen Bitten um die Geburt eines gesunden Erben brachten ihn in nahe Berührung mit dem einfachen Glauben des Volkes. Der Sohn mußte durch gottesfürchtige Menschen erfleht werden.

Heilige, Wundertäter, Narren in Christo füllten die dunklen Gänge des Kremls. Gleich allen Russen seiner Zeit glaubte Alexei, daß Krüppel, Narren, Taubstumme, Idioten und Anfällige von Gott gezeichnet seien und deshalb in einem besonders nahen Verhältnis zu den himmlischen Mächten stünden. Staat und Kirche bildeten in dem frommen Gemüt Alexeis eine Einheit, und Narren in Christo, die ihre Weisungen direkt von Gott erhielten, waren zumindest ebenso wichtig wie die robusten Wojwoden, die der Menschheit das Zarenwort verkündeten. Alexei verbrachte viele Stunden des Tages in der Gesellschaft dieser Narren und Frommen. Ein Gespräch mit irgendeinem Bettelmönch aus Jerusalem erfreute seine stille Seele nicht weniger als die Nachricht von der qualvollen Hinrichtung des Hauptrebellen seines Reiches, des Räubers Stenjka Rasin.

Nikolaus II. war ein frommer Mensch. Mußte nicht auch er des hohen Segens teilhaftig werden, der auf Alexei geruht hatte? Seine zuerst harmlose Schwärmerei für das Leben des zweiten Romanow ließ es verlockend erscheinen, auch geistig und seelisch auf den Pfaden des stillen Alexeis zu wandeln.

Die großen, seit der Regierung des Zaren Alexei eingetretenen Wandlungen hatten die Seele des Volkes nicht verändert. Gleich damals wanderten durch die Unendlichkeit der russischen Steppen die sogenannten Jurodivi, Narren und Krüppel, die in mystischer Ekstase des himmlischen Segens teilhaftig wurden.

Seit den Tagen des großen Peter war diesen Narren der Weg zum Palast versperrt. Es gab keinen Zaren mehr, es gab nur noch europäische Imperatoren. Das Volk glaubte aber nach wie vor heiß und inbrünstig an den Segen der Jurodivi. Wie konnte aber ein Zar in die Tiefen der wirklichen Volksseele eindringen, wenn ihn Palastmauern von jenen Narren in Christo trennten, denen das Volk seinen Glauben und seine Verehrung schenkte?

Angeregt durch die stilvollen Bälle im Winterpalais, entstand in der Seele des Zaren der Wunsch, sich mit den Narren des Zaren Alexei zu umgeben. Die mystische Seele der Zarin war von diesem Gedanken sofort eingenommen. Sie glaubte an die göttliche Seele des russischen Volkes, und die Geistlichkeit am Hofe, die die Jurodivi nach dreihundertjähriger Verbannung wieder bei Hofe einführte, bot Gewähr dafür, daß die Narren in Christo nicht heimlich mit dem Bösen im Bunde standen.

Dieses zuerst etwas snobistische Bestreben, mit den heiligen Urkräften des Volkes in nähere Verbindung zu treten, nahm an Intensität in der gleichen Weise zu, mit der die Schicksalsschläge über das Zarenpaar und das Reich hereinbrachen.

Die Hofgeistlichkeit, die Beichtväter der Majestäten, die Bischöfe und Popen unterstützten diese Bestrebungen des rechtgläubigen Zaren. Durch ihre Vermittlung füllte sich das Palais, ganz wie in den Zeiten des zweiten Romanow mit Narren, Wundertätern und frommen Pilgern, die nach dem uralten Glauben des Volkes in lallenden, unzusammenhängenden Worten Gottes Wünsche zu offenbaren wußten. Dieser Kreis verdrängte bald den westlichen Spiritismus, der eine Zeitlang am Hofe Mode war. Die hohe Geistlichkeit lehnte ohnedies die europäische Art der Geisterbeschwörung als nichtrussisch und unchristlich ab. Der rechtgläubige Zar, dem ohnehin alle Mächte der einheimischen Magie Untertan waren, hatte es ihrer Meinung nach nicht nötig, sich den schismatischen Thaumaturgen und Mystagogen zu verschreiben. Auch die Zarin hielt seit dem Wunder, das der heilige Seraphim an ihr vollbracht hatte, immer mehr von den einheimischen Wundertätern. In einem Brief dieser Zeit wendet sie sich sogar sehr scharf gegen den westlichen Spiritismus, den sie als „satanisch“ und „verderblich“ bezeichnet.

Einer der ersten in der langen Reihe der Mittler zwischen Zar und Gott war der „Arme im Geist“, Mitja Koljaba. Dieser einfältige Narr entstammte der Gegend um das berühmte Dostojewskijsche Kloster Optina Pustynj. Ein Historiker jener Zeit beschreibt Mitja wie folgt: „Er war krummbeinig, verwachsen, fast stumm und hatte an der Stelle der Arme nur zwei unförmige Stummel. Er mußte geführt werden, da er sehr schwachsichtig war. Auch sein Gehör war unausgebildet, und seine Sprache bestand zumeist nur aus wenigen, gräßlichen Lauten, die er mit qualvoller Anstrengung stoßweise hervorbrachte. Wenn er, von einem epileptischen Anfall geschüttelt, zu schreien begann, dann klang seine Stimme bald wie ein unheimliches Gewinsel, bald wie das scheußliche Gekrächze eines Tieres, um schließlich in ein erschütterndes und furchteinflößendes Gebrüll und Gekläff auszuarten. Der abstoßende Eindruck dieser Lebensäußerungen wurde noch durch die irrsinnigen Gebärden seiner gestikulierenden Armstummel verstärkt, so daß es guter Nerven bedurfte, um der Gegenwart dieses Idioten gewachsen zu sein."

Die Zusammenkünfte mit diesem Jurodivi waren eine starke Gemütsprobe für die junge Zarin. Wenn sie, über den zuckenden Körper des Narren gebeugt, den geheimen Sinn seiner Worte zu enträtseln suchte, zeigten sich in ihren schreckenerfüllten Augen Tränen des Mitleids. Und doch glaubte sie, daß dieser Jurodivi in all seiner abstoßenden Armseligkeit dem Throne des Allmächtigen näher stand als manche Hofcharge oder mancher Minister.

In alten theologischen Schriften der griechisch-orthodoxen Kirche suchte die Zarin nach Hinweisen auf die Mittler zwischen Zar und Gott. Sie erlernte die tote kirchenslawische Sprache, und je tiefer sie in den Kreis der orthodoxen Mystik eindrang, desto klarer wurde es ihr, daß nur ein aus den Urtiefen des Volkes entstammender Mensch dieser hohen Aufgabe teilhaftig werden konnte.

Gleichzeitig mit dem anfälligen Narren Mitja Koljaba zauberte am Hof das kränkliche Weib Darja Ossipowa. In ihren epileptischen Anfällen stieß sie Prophezeiungen, geheimnisvolle Formeln und gräßliche Flüche aus. Ihr folgte ein anderer Heiliger, ein einfacher Bauer aus Kasan, der in mystischer Ekstase die heilige Hostie aus seinem Mund in den Mund irgendeines Höflings spie.

Wie alte Auguren blickten Zar und Zarin auf die zuckenden, schreienden und heulenden Jurodivi, die ihnen die hohe Geistlichkeit zuführte. In dem Lallen und Winseln dieser armseligen Kreaturen glaubten sie einen verborgenen Sinn zu erlauschen. Immer neue Barfüßler, Wanderer, Pilger und Krüppel wurden von den Popen bei Hof eingeführt. Während jedoch Nikolaus II. diesen Narren gegenüber bei aller Frömmigkeit stets das Gefühl des gottbegnadeten erhabenen Herrschers bewahrte, geriet die Seele der armen Zarin sehr bald vollkommen in den Bann der Mystik der unmittelbaren Gottesahnung. Für den erblichen Träger der russischen Krone waren die Jurodivi nur eines unter den vielen Gesichtern seines Reiches. Sie mochten gottbegnadet sein, ihre Ratschläge waren mitunter interessant, für den gesalbten Purpurträger waren sie dennoch lediglich dienstbare Geister, die ihren Wahnsinn und ihre Armseligkeit zuweilen dem christlichen Zaren zur Verfügung stellen durften. Wenn es ihm nötig erschien, verbannte der Zar diese

Heiligen, oder er ließ sie verhaften, wie er es mit Revolutionären oder sonstigen Widersachern zu tun pflegte. Das Gefühl der willenlosen Hingabe an irgendeinen dieser Narren vermochte der Erbe des uralten Herrscherhauses nicht aufzubringen.

Anders die Zarin. Die kleine, deutsche Prinzessin, die plötzlich zur schwindelnden Höhe der russischen Allmacht emporgestiegen war, suchte krampfhaft nach einem Halt und einer Stütze. Die hohe Einsamkeit des Purpurträgers – für den Zaren eine ererbte Selbstverständlichkeit – erschütterte ihr Gemüt. Da sie in der ganzen russischen Welt kein ebenbürtiges Wesen finden konnte, klammerte sie sich ängstlich und vertrauensvoll an diejenigen Wesen, die sie in unmittelbarer Berührung mit dem orthodoxen Gott ihres Reiches glaubte. Was für den Zaren immer noch halber Scherz bleiben konnte, wurde für die Zarin heiligster Ernst und tiefste Wichtigkeit. Wie eine vom inneren Licht Erhellte bewegte sie sich in der Gesellschaft der Mönche, Narren und Heiligen, und der Umgang mit diesen Wundertätern wurde ihr bald selbstverständlich.

Das seltsamste Märchen der Gegenwart, das Märchen vom Bauern, dem eine Zarin göttliche Ehren erwies, beginnt gleichfalls in der Schar dieser Hofheiligen und Narren. Zehn Jahre war Grigori Efimowitsch Rasputin dem Zarenpaar bekannt, ohne daß er ihnen in der Menge der göttlichen Mittler besonders aufgefallen wäre. Im Jahre 1900 schrieb der Zar in sein Tagebuch: „Heute haben wir die Bekanntschaft mit Grigori gemacht, einem gottgefälligen Mann aus dem Gouvernement Tobolsk.“

Erst zehn Jahre später, um das Jahr 1911, begann der Name dieses Mannes gespenstisch am Firmament des Zarenreiches zu leuchten.

27. EIN MINISTER ÄUSSERT SEINE MEINUNG

Wladimir Nikolaiewitsch Kokowzow, Premier und Finanzminister des Russischen Reiches war ein ordnungsliebender, genauer und vorsichtiger Mann. Jeden Abend pflegte er Punkt für Punkt die Ereignisse des vergangenen und die Pflichten des kommenden Tages aufzuzeichnen. Ein Blick in seinen Kalender genügte dem arbeitsüberladenen Mann, um ihn über seine bevorstehenden Aufgaben, Empfänge und Besuche zu unterrichten.

Als der Minister am Montag, dem 12. Februar 1912, in seinem Kalender nachschlug, wußte er, daß die wichtigste Angelegenheit des nächsten Tages sein Besuch bei der Kaiserin-Mutter, Marie Feodorowna, sein würde.

Die Aufforderung der Kaiserin wurde dem Minister erst am Tage vor seinem Besuch von der Hofdame E. A. Naryschkina überbracht. Die kurze Spanne, die zwischen der Einladung und dem Empfang lag, ließ erkennen, daß die alte Dame diesmal mit dem Minister etwas ganz besonders Wichtiges zu besprechen haben mußte.

Der Morgen des 13. Februar war kalt und neblig. Der Schnee knirschte unter den Rädern des ministeriellen Wagens, der um halb zehn Uhr vor dem Palais der Kaiserin-Mutter hielt. „Ich danke Ihnen für Ihr Kommen", sagte die Greisin, als Kokowzow den kleinen Salon betrat. „Ich weiß, daß ich Sie in wichtigen Arbeiten gestört habe, doch mußte ich Sie unbedingt sprechen."

Der Minister küßte die Hand der Kaiserin, ließ sich in einen Sessel nieder und blickte mit erwartungsvoller Ehrerbietung auf das kalte, verschlossene Gesicht der Zarenmutter.

„Sagen Sie, Wladimir Nikolaiewitsch", begann die Greisin unvermittelt, „was sind das für abscheuliche Gerüchte, die neuerdings in der Gesellschaft und sogar in der Presse verbreitet werden? Immer wieder höre ich schmutzige Einzelheiten über einen sibirischen Bauern namens Rasputin. Es schmerzt mich, daß neuerdings der Name meines Sohnes und der meiner Schwiegertochter mit dieser Angelegenheit in Verbindung gebracht wird. Erst vor kurzem soll sich da etwas Entsetzliches zugetragen haben. Sie als Premierminister werden ja wohl am besten informiert sein. Bitte berichten Sie."

Kokowzow schwieg verlegen. Die Affäre, die die alte Kaiserin andeutete, war kaum salonfähig. Der Ton jedoch, in dem sie ihre Bitte vortrug, war so gebieterisch, daß der Minister alle höfischen Bedenken vergaß und sich zum Reden anschickte.

„Majestät wissen", begann er mit sanfter Stimme, „daß der Bauer Rasputin seit einiger Zeit in dem Kreise der hohen Geistlichkeit, der dem Herrscherpaar nahesteht, eine gewisse Rolle spielt. Neuerdings scheinen jedoch bei einigen Geistlichen Zweifel an diesem Bauern aufgestiegen zu sein. Der Skandal, den Eure Majestät anzudeuten geruhten, ereignete sich am 15. Januar, also etwa vor einem Monat, auf den Wasiljew-Inseln, im Jaroslawer Hospiz, wo Hermogen, der Bischof von Saratow, seinen zeitweiligen Sitz hat.

Der Bischof Hermogen, der dem Hofe nahesteht, und der Mönchspriester Illiodor, waren noch vor kurzem Gönner und Freunde Rasputins. Nun scheint sich dieses Verhältnis geändert zu haben. Als Rasputin am 15. Januar im Quartier des Bischofs erschien, begann dieser, unterstützt von Illiodor, den Bauern mit Vorwürfen zu überhäufen. Anscheinend beanstandete er das ausschweifende Leben des Bauern und forderte ihn auf, sofort und für immer in sein sibirisches Dorf zurückzukehren.

Rasputin antwortete mit wilden, sibirischen Flüchen, worauf Illiodor mit großem Temperament den Schatz seiner Wolgaschimpfworte auspackte. Das Gebrüll artete schließlich in eine Prügelei aus, und es ist möglich, daß der Bischof und der Mönchspriester Rasputin einfach erwürgt hätten. Auf den verkrüppelten Narren Mitja Koljaba, der gerade in der Bischofszelle anwesend war, machte die Szene jedenfalls einen solchen Eindruck, daß er einen seiner Anfälle bekam und schäumenden Mundes mit zuckenden Gliedern zu Boden stürzte. Das brachte den Bischof und den Priester zur Besinnung."

Kokowzow schwieg verlegen, blickte die Kaiserin einen Augenblick an, seufzte tief und fuhr fort:

„Ich persönlich habe Rasputin bisher weder gesehen noch gesprochen. Es ist mir auch unverständlich, wie es diesem Bauern gelungen ist, den Zaren noch am gleichen Tage davon zu verständigen, daß die beiden Geistlichen ihn in eine Falle gelockt hatten und, Majestät entschuldigen, ihn angeblich entmannen wollten. Der Zar war über die Mitteilung empört und erklärte, so etwas sei schlimmer als Raubüberfälle am lichten Tage.

Den Rest der Geschichte werden Majestät kennen. Der Bischof, der Mönchspriester und Mitja, der Narr, wurden auf Befehl des Zaren in ferne Klöster verbannt. Unglückseligerweise prahlt jetzt Rasputin überall mit seiner Beziehung und Freundschaft zum Zarenhaus. Auch werden an ihn gerichtete

Privatbriefe der Zarin und der Zarentöchter in der Gesellschaft herumgezeigt. Das ist alles, Majestät."

Während Kokowzow sprach, wurde das Gesicht der Kaiserin-Mutter immer ernster. Als er seine Geschichte beendet hatte, war dieses eisige Gesicht wie verwandelt. Auf den harten Zügen der alten Frau zeigte sich eine tiefe, menschliche Rührung. Voll innerer Erregung erhob sie sich und schritt zum Fenster. Ihre Augen füllten sich mit Tränen, sie wandte Kokowzow den Rücken zu, und ihre Schultern begannen zu zittern. Die Kaiserin-Mutter weinte wie ein Kind.

„Die arme, unglückliche Alix", sagte sie schluchzend, „sie versteht nicht, daß sie die Dynastie und sich selber zugrunde richtet. Sie glaubt aufrichtig an die Heiligkeit dieses Scharlatans, und wir alle sind außerstande, das Unglück abzuwenden."

Der nüchterne, kühle Kokowzow konnte die Verzweiflung der alten Frau kaum begreifen. Der Skandal war tatsächlich peinlich. Das Ende der Dynastie war aber nicht daraus abzuleiten.

Um so größer war das Erstaunen des Ministers, als er, zu Hause angelangt, auf seinem Schreibtisch einen Brief vorfand, dessen ungelenke Lettern und groteske Orthographie wenig in die würdevolle Atmosphäre eines ministeriellen Schreibtisches paßte.

Der Brief lautete: „Will gänzlich wegfahren. Möchte Sie gerne sehen, um Gedanken auszutauschen. Über mich spricht man jetzt viel. Sagen Sie, wann. Adresse: Kirotschnaja 12, bei Sasonow. Rasputin."

Der rätselhafte Bauer hatte es also tatsächlich gewagt, sich direkt an den ersten Beamten des Reiches zu wenden. Halb aus Neugierde, halb aus Vorsicht, beschloß Kokowzow, den Bauern drei Tage später zu empfangen. Ein alter Freund Rasputins, Mamontow, der gleichzeitig ein Verwandter des Ministers war, sollte dem Gespräch als Zeuge beiwohnen.

Kokowzow war ein kluger, fleißiger Beamter. Seit vielen Jahrzehnten bewegte er sich in der Welt genauer Zahlen, Diagramme und Rechnungen. Das Erdall offenbarte sich ihm in exakten Ziffern und Formeln. Er war gewohnt, Gefühle und Leidenschaften genau so zu subtrahieren oder zu addieren wie die Zahlenkolonnen der Einnahmen oder Ausgaben des Russischen Reiches. Für überirdische Visionen, metaphysische Erscheinungen und mystische Glaubensbekenntnisse hatte er kein Organ. Der sagenhafte Muschik, der, Gott weiß wie, aus der Schar der geistlichen Hofnarren zu einer Art von Tageshelden emporgestiegen war, interessierte ihn lediglich, weil dieser Muschik in irgendeiner rätselhaften Beziehung zum Zaren und somit zum Staatsmechanismus stand.

Es war spät am Abend, als in die Tür des ministeriellen Arbeitszimmers ein etwa vierzigjähriger, hochgewachsener Bauer trat. Der Bauer war stämmig und zugleich hager. Sein mächtiger Schädel war mit langen, ungekämmten Haaren bedeckt, die tief in den Nacken herabfielen. Auf seiner Stirn bemerkte Kokowzow ein dunkles Mal, wohl die Erinnerung an eine längst vergessene Prügelei. Die hervorstehende Nase war breit, fleischig und mit Blatternarben bedeckt. Runzeln und tiefe Falten durchfurchten die von der Sonne gebräunte Haut. Das ganze Gesicht war von einem dunklen, struppigen Bart wildüberwachsen.

Der Bauer Rasputin näherte sich dem Minister. Seine Augen bohrten sich in das Gesicht Kokowzows. Diese Augen fesselten durch ihre seltsame Beweglichkeit. Klein, stechend, grau, nahe aneinandersitzend, bargen sie eine lockende, beunruhigende und verwirrende Welt in sich.

Die erste Begegnung jenes Bauern mit der Regierung schildert Kokowzow wie folgt:

„Er blickte mich lange, durchdringend an, so, als ob er mich hypnotisieren wollte. Dann warf er mit einem plötzlichen Ruck den Kopf zurück und starrte auf die Zimmerdecke, mit seinen Augen langsam das Deckenmuster verfolgend. Plötzlich senkte er den Kopf, blickte unbeweglich auf den Boden und schwieg. Ich hatte das Gefühl, daß er eine Ewigkeit in dieser sinnlosen Lage verharren könnte. Deshalb brach ich als Erster das Schweigen und sagte: ‚Also, Sie wollten mich sehen, was wollten Sie eigentlich von mir? So kann man ja bis zum frühen Morgen sitzen.' Meine Worte übten keinerlei Wirkung aus. Auf dem Gesicht Rasputins zeigte sich ein gemachtes, dummes, halbidiotisches Lächeln. Schließlich murmelte er: ‚Ich nichts, ich so, ich schau nur, was das für ein hohes Zimmer ist.' Dann verfiel er wieder in Schweigen, den Kopf zurückgeworfen und auf die Decke starrend.

Diese ungemütliche Situation änderte sich erst beim Erscheinen Mamontows. Dieser küßte sich mit Rasputin und fragte ihn, ob er tatsächlich nach Hause zurückfahren wolle. Anstatt zu antworten, richtete Rasputin seine kalten durchdringenden Blicke auf mich und sagte schnell: ‚Na was, soll ich wegfahren? Das ist ja kein Leben mehr. Was quatscht man da alles über mich?'

Ich antwortete: ‚Ja, natürlich, Sie werden gut handeln, wenn Sie wegfahren. Es ist ja gleich, ob man quatscht oder ob man die Wahrheit spricht. Sie müssen aber begreifen, daß Sie hier nicht am Platze sind, daß Sie dem Zaren schaden, wenn Sie im Palais erscheinen, und insbesondere, indem Sie von Ihren nahen Beziehungen zum Thron erzählen und dadurch die entsetzlichsten Märchen und Gerüchte hervorrufen.'

'Wem erzähle ich was?', schrie Rasputin in hohem Falsett. 'Ich dränge mich ja nicht zum Palast, warum schleppt man mich hin?' Mamontow unterbrach ihn. 'Wollen wir doch aufrichtig sein, Grigori Efimowitsch', sagte er mit öliger Stimme, 'du sprichst ja in der Tat zu viel. Aber nicht das allein ist wichtig. Du mußt doch bedenken, daß der Palast kein richtiger Boden für dich ist. Es wird schlimm enden, wenn du weiterhin an dem Palast kleben bleibst, nicht für dich, sondern für den Zaren, schon jetzt wird sein heiliger Name mißbraucht.'

Während Mamontow sprach, saß Rasputin schweigend, mit gesenkten Lidern auf einem Sessel. Auch wir schwiegen, und das Schweigen währte unheimlich lange. Man brachte Tee. Rasputin ergriff mit seiner Pranke etwas Gebäck, warf es in sein Teeglas und starrte mich wieder mit seinen tierischen Blicken an. Diese dauernden Versuche, mich zu hypnotisieren, begannen mich zu langweilen. 'Ihre Blicke üben auf mich keinerlei Wirkung aus', sagte ich. 'Wollen wir doch einfach reden. Hat denn Mamontow nicht recht?' Rasputin lächelte sinnlos, räkelte sich seltsam im Sessel, blickte zur Seite und sagte: 'Na, meinetwegen, ich fahre weg, aber man soll mich dann nicht zurückrufen – wenn ich so einer bin, daß ich dem Zaren schade.'

Ich wollte die Unterhaltung in andere Bahnen lenken. Wir sprachen über die Lage in Sibirien, und Rasputin antwortete klug, gescheit, ja sogar scharfsinnig. Als ich aber sagte: 'Sehen Sie, so geht es ja viel einfacher, so werden wir einig werden', zuckte er plötzlich zusammen, warf den Kopf zurück und murmelte unzusammenhängende Worte wie: 'Schön, ich bin ein Nichtsnutz. Ich fahre weg. Soll man ohne mich fertigwerden. Warum ruft man mich dauernd? Ich soll von einem sprechen, vom andern, das und jenes ...', dann sprang er plötzlich auf, starrte mich an und sagte: 'Na also, nun sind wir bekannt geworden, lebt wohl', und verließ mit großen Schritten das Zimmer."

Zwei Tage später erstattete Kokowzow dem Zaren den üblichen Wochenbericht. Nachdem die laufenden Fragen erledigt waren, fragte Kokowzow, ob er von einer besonderen Angelegenheit sprechen dürfe. Als ihm die Genehmigung erteilt wurde, erzählte der Minister dem Zaren seine Besprechung mit Rasputin und fügte hinzu, daß seines Erachtens die Prahlereien des Bauern über seine Nähe zum Thron der Allerhöchsten Familie nicht unbeträchtlichen Schaden zufügten.

Der Zar hörte schweigend zu, erst als der Bericht zu Ende war, fragte er wie nebenbei: „Haben Sie ihm gesagt, daß Sie ihn ausweisen, wenn er nicht von selbst wegfährt?“ „Majestät“, antwortete Kokowzow, „ich habe nicht das Recht, jemanden auszuweisen. Ich hatte auch keinen Anlaß dazu, denn Rasputin erklärte von sich aus, daß er fortfahren will.“ Diese Antwort schien den Zaren sehr zu befriedigen. „Man hat mir hinterbracht“, sagte er freundlich, „daß Sie und der Innenminister Rasputin der Hauptstadt verweisen wollen, ohne mir vorher darüber Bericht zu erstatten. Ich bin froh, daß das nicht der Fall ist. Es würde mich schmerzen, wenn jemand unseretwegen zu leiden hätte.“

Kokowzow wollte sich bereits zum Gehen anschicken, als der Zar plötzlich seinen Blick auf ihn richtete und fragte: „Was halten Sie übrigens von diesem Bäuerlein?“

„Er hat auf mich den denkbar allerschlechtesten Eindruck gemacht, Majestät“, antwortete Kokowzow offenherzig. „Während meiner einstündigen Unterhaltung mit ihm habe ich den Eindruck gewonnen, daß er ein typischer sibirischer Strolch ist. Er gehört zu der großen Kategorie der russischen Barfüßler, die von Ort zu Ort wandern, die ihre meist verbrecherische Vergangenheit zu verbergen trachten und kein Mittel scheuen, um ihre Ziele zu erreichen. Aufrichtig gesprochen wäre es mir unheimlich, diesem Mann in einer dunklen Gasse zu begegnen. Sein Äußeres ist abstoßend, seine Manieren unaufrichtig, seine betonte Einfachheit geheuchelt und falsch.“

Der Zar hatte während der ganzen Rede kein Wort gesprochen. Beharrlich blickte er aus dem Fenster, ein untrügliches Zeichen, daß ihm das Gespräch äußerst unangenehm war. Erst als Kokowzow mit der Versicherung schloß, er habe es für seine Pflicht gehalten, dem Zaren all dies mitzuteilen, zwang sich Nikolaus zu einem freundlichen Lächeln und erklärte, daß er die Offenheit des Ministers außerordentlich zu schätzen wisse. „Übrigens“, fügte er hinzu, „muß ich Ihnen sagen, daß ich dieses Bäuerlein kaum kenne. Ich habe ihn flüchtig höchstens zwei-, dreimal gesehen, und auch das in großen Zeitabständen.“

Dieses Gespräch fand um elf Uhr morgens statt. Um vier Uhr nachmittags waren Rasputin bereits alle Einzelheiten bekannt. „So einer ist er also“, sagte Rasputin finster, „na schön, soll er, jeder, wie er kann.“ – Diese wenigen Worte entschieden über die zehnjährige Ministertätigkeit Kokowzows. Rasputin erfüllte zwar sein Versprechen und verschwand für einige Zeit aus der Hauptstadt, doch schon beim nächsten Hofempfang brachte es die Zarin nur mit sichtbarer Überwindung zustande, dem Minister die Hand zum Kusse zu reichen. Die Hofleute, die die roten Flecken im Gesicht der Zarin richtig zu deuten verstanden, wußten von da ab, daß der sibirische Muschik Rasputin in eine wesentlich höhere Kategorie gehörte als die Schar der Wundermönche und geistlichen Narren, aus der er hervorgegangen war.

Trotz aller betonten Liebenswürdigkeit des Zaren, trotz aller Verdienste des Ministers wußte Petersburg bald, daß der Rücktritt Kokowzows nur noch eine Frage der Zeit war. Rasputin hatte seine finsteren Worte nicht vergessen. Kokowzow war der erste Premierminister des Reiches, der Rasputin zum Opfer fiel.

Am Tage nach Kokowzows Rücktritt traf Nikolaus in der Zarenloge des kaiserlichen Balletts die greise Kaiserin-Mutter. „Warum hast du das getan?“, fragte Maria Feodorowna. Auf dem blassen Gesicht des Zaren zeigte sich ein Hauch von Wehmut, als er antwortete: „Glaubst du, daß es mir leicht fiel? Ein anderes Mal werde ich dir alles erzählen. Ich weiß, daß es einfach ist, einen Minister zu entlassen, es ist aber schwer, sich einzugestehen, daß man es nicht hätte tun sollen.“

28. DIE FREUNDIN DER ZARIN

Der versteinerte Prunk des großen Hofes erdrückte das russische Herrscherpaar. Der Hof, die Gegenstände, die Menschen, die Möbel und die Diener schienen ein geheimnisvolles selbstständiges Leben zu führen.

Die Einsamkeit, die in den großen Sälen nistete, lastete schwer auf der Zarin. Während ihr kaiserlicher Gemahl den Staatsgeschäften nachging, während die Töchter der Fürsorge der Lehrer anvertraut waren, durchlebte sie Stunden voll quälender Einsamkeit.

Ganze Tage verbrachte die Kaiserin in ihrem lila Boudoir. Ihre Seele schien in trübe und düstere Vorahnungen verstrickt. „Dieser Raum", schreibt Frau Anna Wyrubowa, „enthielt stets eine Fülle der herrlichsten Blumen, blühenden Flieder und Rosen. Auf einem niedrigen Tisch neben dem Ruhebett der Kaiserin standen Familienphotographien, zwischen ihnen lagen Briefe und Telegramme, die sie, wenn sie nicht gerade von ihren Angehörigen kamen, häufig zu beantworten vergaß. Über dem Ruhebett der Kaiserin hing ein großes Gemälde, ‚Der Traum der Gottesmutter', das abends von einer elektrischen Lampe beleuchtet wurde. Die heilige Jungfrau war auf diesem Gemälde schlafend, an eine Marmorsäule gelehnt, von Lilien und Engeln umgeben dargestellt ... Die Stille des Gemachs wurde nur von den Klängen des Flügels über uns unterbrochen, wo die Großfürstinnen nacheinander ein und dieselbe Melodie übten."

Aus dieser drückenden, beinah mystischen Stille des blaulila Boudoirs gab es keinen Weg in die freie und ferne Welt. Da sie die Politik nur inoffiziell betreiben konnte, blieb die Kindererziehung das einzige Gebiet, in dem die Kaiserin unumschränkt herrschen durfte. Ihre ganze übersprudelnde Energie widmete die ehrgeizige Frau dem engumgrenzten Gebiet, auf dem sich das Leben ihrer vier Töchter und ihres Sohnes abspielte.

Die Zarin pflegte viele Stunden im Spielzimmer ihrer Kinder zu verbringen. Eingehend besprach sie mit den Erziehern, M. Gilliard, Mr. Gibbes und Frau Schneider das Lehrprogramm. Sie selbst unterwies ihre Kinder in den Fragen des Haushaltes, brachte ihnen das Stricken und Nähen bei und fertigte eigenhändig kleine Puppen an, die die Kinder in einem Puppenschrank aufbewahrten, über dem die warnende Aufschrift hing: „Der Eintritt ist nur mit Erlaubnis von Tatjana und Olga gestattet."

Jeglicher Luxus wurde von den Kindern ferngehalten. Bis zu ihrer Volljährigkeit besaßen die Zarentöchter keine Juwelen. Den Verkehr mit den Kindern der Aristokratie unterband die Zarin nach Möglichkeit, da sie eine schlechte Beeinflussung befürchtete, was zur Folge hatte, daß, wie Frau Naryschkin sagt, „die Großfürstinnen in der Gesellschaft an kleine Wilde erinnerten".

Die Kaiserin, die sich schon vor der Geburt ihres Sohnes viel mit der Pflege ihrer Kinder zu schaffen gemacht hatte, erwählte diese Beschäftigung nach der Erkrankung des Zarewitsch zur Hauptaufgabe ihres Daseins. Das Leiden des Thronfolgers wurde lange Zeit geheimgehalten. Die auffällige Sorge der Zarin um den Sohn erschien daher den Höflingen übertrieben und lächerlich. Die Kaiserin hatte es ihrer Ansicht nach nicht nötig, alle Pflichten der Landesmutter zu vernachlässigen, um ganze Tage und Nächte im Kinderzimmer zu verbringen.

Mit steigendem Mißfallen blickten die Höflinge auf die übertriebene erzieherische Betätigung der Zarin. Alexandra Feodorowna, die gehofft hatte, durch die Geburt eines Sohnes die Kluft zwischen sich und ihrer Umgebung zu überbrücken, mußte erkennen, daß gerade die Geburt des Zarewitsch die endgültige Entfremdung zwischen ihr und dem Hofe herbeigeführt hatte. Wenn die Höflinge bis dahin nur von einer reservierten Kühle beseelt gewesen waren, so begannen sich nunmehr in den Kreisen der Aristokratie und des Hofes die ersten Anzeichen von Böswilligkeit bemerkbar zu machen.

Mit schmunzelndem Behagen wiederholten die Höflinge das angebliche Urteil des Großherzogs von Hessen-Darmstadt, des Bruders der Zarin: „Der Kaiser ist ein Engel, aber er weiß nicht, wie man mit meiner Schwester umgehen muß. Sie braucht einen ihr übergeordneten Willen, der sie beherrscht und der ihr gleichsam die Zügel anlegt." Da der Kaiser nach der allgemeinen Ansicht diesen Willen nicht besaß, suchten die neiderfüllten Höflinge in ihrem Kreise nach dem Menschen, der eine geheime Macht über die Kaiserin hätte ausüben können.

Dieser Mensch war bald gefunden. Die Mißgunst der Hofgesellschaft richtete sich gegen die innige Freundschaft, die die Kaiserin ihrem ehemaligen Hoffräulein, Frau Anna Tanejewa Wyrubowa entgegenbrachte. Diese etwas korpulente Dame, deren Leben so seltsam mit dem des russischen Kaiserpaares verknüpft war, entstammte einer alten Hoffamilie. Sie war eine exaltierte, einfältige Frau. Ihre beinah krankhafte Schwärmerei für die Kaiserin nahm bisweilen die Formen eines mystischen Aberglaubens an. In nahezu maniakalem Fanatismus überschüttete die Wyrubowa die Zarin mit dem ganzen Schatz ihrer überschwenglichen Liebe.

Obgleich die Zarin durch die ekstatische Art der Wyrubowa etwas betroffen war, empfand sie später Mitleid und Zuneigung für dieses einfältige Geschöpf, das, nach dem Ausdruck Wittes: „Stets mit verliebten Honigaugen auf sie blickte und ‚ach, ach' seufzte."

Die Wyrubowa musizierte mit der Kaiserin, saß stundenlang zusammengekauert zu ihren Füßen und verschlang mit exaltierter Inbrunst die religiösen Schriften, die ihr die Zarin lieh. An die indifferente Kühle ihrer Umgebung gewöhnt, mußte die Zarin allmählich von dieser seltsamen Zuneigung tief gerührt werden. Schon bei ihrer ersten, gemeinsamen Dampferfahrt sagte sie: „Ich danke Gott, daß er mir endlich eine echte Freundin gesandt hat."

Die Wyrubowa wurde zur ständigen Reisebegleiterin und Gefährtin der Kaiserin. Ihre persönliche Anspruchslosigkeit und Bescheidenheit – sie war stets einfach gekleidet, und ihr einziger Schmuck war die blendende Reinheit ihres Teints – bestach Alexandra Feodorowna. „Nie", schreibt Paléologue, „sah ein kaiserlicher Günstling bescheidener und weniger ansehnlich aus."

In der Nähe des Palastes von Zarskoje Selo bewohnte die Wyrubowa ein winziges, bescheiden möbliertes Häuschen. Dort empfing sie an stillen, mondlosen Abenden die Besuche des Zarenpaares. Die Kaiserin brachte Bäckereien mit und der Kaiser eine Flasche Sherry. Diese Zuwendungen waren neben der Monatsrente von 270 Rubeln die einzigen materiellen Unterstützungen, die die mittellose Wyrubowa von ihren kaiserlichen Freunden empfing.

Gemeinsame Gebete, religiöse Gespräche und Musik wurden zum seelischen Fundament der gegenseitigen Liebe der beiden Frauen. Eine Atmosphäre von religiöser Überspanntheit umgab sie. Zwar war die Kaiserin schon vorher religiösen Schwärmereien zugeneigt gewesen, doch verstand es die Wyrubowa, die Seele ihrer hohen Freundin derart in den Zustand der religiösen Ekstase zu versetzen, daß sich alsbald gesundheitliche Schäden daraus ergaben.

Das nervöse Leiden der Kaiserin verschlimmerte sich. „Die Wyrubowa", schreibt Frau Naryschkina-Kurakina, „verließ die Zarin nicht, saß immer in ihrem Schlafzimmer, bedauerte sie, küßte ihre Hände und erklärte, niemand außer ihr nehme den Zustand der Zarin hinreichend ernst. Sie allein empfinde für ihre Leiden volles Verständnis. Dr. Fischer, der behandelnde Arzt, ein kluger und tüchtiger Mann, hatte erfaßt, daß das physische Leiden der Patientin, eine leichte Form von Influenza, ohne jede Bedeutung war, daß das eigentliche Übel jedoch in der durch mystische Schwärmerei angegriffenen Beschaffenheit ihres Nervensystems liege. Endlich beschloß Dr. Fischer, die Wyrubowa aufzusuchen, an ihre Freundschaft für die Zarin zu appellieren und sie zu bitten, sie möge die Zarin auf einige Zeit verlassen, nur so bestehe die Möglichkeit, die Kranke in eine ganz andere moralische und physische Umgebung zu versetzen und sie solcherart zu heilen. Aber die Wyrubowa lachte nur, als der Arzt ihr diesen Vorschlag machte. Da Dr. Fischer jetzt erkannte, daß er von dieser Seite keine Unterstützung zu erwarten hatte, bat er die Kaiserin um seinen Abschied und legte die Behandlung der Zarin nieder."

Wie ein Alpdruck lastete auf der Seele der Zarin die nie versiegende, eifersüchtige Freundschaft dieser Frau, und oft fühlte sie, daß diese Freundschaft ihre Seele wie ein schwerer unsichtbarer Reifen umschloß. Je ungestümer jedoch die Freundschaft der Wyrubowa wurde, desto kraftloser gab sich die Zarin dem qualvollen Zauber hin. Erst in ihren späteren Briefen an den Zaren klagt sie über die Zudringlichkeit dieser Frau: „Sie ist verwöhnt und schlecht erzogen. Eine Menge Leute kommen zu ihr, und sie hat keine Zeit sich einsam zu fühlen." „Sie war heute früh schlecht gelaunt und nicht besonders liebenswürdig, man kann sagen, daß sie einfach grob war." „Es ist nicht gut, daß ich so schlecht über sie spreche, aber Du weißt, manchmal ist sie unerträglich."

Je deutlicher die Unzufriedenheit ihrer Umgebung zutage trat, desto fester klammerte sich jedoch die Zarin an die Freundschaft der Wyrubowa. Selbst die heimliche Liebe der Wyrubowa für den Zaren, die bei der Kaiserin manchmal wahre Paroxysmen der Eifersucht hervorrief, vermochte nicht das seltsame Band dieser Freundschaft zu lockern.

Begleitet von ihrer Freundin suchte die Kaiserin die stille Einsamkeit des Meeres auf. Das Leben an Bord der kaiserlichen Jacht erinnerte an das verträumte Dasein einer selbstgenügsamen bürgerlichen Familie. Nur zweimal in der Woche erreichten die Berichte der Minister den Kaiser; in der übrigen Zeit gehörte der Zar ungeteilt seiner Familie. Die friedliche Harmonie dieser Tage wurde dadurch auf das schönste und glücklichste gesteigert.

Während sich jedoch die Kaiserin der verträumten Freundschaft hingab, während die Kinder spielten und der Kaiser lange Spaziergänge auf den Inseln unternahm, wurde in den Petersburger Kreisen das Treiben der Zarin immer schärfer kritisiert. Die kalte Abneigung, die die Zarin der offiziellen

Welt entgegenbrachte, ihre augenscheinlich überschwengliche Liebe zur Wyrubowa, wirkten herausfordernd, und der ganze Hof, die ganze Gesellschaft, die ganze Stadt schienen nur auf einen Anlaß zu warten, um den ganzen Zorn ihrer Enttäuschung über die Kaiserin zu entladen.

„Man muß sein Handwerk beherrschen", sagte einmal die Großfürstin Maria Pawlowna mit deutlicher Warnung zur Kaiserin. Diese Warnung hat Alexandra Feodorowna nie verstanden. Die Technik des kaiserlichen Lebens, „das Handwerk einer Kaiserin" blieb ihr fremd. Die ganze Tragik ihres Daseins war die Folge ihrer verhängnisvollen Unfähigkeit, den empfindlichen Mechanismus des gekrönten Lebens zu fassen und zu meistern.

29. DER STARETZ

In den Wandelgängen des großen Palastes, in den dunklen Korridoren, in den Marmornischen der großen Säle nistete ein gewaltiger Schrecken. Die Höflinge, die diensttuenden Generaladjutanten, Kammerherren und Zeremonienmeister warfen einander erschrockene und aufgeregte Blicke zu. Etwas Unheimliches und Schreckliches ging im Palais vor. Mit gedämpften Stimmen erzählten sich die Höflinge, daß in den Nächten ein Bauer mit wildgewachsenem Bart und grobem Bauernrock zum Zaren schleiche, daß dieser Bauer den Kaiser segne und am Körper des Zarewitsch seltsame Beschwörungen vornehme, die Zarin „Mama" nenne und die Zarentöchter streichle. Allerdings hatten weder der Palastkommandant noch die zahlreichen Adjutanten den Bauern je lebendigen Angesichts gesehen.

Der Palastkommandant zuckte sogar erstaunt die Achseln, wenn ihm Fräulein Tjutschew, die Erzieherin der Zarentöchter, wieder einmal von einem nächtlichen Besuch des Bauern berichtete. Offiziell brauchte er von der Existenz dieses Bauern, der sich Grigori Efimowitsch Rasputin nannte, überhaupt keine Notiz zu nehmen.

Ein dichtes Netz von Palastpolizisten, Spitzeln, kombinierten Palasttruppen und Konvois überwachte jeden Schritt des Zarenpaares. Jede Ausfahrt, jeder Besuch, jedes Gespräch des Zaren wurde geflissentlich belauscht und notiert. In politisch unruhigen Zeiten kontrollierte die Ochrana sogar die Telephongespräche des Monarchen. Wenn der Zar gleichwohl in der Nacht den Bauern durch eine Seitentür über eine schmale dunkle Wendeltreppe in sein Arbeitszimmer führen ließ, so glich diese Geheimtuerei in den Augen der Polizei dem Allerhöchsten Befehl, die Existenz dieses Bauern zu ignorieren. Erst nach und nach gelang es den neugierigen Polizisten und wißbegierigen Höflingen zu erfahren, auf welchem geheimnisvollen Weg der Bauer in das Palais des russischen Zaren gelangt war.

Schon vor einigen Jahren war der fromme sibirische Pilger Rasputin in der Schar der Heiligen, Narren und Wundertäter aufgetaucht, die, von der Hofgeistlichkeit unterstützt, unaufhörlich an den Türen des kaiserlichen Palastes pochten. In den Wandelgängen des Petersburger Priesterseminars fiel der intelligente und fromme Wanderer dem Seminarrektor und Archimandriten Theophan auf, der einer der gelehrtesten Theologen Rußlands war.

Die religiösen Gespräche mit Rasputin überzeugten den Kirchenvater davon, daß dieser Bauer ein Vertreter jenes lebendigen, ungebundenen religiösen Volkslebens sei, für das das Herz der Majestäten schwärmte.

Von Vater Theophan unterstützt, trat Rasputin vor die hohe Geistlichkeit, die die Seele dieses Volksheiligen mit prüfenden Blicken zu erforschen begann. Rasputin hielt dieser Prüfung stand, denn selbst der Bischof Hermogen, ein einflußreicher Geistlicher am Hofe, schien an der naiven Volksweisheit des Bauern Gefallen zu finden. Desgleichen der mächtige Mönchspriester Illiodor, der bereits seit Jahren zu den Säulen der reaktionären Orthodoxie gehörte. Ja, sogar der berühmte „Beter der russischen Erde", der gottfürchtige Vater Johann von Kronstadt, pries den Bauern als einen gottgefälligen Mann und empfing öffentlich in frommer Demut seinen Segen. Unter den sorgsamen Blicken der Geistlichkeit beschritt Rasputin den Weg, der zum Palais des Gesalbten des Herrn führte.

Vom Mönchspriester Illiodor in den Kreis des konservativen Verbandes „Echtrussischer Leute" eingeführt, vermochte Rasputin auch dort einen günstigen Eindruck zu hinterlassen. Mit Freude lauschten die konservativen Herren den Worten des Bauern, der in seiner ungeschliffenen Art erklärte, daß die Duma und die Verfassung lediglich die Ausgeburten des Bösen seien und daß das Herz des russischen Volkes nach wie vor in unerschütterlicher Treue für das Väterchen Zar schlage. Wenn jedoch die „echtrussischen Leute" glaubten, in den Worten Rasputins lediglich die Stimme des unverfälschten, russischen Volkes zu vernehmen, so war die Montenegrinerin, die Großfürstin Anastasia, der Rasputin vorgestellt wurde, sofort von den übersinnlichen Kräften des Bauern gefangen genommen.

Das durchfurchte Gesicht Rasputins, seine durchdringenden Augen, der magische Zauber, der von ihm ausging, übten auf die mystisch veranlagte Großfürstin einen überwältigenden Eindruck aus. Ihr schien, daß die Augen des Staretz einem Quell überirdischen Lichtes glichen, an dem sich ihre müde Seele laben konnte. Mit brennendem Eifer stellte die Montenegrinerin fest, daß der Staretz in der Tat übersinnliche Fähigkeiten besaß. Die weisen Worte Rasputins glichen prophetischen Sprüchen; des öfteren gelang es dem Bauern, die intimsten Gedanken der Großfürstin und ihrer Umgebung zu erraten. Noch wunderbarer war es allerdings, daß der Bauer über ungewöhnliche Heilkräfte verfügte und daß sein sanftes Zureden sowie sein hypnotischer Blick genügten, um selbst hoffnungslos erscheinende Kranke, zumeist Frauen, zu heilen.

Rasputin

Es lag nunmehr nahe, die Heilkräfte ihres neuen Schützlings auch am Lager des leidenden Zarewitsch zu erproben. Die Zarin, die schon längst an den Fähigkeiten der Hofärzte zweifelte, schenkte der Großfürstin williges Gehör. Wie in der Politik, so konnten sich auch in der Wissenschaft die magischen Kräfte des lebendigen Volkstums weitaus wirksamer erweisen als die schwächlichen Bemühungen der aufgeklärten Fachleute. Auch der Zar setzte dem Vorschlag der Großfürstin keinen wirksamen Widerstand entgegen; insbesondere nachdem ihm der fromme Staretz von den Spitzen der russischen Orthodoxie und der einzig wahrhaft zarentreuen Partei des Reiches, dem „Verband der echtrussischen Leute“, empfohlen worden war.

Schon die erste Zusammenkunft zwischen dem Herrscherpaar und dem Staretz unterschied sich wesentlich von den häufigen Begegnungen der Zarin mit der Schar der Jurodiwi, Hofnarren und Heiligen. Waren diese meist in der Gestalt lallender Propheten und frommer Ratgeber erschienen, so trug Rasputin weder eine gesuchte Demut noch eine drohende Strenge zur Schau.

Vor dem Herrscherpaar erschien ein gewöhnlicher sibirischer Bauer mit auffallend energischem, offenem Gesicht in ruhiger, aufrechter Haltung. Aller höfischen Etiquette zum Trotz umarmte er das Herrscherpaar und küßte es dreimal nach alter sibirischer Sitte. Auch führte Rasputin dem Zaren keinen magischen Zauber vor, sondern erzählte schlicht und einfach von seinem sibirischen Heimatdorf Pokrowskoje, von seinen Pilgerfahrten zu alten Klöstern, von den Freuden und Nöten der Bauern und von der Liebe des Volkes zum Väterchen Zar.

Als die Zarin den Bauern zögernd in das Zimmer des Zarewitsch geführt hatte, faßte auch das Kind ein unerwartetes Vertrauen zu ihm, lauschte aufgeregt seinen Erzählungen, vergaß seine Schmerzen und verlangte immer wieder nach dem Staretz. Während der Staretz in seiner aufrechten, ungeschliffenen Art auf den Zaren den allerbesten Eindruck gemacht hatte, war die Zarin bald völlig überzeugt, daß Grigori jener Freund sei, dessen Erscheinen ihr einst der Franzose Philipp prophezeit hatte.

Erst durch ein seltsames Ereignis gelang es jedoch Grigori Efimowitsch, die zarte Seele der Zarin in seine festen Bauernhände zu bekommen.

Jedes Jahr im Herbst reiste die kaiserliche Familie zur Jagd nach Spala in Belowesh. Auch im Jahre 1912 fuhr der Zar, von der Zarin und den Kindern begleitet, in das kleine, nahe dem Urwald gelegene, aus Holz errichtete Jagdschloß. Eines Tages spielte der Zarewitsch am Ufer eines Teiches. Als er in ein Boot springen wollte, machte er eine unvorsichtige, hastige Bewegung und blieb mit schmerzverzerrtem Gesicht am Boden liegen. Seine Oberschenkel und sein Leib bedeckten sich sofort mit jenen blauen Flecken, die bei einem Bluter stets auf einen der lebensgefährlichen Blutergüsse hindeuten. Das Kind wurde ins Schloß überführt, und während ein Sonderzug aus Petersburg die Leibärzte Professor Botkin, Professor Feodorow und Professor Rauchfuß brachte, verschlechterte sich der Zustand des Zarewitsch zusehends. Nach eingehender Untersuchung erklärten die Ärzte den Zustand des Thronfolgers für hoffnungslos.

Das Hofministerium hatte bereits alle Vorbereitungen getroffen, um dem Volk die traurige Nachricht bekanntzugeben. In allen Kirchen des Landes wurden Bittgebete abgehalten. Die Minister und Höflinge erwarteten stündlich die Katastrophe. Die verzweifelte Kaiserin sah nun ihre letzte Hoffnung im Beistande jenes Mittlers, den ihr der Himmel kürzlich gesandt hatte. Ein kurzes Telegramm beorderte den Staretz Rasputin nach Spala.

General Mosolow, der während der Krankheit des Zarewitsch im Schlosse anwesend war, berichtete darüber wie folgt: „Eines Abends blieb Professor Feodorow, nachdem seine beiden Kollegen gegangen waren, bei mir und sagte: ‚Ich stimme mit meinen Kollegen nicht überein. Ich glaube, man müßte energischere Mittel anwenden. Allerdings sind diese Mittel nicht ungefährlich. Wenn ich den Zarewitsch allein behandeln würde, so würde ich sie jedoch trotzdem anwenden. Was glauben Sie, soll ich dem Kaiser berichten darüber, oder soll ich die Mittel ohne sein Wissen anwenden?‘ Ich antwortete, daß ich da keinen Rat geben könne. Als der Professor gegangen war, habe ich dieses Gespräch natürlich dem Hofminister mitgeteilt. Während wir uns darüber unterhielten, kam der Hofkurier und sagte, daß er von der Kaiserin den Befehl erhalten habe, am nächsten Morgen ein Auto an die Bahn zu schicken, um den Staretz Rasputin, den Ihre Majestät bestellt hatte, ins Palais zu bringen ...

Rasputin kam am nächsten Morgen. Gemäß dem Befehl der Kaiserin wurde er direkt ins Krankenzimmer des Zarewitsch geführt. Um zwei Uhr kamen die Ärzte zu mir und teilten mir erregt mit, daß die Blutungen aufgehört hatten. Als sie weggingen, bat ich Professor Feodorow zu bleiben und fragte ihn, ob er seine Mittel angewandt habe. Er winkte mit der Hand ab und sagte: ‚Selbst wenn ich es getan hätte, so würde ich es unter den jetzigen Umständen nie zugeben.‘ Darauf ging er eiligst davon. Zum erstenmal seit der Erkrankung des Sohnes erschien die Zarin zur Mittagstafel. Sie sah frisch und munter aus und erklärte, daß die Schmerzen aufgehört hätten und wir in einer Woche nach Petersburg fahren würden. Die anwesenden Ärzte machten einen verstörten Eindruck ... Genau eine Woche später fuhren wir ab. Ich sah den Thronfolger und sprach mit ihm. Er spielte freudig in seinem Bett, offenbar empfand er keine Schmerzen."

Die wundersame Rettung des Zarewitsch löste bei jenen konservativen und geistlichen Kreisen, die Rasputin bei Hofe eingeführt hatten, einen wahren Paroxysmus der Begeisterung aus. Auch die Zarin war von der Heiligkeit des Retters tief durchdrungen. In ihrem überwältigenden Dankgefühl unterließ sie nichts, um dem Staretz ihre Gunst zu bezeugen. Da der gottgefällige Mann von den Majestäten kein Geld annahm, stickte ihm die Kaiserin eigenhändig bunte Bauernhemden, schrieb ihm freundliche Briefe und schenkte nicht nur seinen medizinischen, sondern auch seinen politischen Ratschlägen immer mehr Beachtung.

In der gleichen Weise, in der der Einfluß Rasputins bei der Zarenfamilie und in den reaktionären Kreisen zunahm, stieg jedoch der Abscheu, den alle übrigen Kreise der Hauptstadt vor dem geheimnisvollen Wundertäter empfanden. Die Aristokraten grollten, daß die Zarin die Gesellschaft eines analphabeten Bauern dem Umgange mit alten Fürstengeschlechtern vorzog, und die Minister und Geistlichen klagten darüber, daß bei der Besetzung wichtiger Posten immer öfter der Rat Rasputins befolgt werde, und daß dieser Rat unschwer durch klingende Münze zu erkaufen sei.

Immer öfter mußten Zar und Zarin von ihrer Umgebung warnende Worte über das Treiben des Bauern hören. Die Majestäten schenkten diesen Warnungen keine Beachtung. Wenn selbst der Bischof Hermogen oder der Mönchspriester Illiodor oder gar die Großfürstin Anastasia, die Rasputin bei Hofe eingeführt hatten, ihn jetzt als einen Sendboten des Antichristen hinstellen wollten, so war das offenbarer Neid darüber, daß die Majestäten auch einmal einem einfachen Vertreter des Volkes huldreich ihr Ohr liehen.

Das einzige, wozu sich die Zarin entschloß, war die Verlegung der Zusammenkünfte mit Rasputin in das kleine Häuschen der Wyrubowa, wo sich Zar, Zarin und Rasputin zum gemeinsamen Gebet vereinten. Auch wurde der Zar durch die dauernden Warnungen vor Rasputin unangenehm berührt. Er glaubte ebenso wie jeder andere Einwohner des Reiches, ein Recht auf ein Privatleben zu haben. Als ihn ein Minister mit besonderem Nachdruck auf das unheilvolle Treiben Rasputins aufmerksam machte, sagte der Zar traurig: „Vielleicht haben Sie ganz recht, aber ich bitte Sie, sprechen Sie mit mir nie wieder über Rasputin."

Indessen erzählten sich die Petersburger kopfschüttelnd, daß die Zarin und die Zarentöchter in ständigem Briefwechsel mit dem Staretz stünden. Einige dieser Briefe gelangten in den Besitz des liberalen Politikers Gutschkow; ihre Abschriften gingen in der Gesellschaft von Hand zu Hand. In einem dieser Briefe schrieb die Zarin: „Ich habe das Gefühl, daß sich mein Kopf beugt, wenn ich Dir lausche und daß ich das Berühren Deiner Hand verspüre."

Natürlich wurden diese Briefe falsch gedeutet und gaben dem ohnedies bösartigen Gerede neue Nahrung. Mit einiger Mühe gelang es schließlich dem Innenminister Makarow, sich in den Besitz der Brieforiginale zu setzen. Anläßlich seiner nächsten Audienz beim Zaren berichtete er dem Herrscher von dem Klatsch, den diese Briefe hervorriefen und übergab dem Monarchen sechs Originalschriftstücke. Das Gesicht des Zaren wurde kreidebleich, als er den Umschlag öffnete. „Die Briefe sind echt", sagte er mit seltsam gepreßter Stimme und warf das Paket mit kurzer Bewegung in die Lade seines Schreibtisches. Bald darauf erhielt Makarow seinen Abschied.

Gleichzeitig ersuchte aber Nikolaus Rasputin, die Hauptstadt zu verlassen. Bei seinem Abschied sagte Rasputin zur Zarin: „Ich weiß, daß böse Menschen darauf aus sind, mir Eurer beider Liebe zu rauben. Höret sie nicht an. Solltet Ihr Euch von mir trennen, so werdet Ihr innerhalb eines halben Jahres Euern Sohn und Eure Krone verlieren." – Da brach Alexandra Feodorowna in Tränen aus, sank vor dem Bauern Rasputin in die Knie und bat um seinen Segen.

Für einige Zeit verschwand Rasputin aus der Hauptstadt.

30. DREIHUNDERT JAHRE

Wind wehte über Kostroma. Traumhaft verzaubert standen am Flußufer die kleinen Häuser. Alte Kirchen neigten sich über die Stadt. Durch die Straßen zogen die weißen Flocken. Im Wirbel des nächtlichen Sturmes bedeckten sich die Plätze mit weißen, fahlen Gespenstern. Über den vereisten Fluß glitt der weiche Teppich des glitzernden Schnees.

Dreihundert Jahre schlief die verschneite Stadt, dreihundert Jahre träumten die Häuser, Kirchen und Straßen vom alten Märchen der robusten Sippe der Romanows, die aus dieser Stadt gekommen war, um die Welt zu beherrschen. Weich wehend wiegte der Wind die schweren Kirchenglocken. Über der verzauberten Stadt ertönte ihr Silberklang. Und gleichsam als ob dieser Ton die Ferne der alten Jahrhunderte zurückrief, erhallte das ganze Land von der monotonen Melodie der Turmglocken, von dem feierlichen Gebet der Kirchenchöre. Leise knisterten die schimmernden Kerzen, süß dufteten die schweren Wolken des Weihrauchs. Glockenlieder durchbrausten Rußland. Im Spiel der silbernen Töne erwachte der alte, traumhafte Zauber der Stadt Kostroma.

In Kostroma stand die Wiege der Romanows. Dreihundert Jahre waren verstrichen, seitdem der Bojarensohn Michael das Ipatjewsche Kloster bei Kostroma verließ, um den Weg zu beschreiten, der seinen fernen Enkel dereinst in den Todeskeller des Ipatjewschen Hauses führen sollte.

In den eisverklärten Winternächten des Jahres 1913 erklang in den Kirchenglocken der Stadt Kostroma die Legende der drei Jahrhunderte. Am 21. Februar 1613 riefen die Kosaken und Bojarensöhne vor den Toren des Kremls: „Möchten zum Zaren Michael Romanow! Er ist jung und dumm!" Zwei Monate später reichten die Fürsten Pojarsky und Trubetzkoi dem neuen Zaren den Hut des Monomach, das Symbol der Zarenherrschaft.

Dumpf hallten die Glocken. Ein schweres, düsteres Märchen entstieg ihrem Spiel. Nach Michael regierte Alexei. Man nannte ihn „den Allerstillsten". Doch in seinem Reiche tobte der Aufstand des Rebellen Stenjka Rasin ... Nach ihm kam Fjodor. Er schlug in die Glocken und betete viel ... Dann regierte Peter, der trug deutsche Kleider, hatte eine schwere Hand und nahm eine Magd aus Riga zur Frau ... Als die Magd verschied, wurde Peter II. Zar. Er war jung und starb an den Pocken ... Darauf herrschte ein Weib. Sie hieß

Anna, liebte einen Rigenser Stallknecht und erbaute ihrem Hofnarren einen Palast aus Eis ... Nach ihr trug der zweijährige Iwan VI. die Krone der Romanows 404 Tage lang, und mit zwanzigjähriger Gefangenschaft bezahlte er den Glanz dieser Zeit ... Ihm folgte die schöne Elisabeth. Sie tanzte mit den Soldaten Menuett, liebte das Leben und hob die Todesstrafe auf ... Ihr Neffe, Peter III., war dumm. Er spielte mit Soldaten und wurde erwürgt ... Seine Frau, die große Katharina, bestieg den Thron. Sie eroberte Länder, küßte Potemkin und schrieb Memoiren ... Nur fünf Jahre lang herrschte ihr Sohn Paul. Er verbannte Regimenter nach Sibirien, liebte das Volk und wollte Indien erobern. Auch er wurde erwürgt ... Alsdann bestieg den Thron eine Sphinx. Die Sphinx hieß Alexander und bezwang Napoleon ... Dreißig Jahre lang herrschte dann der erste Nikolaus. Er war streng, wurde „Der Stock" genannt und starb durch Gift. Sein Sohn war der zweite Alexander. Er befreite die Muschiks, litt an Asthma, rauchte viel und ward ermordet ... Und dreizehn Jahre nach ihm saß auf dem Throne groß, stark und mächtig Alexander III ....

Ein kaum hörbarer Klang schwang über Rußland. Auf Alexander folgte Nikolaus. Klein von Wuchs, geboren am Tage des Dulders Hiob, wurde er von Fluch verfolgt und hatte einen kranken Sohn.

Im Winter des Jahres 1913 wurde es still im Russischen Reich. Von Legenden umwoben erhob sich stumm das mächtige Zarenschloß an der nordischen Newa. Die Minister, die Höflinge, die Bauern, die Popen und die Revolutionäre warteten vergeblich, daß das Wort des Zaren, alle Glockenspiele übertönend, dem Volke eine gewaltige Gnade verkünden werde.

Im Winter des Jahres 1913 feierte Rußland die dreihundertjährige Herrschaft des Hauses Romanow. Das Wort der kaiserlichen Gnade ertönte nicht. Die Tore des Zarenhauses öffneten sich nicht, um illustre Gäste zum Ball zu laden. Nur einmal, am Tage des 20. März, fuhr die kaiserliche Familie durch die Straßen der Hauptstadt. Angstvolles Schweigen verfolgte sie. Im Kasandom betete das Hofgefolge. Der Patriarch von Antiochia erflehte den göttlichen Segen auf den russischen Zaren hernieder. Am Abend empfing der Zar die Vertreter des Adels. Und zum letztenmal in ihrem Leben erschien die Zarin in vollem Kronschmuck im großen Saal des Adelsverbandes.

Nur einmal zeigte sich die Zarenfamilie der Petersburger Gesellschaft. Das war bei der Galavorstellung des „Leben für den Zaren", im Marientheater.

Mit den Klängen der Zarenhymne empfing das Theater das Erscheinen des Monarchen. Die vier Mittellogen, in denen die Mitglieder der Dynastie Platz nahmen, faßten kaum den schweren Prunk. Die Kaiserin trug ein schneeweißes Samtkleid. Die blaue Ordenskette des heiligen Apostels Andreas und ein funkelndes Diamantdiadem schmückten die königliche Erscheinung. Ihr versteinertes Gesicht mit den rätselhaften, in die Ferne starrenden Augen war leichenblaß. Es war, als ob ein quälender Gedanke ihr Hirn zermartere. Kein Lächeln störte die geheimnisvolle Strenge ihres Antlitzes. Nur die Großfürsten in den Nebenlogen bemerkten ihr schweres Atmen und das Zittern des Fächers in ihrer weißen, beinah durchsichtigen Hand. Der erste Akt der Oper war noch nicht beendet, als sich die Zarin mit einer hastigen Bewegung erhob und die Loge verließ.

Am Abend nach der Festvorstellung sagte die Zarin schluchzend zur Wyrubowa: „Ich mußte daran denken, wie ich einst jung und gesund mit dem Kaiser das Theater besuchte und wie wir nach der Rückkehr ins Palais gemeinsam vor dem brennenden Kamin in seinem Arbeitszimmer das Abendessen einnahmen. Jetzt bin ich eine Ruine."

Im Februar des Jahres 1913 bereiste die Zarenfamilie das Reich. Wie ein frommer Pilger wanderte der Zar zu der Wiege seines Geschlechtes, zum kleinen Holzhaus der Bojaren Romanow, das in der versonnenen Stadt Kostroma stand. Auf leichtem Flußdampfer fuhr der Herrscher zu den alten Städten, deren Namen an die berauschende Schönheit der goldenen Ikonen gemahnten. Schritt für Schritt wiederholte er jene historische Fahrt, die Michael Romanow, im Frühjahr 1613, von Kostroma zum Zarenkreml in Moskau unternahm. Wie eine alte Sage erhoben sich am Ufer der Flüsse die Wahrzeichen der Steppe, die alten Zwiebeltürme. In der Stadt Wladimir schritt der Zar durch die Reihe der knienden Muschiks zu der sechshundert Jahre alten Kathedrale des Fürsten Andreas Bogoljubsky. Im Zwielicht des ehrwürdigen Raumes blickten in byzantinischer Farbenpracht die Bildnisse der wundersamen Ikonen auf ihn hernieder.

In Nishny-Nowgorod ertönte die Zarenhymne auf dem breiten Marktplatz, auf dem vor dreihundert Jahren der kleine Kaufmann Minin in feuriger Rede den Grundstein der Romanowschen Macht gelegt hatte. In Jaroslaw kniete vor dem Zaren der alte Bischof Tichon, den das Schicksal auserkoren hatte, vier Jahre später den verwaisten Thron der Kirche zu besteigen.

Aus tiefem Traume erwachend empfing die Stadt Kostroma den Zaren. Die Wirklichkeit, zu der sie der Zarenbesuch erweckte, ließ sie die Fortsetzung des alten, dreihundertjährigen Zarenmärchens erleben. – Bürger und

Bauern füllten die Plätze. Über die langen, dunklen Bärte der Männer tropften dicke, salzige Tränen. In verzückter Ekstase warfen sich die Menschen dem Zaren zu Füßen. Weiber und Kinder suchten die Blicke der Zarin zu erhaschen. Unbewacht ging die Zarenfamilie durch die breiten Straßen zur alten Burg. Hier an der Wiege seines Geschlechtes hatte der dreizehnte Romanow keinen Überfall und kein Attentat zu befürchten.

Häuser und Kirchen, Menschen und Tiere labten sich an dem verklärten Licht des Zarentums. Die ganze Stadt glich einer fleischgewordenen Sage von Zarenglück und Zarentreue. Inmitten der allgemeinen Ekstase bemerkte niemand, wie in der fernen Nische der Kathedrale, einem alten bösen Zauberer gleichend, ein geheimnisvolles Lächeln auf den Zügen, der Bauer Rasputin inbrünstige Kreuze schlug.

Als das Schiff des Zaren Kostroma verließ, staute sich das Volk am steilen Ufer. Als ob sie wüßten, daß lange Zeit kein russischer Zar mehr den alten, geweihten Boden Kostromas betreten würde, warfen sich die Menschen weinend und lallend vom steilen Ufer in den Fluß, schwammen dem Zarendampfer nach, ertranken in den kalten Fluten, streckten ihre verkrampften Hände der zierlichen, kaum mehr sichtbaren Gestalt nach und riefen in letzter Verzückung Worte der Liebe und Hingabe aus.

Auf der Brücke des Dampfers stehend, wies die Zarin auf die goldenen Kuppeln von Kostroma und sagte zu einer Hofdame gewandt mit glückseligem Lächeln: „Jetzt sehen Sie selbst, wie feige die Minister sind, die den Kaiser mit Revolutionsdrohungen unnötig erschrecken. Es genügt, daß wir uns dem Volke zeigen, und schon fliegen uns die Herzen zu."

Diese Worte wurden im Frühjahr 1913 gesprochen, am Vorabend des großen Krieges. Fünf Jahre bevor das Volk von Kostroma und alle andern Völker des Russischen Reiches über den goldenen Kuppeln der alten Kirchen die rote Fahne der Revolution hissen sollten, und alle Glocken des Landes der Welt das Ende des dreizehnten Zaren und damit das Ende des glorreichen Hauses Romanow verkündeten.

31. KRIEG

Die Sonne sank hinter den Hügeln von Krasnoje Selo. Die alte Kirche labte sich am goldenen Schein. Über dem breiten, menschenbedeckten Tal schwebten die Flugzeuge. Von den Strahlen der Sonne überflutet glich das Feld einem farbenprächtigen Perserteppich. Plötzlich erschollen wie das Getöse eines fernen Erdbebens, zuerst leise, dann immer lauter, lawinenartig anschwellend, die wilden Hurrarufe. Von sechzigtausend Mann wiederholt brauste der Ruf auf wie ein mächtiger Wirbelsturm, der in einem einzigen gewaltigen Anprall die zitternde Erde zu verschlingen drohte. Eine blitzartige Bewegung ging durch das Feld. Die bunten Paradeuniformen der Soldaten erschienen wie rote und blaue Blumen auf grünem Grund. In der Luft blitzten Säbel, und feierlich senkten sich die Fahnen.

Am Eingang des Zeltes zeigte sich der Zar.

Man schrieb den 22. Juli des Jahres 1914. Auf dem großen Felde von Krasnoje Selo waren die Regimenter versammelt, die der Zar, in glänzender Parade, seinem hohen Gast Raymond Poincaré, dem Präsidenten der französischen Republik, vorstellen wollte.

Langsam ritt der Zar an den Tribünen der Regierung und der Diplomaten vorbei. Hinter ihm fuhren, an die weißen Atlaskissen des breiten, von vier schneeweißen Pferden gezogenen Wagens gelehnt, die Zarin, der Zarewitsch und in bürgerlichem Schwarz der Präsident.

Die Minister und Diplomaten verbeugten sich.

Die letzten Strahlen der Abendsonne fielen auf die Uniformen der Diplomaten. Vom roten Licht übergossen stand vorne auf der Tribüne in prachtvoller Magnatentracht Graf Szapary von Szapar-Mura-Szombat und Szechy Sziget, der Botschafter Seiner Apostolischen Majestät, des Kaisers von Österreich-Ungarn. Unweit von ihm, die blauen, naiven Augen in die Ferne gerichtet, mit der rechten Hand den gepflegten, grauen Spitzbart streichend, stand Graf Pourtalès, der Botschafter des Deutschen Reiches. Etwas abseits, mit dem eingeklemmten Monokel einem klugen, alten Adler gleichend, erhob sich die markante Gestalt von Maurice Paléologue, dem Erben der byzantinischen Kaiser, der am Hofe des russischen Zaren die Republik Frankreich vertrat. Unweit von ihm, einem grauhaarigen, wortkargen Engländer liebenswürdig zulächelnd, stand ein knochiger Mann mit großer Nase, schön geschwungenen Mundwinkeln, einem grausamen, sprungbereiten Fuchs gleichend, Sergius Sasonow, Außenminister des Russischen Reiches.

Ein dumpfer Kanonenschuß erschütterte die Luft. Er kündigte den Einbruch des Abends an, und gleichzeitig mit dem Schuß ertönte auf dem Feld ein seltsamer, melodischer Klang. Während die Orchester sämtlicher Garderegimenter das Abendgebet spielten, sanken 60 000 Soldaten vor dem Zaren in die Knie und sangen, die Musik gewaltig übertönend, die rhythmischen Strophen des Vaterunsers.

Als am nächsten Tage bei dem großen Empfang im Peterhof die geladenen Gäste am Zaren vorbeidefilierten, spielte das Gardeorchester zu Ehren des französischen Staatschefs die Marseillaise. Und während die Höflinge stramme Haltung einnahmen, erhallten im Palais zu Peterhof die rebellischen Klänge des revolutionären Liedes. „Allons enfants de la patrie“ sangen lächelnd die Großfürsten, und den gleichen Satz, die gleiche Melodie wiederholten zur gleichen Stunde 50 000 Arbeiter in den Fabriken und Vorstädten der Newastadt. Während jedoch im großen Saale von Peterhof der Zar den Klängen der Marseillaise lauschte, richteten sich gegen das gleiche Lied in den Fabrik- und Arbeitervierteln die Säbel und Lanzen der kaiserlichen Kavaliergarde.

Eine Streikwelle ergoß sich über Rußland. Noch am 18. Juli schrieb das Petersburger Blatt „Retsch“: „Heute streikten 50 000 Arbeiter. An verschiedenen Stellen der Hauptstadt bildeten sich Gruppen von Arbeitern, welche revolutionäre Lieder sangen. Sie wurden jedoch zersprengt.“ Drei Tage später schrieb dasselbe Blatt: „In Moskau ist der Straßenverkehr während des Proteststreiks der Arbeiter eingestellt worden.“ Am nächsten Tag meldete die Zeitung wieder: „Im Wyburger Stadtteil überfielen an mehreren Stellen Aufständische die Polizeibeamten. An der Flugowstraße errichteten sie Barrikaden, die von der Polizei gestürmt wurden.“

Während die Polizei die letzten Salven abgab, traf aus Paris Herr Lemaître ein, den der Botschafter Paléologue eigens dazu bestellt hatte, um die Blumen zum großen Galadiner in der französischen Botschaft zu arrangieren. Beim Diner in der Botschaft, ebenso wie bei dem großen Empfang in Peterhof, wechselte die Schar der geladenen Gäste vielsagende Blicke. Während des Cercles in Peterhof zog der Zar seinen Gast Raymond Poincaré ins Gespräch. Unter den ehrfürchtig lauernden Blicken der Höflinge besprach der Kaiser mit Poincaré die aktuellen Fragen der Tagespolitik – die Spannung in den griechisch-türkischen Beziehungen, das seltsame Verhalten Bulgariens in allen Balkanfragen, die Landung des Fürsten Wied in Albanien und zuletzt die Folgen der Ermordung des österreichischen Thronfolgers Franz Ferdinand und den Konflikt, der dadurch zwischen Österreich-Ungarn und Serbien entstanden war.

Als der Präsident am 23. Juli den Panzerkreuzer „La France" bestieg, glaubten allerdings die Diplomaten, daß der drohende Konflikt bereits beigelegt worden sei, und die Zeitungen der Hauptstadt beschäftigten sich fast ausschließlich mit dem Prozeß des reichen Herrn Prosolow, der im Restaurant „Jar" seine Geliebte ermordet hatte, mit dem Fall der Frau Caillaux, mit dem neuen südamerikanischen Modetanz Tango und der beunruhigenden Tatsache, daß laut amtlicher Meldung allein in Petersburg 120 000 Arbeiter in den Ausstand getreten waren.

Um elf Uhr morgens verließ Präsident Poincaré Petersburg, und um sechs Uhr abends desselben Tages überreichte Baron Giesl, der österreichische Gesandte in Belgrad, das Ultimatum, das das Schicksal der alten Welt entschied.

In der darauffolgenden Woche stürzten alte Freundschaften zusammen, neue Feindschaften überzogen die Welt, Armeen marschierten an den Grenzen auf, Diplomaten verlangten ihre Pässe zurück, und das Gesicht des Zaren bekam einen fahlen und traurigen Ausdruck.

In den dunklen Nächten stieg der Gesalbte in die goldüberladene, unterirdische Kapelle der Feodorowschen Kathedrale. Bis zum Morgengrauen verblieb er allein in dem kleinen Raum. In der Stille der Kapelle beschwor er in heißen Gebeten die Stimme des Herrn.

Am Tage jedoch saß der Zar mit unbeweglichem Gesicht an seinem Schreibtisch, und während sich im Vorzimmer des Palastes die sporenklirrenden Großfürsten, die ordenbehängten Generäle, die Admirale und Diplomaten versammelten, bedeckte sich der Tisch des Zaren mit Telegrammen, Berichten, Warnungen und leidenschaftlichen Appellen, die ihn für Krieg oder für Frieden bestimmen wollten.

Mit methodischer Ruhe las der Zar die Papiere. Zwischen den Zeilen der alleruntertänigsten Berichte, aus den dunklen Ecken des Arbeitszimmers, von der Brust der ordenbehängten Generäle, von den Wänden, Türen und Fenstern her verfolgte ihn das geheimnisvolle Lächeln des deutschen Kaisers, Wilhelms II.

In seltsamem Zickzack kreuzte sich das Leben des Zaren mit dem Leben des deutschen Kaisers. Eine verborgene Haßliebe zu diesem seinem Nachbarn füllte den Zaren aus. Tief im Innern empfand er, daß in den Augen der Welt der deutsche Kaiser glänzender, größer und ruhmvoller dastand als er, der Zar. Um zwei Köpfe überragte der Nachbar den Zaren; dieser körperliche Vorsprung schien auch einem geistigen Vorrang zu entsprechen. Bei den zahlreichen Zusammenkünften bedrückte es den Zaren stets, daß, während er mühselig eine kurze Ansprache vom Papier ablesen mußte, der Kaiser in freier, lebensprühender Rede seine Sätze vortrug.

Der Ton und die Gebärden des Kaisers hatten etwas Gebieterisches und Bezwingendes an sich. Seine Briefe atmeten hohe Überlegenheit, seine Freundschaft glich einer Moralpredigt, und in seiner Gegenwart hatte der Zar stets das Gefühl, als ob er aus dem kaiserlichen Schloß in das Lehrzimmer einer Mittelschule versetzt worden sei.

Wie gelähmt mußte Nikolaus den Reden des Kaisers zuhören. Diesen unbegreiflichen, undefinierbaren Zwang, den der Kaiser auf ihn ausübte, konnte Nikolaus Wilhelm nie vergeben. Zwar glaubte er innerlich dem deutschen Kaiser überlegen zu sein. War er doch der autokrate Herrscher eines rechtgläubigen Landes und der Kaiser nur der lutherische Monarch eines konstitutionellen Reiches. Der Zar war der zehnte Kaiser seines Geschlechtes, während sich erst der Großvater Wilhelms II. von Bismarck die Kaiserkrone aufs Haupt hatte setzen lassen. Der Zar beherrschte einen Kontinent, der Kaiser nur ein Land in Europa. Und doch blieb bei allen Besuchen und Zusammenkünften der deutsche Kaiser dem Zaren überlegen.

In der abendlichen Dämmerung des Palastes entschied der Zar das Schicksal seines Reiches. Wie ein fremdes, böses Fatum lastete auf ihm das Gespenst des Krieges, aber dieser Krieg erschien ihm ebenso unabänderlich wie sein eigenes, dunkles und tragisches Schicksal.

Im Zwielicht des Abends wiederholte der Zar die wenigen Worte, die er zum Wahlspruch seines Lebens erkoren hatte: „Denn bin ich vor Schrecklichem erschrocken – gleich ist es mir wiedergekehrt, und wovor ich schaudere, gleich trifft es mich." Der dunkle Rhythmus der biblischen Sätze ergriff den Zaren. Das Buch Hiob, aus dem diese Worte stammten, erschien ihm als eine alte Prophezeiung, die auch sein Leben bestimmte. Am Tage des Dulders Hiob geboren, betrachtete er die vielfachen Prüfungen, die ihm auferlegt wurden, als eine magische Wiederholung der Leiden seines Schutzpatrons. „Glauben Sie mir", sagte er zu einem seiner Minister, „ich bin der Unglückszar. Ich habe mehr als ein Vorgefühl, ich habe die feste Überzeugung, daß ich zu den fürchterlichsten Prüfungen verurteilt bin und daß ich in dieser Welt keinen Lohn empfangen werde."

Der Gedanke an sein tragisches Fatum bannte den Zaren. Der menschliche Wille erschien ihm machtlos. Er fühlte, wie der kommende Krieg sich mit Raubtiertatzen in seine Seele einkrallte, und als ihn die letzte Warnung seines Volkes erreichte, schüttelte er sie ab, wie ein Wanderer den Staub der Wanderschaft.

Die letzte Warnung des russischen Volkes an seinen Zaren kam in der Form einer Depesche aus der fernen sibirischen Stadt Tjumenj. Es hieß dort: „Hüte Dich vor dem Kriege. Das Volk wird wieder ein Geschrei anheben: Nieder mit diesem, nieder mit jenem. – Du darfst und darfst keinen Krieg anfangen. Du und Dein Erbe werden nichts Gutes davon haben. Rasputin."

Achtlos steckte der Zar die Depesche in seine Tasche. Die Entscheidung über den Krieg war bereits gefallen. Der dicke, glatzköpfige, weißäugige Suchomlinow hatte bereits den Ukas über die Mobilmachung mit siegreichem Lächeln in seiner Aktenmappe geborgen.

Die Nacht überschattete den Zaren wie die schwarzen Flügel eines bösen, dunklen Vogels. Mit mechanischer Pünktlichkeit ging der Zar in sein Schlafzimmer. Gewohnheitsgemäß legte er die Kleider ab. Der Kammerlakai öffnete die Tür zum Badezimmer. Das Bad stand bereit. Der Zar trat ein und schloß die Tür.

Um Mitternacht klopfte der Diener am Badezimmer des Monarchen. Die Stimme des Lakaien zitterte: „Sehr dringend, Majestät", keuchte er, „ein Telegramm vom deutschen Kaiser!" Der Zar trocknete die Hände, öffnete die Tür, riß das Telegramm auf. Wassertropfen rannen von seinem Körper auf die inhaltschweren Worte. Die Zeilen tanzten, die Zeilen rangen, die Zeilen drehten sich in wilder Besessenheit. „Wenn Rußland mobil macht ... so fällt die ganze Last der Entscheidung auf Deine Schultern und Du trägst die Verantwortung für Krieg oder Frieden."

Der Zar zog den Bademantel an. Er ging durch das Schlafzimmer. Im danebenliegenden Raum des Kammerdieners stand ein Telefon. Der Zar hob den Hörer, und während der Diener ängstlich die Tür hinter ihm schloß, verlangte Nikolaus das Arbeitszimmer des Kriegsministers.

Die erschrockene Stimme Suchomlinows meldete sich. Nichts Gutes ahnend, hörte er zu. „Suchomlinow", ertönte die Stimme des Zaren, „können Sie mich gut verstehen? Ich gebe Ihnen hiermit den bestimmten Befehl, sofort die Mobilmachung einzustellen und alle Maßnahmen aufzuheben, die mit der Mobilisierung zusammenhängen. Bitte wiederholen Sie meinen Befehl."

Die hellen Augen des Ministers rundeten sich vor Entsetzen. Schweißtropfen bedeckten seine dicke Nase. Sollte der kleine Oberst, der dort drüben im Schlafrock den Hörer des Telefons umklammerte, die ganze jahrelange Arbeit des Generals zunichte machen? „Majestät", rief der Minister, „die Mobilmachung der gesamten russischen Armee ist bereits in vollem Gange. Bei der Aufhebung der bereits erfolgten Anordnungen droht eine Katastrophe."

Die Antwort des Zaren klang ruhig, aber gebieterisch. „Ich wünsche keine Einwände. Ich bitte, meinen Befehl auszuführen!" Darauf Suchomlinow: „Majestät, die Mobilmachung ist kein Mechanismus, den man nach Belieben wie einen Wagen bremsen oder loslassen kann." „Wollen Sie meinen Befehl wiederholen?", unterbrach ihn der Zar, hörte zu und hängte ab.

Die Rettung der gefährdeten Mobilisierung überließen die Generäle einem zünftigen Diplomaten, dem Außenminister Sasonow. Mit sanftem Lächeln betrat der Minister den Arbeitsraum des Zaren wie das Krankenzimmer eines schwer Leidenden. Die Worte der diplomatischen Rede klangen wie der weiche Zauber eines melodischen Liedes. Mit halb geschlossenen Lidern hörte der Zar die Sätze von der Befreiung der Slawen, von dem erlösenden Feuer des Krieges, von dem ewigen Kampf zwischen Slawen und Germanen, der nunmehr vor seiner endgültigen Entscheidung stand. Sasonow sagte: „Wir können den Krieg nicht mehr vermeiden, Majestät. Deutschland entzieht sich offensichtlich der Vermittlungstätigkeit und versucht nur noch Zeit zu gewinnen. Unter diesen Umständen glaube ich nicht, daß Eure Majestät noch länger zögern sollten, den Befehl zur allgemeinen Mobilmachung zu erteilen."

Plötzlich hob der Zar die Augen. Sein Gesicht war blaß. Die Hände auf den Tisch gestützt, den Körper nach vorne geneigt, rief er mit seltsam heiserer Stimme: „Denken Sie an die Verantwortung, die ich durch Ihren Rat auf mich nehme. Bedenken Sie, daß es sich darum handelt, Tausende und aber Tausende in den Tod zu schicken!" Mit ruhiger Gelassenheit entgegnete Sasonow: „Weder das Gewissen Eurer Majestät noch das meinige werden sich etwas vorzuwerfen haben, wenn der Krieg ausbricht. Eure Majestät und deren Regierung werden alles getan haben, um der Welt diese furchtbare Prüfung zu ersparen. Von jetzt ab heißt es, an die Sicherheit des Reiches zu denken. Der Krieg wird jedenfalls zu der von Deutschland festgesetzten Minute anbrechen."

Eine ganze Stunde sprach der Minister. In dieser Stunde entschied sich das Schicksal des Zarentums. Mit fester, entschlossener Stimme sagte der Zar: „Nun also, Sergei Dimitriewitsch, telephonieren Sie dem Generalstabschef, daß ich den Befehl zur allgemeinen Mobilisierung erteile."

Am selben Tage prangte an allen Säulen und Mauern der Stadt Petersburg der kaiserliche Ukas, der über Leben und Tod von Millionen, über das Ende der alten Welt und über den Untergang von vier Kaiserthronen entschied.

Am dritten Tage des großen Krieges betrat der Zar den Hauptsaal des Winterpalais. Offiziere der Garde füllten den Raum. In der Mitte des großen Saales erhob sich der Altar. Das Altarbildnis der heiligen Mutter Gottes von Kasan blickte mit sanfter Trauer auf den Zaren hernieder. Hundert Jahre waren vergangen, seit der greise Kutusow vor diesem heiligen Antlitz gekniet hatte, bevor er in den Kampf gegen Napoleon gezogen war.

Der Zar küßte das alte Holz der Ikone. Dann hob er die Hand, und die Offiziere glaubten, die donnernden Fanfaren der Siegesengel zu vernehmen, als er sagte: „Offiziere meiner Garde, ich schwöre, nicht eher Frieden zu schließen, als bis der letzte Feind vom Boden unserer Heimaterde vertrieben ist."

Und plötzlich fühlte der Zar, daß die Worte des Eides wie eine eherne Kette seine Seele umschlossen. Ein geheimnisvoller Schauder durchzuckte seinen Leib. Eine unsichtbare Hand hatte ihn von seiner Vergangenheit geschieden. Und wenn es ihm auch nicht vergönnt gewesen war, seinen Krönungsschwur getreu dem Vermächtnis seiner Ahnen zu erfüllen, so wollte er dieses Gelübde bis an sein Lebensende halten. Sein Blut und das Blut seines Geschlechtes gab er hin, um unbefleckt vor dem obersten Richter zu erscheinen.

Wie ein brausender Orkan ertönte im Saal das „Plurimos annos" der Offiziere. Beim Klange des gewaltigen Gebetes dachte der Zar, daß, gleichsam mit dem neuen Schwur, der alte Fluch Hiobs von seiner Seele weichen werde. Der Druck der letzten Tage fiel von ihm ab.

Er trat auf den Balkon hinaus. Eine ungeheuere Menschenmenge staute sich unter den Fenstern. Und in dem begeisterten Gesang des knienden Volkes offenbarte sich dem Zaren das strahlende Antlitz des neuen, geeinten Rußland, das im Feuer des großen Krieges geboren werden sollte. In diesem künftigen Reich würde kein Abgrund den Zaren vom Volke trennen. Der Donner der feindlichen Geschütze würde die unsichtbaren Mauern niederreißen, und in ewig verklärtem Licht, einer heiligen Ikone gleichend, würde die Fahne des Zaren über dem Lande wehen.

Alexei Nikolajewitsch Kuropatkin

Nicholas Nikolaevich

Und in der Tat, wie durch eine wundersame Fügung Gottes, hörten die Streiks und Unruhen im Lande auf. In Moskau, in Kiew, in Kasan, in Simbirsk kniete das Volk vor den Fahnen des Zaren. Der Geist des alten, heiligen Rußland schwebte über dem Land, und zum erstenmal seit dem glorreichen Jahre 1812, seit der Vertreibung Napoleons, glich das Reich einem unerschütterlichen Granitfelsen, auf dessen Spitze mit majestätischem Stolz der doppelköpfige, kaiserliche Adler thronte.

Tags darauf waren die Hochrufe verstummt. Im Parke von Peterhof plätscherten melancholisch die elisabethanischen Fontänen. Durch die breite, von uralten Bäumen beschattete Allee schritt langsam der Monarch. Neben ihm, die zierliche Gestalt um drei Köpfe überragend, mühselig seine Schritte zurückhaltend, ging sein gewaltiger Onkel, der Großfürst Nicolai Nicolaiewitsch.

An der Tür des zierlichen, katharinischen Pavillons „Ferme“ blieb der Großfürst stehen, verneigte sich und ließ dem Zaren den Vortritt. Am grünen Verhandlungstisch erhoben sich die Minister und versammelten Generäle. Der Zar blieb am Tisch stehen. Die Hochrufe der Menge tönten noch in seinem Ohr, als er den Würdenträgern erklärte, daß er, dem Beispiel seiner Ahnen folgend, in dieser schweren Stunde die Führung des christlichen Heeres selber übernehmen wolle.

Ein dumpfes Schweigen war die Antwort. Die Generäle saßen mit gesenkten Häuptern. In der plötzlich eingetretenen Stille wurde das Plätschern der Fontänen deutlich hörbar. Und gleich dem Klange dieses Plätscherns rieselten durch das Zimmer die weichen, monotonen und warnenden Stimmen der Minister und Generäle. „Ich bitte Eure Majestät ganz untertänigst, die Hauptstadt nicht zu verlassen. Ich habe Eure Majestät als treuer Diener immer nach bestem Wissen beraten. In dieser Stunde flehe ich Sie an, meine Warnungen nicht zu überhören.“ „Majestät, Ihr erlauchter Vorfahr, Alexander I., wurde scharf getadelt, weil er nicht in der Hauptstadt geblieben ist. Majestät können in historischen Büchern nachschlagen.“ „Majestät, dieser Krieg wird schwer sein. Vielleicht werden wir in den ersten Wochen zurückweichen müssen. Majestät dürfen Ihr Ansehen nicht den Wechselfällen des Zufalls aussetzen.“

Der Zar schwieg. Die festliche Stimmung hatte ihn verlassen. Die Mißgunst in den Augen der Generäle überblendete das strahlende Bild der Kriegführung.

Der Zar schritt durch das Zimmer. Die Blicke der Generäle verfolgten ihn erwartungsvoll. Die Stimme des Monarchen klang tonlos und müde. Er sagte: „Ich verzichte auf die Übernahme des Oberbefehls ... Zum Generalissimus meiner Armeen ernenne ich den Generalinspektor der Kavallerie, den Oberkommandierenden der Gardetruppen und des Militärbezirks St. Petersburg, Seine Kaiserliche Hoheit, den Großfürsten Nicolai Nicolaiewitsch." Der Zar umarmte seinen Onkel und küßte ihn. Der große Krieg verlangte einen großen Verzicht.

In demselben Maße, in dem die Generäle und Diplomaten nunmehr zum Palais des Großfürsten an der Snamenka eilten, wurde es still und leer um den Zaren. Die Großfürsten reisten zur Front ab. Die Diplomaten konferierten mit dem Generalissimus. Der Zar verbrachte viele Stunden in der kleinen Kapelle der Hofkathedrale. In der Einsamkeit des langen Gebetes faßte er den Entschluß, getreu dem alten Brauch, zu den Gebeinen seiner Ahnen zu pilgern, um vom heiligen Kreml aus den Kriegsruf an seine Völker ergehen zu lassen.

Am 18. August des Jahres 1914 betrat der Zar den Palastsaal des heiligen Georg im Kreml zu Moskau. Die alte Decke des großen Saales schien unter der Wucht der Hochrufe zu erzittern. Alle Anwesenden dachten daran, daß vor hundert Jahren an derselben heiligen Stelle der gottbegnadete Alexander den Krieg gegen Napoleon verkündet hatte.

Neger in Seidenturbanen mit langen, weißen Federn rissen vor dem Zaren die Tore auf. Von der kaiserlichen Familie, von Diplomaten und Höflingen begleitet, durchschritt der Zar den Wladimirsaal. Langsam öffneten sich vor ihm die Türen zur roten Schwelle, die nur der Fuß des Zaren betreten durfte. Und in dem gleichen Augenblick, als das Volk auf dem Roten Platz des Zaren ansichtig wurde, ertönte wie einst am Krönungstage die dumpfe Stimme der ungeheuren Kirchenglocke des Iwan Weliki.

Die Menge sank in die Knie, und wie ein Blutstreifen ergoß sich die rote Teppichbahn, die den Weg des Zaren zur Uspensky-Kathedrale vorzeichnete.

Der Zar betrat den Pfad des Krieges. Während er langsam, von niemandem geschützt, von niemandem bewacht, durch die Menge schritt, streckten ihm die Frauen ihre Kinder entgegen und küßten den Teppich, den der Zarenfuß berührt hatte. Über den ganzen Platz weithin hörbar erklangen majestätisch und drohend die Strophen der alten Hymne.

An der Schwelle verbeugte sich der Metropolit von Moskau vor dem Zaren. In seiner Hand hielt er das Kreuz Michael Romanows. Der Zar bekreuzigte sich, küßte das Kruzifix und trat in das Halbdunkel der Kathedrale, in der er vor achtzehn Jahren die Krone des Reiches auf sein Haupt gesetzt hatte.

Drei Metropoliten, zwölf Erzbischöfe und hundertzehn Archimandriten und Äbte zelebrierten das feierliche Gebet. Die Sonnenstrahlen fielen auf die hohen Fenster der Kathedrale. In ihrem Schein begannen die Diamanten, Saphire und Rubine auf den Gewändern der Popen und auf den goldüberladenen Ikonen märchenhaft zu leuchten. Der große, menschenerfüllte Raum erbrauste unter den Klängen des 104. Davidpsalms. Und während die Zarentöchter ihre tränenüberströmten Gesichter unter den großen Strohhüten verbargen, reichte der Metropolit dem Zaren das wundersame, goldene Kruzifix, in dem ein Teil des heiligen Kreuzes Jesu bewahrt ward. Blaß vor Erregung küßte der Zar das Heiligtum. Vor seinen Augen schwebte das majestätische Bild der feierlichen Kriegserklärung in der großen Wandelhalle des Winterpalais.

Weihrauch hüllte den Zaren ein. Von Popen geleitet, schritt er durch die Kathedrale. Vor der Ikone der heiligen Mutter Gottes von Wladimir kniete er nieder und küßte das alte Bild voll Inbrunst. Vor vielen Jahrhunderten trug Dimitri Donskoi, Herrscher von Moskau, diese Ikone vor sich her, als er in der siegreichen Schlacht am Kulikowfeld das heilige Rußland vom Joche der Tataren befreite, und wie damals sollte der stille Blick der Muttergottes auch jetzt den Herrscher des rechtgläubigen Landes für den Sieg segnen.

Das Zarenpaar verließ die Kathedrale. Ein verzücktes Lächeln umspielte das Gesicht Alexandra Feodorownas. Ihre geweiteten Augen starrten mit gebanntem, schwerem Blick in die Ferne. Hurrarufe überfluteten den Roten Platz, als die Zarenfamilie an der Schwelle der Kathedrale sichtbar wurde. Plötzlich blieb der Zar stehen, wandte sich um und sagte mit weichem Lächeln zu den Botschaftern Frankreichs und Englands gewandt: „Treten Sie näher, meine Herren. Die Begeisterung gilt Ihnen ebenso wie mir."

Dann schritt er weiter, still, verträumt und verklärt.

Und gleich ihm schritten in gedämpfter Stille durch die Felder Sibiriens, durch die Wolgaebenen, durch die Berge des Urals, durch die Steppen der Ukraine, Millionen und Abermillionen von bärtigen, bewaffneten Muschiks. Wie ein Gebetruf des Popen ertönte in den Dörfern, Ortschaften und Siedlungen des Riesenreiches der Ruf des Zaren, und mit den schweren Schritten von zehn Millionen Bauern, mit inbrünstiger, unfaßbarer Opferfreude und verzückter Kampfbereitschaft antwortete das große Land auf den letzten Ruf des rechtgläubigen Zaren Nikolaus II. Alexandrowitsch, des dreizehnten im Hause Romanow.

32. DAS MAGISCHE TRIO

Wie ein Sendbote Gottes raste Rasputin aus Sibirien nach Petersburg, und von dort nach Zarskoje Selo, zum Hause der Wyrubowa. In wirrer und dunkler Rede verfluchte und segnete er den Krieg gleichzeitig. Mit seiner ganzen konzentrierten hypnotischen Kraft versuchte er, im ausdruckslosen Gesicht der Zarenfreundin den Abglanz der kaiserlichen Gedanken und Stimmungen zu entdecken. Doch war dieses rosige, rundliche Gesicht ebenso gedankenlos wie stumpf.

Der Kaiser war auf Reisen. Die Kaiserin leitete ein Krankenhaus. Auch die Wyrubowa selbst war mit der Pflege verwundeter Gardeoffiziere beschäftigt. Die Zarin und die Großfürstinnen halfen bei Operationen. Mit strengem Gesicht, die bläulichen Lippen fest zusammengepreßt, verlangte Alexandra Feodorowna auch zu den peinlichsten und abstoßendsten Fällen zugezogen zu werden. Unter der Leitung der Ärztin, Fürstin Hedroitz, machte die Zarin einen chirurgischen Kurs durch. „Mein Gehirn arbeitet unaufhörlich“, schrieb sie an den Zaren. „Hunderte von Gedanken und Kombinationen bedrücken es, es will nicht ausspannen.“ „Um viertel sechs“, heißt es in einem anderen Brief, „hatten wir eine Amputation im großen Lazarett. Ich half und reichte die Instrumente, und Olga zog die Fäden in die Nadeln ... Dann machten wir Verbände im kleinen Lazarett. Ich sah unglückliche Menschen mit fürchterlichen Wunden ... Ich wusch, putzte, schmierte mit Jod und Vaselin und habe sie alle verbunden.“

Unter der Last der plötzlichen Pflichten blieb der Zarin nur wenig Zeit für stummes Meditieren im Kreise Rasputins. Nur selten erschien sie im Hause der Wyrubowa. Der Staretz fühlte deutlich, daß der Anblick des Operationssaales die lichten Bilder der mystischen Wunder in der Seele der Kaiserin zu verdunkeln begann.

Alexandra Feodorowna verbrachte schlaflose Nächte. Bis zum Morgengrauen starrte sie, von Migräne geplagt, in das milchige Weiß der hellen Nächte. Ihr Herz schmerzte. Fläschchen mit Medizin bedeckten ihren Nachttisch. Mit gequältem Gesicht rieb sie sich die Schläfen. Noch immer konnte sie es nicht fassen, daß der Kaiser reisen mußte, und daß ihr Heimatland, ihre Brüder, ihre Neffen und Vettern zu ihren Feinden geworden waren.

Deutlich entsann sie sich jenes Tages, als Anna Wyrubowa wie ein Wirbelwind in Hut und Mantel in ihr lila Boudoir gestürzt kam. Ihr dickes, rundes Gesicht war rot, die hellen Augen blickten schreckerfüllt auf die Zarin. „Majestät“, rief sie keuchend, „wir mobilisieren!“ Alexandra Feodorowna blickte ruhig auf. „Ja, dreizehn Armeekorps gegen Österreich.“ „Nein Majestät, die allgemeine Mobilmachung ist proklamiert worden. Es geht gegen Deutschland!“ Die Zarin erbleichte. Ihre Hand, die eine Stickerei hielt, begann heftig zu zittern.

Schon einmal, im Jahre 1912, war es ihr gelungen, das Gespenst des drohenden Krieges zu bannen. Aber damals, als die ganze Welt wegen des Balkankonfliktes rüstete, stand ihr Rasputin zur Seite. Mit seinem einfachen Bauernverstand haßte der Staretz den Krieg. Er hieb mit der Faust auf den Tisch, schrie, prophezeite und fluchte voll brutaler Derbheit. Der Zar hatte damals geglaubt, in seiner Stimme gleichsam die Stimme des russischen Volkes zu vernehmen. Jetzt war Rasputin in seinem fernen, sibirischen Dorf. Generäle gingen im Palais ein und aus, und die Zarin fühlte, wie die Macht über den Zaren, die sie in zwanzigjährigem mühevollem Ringen erkämpft hatte, unmerklich ihren Händen entglitt.

Als die Wyrubowa ihr die Schreckensnachricht überbrachte, erhob sie sich, durchschritt hastig den lila Salon und das angrenzende Speisezimmer, dann betrat sie den Arbeitsraum des Kaisers. Die glänzende, lackierte Tür fiel hinter ihr zu wie der Deckel eines Sarges. Die Wyrubowa blieb allein. Aus dem Zimmer drangen heftige Stimmen. Zuerst sprach die Zarin, dann erklang die Stimme des Zaren. Sie wurde immer lauter, immer gereizter und entschlossener. Die Zarin unterbrach ihn. Die Worte waren nicht zu unterscheiden. Beim Klange dieser Stimmen fühlte aber die Wyrubowa, wie sie von einem kalten Gruseln geschüttelt wurde. Zum erstenmal seit sie die Majestäten kannte, schrie der Zar seine Gemahlin an. – Nach einer halben Stunde wurde die Tür des Arbeitszimmers aufgerissen. Alexandra Feodorowna stürzte hinaus. Ihr Gesicht war mit feurigroten Flecken bedeckt. Tränen standen in ihren Augen. Verzweifelt warf sie sich auf den Diwan und rief schluchzend: „Alles ist zu Ende. Wir haben den Krieg, und ich habe nichts davon gewußt!“

Zum Nachmittagstee erschien der Kaiser im Zimmer seiner Gemahlin. Er war finster, wortkarg und machte einen ganz verstörten Eindruck. Halb erklärend und halb um Verzeihung bittend, sagte er: „Ich habe nicht das Recht, die Mobilmachung abzustellen. Die deutschen Truppen können in

Rußland eindringen, denn nach meinen Informationen sind sie bereits mobil. Wie aber sollte ich es vor meinem Volk verantworten?“

Die Schreckensbilder der Kriegstage zogen an den Augen der Zarin vorüber. Neben den Gestalten ihrer deutschen Verwandten sah sie die lange Reihe der Großfürstinnen, die fast alle gleich ihr, nach dem Ausdrucke Bismarcks, „dem reichsdeutschen Gestüt des Hauses Romanow“ entstammten.

In den qualvollen, schlaflosen Nächten versuchte die Kaiserin der Spaltung ihrer Gefühle Herr zu werden. Ihre alte Abneigung gegen den deutschen Kaiser verwandelte sich jetzt in glühenden Haß gegen ganz Preußen. Das kleine Hessen-Darmstadt erschien ihr als eine unterjochte Provinz, die nunmehr für Preußen im Kriege verbluten mußte. Würde nicht beim Sturze Preußens ihr Heimatland zu neuer Freiheit gelangen? Das Heer ihres Gatten erschien ihr, obzwar es auch gegen die hessischen Regimenter kämpfte, in der Hauptsache als gepanzerte Faust, die die preußischen Fesseln, in denen ihr Heimatland schmachtete, zerbrechen würde. Mit der gleichen Inbrunst, mit der sie einst zur orthodoxen Kirche übergetreten war, entschloß sie sich jetzt zu einem erbitterten Haß gegen das Land, dem sie entstammte und dessen Kaiser ihre Ehe gestiftet hatte.

Die Kaiserin fühlte, daß dieser Krieg, so siegreich er auch enden mochte, ihr persönlich erneut Erniedrigung und Qual bereiten würde. Wurde sie während des japanischen Krieges verächtlich „Die Engländerin“ genannt, so glaubte sie jetzt in dem Tuscheln der Höflinge und Aristokraten das unterdrückte Wort „Deutsche“ zu vernehmen. Schon jetzt berichtete man ihr, daß die Damen der Gesellschaft naserümpfend von ihrer Arbeit in den Krankenhäusern sprachen. Die russische Kaiserin – meinten sie – verletze ihre Würde, indem sie die schmutzigen Wunden der einfachen Muschiks ihrer Allerhöchsten Berührung würdige. Die Kaiserin sah voraus, daß die Zeiten nicht fern lagen, in denen dieselben Damen kopfschüttelnd darüber diskutieren würden, daß die Kaiserin mit heuchlerischer Verlogenheit die Wunden verbinde, die den tapferen russischen Soldaten von den Waffen ihrer deutschen Brüder geschlagen worden waren.

Im dunklen Schlafzimmer ertönte unterdrücktes Seufzen. Nach zwanzigjähriger Ehe fühlte sich die Zarin in der Heimat ihres Gatten fremder, verstoßener und einsamer als an jenem Tage, an dem „die blonde und glückstrahlende Alix“ die russische Grenze überschritten hatte.

Auch die Minister ihres Gemahls, die Helfer und Stützen in schwerer Zeit, schienen wenig geeignet, die Zweifel und Qualen, die sie erfüllten, zu zerstreuen. Der greise Goremykin, der wieder einmal das Amt des Premiers bekleidete, krümmte sich unter der Last der Bürden und bösen Vorahnungen. „Der Kaiser hat vergessen", meinte er, „daß die Kerzen am Sarge, in dem ich liegen werde, bereits angezündet sind." Auch der alte Graf Frederiks war inzwischen recht anfällig geworden. In greisenhafter Zerstreutheit wollte er einmal aus dem Fenster springen, in der Annahme, daß es die Tür sei. Ein anderes Mal klopfte er dem Zaren freundschaftlich auf die Schulter und fragte: „Bist du heute auch bei den Majestäten geladen?"

Noch zweifelhafter erschien der Zarin der Kriegsminister Suchomlinow. 66 Jahre alt, sehr unter dem Einfluß seiner um 32 Jahre jüngeren Frau stehend, klug, gewandt, schlau, von finsterem Aussehen, mit einem lauernden Blick unter den schweren, gerunzelten Brauen, hatte dieser Minister durch einen unglücklichen Zufall das Mißtrauen der Kaiserin heraufbeschworen. Als vor einigen Jahren bei einer Theatervorstellung das Ministerpaar in der Loge erschien, sagte der Zar zu seiner Gemahlin: „Schau, was für eine schöne Frau Suchomlinow hat." Diese wenigen Worte weckten den Argwohn der Zarin, und mit eifersüchtigen Blicken verfolgte sie die Auszeichnungen und Huldbeweise, die der Zar seinem Minister angedeihen ließ.

Je mehr die Zarin über diese Menschen nachdachte, desto tiefer erschien ihr der Abgrund, der sich gähnend vor dem Throne des Monarchen auftat. Während der Zar die Fronten bereiste, drohte die Staatsführung seinen Händen zu entgleiten. In nächtlichen Grübeleien erblickte die Zarin ahnungsvoll die Gespenster des kommenden Unheils. Das milchige Weiß vor den Fenstern ihres Schlafgemachs verwandelte sich in das verschwommene Antlitz einer drohenden Larve. Von der Wand ihres Zimmers blickte ein Bildnis, das Marie Antoinette im Kreise ihrer Kinder darstellte. Wie ein drohendes memento mori starrte die unglückliche Königin auf Alexandra Feodorowna. In der Stille der Nacht lauschte die Kaiserin dem unaufhaltsamen Schritt der Revolution. Der Nebel des Petersburger Dunkels legte sich schwer auf die Brust, weiße Schatten klopften an den Fenstern, und schreckerfüllt glaubte die Zarin, im nächtlichen Zwielicht die grauenhaft verzerrten Gesichter ihrer unglücklichen Vorgänger auf dem Throne der Romanows zu erblicken.

Von quälenden Zweifeln geplagt, entschloß sich Alexandra Feodorowna, neben den Pflichten der Mutter und Krankenschwester auch die Last der Regierung auf ihre Schultern zu laden. Wenn der Zar diesen blutigen Krieg auch ohne ihre Zustimmung begonnen hatte, so mußte sie dennoch die Sorge für seinen glücklichen Ausgang auf sich nehmen.

In ihren Briefen an den Zaren häuften sich die politischen Ratschläge und Warnungen. „Man muß Dich nicht nur lieben, sondern auch fürchten." „Verbiete diesen Kongreß in Moskau, das ist noch schlimmer als die Duma." „Du bist Selbstherrscher, und alle sollen es wissen. Wenn du einmal nachgibst, so wird man immer mehr verlangen." „Wann wird man endlich die Küchen für die Flüchtlinge errichten und Moskau mit Heizmitteln versehen?" „Hast du bereits an den alten König Peter telegraphiert?" „Warum hat Dschunkowsky die Preobraschenzy und Semjonowzy erhalten? Das ist eine viel zu hohe Ehre für sein niederträchtiges Benehmen."

Wenn der Kaiser mit der Erfüllung der Ratschläge seiner Gemahlin zögerte und ihr von „meinem winzigen Willen" schrieb, so antwortete die Zarin gereizt: „Ich kämpfe für meinen Gebieter und unseren Sohn." Und fügte in einem andern Brief bitter hinzu: „Du, mein Freund, bist ein wenig langatmig!"

Auch die kurzen Tage, die der Zar in der Hauptstadt verbrachte, benutzte die Kaiserin zu politischen Gesprächen aller Art. Blieb der Zar einmal standhaft, so griff Alexandra Feodorowna zu verzweifelten Mitteln, um ihren Willen durchzusetzen. Beim Anblick eines hysterischen Anfalls der geliebten Frau gerieten oft die unerschütterlichsten Entschlüsse ins Wanken. Manche Reise des Kaisers an die Front war von dem unterbewußten Wunsche diktiert, sich für eine kurze Zeit den herrischen Forderungen Alexandras zu entziehen.

In demselben Maße, in dem die Zarenreisen zunahmen, stieg der Einfluß der Zarin auf den Kurs des Staatsschiffes. Die Briefe der Kaiserin an ihren Gemahl waren bei den Ministern und Staatsleuten gefürchteter als die Ukase und Befehle des Zaren. Je länger die Abwesenheit des Zaren währte, desto nachdrücklicher wurde das Bestreben der Politiker, einen direkten Zugang zu der Quelle der Allmacht zu finden.

In der eisigen Wand, hinter der sich die Zarin verbarg, gab es nur eine Öffnung, das kleine Haus der Wyrubowa in Zarskoje Selo. Am Eingang dieses Hauses stand jedoch wie der Erzengel Michael an der Pforte des Paradieses groß und mächtig der Staretz Rasputin. Immer noch war der Einfluß des Staretz groß. Mit zitternder Hand schrieb die Zarin in den Briefen an ihren Gemahl die verworrenen Worte des Muschiks nieder. Obgleich ihr manchmal die Zeit fehlte, den Heiligen zu empfangen, so blieb ihre hingebungsvolle Zuneigung für den Retter ihres Sohnes trotzdem unverändert. Um so öfter empfing die Wyrubowa den Staretz. Durch den willigen Mund der

Freundin erfuhr die Kaiserin die Meinung Rasputins über die Fragen der Politik, Wirtschaft und Kriegführung. Diese Äußerungen bildeten eine der zahlreichen Quellen, durch welche die Zarin die wahren Nöte ihres Volkes zu erforschen trachtete.

Da eine normale Hofhaltung fehlte, richteten sich nunmehr die Blicke aller politischen Spieler, Intriganten und Kriegsgewinnler auf die kleine Wohnung in der Gorochowajastraße, in der der Staretz residierte. Aus dem dunklen See der Rasputinschen Blicke trachteten Minister und Bankiers Würden und Ämter, kaiserliche Gunst und Gnade herauszufischen.

Einige Fälle, in denen es dem Staretz gelungen war, den bedrängten Untertanen die Gunst des Monarchen zu erwirken, verliehen seiner Person einen beinahe allmächtigen Schimmer. In seiner ärmlichen Wohnung bildete sich ein regelrechter Hof, und während die Zarin glaubte, in Rasputin einen Mittler zwischen sich und Gott gefunden zu haben, freuten sich die Politiker und Finanziers, in dem seltsamen Mann einen willigen Vermittler zwischen sich und dem großen leeren Hof des Zaren zu entdecken.

Niemand ahnte indessen, daß sich die Macht des Staretz lediglich auf das kleine Häuschen der Wyrubowa beschränkte. Niemand wußte, daß die trauten Zusammenkünfte mit den Majestäten immer seltener und seltener geworden waren. Der Kaiser, der in den ersten Monaten des Krieges Gottes Segen deutlich auf sich ruhen fühlte, benötigte Rasputin vorerst nicht.

Es bedurfte erst, ähnlich wie bei dem Unfall des Zarewitsch in Spala, eines tragischen Ereignisses, um die Aufmerksamkeit der Majestäten erneut auf die magische Wunderkraft Rasputins zu lenken.

Am 2. Januar 1915 entgleiste um fünf Uhr nachmittags der Zug zwischen Zarskoje Selo und Petersburg. Gleich hinter der Lokomotive saß in einem Abteil erster Klasse Frau Anna Wyrubowa. Der Wagen wurde zertrümmert, und erst nach Stunden gelang es den Sanitätern, unter den Trümmern den grauenhaft verstümmelten Körper der kaiserlichen Freundin hervorzuziehen. Der herbeigeeilte Arzt untersuchte die Verwundete und weigerte sich, die Unglückliche ins Spital zu überführen. „Sie werden gleich sterben, es hat keinen Zweck, Sie fortzubringen“, sagte er kühl zu der vielgehaßten Frau.

Als die Wyrubowa dennoch auf Befehl der Zarin ins Krankenhaus von Zarskoje Selo überführt wurde, stellte auch dort die Ärztin, Fürstin Hedroitz, fest, daß das Leben der Wyrubowa nur noch einige Stunden währen könne. Zar und Zarin eilten zum Lager der Leidenden. In Gegenwart der Majestäten reichte ihr ein Priester die letzten Sakramente, der Kaiser segnete sie, und die erschöpfte Frau versank in einen Dämmerzustand, der nach der Ansicht der Ärzte gegen morgen in den Tod münden würde.

Indessen raste über die Chaussee von Petersburg nach Zarskoje Selo die große, schwarze Limousine der Gräfin Mathilde Witte. Im Wagen saß der Fürst Andronikow, und neben ihm schweigsam, in sich versunken, mit wildem Blick vor sich hinstarrend, der Staretz Rasputin.

Dem Fürsten, der dem Staretz die Nachricht vom Unfall und wahrscheinlichen Tode der Wyrubowa überbracht hatte, gruselte. Er hatte das Gefühl, daß neben ihm ein lebloser Körper sitze, und daß der Geist des Staretz sich geheimnisvoll in überirdische Gefilde schwinge. Plötzlich zuckte Rasputin zusammen, ohne den Fürsten zu beachten, schlug er sich mit der Faust aufs Knie und rief gebieterisch: „Sie lebt, schneller, schneller fahren!"

Mit einem plötzlichen Ruck hielt das Auto vor der Tür des Krankenhauses. Rasputin raste die Treppe empor. Mit seiner schweren Bauernhand riß er die Tür auf, torkelte vorwärts und stand, geisterhaft um sich blickend, am Krankenbett der Wyrubowa. Zar und Zarin erschraken. Der blasse Staretz mit den funkelnden Augen und gespreizten Händen erinnerte an ein Gespenst. Rasputins Tatze umklammerte die Hand der Wyrubowa. Wortlos beugte er sich über sie. Plötzlich begann das bleiche Gesicht der Frau konvulsivisch zu zucken.

Mit zaghafter Zärtlichkeit streichelte der Staretz die zuckenden Züge. „Annuschka, hörst du mich? Annuschka, sieh mich doch an!", wiederholte er leise. Da hoben sich langsam, wie einem inneren Zwange gehorchend, die Lider der Wyrubowa. Ihre leeren Blicke trafen die Augen Rasputins. Es war, als ob der Staretz der Kranken über eine unsichtbare Brücke hinweg neue Lebenskräfte zuführte. Die Wangen der Wyrubowa röteten sich. „Du wirst leben, Annuschka", sagte Rasputin, die Vokale in sibirischer Art dehnend. „Du wirst schon ein Krüppel bleiben, da kann man nichts machen, aber du wirst leben. Jetzt schlaf!"

Er ließ die Hand los und taumelte ins Nebenzimmer. Dort brach der Bauer, von der gewaltigen Anstrengung seiner geheimen Kräfte erschöpft, ohnmächtig zusammen.

Zar und Zarin bekreuzigten sich erschüttert. In der nüchternen Umgebung des Krankenzimmers wurden sie des Glückes teilhaftig, einem echten Wunder beizuwohnen. Der geheimnisvolle Weg der göttlichen Gnade bediente sich offensichtlich des einfachen Bauern aus Sibirien. Das Wort Rasputins erfüllte sich. Die Schmerzen ließen nach. Die Wyrubowa wurde bald darauf in ihr Haus überführt, doch blieb sie für immer ein Krüppel und konnte sich nur noch auf Krücken fortbewegen.

In den langen Monaten der Genesung saß die Zarin am Bette ihrer Freundin. Die Besuche bei der Wyrubowa betrachtete Alexandra als ihre heiligste Pflicht. In diesen Zeiten der Genesung sprachen die Freundinnen über die wundersame Macht des Staretz. Auch Rasputin selbst erschien immer öfter im Häuschen der Wyrubowa. Am Bette der Kranken begegnete er den besorgten Blicken der Majestäten. Die Gespräche nahmen zwanglos eine politische Wendung, und die geheime Macht, die Rasputin von da ab auf die Zarin ausübte, wurde in den Monaten der Wyrubowaschen Genesung und der kriegerischen Niederlagen neu geschmiedet und zu einem unzerbrechlichen Instrument geformt.

33. DER MINISTER DER KAISERLICHEN SEELE

Aus den Briefen der Zarin: „Ich habe einen Haufen von Bittschriften, die unser Freund für Dich gebracht hat. Der Segen und die Gebete unseres Freundes werden Dir helfen. Es war mir ein großer Trost, daß Du ihn gesehen hast und von ihm heute abend gesegnet wirst." – „Anna hat unserem Freund den Inhalt Deines Telegramms ausgerichtet. Er segnet Dich und ist froh, daß Du glücklich bist. Er ist etwas beunruhigt wegen der Geschehnisse mit dem Fleisch. Die Händler wollen die Preise herabsetzen. Er glaubt, daß einer der Minister die größten Händler zu sich rufen muß, um ihnen zu erklären, wie unrecht sie handeln. Das wird sie beschämen." – „Es wird für uns und für das Land fatal sein, wenn die Wünsche unseres Freundes nicht erfüllt werden. Er weiß, was er sagt, und er spricht so ernst." – „Ich sende Dir einen Spazierstock, den er für Dich vom Berge Athos bekommen hat. Er hat ihn eine Weile benutzt und sendet ihn jetzt Dir, mit seinem Segen. Es wäre gut, wenn Du ihn von Zeit zu Zeit benutzen könntest. Halte ihn neben jenem, den M. Philipp berührt hat!" – „Gottes Segen wird Rußland verlassen, wenn sein Beherrscher es erlaubt, daß ein Mann, den uns Gott gesandt hat, verfolgt wird ... Der Gottesmensch betet unaufhörlich für Dich, und Gott wird uns unsere Schwäche und Sünde nicht vergeben, wenn wir ihn nicht verteidigen." „Vergiß nicht, vor der Sitzung des Ministerrates seinen Kamm in der Hand zu halten und Dich einige Male damit zu kämmen, das wird Dich stärken."

Aus den Telegrammen des Freundes:

An die Zarin: „Die Betrachtungen der Bergpredigt, hohes Gut. Was ist Judäas Furcht in der Tat bewiesen, geistige Unterhaltung. Vernunft der Heiligen. Man soll sich nicht beunruhigen unter dem Schutz der Gnade, nicht aber aus Furcht der Einschüchterung der uns Nächsten. Trauernd entfernt sich unser Freund zum Troste derer. Grigori."

An den Zaren: „Mit der Kraft Deiner Macht entrinn Deinem Herzen. Der Schutz der Mutter Gottes hilft Dir. Der Unsichtbare hilft Deiner ganzen Armee und verdeckt mit seinem heiligen Omophorium das Licht der Beobachtung, erleuchtet all unsere inneren Feinde. Gott ist mit uns, man fürchtet niemanden ... Erschrick nicht vor der heimtückischen Technik. Die Gnade

Gottes ist unsere Feste. Dein Wort wird alle besiegen, Deine Hand ist für alle das Schwert. Grigori."

An die Wyrubowa: „Hell und angenehm, mit jemanden zu sprechen. Alle haben Lust, sich emporzudienen. Schriften mit allerlei Verleumdungen in den Papierkorb. Grigori."

Wie ein alter, kluger Zauberer meisterte Rasputin seine wirkungsvolle Beschwörungsformel je nach der Beschaffenheit des Empfängers. Mystische Verklärtheit für die Zarin, militärischen Optimismus für den Zaren, berechnende Klugheit für die Wyrubowa.

Nicht weniger charakteristisch sind die Telegramme an Rasputin: „Wir gedenken, sehnen uns, ernste Tage, danken, glauben, beten. Alexandra."

„Überall sehr gehobene Stimmung, die auch wir empfinden. Waren in der Hauptstadt. Wir danken, trösten uns mit den Worten. Nikolaus."

Die Macht Rasputins stieg. Die kleine Wohnung in der Gorochowajastraße 64 füllte sich mit Menschen. Rasputin empfing durchschnittlich vierhundert Besucher am Tage, Minister, ehemalige und zukünftige, baten um seinen Beistand. Bankiers sandten ihm Geld oder erschienen selber mit kostbaren Geschenken. Schöne Frauen gerieten in Verzückung, wenn sich ihnen die schwieligen Hände Rasputins liebevoll entgegenstreckten. Bauern aus fernen Provinzen verneigten sich vor ihm, trugen ihre unkomplizierten Wünsche vor und erbaten die Fürsprache des großen Beters für das Bauernvolk beim Throne des Zaren.

Fast täglich erschien in der Wohnung des Staretz die Wyrubowa. Das Telefon im Nebenzimmer läutete, und eine höfisch lispelnde Stimme aus Zarskoje Selo rief den Staretz zum Apparat.

Die Beamten und Minister waren von Rasputins Allmacht überzeugt. Ein Zettel von ihm genügte, um sie in freudige Erregung zu versetzen. Von seiner ungelenken Unterschrift gebannt, erfüllten sie die mannigfaltigen Wünsche, die er für seine Klienten vorbrachte. Rasputin wurde nicht müde, jene berühmten, analphabetischen Zettelchen zu verfassen, die in ihrer kategorischen Kürze für die Überbringer von unschätzbarem Wert waren. So schrieb er zum Beispiel: „Lieber, Teurer, entschuldige, hilf dem armen Badediener, Grigori." Oder: „Lieber, Teurer, hör ihn an, Grigori." Und ein anderes Mal: „Er ist einer der Ihrigen. Wir reden fromm, aber mit dem Verstand muß man sich überzeugen, in alle Wurzeln und Verzweigungen. Grigori."

Das urwüchsige Bauerngemüt Rasputins war von echtem Mitgefühl für alle Leidenden und Bedrängten beseelt. Die Reue eines diebischen Heereslieferanten und der Augenaufschlag einer schönen Frau rührten seine Nächstenliebe. Und wenn er auch bereit war, Gelder oder Geschenke für seine Dienste in Empfang zu nehmen, so stellte er doch nie Bedingungen, zählte auch niemals das Geld, sondern verteilte es an die Armen; auch schenkte er einem kleinen Bauern die gleiche Aufmerksamkeit wie einem reichen Bankier.

In den trunkenen Nächten, von liebestollen Frauen und ministeriellen Strebern umringt, prahlte Rasputin mit seiner Macht über den Zaren: Papa und Mama küßten ihm die Hände. Papa nenne ihn „Christus". Die Zarenkinder balgten sich mit ihm herum, und Mama schwor, auch dann für ihn einzutreten, wenn sich alle von ihm abwenden würden. Zitternd füllten die Gäste Rasputins Glas. Entsetzt starrten sie auf den mächtigen Mann, der offiziell den Rang eines Palastkerzenanzünders bekleidete und der sich selbst in trunkenem Stolz: „Minister der kaiserlichen Seele" nannte.

Inmitten des trunkenen Gelages überkam den Staretz plötzlich das Leid über den Wahn des großen Krieges. Einem Polizeispitzel klagte er: „Meine Seele ist sehr traurig. Vor lauter Trauer bin ich sogar taub geworden. Zwei Stunden fühle ich mich wohl, aber fünf ist es mir nicht gut." Auf die Frage, weshalb er so traurig sei, antwortete er: „Ja, deshalb, mein Junge, weil es im Lande nicht gut geht."

Auch dem französischen Botschafter Paléologue, den er zufällig bei einer hochgestellten Verehrerin traf, klagte er sein Bauernleid. In kurzen, abgehackten Sätzen, finster um sich blickend, sagte er: „Zu viel Tote, Verwundete, Verwitwete, Verwaiste. Zu viel Ruinen, zu viel Tränen. Denke an all die Unglücklichen, die nicht mehr zurückkehren. Jeder von ihnen hinterläßt fünf, sechs, zehn Menschen, die weinen. Ich kenne Dörfer, große Dörfer, wo alle in Trauer sind. Und die, die zurückkehren, wie sehen sie aus? Großer Himmel! Verkrüppelt, mit einem Arm. Blind. Zwanzig Jahre lang wird man im russischen Lande nur Kummer ernten."

Wie drohende Gewitterblitze durchzuckten die Worte und Taten Rasputins die Stadt. Geistliche, Generäle, Politiker und Gelehrte erzitterten bei dem Gedanken, daß der Zar, der ihre Mitarbeit ganz offenkundig verschmähte, jetzt zum willenlosen Werkzeug in der Hand dieses Bauern geworden war. Ein unterdrücktes Flüstern wußte zu berichten, daß Rasputin ein bezahlter Spion des Feindes sei, daß die Zarin – eine deutsche Prinzessin – ihm alle militärischen Geheimnisse mitteile, und daß er sie sofort im trunkenen Zustand dem Kreis der Feindesagenten weitergäbe. Das Wort „Verrat“ breitete seine unheilverkündenden Fittiche über Rasputin.

Selbst diejenigen geistlichen und reaktionären Kreise, die Rasputins Aufstieg ermöglicht hatten, wandten sich nunmehr voll Abscheu von ihm ab. Großfürstin Anastasia und der Außenminister Sasonow bezeichneten Rasputin offen als „den Antichrist“. Mönchspriester Illiodor schrieb gegen ihn eine Broschüre, betitelt: „Der heilige Teufel“. Und selbst die Zierde der konservativen Weltanschauung, der Abgeordnete Purischkewitsch, hielt in der Duma eine Rede, in der er gegen „die dunklen Mächte, die unsichtbar am Werke sind“, donnerte.

Flüsternd erzählten sich grauhaarige Popen und Gelehrte von der sündhaften Last der Häresie, die dieser Bauer in sich trage. Seine Worte erschienen als Verführungen des Bösen. In den Salons erzählten sich Herren und Damen, daß der Staretz Rasputin die kaiserliche Familie und die Regierung zu der gottabtrünnigen Sekte der Chlysten verführt habe.

Kopfschüttelnd reichte man in Petersburg eine Broschüre von Hand zu Hand, die der Gelehrte Hofstätter über die magische und geheime Brüderschaft der Chlysten verfaßt hatte. Schmunzelnd lasen die Abgeordneten und Liberalen die unterstrichenen Stellen. „Die geheimnisvolle mystische Hypnose ist die eigentliche Seele des Chlystentums. Vor allen Dingen muß man die Chlystensekte mit ihrem Gottesdienst zuverlässig als eine ziemlich systematisch organisierte Schule der religiösen Hysterie bezeichnen, die für Leute, die geistig fest sind, ungefährlich, für hysterisch veranlagte Frauennaturen sehr gefährlich ist. Die Mitglieder solcher religiösen Kreise machen einen benommenen Eindruck. Sie gehen herum wie betäubte Halbautomaten. Die lebendige Seele ist vom mystischen Vampir ausgesogen. Die Chlystenlehre ist nicht so durch ihre Ausschweifungen gefährlich wie durch diese finsteren Zaubermächte der mystischen Glaubensumnachtung. In dem Einfluß eines Chlystenstaretz auf die geistig schwankenden, halb hysterischen Leute ist etwas Unverständliches, Gebieterisches und Vernichtendes, das der Eingebung des Teufels gleicht.“

Aus den trunkenen Reden und Gebärden des Muschiks entnahmen die aufgeklärten Städter mit aller Deutlichkeit seine Zugehörigkeit zu der dunklen Sekte der Chlysten. Und wenn Rasputin in hemmungsloser Freude seinen Gästen einen exaltierten Tanz vorführte, so mußten Überschwengliche und Nüchterne erkennen, daß an der Spitze des Reiches ein dunkler Magier mit unumschränkter Gewalt sein dämonisches Spiel trieb.

Nur einen Menschen gab es im Reich, der unsichtbar und zäh mit der Macht Rasputins kämpfte. Dieser Mensch war Nikolaus II. Während selbst die Mitglieder der kaiserlichen Familie von der unbegrenzten Macht Rasputins überzeugt waren, wußte der Zar, daß die Grenzen dieser Macht durch die Allgewalt des Potentaten beschränkt und festgelegt waren.

Für Nikolaus II. war Rasputin die byzantinische Kulisse seines europäischen Kaisertums. Doch fühlte er, daß von diesem wilden, urwüchsigen Bauern der Hauch der russischen Erde kam, daß sich in seinen Augen die verborgensten Tiefen der russischen Seele offenbarten. Wollte jedoch die Zarin in Rasputin ein höher gestelltes, anbetungswürdiges Wesen erblicken, so vergaß Nikolaus für keinen Augenblick, daß er als Zar der gottgewollte Herrscher über alle Menschen, Heiligen und Dämonen seines Reiches war. Mochte Rasputin mit analphabetischen Zetteln in bäuerlicher Gerechtigkeit die Tränen der Witwen und Waisen trocknen, in Staatsfragen erfüllte der Zar die Wünsche des Staretz nur, wenn sie seinen eigenen, kaiserlichen Intentionen entsprachen. Widersprachen Rasputins Vorschläge den Absichten des Monarchen, so verstand es Nikolaus, sich mit der ihm eigenen, byzantinischen List seinem Drucke zu entziehen, wie er es seit zwanzig Jahren im Verkehr mit seinen Ministern und Ratgebern zu tun gewohnt war.

Als der Zar zum Beispiel gegen den Willen Rasputins und der Zarin um die Mitte des Jahres 1915 den Moskauer Kirchengelehrten Samarin zum Sachwalter der heiligen Synode ernennen wollte, fuhr er einfach ins Hauptquartier, und keine Bitte der Zarin, keine Warnung Rasputins vermochte seinen Entschluß zu erschüttern. Verzweifelt schrieb ihm die Zarin: „Ich leide entsetzlich. Zwanzig Jahre lang teilten wir alles. Jetzt geschehen ernste Dinge, und ich kenne weder Deine Gedanken noch Deine Pläne. Das tut so weh!“ „Ja, mein Lieber, wegen Samarin bin ich mehr als betrübt, ich bin verzweifelt ... Auch Grigori ist verzweifelt und fleht mich an, einen anderen zu suchen, anstatt einen aus dieser Moskauer Bande.“ Auf diesen Brief antwortete der Zar: „Wie soll ich Dir für Deine beiden lieben Briefe und Deine Lilien danken? Ich vergrabe meine Nase in sie und küsse sie oft. Ich denke, es sind die Stellen, die Deine lieben Lippen berührt haben, sie stehen Tag und Nacht auf meinem Tisch.“

In persönlichen Fragen verstand es der Zar, dem Bauern seinen kaiserlichen Willen mit voller Deutlichkeit entgegenzustellen. Im Herbst 1915 fuhr Rasputin nach Moskau, um an den Gebeinen des heiligen Hermogen zu beten. Abends besuchte er das Moskauer Restaurant „Jar“, betrank sich und begann die Frauen zu belästigen. Als ihn eine der Damen zurückstieß, rief er in sinnloser Wut: „Bin dir wohl nicht fein genug? Hab schon ganz andere Frauen an den Brüsten gehalten, du! Dieses Hemd, das ich am Leibe trage, die Zarin selbst hat es mit ihren eigenen Händen für mich gestickt. Der Zarin bin ich fein genug und dir? Du sollst mich kennenlernen!" Maßlos betrunken, sprang er dann plötzlich in die Mitte des überfüllten Lokals, riß sich die Kleider vom Leibe, begann splitternackt zu tanzen und alte Kirchenlieder zu singen. Der Vorgang wurde photographiert, der Skandal protokolliert, und der Vizeminister Dschunkowsky meldete ihn dem Zaren.

Obwohl die Zarin schwor, daß der fromme Staretz auf dem Bilde von einem Doppelgänger dargestellt wurde und dem Zaren schrieb: „Dschunkowsky haßt Grigori ... Ruf Dschunkowsky und befiehl ihm, das Papier zu zerreißen. Er soll nicht wagen, über Grigori so zu sprechen, wie er es tut, sonst handelt er wie ein Verräter und nicht wie ein treuer Untertan", bestellte Nikolaus Rasputin zu einer Aussprache zu sich.

„Diese Aussprache", schreibt Prawdin in seinem Werk über die russische Revolution, „vergaß Rasputin nie. Als er nach vielen Monaten wieder in Gnade aufgenommen war, erzählte er in einer schwachen Stunde, in der Erinnerung aufs neue verdutzt, dem Vizeminister Beletzky: ‚Ich habe ihn noch nie so gesehen.' Der Zar stand an seinem Schreibtisch, mit der Faust auf die Tischplatte gestützt. Rasputin eilte auf ihn zu, aber der Zar gab ihm nicht die Hand. Als Rasputin ihn wie immer umarmen wollte, trat der Zar einen Schritt zurück, und plötzlich fühlte Rasputin, daß er all seine Bedeutung, all seine Kraft verloren hatte. Ein niedriger, blöder Bauer stand vor seinem Herrscher, und der Herrscher fragte nur: ‚Was hast du in Moskau gemacht?' ... Der Zar blickte schweigend in die wasserblauen, irrlichternden Augen, die jetzt ängstlich und ruhelos umherliefen, feige Augen einer gemeinen Kreatur. Dann sah er die ganze plumpe, grobe, vierschrötige Gestalt, sah das seidene Russenhemd, das von den lieben, teuren Händen bestickt war; dieser Anblick und der Gedanke an Alix waren ihm unerträglich. Er sagte nur ein Wort: ‚Hinaus!' Das Wort wurde nicht laut gesprochen, nicht erregt, aber Rasputin wußte sich nicht zu erinnern, wie er aus dem Zimmer, aus dem Schloß, durch den Park in das Häuschen der Wyrubowa gekommen war."

Und doch hinderte ein dunkles Gefühl den Zaren daran, sich von Rasputin zu trennen. Rasputin war ein Stück des kaiserlichen Privatlebens, und gerade die übertriebene Aufmerksamkeit, die die Öffentlichkeit diesem Teile des kaiserlichen Daseins schenkte, veranlaßte den Zaren, sich schützend vor den Heiligen zu stellen. Je nachdrücklicher die Warnungen der Großfürsten und Würdenträger wurden, desto wilder bäumte sich im Zaren der kaiserliche Stolz auf. Er kannte die Grenzen der Rasputinschen Macht, die Untertanen aber, die mit schmutzigem Lächeln das kaiserliche Privatleben kritisierten, die dunkle Verdächtigungen auszustoßen wagten, erschienen ihm als Rebellen gegen Zar und Gott.

34. ZAR UND HEER

Während der Zar mit den Erfahrungen einer zwanzigjährigen Herrschaft das Gleichgewicht zwischen dem Frieden im Hause und dem Frieden im Lande aufrechtzuerhalten trachtete, verschlechterte sich die Lage an der Front zusehends. Die kaiserliche Garde ging in den Sümpfen bei Tannenberg zugrunde. Der Marsch auf Königsberg rettete Paris. Die stolzen Preobraschenzy und Semjonowzy aber, die im Jahre 1905 den Thron gestützt hatten, lagen jetzt in der blutdurchtränkten Erde Ostpreußens. Als die Arbeiter zwei Jahre später auf den Straßen Petersburgs Barrikaden zu errichten begannen, gab es niemanden, der den Thron hätte schützen können.

Nach anfänglichen Erfolgen strömte das Zarenheer aus Ostpreußen und Galizien zurück, und kein Ministerwechsel, kein Gesetz, keine Verordnung konnte den erschreckenden Mangel an Munition und Transportmitteln wettmachen. In einzelnen Teilen des Reiches kam es zu Unruhen. In Moskau plünderte der Mob die Läden, bewarf die deutschstämmigen Großfürstinnen mit Steinen und verlangte, daß Rasputin gehängt werde. Die Armee benötigte 45 000 Geschosse täglich und erhielt nur 13 000. Großfürst Nicolai Nicolaiewitsch verlangte die Einberufung des Landsturms, und die Dumaabgeordneten schrien nach einem verantwortlichen Ministerium.

In den politischen Klubs der Hauptstadt erzählte man sich sogar, daß der Zar, im Banne der Rasputinschen Magie, den heiligen Schwur zu brechen und einen Separatfrieden zu schließen beabsichtige. Diese Gerüchte erschütterten den Zaren mehr als die schwersten Niederlagen seines Heeres. Der Romanowsche Trotz und die Romanowsche Gottesfurcht widersetzten sich mit aller Kraft dem Gedanken, den Glanz des jahrhundertealten Namens mit einem Treubruch zu beflecken. Wenn jemand in Gegenwart des Zaren das Wort „Frieden“ auszusprechen wagte, so verfinsterte sich das Gesicht des Monarchen und er antwortete: „Friede bedeutet Ehrverlust und Revolution. Wer wagt mir beides vorzuschlagen?“

Im Dezember des Jahres 1915 erschien beim Zaren verstört und aufgeregt der alte Frederiks. Er hatte soeben von seinem Freund, dem Grafen Eulenburg, dem Hofmarschall des deutschen Kaisers einen Brief mit einem Friedensangebot erhalten. Der Zar befahl Frederiks, den Brief vorzulesen. Als jedoch der greise Graf sich anschickte, die deutschen Sätze vorzutragen, unterbrach ihn der Zar: „Übersetzen Sie es ins Russische, ich verstehe kein Deutsch mehr!" Als der verwirrte Graf ihm die Sätze von der alten Freundschaft zwischen dem deutschen und russischen Herrscherhaus übersetzte, nahm der Zar den Brief aus seiner Hand und schrieb an den Rand: „Diese Freundschaft ist tot und begraben."

Hekatomben von Leichen bedeckten die Felder von Galizien und Polen. Der Feldzug der todgeweihten Legionen erinnerte an den gespenstischen Tanz der Schneeflocken vor den Fenstern des kaiserlichen Palastes. Die Schneeflocken senkten sich auf das Russische Reich wie ein aus den Strafen des Allmächtigen gewobenes, himmlisches Leichentuch.

Die lichte Stimmung der ersten Kriegsmonate hatte den Zaren verlassen. In der gleichen Weise, in der er sich damals danach gesehnt hatte, die Führung seiner Armeen zu übernehmen, fühlte er nun, daß die Übernahme des Oberbefehls nur ein neues Opfer sein würde, das er dem Throne des Allmächtigen darbringen mußte. Sein Schutzpatron Hiob opferte der göttlichen Gerechtigkeit Frau und Kind. Nikolaus II. war bereit, zur Rettung seines Volkes dem obersten Richter sich selbst und seine Krone als Opfer darzubieten.

Als Warschau gefallen war, als die deutschen Truppen die Sperrkette der polnischen Festungen besetzt hatten, als die Österreicher siegreich in Lemberg eingezogen waren, sagte der Zar zum Außenminister Sasonow: „Vielleicht bedarf es zur Rettung Rußlands eines erlösenden Opfers. Ich will dieses Opfer sein. Der Wille Gottes geschehe." Er war sehr blaß, als er diese Worte sagte, doch seine Stimme klang ruhig und war von Demut erfüllt.

Viele Stunden verbrachte der Zar vor den heiligen Ikonen in der unterirdischen Kapelle von Zarskoje Selo. In traumhaften Visionen offenbarte sich ihm sein Opfergang. Die Niederlagen seines Heeres sollten auch seine Niederlage sein, und der Segen Gottes, der auf der Krone des Selbstherrschers ruhte, sollte auch das Heer des Selbstherrschers beschirmen. Zar und Heer sollten sich vereinen, um mit voller Wucht in die Waagschale der göttlichen Entscheidungen über Sieg oder Niederlage zu fallen. Als die blasse Stirn des Zaren den kühlen Marmorboden der unterirdischen Kapelle berührte, war hinter dieser Stirn der Entschluß gereift, die Last und die Verantwortung des Oberbefehls in dieser schweren Stunde auf sich zu nehmen.

Die Zarin und Rasputin waren sofort für den kaiserlichen Entschluß eingenommen. Seit vielen Monaten verfolgte die Zarin mit eifersüchtigen Blicken den wachsenden Einfluß des Generalissimus. Die kaiserliche Macht schien in den Strahlen seines unumstrittenen Kriegsruhms unterzugehen. In langen Gesprächen und Briefen wurde die Zarin nicht müde, ihren hohen Gemahl vor dem mächtigen Onkel zu warnen. Auch die Seele Rasputins war von primitivem Haß gegen seinen einstigen Gönner, den Großfürsten Nicolai Nicolaiewitsch erfüllt. Er sah in dem Generalissimus einen bigotten Feind, der mit mächtig donnernder Stimme sein bäuerliches Glück zerstören konnte.

Bei den Mitgliedern des kaiserlichen Hauses löste jedoch der Entschluß des Zaren nur Angst und Verwirrung aus. Ein kleiner Oberst, der kaum in der Lage war, ein Regiment zu befehligen, maßte sich an, ein Heer von zehn Millionen in den Kampf zu führen. Die Kaiserin-Mutter weinte, als sie von dem Entschluß ihres Sohnes erfuhr. Keine Bitte, keine Warnung der alten Frau vermochte jedoch den Entschluß des Zaren zu ändern. Auch Großfürst Alexander versuchte den Monarchen von der Last des magischen Fatums zu befreien. Schweigend lauschte der Zar der langen salbungsvollen Rede des Großfürsten, dann sagte er leise, wie abwesend: „Alles ist in der Hand Gottes. Ich bin am 6. Mai, am Tage des Dulders Hiob, geboren. Ich bin bereit, mein Schicksal zu empfangen."

Den Präsidenten der Duma, Rodsianko, der um eine Audienz bat, empfing der Zar mit eisiger Kühle. „Majestät", sagte Rodsianko mit öliger Stimme, „Sie sind das Symbol und die Fahne, um die sich alle Völker Rußlands scharen. Deshalb haben Majestät kein Recht, die geringste Möglichkeit zuzulassen, daß irgendein Schatten auf diese heilige Fahne fällt ... Majestät, die Lage wird noch furchtbarer werden, wenn die Armee des Führers beraubt wird, der ihr volles Vertrauen genießt ..." Die Augen des Zaren blitzten auf. „So genieße denn ich kein Vertrauen", sagte er und wandte sich ab.

Indessen tagte der Ministerrat. Eine ungeheure Aufregung bemächtigte sich der Mitglieder. Drohend umringten sie den greisen Goremykin und verlangten, daß er dem Zaren entweder die Gesamtdemission der Regierung vorlege, oder es zu verhindern wisse, daß ein kleiner Oberst die Leitung der Armee übernähme. Goremykin winkte müde ab. Er sei kein Revolutionär, der Wille des Zaren sei heilig, wenn die Minister die Sozialisten nachahmen wollten, so sollten sie es ohne ihn tun, die Kerzen an seinem Sarge seien ja ohnehin bereits angezündet. Empört und erschüttert richtete die Mehrzahl der Minister ein Schreiben an den Zaren. „Majestät", hieß es dort, „noch einmal erlauben wir uns, Ihnen mitzuteilen, daß der von Ihnen gefaßte Entschluß Sie und Ihre Dynastie mit schweren Folgen bedroht ... Unter diesen Umständen verlieren wir den Glauben an die Möglichkeit, Ihnen und dem Vaterland mit Erfolg dienen zu können."

In direkter Beantwortung dieses ministeriellen Schreibens verließ der Zar die Hauptstadt, um das Oberkommando über das Riesenheer zu übernehmen.

Mit den Strahlen der kaiserlichen Krone schien sich die Gnade des Allmächtigen über das bedrängte Heer zu ergießen. Am Tage der Kommandoübernahme schlug das Zarenheer den Feind bei Tarnopol. Auch der gefährliche deutsche Durchbruch bei Wilna wurde durchkreuzt. Gott segnete das kaiserliche Beginnen.

Umringt von seinem Zehn-Millionen-Heer beschloß der Zar, den rebellierenden Ministern die kaiserliche Antwort zu erteilen. Ein Telegramm berief die Minister ins Hauptquartier nach Mogilew. Im Schmutze watend, gingen die Minister zu Fuß zum Gouverneurshaus, in dem der Zar residierte. Sie warteten lange, bis vor ihnen an Stelle des kleinen, stillen, immer etwas verschüchterten Obersten das zürnende Antlitz des Erben Peters des Großen erschien.

Die Sätze des Zaren klangen wie Kanonendonner: „Ich begreife nicht, wie Sie es sich erlauben konnten, mir einen derartigen Brief zu schreiben ... Ich habe Ihr Rücktrittsgesuch zerrissen. Es ist nicht an der Zeit für solche Kindereien." Als die Minister schüchtern auf die öffentliche Meinung hinzuweisen wagten, rief der Zar ungeduldig: „Meine Herren, Sie halten das alles für viel zu wichtig. Das ist alles die Wirkung der verpesteten Petersburger Luft ... man empfindet ihre Ausdünstungen bis nach Zarskoje Selo, zweiundzwanzig Werst weit; und die schlimmsten Gerüchte kommen nicht einmal aus den Arbeitergegenden, sondern aus den Salons, in denen Sie, meine Herren, verkehren!" Bestürzt verließen die Minister den Raum. Noch nie hatte der Zar so gesprochen.

Durch eine Seitentür betrat das Zimmer des Zaren ein schlitzäugiger, alter Mann mit klugem, verschlossenem Gesicht, großer, goldener Brille und dezenten Manieren, General Alexeijew, der Chef des Generalstabs. Der unterbrochene Vortrag wurde fortgesetzt. Während der General über Landkarten und Pläne gebeugt dem Zaren den feinen Mechanismus des Feldzuges erläuterte, blickte Nikolaus mit weit geöffneten Augen in die Ferne. Wie ein geisterhaftes Phantom entstand vor seinen Blicken die Vision der letzten Entscheidung, zu der er Gott herausgefordert hatte. Seine blassen Lippen bewegten sich kaum merklich, und selbst dem gegenübersitzenden General entgingen die geflüsterten Worte, mit denen er sein Heer für den Kampf segnete: „Herr, alle, alle Folgen nur auf mein Haupt!"

35. DER SCHUSS GEGEN RUSSLAND

Die Verhältnisse in der Hauptstadt wurden von Tag zu Tag verworrener. Eine Streikwelle ergoß sich über Rußland. Zehntausende von Reservisten füllten Petersburg, und während die kaisertreuen Garderegimenter im Felde verbluteten, saßen 170 000 Reservisten in den Petersburger Kasernen, spielten Karten, tranken, sangen revolutionäre Lieder und prügelten sich mit der Polizei.

Als der Zar den alten Goremykin abgesetzt und Protopopow zum Innenminister ernannt hatte, stieg die Empörung der Duma zum Siedepunkt. In einer stürmischen Versammlung hielt Miljukow seine berühmte Rede, die in dem Satz gipfelte: „Was ist das, Dummheit oder Verrat?“ Die führende Dumapartei, der progressive Block, faßte um diese Zeit einen Entschluß, in dem es hieß: „In den Reihen der russischen Regierung nistet Verrat. Dieses Wort geht im Lande um, und infolgedessen weigert sich die Duma kategorisch, über Gesetzentwürfe zu beraten, die von dieser Regierung eingebracht werden.“

Indessen stieg die Macht der Zarin und Rasputins ins Unermeßliche. In Abwesenheit des Zaren fühlte sich Alexandra Feodorowna als die einzige Trägerin der Reichsgewalt. Sie empfing Minister, erteilte Ratschläge, die wie Befehle aufgenommen wurden, und beriet sich mit Rasputin. Hatte sich die Macht des Staretz bis dahin auf die Verteilung von Regierungsaufträgen, Kirchenwürden und auf Straferlasse beschränkt, so empfahl er jetzt Minister, setzte Gouverneure ab und fühlte sich immer mehr als Mittelpunkt der politischen Welt.

Die Berichte, die die kaiserliche Ochrana der Regierung vorlegte, spiegeln am treffendsten die Unruhe dieser wirren Tage. „Die Stimmung in der Hauptstadt“, hieß es dort, „trägt einen außerordentlich unruhigen Charakter ... Alle erwarten irgendwelche außergewöhnlichen Ereignisse. In allem Ernst erwartet man revolutionäre Aufstände oder eine Palastrevolution, die angeblich vorbereitet wird und die durch einen terroristischen Akt auf einen bekannten Staretz ausgelöst werden soll.“ Ein anderer Bericht lautet: „Es ist sehr wahrscheinlich, daß demnächst Studentenunruhen beginnen werden, denen sich auch die Arbeiter anschließen, und daß das alles mit einem Terrorakt gegen den Innenminister enden wird, den man als Hauptschuldigen an allem Unglück des Landes bezeichnet ... In den Familien der Menschen, die irgendwie politisch interessiert sind, hört man offen und frei die gefährlichsten Reden, die sogar die geheiligte Person Seiner Majestät berühren."

Gegen Ende des Jahres 1916 gesellten sich zu diesen Warnungen auch die Stimmen der kaiserlichen Familie. „Lieber Niki", schrieb Großfürst Georg an den Zaren, „wenn Du innerhalb der nächsten zwei Wochen keine neue Regierung bildest, die vor der Duma verantwortlich ist, so sind wir alle verloren." Auch der Mächtigste im Hause Romanow, der eben erst abgesetzte Nicolai Nicolaiewitsch, hielt es für notwendig, dem Zaren seine Mißbilligung mitzuteilen. Er schrieb: „Solange die Umstände, unter denen Du die Wahl Deiner Minister trafst, nur einem begrenzten Personenkreis bekannt waren, ging es noch an. Wenn aber diese Art allen und jedem bekanntgeworden ist und man über die Methoden in allen Schichten der Gesellschaft Bescheid weiß, ist es undenkbar, länger so über Rußland zu regieren. Du hast mir mehrfach gesagt, daß Du niemandem glauben kannst, daß man Dich belügt. Wenn dem so ist, so muß sich dieselbe Erscheinung auch bei Deiner Gemahlin wiederholen, die Dich heiß liebt, aber dank dem bösartigen, undurchdringlichen Betrug ihres Milieus in ernsten Irrtümern befangen ist ... Wenn Du nicht imstande bist, diesen Einfluß von ihr fernzuhalten, so befreie Dich wenigstens von den ständigen Einmischungen, von diesen Einflüsterungen auf dem Wege über die von Dir geliebte Gemahlin."

Als der Zar die Warnungen des Großfürsten unbeantwortet ließ, als er die Minister nicht absetzte und mit der Auflösung der Duma drohte, als die Gerüchte von dem Verrat Rasputins und der Zarin zunahmen, entsandte das aristokratische Rußland zum Palais des Zaren einen Rächer, der die Schmach der bäuerlichen Berührung von der Krone des russischen Selbstherrschers wegwischen sollte. Der Name des Rächers war Fürst Felix Felixowitsch Jussupow, Graf Sumarokow-Elston. Er war der Schwiegersohn des Großfürsten Alexander, Gemahl einer Zarennichte, der reichste, eleganteste und schönste unter den Edelleuten des Reiches.

Zusammen mit seinem Freund, dem Großfürsten Dimitri, und dem Dumaabgeordneten Purischkewitsch ersann der junge Fürst einen Plan, den Staretz, in dem er den Ursprung allen Übels erblickte, zu ermorden.

Mit überlegener List suchte Jussupow die Freundschaft des Staretz. In langen und wirren Gesprächen war er bemüht, die Seele des Feindes zu erforschen. Aus diesen Gesprächen formte sich für ihn das Bild einer ungeheuren Verschwörung gegen Rußland, in deren Mittelpunkt der Bauer Rasputin stand. Unablässig mußte er an seinen Plan denken, und während Rasputin trunkene Reden hielt, erschien dem Fürsten dieser schmutzige Bauer als die gefährlichste Waffe in den Händen der Feinde Rußlands.

„Nicht lange werden die Dumaleute quatschen", sagte Rasputin einmal im Verlauf eines dieser Gespräche zu Jussupow. „Ich jage die Dumaabgeordneten einfach auseinander und schicke alle Abgeordneten an die Front ... Der Zar, er ist ein Mann Gottes. Aber was ist er denn für ein Herrscher? Er sollte mit den Kindern spielen, sich mit Blümchen und Gemüsegärten befassen, aber nicht ein Reich regieren. Schwer ist es ihm. Na, da helfen wir ihm mit Gottes Beistand ..." „Welche Medizin geben Sie dem Zaren und dem Thronfolger?", fragte der Fürst ein anderes Mal. „Verschiedene, mein Liebster, verschiedene", antwortete Rasputin. „Ihm selbst gebe ich Tee, und von diesem Tee füllt sich sein Körper mit himmlischem Wohlbefinden. Es wird ihm gut und schön. Er vergißt sein Leid. Denn er hat vieles auf seinem Gewissen, wofür er beten muß. Der Krieg allein, das ganze Leben reicht nicht aus, um ihn abzubeten."

Je mehr Rasputin sprach, desto stärker wurde die Abneigung, die der Fürst gegen ihn empfand. Unter irgendeinem Vorwand gelang es ihm, im Komplott mit seinen Verschworenen, den Staretz eines Abends in sein Palais zu laden. In einem behaglich eingerichteten Souterrainraum bewirtete er sein Opfer. Die Ermordung des Staretz hat der Fürst selbst in seinem Tagebuch geschildert:

„Ich reichte ihm den Teller mit den vergifteten Kuchen und bot sie ihm an. ‚Ich will nicht', sagte er, ‚sie sind zu süß.' Bald nahm er aber einen davon, dann einen zweiten. Ich beobachtete entsetzt, wie er einen nach dem andern herunterschlang. Die Wirkung des Zyankali mußte sofort eintreten. Zu meinem grenzenlosen Erstaunen setzte Rasputin die Unterhaltung fort, als ob nichts geschehen wäre ...

Ich goß Madeira in ein Glas mit Zyankali und verfolgte jede seiner Bewegungen in der Erwartung, daß gleich das Ende eintreten müsse. Er trank mit kleinen Schlucken. Sein Gesicht veränderte sich nicht, nur manchmal berührte er mit den Händen den Hals, als ob ihm das Schlucken schwer fiele. Auf meine Frage, ob er sich schlecht fühle, antwortete er: ‚Kleinigkeiten, leichtes Kratzen im Halse.' Es vergingen einige qualvolle Augenblicke. ‚Guter Madeira, gieß noch ein', sagte Rasputin und reichte mir das Glas ...

Wir saßen einander gegenüber und tranken schweigend. Er blickte mich an, und seine Augen lächelten listig, als ob er mir sagen wollte: ‚Siehst du, du kannst dir noch so viel Mühe geben, mir kannst du nichts antun.' Plötzlich änderte sich sein Gesichtsausdruck, an Stelle des süßlich listigen Lächelns spiegelte er grenzenlosen Haß. Nie habe ich ihn so fürchterlich gesehen. Er blickte mich mit den Augen eines Teufels an. In diesem Augenblick verabscheute ich ihn über alle Maßen und war bereit, über ihn herzufallen, um ihn zu erwürgen. Im Zimmer herrschte unheilvolle Stille. Zwischen uns ging ein unsichtbarer Kampf vor. Mir schwindelte. Es war schrecklich ...

‚Spiel mir etwas Lustiges vor', bat er, ‚ich liebe, wenn du singst.' Ich nahm die Gitarre und begann zu singen. ‚Sing noch, ich liebe die Musik, du singst mit so viel Seele', sagte Rasputin.

‚Grigori Jefimowitsch, blicken Sie auf dieses Kruzifix und beten Sie!' Ein Blitz durchzuckte mich. Ich schoß. Rasputin brüllte auf, mit einer wilden tierischen Stimme, dann stürzte er auf das Bärenfell nieder. Er lag auf dem Rücken. Sein Gesicht zuckte. Die Augen waren geschlossen. Nach einigen Minuten wurde er still. Ich untersuchte die Wunde, die Kugel hatte die Herzgegend durchbohrt. Es bestand kein Zweifel – er war tot ...

Wir gingen in mein Arbeitszimmer, plauderten und träumten von der Zukunft unseres Vaterlandes, das nunmehr für immer von seinem bösen Genius befreit worden war. Plötzlich überfiel mich inmitten des Gespräches eine seltsame Unruhe. Ich verspürte den unbändigen Drang, nach unten ins Speisezimmer zu gehen, wo der Körper von Rasputin lag ... Sein Körper war regungslos. Ich beugte mich über ihn und suchte seinen Puls. Er schlug nicht. Ohne Zweifel, Rasputin war tot. Plötzlich merkte ich, daß sein linkes Augenlid zu beben begann, sein Gesicht zuckte konvulsivisch, plötzlich öffnete sich sein linkes Auge, dann das rechte, und beide Augen Rasputins richteten sich mit dem Ausdruck eines diabolischen Hasses auf mich. Ich erstarrte in stummem Schrecken. Da geschah etwas Ungeheuerliches. Mit einem kraftvollen Ruck sprang Rasputin auf beide Beine. Schaum quoll aus seinem Munde. Es war grauenhaft. Das Zimmer dröhnte von seinem wilden Gebrüll. Ich sah, wie er mir die verkrampften Finger entgegenstreckte. Sie packten mich an den Schultern wie glühende Zangen. Seine Augen begannen zu schielen. Mit heiserem Flüstern wiederholte er meinen Namen ...

In diesem vergifteten und durchschossenen Körper, der sich durch die Kraft dunkler Mächte erhoben hatte, um seinen Tod zu rächen, war etwas derart Grauenhaftes und Schreckliches, daß ich bis jetzt nur mit einem nicht wiederzugebenden Entsetzen an diesen Augenblick denken kann. Ich riß mich mit einer letzten, ungeheueren Kraftanstrengung zurück und befreite mich. Rasputin fiel keuchend auf den Rücken. Ich blickte ihn an. Er lag regungslos zusammengekauert. Plötzlich bewegte er sich wieder. Ich stürzte aus dem Zimmer. ‚Schneller, schneller, einen Revolver, schießt, er lebt!' rief ich ...

Rasputin kroch auf allen Vieren keuchend und heulend wie ein verwundetes Tier die Treppe hinauf. Er machte einen letzten Sprung und erreichte die Geheimtür, die zum Hof führte ... Purischkewitsch stürzte ihm nach. Kurz nacheinander erschollen zwei Schüsse, dann ein dritter und vierter. Ich sah, wie Rasputin taumelte und in den Schnee fiel ... Er gab kein Lebenszeichen mehr von sich. An seiner linken Schläfe klaffte eine riesige Wunde, die, wie ich später erfuhr, Purischkewitsch mit seinen Stiefeln geschlagen hatte.

Aus seinen zahlreichen Wunden troff Blut. Das Gesicht war durch Schläge verunstaltet. Ich wollte die Augen schließen, wollte irgendwohin weit davonlaufen, um wenigstens für einen Augenblick die fürchterliche Gegenwart zu vergessen, doch gleichzeitig wurde ich durch etwas Ungewisses gewaltig zu der verblutenden Leiche hingezogen und hatte nicht die Kraft, dagegen anzukämpfen. Ich hatte das Gefühl, daß mein Kopf in Stücke zerriß. Etwas Unerklärliches fiel über mich her. Ich stürzte mich auf die Leiche und begann mit einem Gummiknüppel auf sie loszuschlagen. Ich schlug in wilder Wut, wohin ich nur traf. Alle göttlichen und menschlichen Rechte wurden in diesem Augenblick zertreten. Vergebens versuchte man mich zurückzuhalten; als es endlich gelang, verlor ich das Bewußtsein."

Erst im Morgengrauen brachten die Mörder den Staretz im Wagen des Großfürsten Demetrius zur Newa und warfen den leblosen Körper in ein Eisloch. Als die Polizei einige Tage später den Leichnam herausfischte, stellte die Obduktion fest, daß Rasputin noch gelebt hatte, als sein Körper in die kalten Fluten der Newa geworfen wurde.

Alte, versierte Höflinge berichteten, daß in den Augen des Zaren, in dem seltsamen Zittern seiner Mundwinkel, in der Bewegung, mit der er seinen Schnurrbart glättete, kaum merkbare Zeichen einer tief verborgenen Erleichterung sichtbar wurden, als er vom Tode des Staretz erfuhr.

Als ihm die Adjutanten die alarmierenden Telegramme der Zarin überbrachten, trug sein Gesicht einen gelangweilten Ausdruck. Erst als ihn der Brief der Zarin mit der Beschreibung des grauenhaften Mordes erreichte, erfaßte ihn abgrundtiefer Abscheu. Rasch entschlossen befahl er, die Vorbereitung für seine Rückkehr in die Hauptstadt zu treffen. An die Zarin telegraphierte er auf englisch: „Erst jetzt Deinen Brief gelesen. Bin bis zum Entsetzen erschüttert. Mit Gebeten und Gedanken bei Dir. Eintreffe morgen sechs. Küsse Niki."

Gleichzeitig schrieb er an den Innenminister: „Ich befehle, daß alle Artikel über die Ermordung Rs. sofort aufhören. Teilen Sie meinen Befehl dem Generaladjutanten Rusky oder General Chabalow zur Erledigung mit. Nikolaus."

Als der Zug des Zaren am Bahnhof von Zarskoje Selo vorfuhr, sagte Nikolaus zu den Höflingen, die ihn erwarteten: „Ich schäme mich vor ganz Rußland, daß Menschen, die mit mir verwandt sind, ihre Hände mit dem Blut dieses Bauern befleckt haben."

Am Tage, als die Ermordung Rasputins bekannt wurde, herrschte Jubel in ganz Petersburg. Menschen umarmten einander auf den Straßen, allenthalben sah man glückstrahlende Gesichter. Die Mörder wurden wie Helden der Nation gefeiert, und der Albdruck, der bis dahin auf Rußland gelastet hatte, schien für immer geschwunden zu sein.

Und doch traf der Schuß des Fürsten Jussupow nicht nur den vergifteten, sterbenden Bauern, sondern die kaiserliche Familie, den Thron und das schwere Gold der Romanowschen Krone. Der Schuß im Keller des Jussupowschen Palais zerriß den magischen Schleier, der den Zaren umgab. Im grellen Scheinwerferlicht, das jetzt auf den Palast gerichtet war, glaubten die Menschen lediglich eine hysterische Frau, einen kranken Knaben und einen schüchternen, bedrängten Obersten zu erblicken.

Von dem strahlenden Licht der öffentlichen Meinung in ihrer ganzen, armseligen Nacktheit entlarvt, mußten Zar und Zarin nach der Meinung der liberalen Welt nunmehr endgültig auf die autokraten Formen des Herrschens verzichten und die Macht über das Reich den Vertrauensmännern der Nation übergeben.

Nichts dergleichen sollte jedoch geschehen. Dunkles Schweigen herrschte im Palais. Zar und Zarin schlossen sich von der Welt ab. Niemand hatte zu ihnen Zutritt. Wie die Blitze eines gewaltig drohenden Gewitters durchzuckte der schwere Zorn des Zaren die Stadt. Im gespenstischen Schein dieser Blitze sahen die Petersburger, wie die gefeierten Rasputinmörder, dem Worte des Zaren gehorchend, in die Verbannung gingen, wie der Freund Rasputins, Protopopow, besondere Machtbefugnisse erhielt und die Tagung der Duma plötzlich verschoben wurde. Von dem Ausbruch des kaiserlichen Zornes überrascht, erzählten sich die Petersburger, daß der wahnsinnige Protopopow die Stelle Rasputins einnehmen wolle, daß er in religiöser Ekstase vor dem Zarenpaar in die Knie gesunken sei und Kreuze schlagend, gerufen hatte: „Nicht Euch, nicht Euch, Christus sehe ich zwischen Euch!"

Ein gewaltiger Schrecken bemächtigte sich der Großfürsten, der Politiker und der Botschafter der verbündeten Länder. Die Revolution schien unabwendbar. Der Zar, augenscheinlich in fatalistischen Gleichmut versunken, weigerte sich, den einzigen Schritt zu unternehmen, der das kommende Unheil hätte verhindern können.

Drei Warnungen erreichten Nikolaus II. in den letzten Monaten des Kaiserreiches. Die erste kam von Sir George Buchanan, dem Botschafter Englands, einem alten Vertrauten der liberalen Kreise der Petersburger Duma. Als sich Buchanan zur Audienz meldete, fühlte der Zar, daß er nicht als Botschafter des Königs von England, sondern als Abgesandter der Petersburger Liberalen um Einlaß bat. Er empfing ihn mit betonter Kühle statt im behaglich eingerichteten Arbeitszimmer förmlich in einem offiziellen Salon. Der Zar stand inmitten des Raumes. Er bot dem Besucher keinen Platz an und hörte schweigend zu, wie der Botschafter des verbündeten Landes mit kalter Sachlichkeit die Regierungsfehler brandmarkte: „Majestät brauchen nur den kleinen Finger zu rühren, und das Volk wird vor Ihnen auf die Knie fallen ... Majestät können so leicht die Wand, die zwischen Ihnen und dem Volke steht, niederreißen und sein Vertrauen wiedergewinnen." Plötzlich richtete sich der Zar auf. Seine Augen sprühten vor eisiger Kälte. Er sprach langsam, und seine Worte klangen wie schwere Hammerschläge. „Finden Sie, daß ich das Vertrauen meines Volkes erringen muß, oder daß das Volk erst wieder mein Vertrauen zu erkämpfen hat?" Der Botschafter verstummte. Das blankpolierte Parkett zwischen ihm und dem Zaren verwandelte sich in einen gähnenden Abgrund, und über diesen Abgrund hinweg erscholl die Stimme einer jahrhundertealten Selbstherrlichkeit.

Wenige Tage später empfing der Zar den Dumapräsidenten Rodsianko. In einem langen Bericht setzte Rodsianko dem Zaren die Gründe auseinander, die die Absetzung der Rasputinschen Minister erforderlich machten. Nach dem Bericht fragte der Zar: „Ihr verlangt alle die Absetzung Protopopows?" „Ja, Majestät, früher bat ich, jetzt fordere ich." „Wie bitte?" „Majestät", die Stimme Rodsiankos klang feierlich, „rettet Euch! Wir stehen am Vorabend ungeheurer Ereignisse, das, was Eure Regierung und Ihr selbst tut, reizt das Volk derartig, daß alles möglich ist. Jeder Schuft kommandiert ... Sie haben doch früher meine Ratschläge befolgt." „Wann eigentlich?" Hohn klang in der Zarenstimme. „Zum Beispiel 1915, als Sie Maklakow absetzten." „Ich bedauere es sehr, dieser hatte wenigstens seinen Verstand nicht verloren." „Selbstverständlich, Majestät, er hatte ja nichts zu verlieren." Plötzlich lachte der Zar laut auf. Beim Klange dieses Lachens wurde Rodsianko von einer mächtigen Furcht befallen. „Majestät", rief er, „es muß doch irgend etwas geschehen. Wollen Sie denn wirklich mitten im Krieg eine Revolution heraufbeschwören?" „Ich tue, was mir Gott anbefiehlt."

Rodsianko verbeugte sich. „Ich gehe in der festen Überzeugung, daß das mein letzter Besuch bei Ihnen gewesen ist ... Es werden keine drei Wochen vergehen, und die Revolution wird Sie hinwegfegen. Sie werden nicht mehr Zar sein. Sie werden das ernten, was Sie gesät haben!" Bei den letzten Worten erhob sich der Zar, blickte Rodsianko traurig an und sagte leise: „Gott möge es geben."

Noch einmal, noch ein letztes Mal erscholl die Stimme der Warnung im Palais des Zaren. Großfürst Alexander, der älteste Freund der Zarenfamilie, stattete dem Kaiserpaar seinen Besuch ab. Er wurde im Schlafzimmer Alexandra Feodorownas empfangen. Die Zarin war krank. Der Großfürst beugte sich über ihr Bett. Er sprach leise aber eindringlich. „Vierundzwanzig Jahre lang war ich Ihr treuer Freund, Alix, ich bin es auch jetzt. Und mit dem Rechte eines Freundes möchte ich, daß Sie begreifen, daß alle Schichten der Bevölkerung Ihrer Politik feindlich gesinnt sind. Sie haben doch eine Familie, widmen Sie sich ihr, überlassen Sie die Staatsgeschäfte Ihrem Gemahl." Die Zarin errötete und blickte auf den Zaren. Nikolaus rauchte schweigend. Der Großfürst sprach weiter. Plötzlich unterbrach ihn die Zarin. „Was Sie da reden, ist lächerlich. Niki ist Selbstherrscher, wie kann er seine göttlichen Rechte mit irgend jemandem teilen?" „Sie irren, Alix", erwiderte Alexander. „Ihr Gemahl hat am 17. Oktober 1905 aufgehört, Selbstherrscher zu sein. Damals hätte man an die göttlichen Rechte denken sollen."

Je länger jedoch der Großfürst sprach, desto deutlicher wurde der Ausdruck der Verachtung auf dem blassen, immer noch schönen Gesicht der Zarin sichtbar. Alexander fühlte seine Kräfte schwinden. Eine ungeheure Wut überkam ihn, er sprang auf, seine mächtige Stimme erschütterte die Palastwände. Von wilder Verzweiflung ergriffen rief er: „Ich schwieg dreißig Monate! Ich sehe, Ihr seid bereit zugrunde zu gehen! Aber Ihr habt nicht das Recht, auch uns in den Abgrund des Verderbens zu reißen!"

„Ich weigere mich, dieses Gespräch fortzusetzen", unterbrach ihn die Zarin kühl. Der Großfürst erhob sich hastig und stürzte aus dem Zimmer.

Die drei Warnungen waren verhallt. Düstere Stille herrschte in Zarskoje Selo. Der Zar bereitete sich zur Abreise an die Front. In stummem Leid schritt die Kaiserin einsam durch die Alleen des Parkes. Auf einer abgelegenen Wiese erhob sich ein kleiner Hügel. Es war die Grabstätte des Staretz. Viele Stunden verbrachte die Zarin knieend an dem Grabe. Am Tage der Beisetzung des Staretz hatte sie in die erstarrten Hände ein Kruzifix und einen Abschiedsbrief gelegt. Im Briefe hieß es: „Mein teuerer Märtyrer, erteile mir Deinen Segen, damit er mich auf dem schmerzvollen Wege begleitet, den ich hiernieden noch zu wandeln habe. Gedenke in Deinen heiligen Gebeten Unser. Alexandra."

Mit tränenerfüllten Augen starrte Alexandra Feodorowna auf den verschneiten Hügel, und von diesem Schnee, von diesem Nebel, von dem wolkenbedeckten, trüben Himmel drangen zu ihr wie ferne Klänge einer verströmenden Musik die Worte der finsteren Prophezeiung, die der Staretz ihr mehrfach verkündet hatte:

„Es werden keine sechs Monate nach meinem Tode vergehen, und Ihr werdet Sohn und Krone verlieren!"

36. DIE REBELLION DER GROSSFÜRSTEN

Das Regiment der Romanows näherte sich seinem Ende. Alle fühlten es, am deutlichsten die Romanows selbst. Schwer lastete auf der Dynastie der Fluch des Staretz Rasputin. Noch schwerer lastete die Überzeugung, daß der Zar unabwendbar und blind, im Banne seines Fatums, dem Abgrund zueile. Nur noch wenige Schritte, nur noch einige somnambule Bewegungen, und die gähnende abgründigtiefe Leere würde nicht nur den Zaren und die Zarin, sondern das ganze Haus Romanow verschlingen.

In Mogilew, umringt von seinem Zehn-Millionen-Heer, saß der bleiche Zar. Er preßte den kleinen Körper des kranken Alexei an sich, und seine Augen blickten starr in die Unendlichkeit der eisigen nordischen Nächte. Mystische Stille hüllte den Zaren ein. Ihn umgaben zehn Millionen bärtiger, bewaffneter Muschiks, von ihren schweigsamen Gesichtern, von ihren Händen, Augen und Bärten kam der Hauch der russischen Erde. Der bleiche Zar spürte diesen Hauch, er spürte die zehn Millionen Fäden, die ihn geheimnisvoll mit jedem dieser Muschiks verbanden, und fühlte, daß das magische Erlebnis des Krieges der letzte Prüfstein seiner Macht war.

Tage und Nächte verbrachte der Zar in der Hauskapelle. Knieend verbeugte sich der Herrscher des Riesenreiches vor dem strengen Antlitz der Ikone des heiligen Nikolaus. Weihrauch umnebelte die byzantinischen Kreuze, und die Lippen des Zaren flüsterten inbrünstig: „Sieg, Sieg, Sieg!"

In Petersburg, in den Palästen der Großfürsten, in den Salons der politisierenden Damen, in den Wandelgängen der Duma ertönte als Antwort auf das inbrünstige Flüstern des Zaren das verzweifelte aber gleichzeitig frohlockende Raunen: „Wahnsinn, Wahnsinn, Wahnsinn!"

Allerdings wurde noch ziemlich leise geflüstert. Noch umgab den Zaren die Atmosphäre der Allmacht. Selbst die alleroberste Spitze des Reiches, die Großfürsten, die am meisten zu verlieren hatten, und denen, solange der Thron stand, nichts zustoßen konnte, selbst diese privilegierteste aller Schichten blieb von dem Gefühl der zaristischen Allmacht gebannt. Die verstimmten, innerlich rebellierenden Großfürsten standen stramm, schlugen die Hacken zusammen und riefen: „Zu Befehl, Eure Majestät!" sobald der Zar auch nur mit der Wimper zuckte. Zu Hause angelangt, schüttelten sie allerdings die Köpfe und flüsterten achselzuckend: „Wahnsinn, Dummheit, Verrat!“

In der ganzen Dynastie gab es nur einen Menschen, der die Hacken nicht zusammenschlagen mußte, der dem Zaren nicht als Untertan gegenüberstand, der genügend Macht und Autorität besaß, um eine Palastrevolution durchzuführen. Dieser Mensch war die Kaiserin-Mutter Maria Feodorowna, die kalte, mächtige Greisin.

Nichts lag der Kaiserin Marie ferner als eine Bindung mit liberalen Elementen. Sie haßte die Duma, die Revolutionäre und die politisierenden Damen ebenso, wie sie das mystische Gebaren des Hofes und des Zarenpaares verachtete. Als Kaiserin-Mutter konnte sie natürlich im Familienrat eine erfolgreiche Rebellion gegen den Zaren durchführen. Voll hoffnungsfroher Erwartung richteten sich daher die Blicke der Großfürsten und Konservativen auf das Palais der Kaiserin Marie.

Diese Blicke blieben unbeantwortet. Die Kaiserin-Mutter sah und wußte alles. Sie sah den Abgrund, dem der Zar entgegeneilte, und dennoch griff sie nicht ein, gab keine Parole, kein Stichwort zur Rebellion.

Die Kaiserin Marie wollte den Krieg. Sie wußte, daß ein Thronwechsel, so erfolgreich er auch sein würde, unbedingt zum Separatfrieden führen müßte. Das konnte sie nicht dulden. Nur ein Wunsch verband sie mit ihrem Sohn, der Wunsch zu siegen. Das kurze Wort „Sieg“ war die Brücke zwischen Mutter und Sohn.

Als dänische Prinzessin hegte die Kaiserin einen unüberwindlichen Haß gegen die Hohenzollern. Am Tage der Kriegserklärung weilte sie zufällig in Berlin. Sie hatte den Tag nicht vergessen, an dem das Volk auf den Straßen ihren Wagen mit Kot und Schmutz beworfen und sie mit Flüchen und Beschimpfungen überhäuft hatte. Die Dänin und gesalbte Trägerin der russischen Krone vergab keine Beleidigungen. „Alles ist besser als der Triumph der Deutschen“, dachte die Kaiserin Marie und blickte zur Seite, wenn sie die erwartungsvollen und beinah drohenden Blicke ihrer Freunde sah. „Der Sieg muß erkämpft werden“, sagte sie hart und eisige, unmenschliche Kühle strömte von ihrem Antlitz aus.

Die obersten Spitzen des Reiches, die Großfürsten, denen es um das Schicksal der Dynastie bangte, suchten krampfhaft nach einem Ausweg. Die drückende Katastrophenstimmung mußte unbedingt überwunden werden. War es nicht besser, wenn der Schlag von ihnen, den Großfürsten, geführt wurde als von der liberalen Intelligenz? Das waren die Gedankengänge von

Demetrius, Jussupow und Purischkewitsch. Jetzt wurden sie von zahlreichen Mitgliedern des Hauses Romanow akzeptiert.

Der wichtigste Repräsentant der Familie Romanow, Großfürst Nicolai Nicolaiewitsch, herrschte, seit der Zar das Oberkommando selbst übernommen hatte, als Statthalter im Kaukasus. Sein hoher Wuchs, seine donnernde Stimme und der Ruf eines großen Reiters, den er genoß, gewannen ihm die kaukasischen Herzen. In den vornehmen Kaffeehäusern von Tiflis, ebenso wie in den wilden Schluchten der Berggegenden erzählten sich die Eingeborenen begeisterte und schwungvolle Legenden von dem Mut, der Muskelkraft und dem edlen, kaiserlichen Herzen des langen Nicolai.

Der Großfürst residierte in dem Statthalterpalais zu Tiflis, in der Golowinskystraße. Ein großer Garten schützte das Palais vor dem Lärm der Stadt. Durch die schöngeschwungenen, mit dem Doppeladler versehenen Gitter des Gartens konnten die Neugierigen den langen Nicolai bei seinen täglichen Spaziergängen beobachten. Im Schatten der Pinien erinnerte er an ein großes, edles und wildes Tier. Alle in der Stadt Tiflis, alle im Reiche waren überzeugt, daß der Großfürst in der Abgeschiedenheit seines Gartens an die Kaiserkrone dachte, die so gut zu seinem graumelierten Haar passen würde.

Auch der Bürgermeister der Stadt Tiflis teilte diese allgemeine Ansicht. Als Rasputin ermordet wurde, als die ganze liberale Öffentlichkeit über die Art der kommenden Revolution diskutierte, glaubte der Bürgermeister, daß auch er sich von jetzt ab mit welthistorischen Fragen zu befassen habe. Er reiste nach Petersburg und machte seinen liberalen Freunden in der Duma einen Vorschlag, der allgemeine Billigung fand. Auf dem Gesicht des Bürgermeisters zeigte sich ein epochaler Ausdruck, er reiste nach Tiflis zurück und ließ sich beim Großfürsten melden.

Nicolai Nicolaiewitsch empfing ihn im Garten. Der Bürgermeister verbeugte sich tief. „Kaiserliche Hoheit“, sagte er und fühlte, daß er in diesem Augenblick Geschichte machte, „Kaiserliche Hoheit, immer lauter werden in der Hauptstadt und im Reiche die Stimmen, die den gegenwärtigen Regierungszustand als unerträglich bezeichnen. Rußland steht am Rande des Abgrundes. Seine Majestät, und insbesondere Ihre Majestät verschließen sich allen Warnungen. In den maßgebenden Petersburger Kreisen ist man zu der Überzeugung gelangt, daß nur die Tatkraft und die allgemeine Beliebtheit Eurer Hoheit die Lage retten kann. Rußland ruft, Kaiserliche Hoheit! Ihre Regentschaft oder noch besser, Ihre Regierung wird Rußlands Sieg herbeiführen. Die Majestäten könnten dann die Zeit bis zum Kriegsende im Schloß Livadia verbringen."

Nicolai Nicolaiewitsch schwieg. Sein Gesicht war regungslos. Abwesend blickte er in die Ferne. Dem Bürgermeister wurde es unheimlich. Er schwitzte und schnaufte. Der epochale Ausdruck schwand von seinem Gesicht. Der Großfürst schwieg immer noch. Er blickte auf das Gitter mit dem doppelköpfigen Adler, auf die Bäume, auf die schmale Kieselallee und sah statt dessen das Gouverneurshaus in Mogilew und sein Arbeitszimmer im Hauptquartier.

An der Wand neben dem Tisch hing ein Kalender. Der Kalender zeigte den 23. August 1915. Am Tisch saß er, der Oberbefehlshaber des Zehn-Millionen-Heeres, Großfürst Nicolai Nicolaiewitsch. Ihm gegenüber saß der Kriegsminister General Poliwanow.

Der General war im besonderen Auftrag des Zaren gekommen. „Kaiserliche Hoheit", sagte er, „ich habe eine traurige Pflicht zu erfüllen. Seine Majestät haben sich entschlossen, in dieser schweren Stunde selbst das Oberkommando zu übernehmen. Eure Hoheit werden zum Statthalter im Kaukasus und zum Oberbefehlshaber der türkischen Front ernannt." Sprachs und verstummte erschrocken. Was wird der Großfürst tun? Wird er in plötzlicher Wut den General erschießen? Wird er den Zaren absetzen und die oberste Macht an sich reißen? Die Macht lag in seiner Hand, noch befehligte er zehn Millionen Muschiks.

Statt dessen lächelte der Großfürst verbindlich, richtete sich ein wenig auf und sagte: „So, an die kaukasische Front, das ist ja ausgezeichnet. Mit den Türken werde ich fertig. Wann geruht Seine Majestät einzutreffen?"

Den ganzen Tag war der Großfürst in bester Laune. Er scherzte mit den Offizieren seines Stabes, erteilte lächelnd die letzten Orders und befahl dem Burschen, die Galauniform mit sämtlichen Orden zurechtzulegen.

Erschüttert und fassungslos blickte der Stab auf diese Romanowsche Haltung. Erst in der Nacht, als er allein in seinem Schlafzimmer war, riß Nicolai seine Mütze von der Wand herab und zerfetzte sie mit seinen langen, kräftigen Fingern. Nicht die Absetzung schmerzte den Großfürsten, verletzend war der Grund. Vor Jahresfrist hatte Nicolai Nicolaiewitsch aus Petersburg ein Telegramm erhalten. Der Staretz Rasputin beabsichtige aus der Hauptstadt zu kommen, um die Truppen zu segnen. „Möge Grischka der Schuft kommen, ich werde ihn am ersten besten Baum aufhängen", hatte die Antwort des Großfürsten gelautet.

Diese Antwort konnte ihm Rasputin nicht vergessen. Lange schlich er

Zar und Zarin in den Kostümen des Zaren Alexei Michailowitsch und dessen Gemahlin

im Palast herum und erzählte dem Zaren mit eintöniger Stimme: „Nicolaschka will König von Galizien und Polen werden. Paß auf, er wird auch Zar sein wollen!“ Die Worte des Bauern wogen also im Herzen des Zaren mehr, als die Treuschwüre seines Onkels. – Das war schmerzlich, viel schmerzlicher als die Reise nach dem Kaukasus.

Am nächsten Tag legte Nicolai Nicolaiewitsch die große Galauniform an. Am Bahnhof küßte er den Neffen, lachte laut, salutierte stramm und fragte liebenswürdig: „Wann soll ich abreisen?“ „Du kannst noch ein paar Tage hier bleiben“, sagte der Zar und lachte auch, so unerwartet erfreulich war der Anblick des liebenswürdigen Riesen.

Der Großfürst blieb noch zwei Tage. Es gab ein großes Diner, eine feierliche Geschäftsübergabe und Empfänge sämtlicher Generäle. Nicolai Nicolaiewitsch war von bestrickender Liebenswürdigkeit. Dann fuhr am Bahnhof der Salonwagen vor. Auf dem Perron stand der kleine Zar, die Suite und der strahlende Großfürst. Kurz vor Abgang des Zuges beugte sich Nicolai Nicolaiewitsch zum Ohr des Zaren und flüsterte: „Ich will dir noch vertraulich ein paar Worte sagen, Niki, komm in den Wagen!“

Der Zar stieg ein. Im Salon schloß Nicolai Nicolaiewitsch sorgsam die Tür. Der Zar stand am Fenster. Er schwieg. Seine Augen blickten am Großfürsten vorbei. Da richtete sich Nicolai Nicolaiewitsch in seiner ganzen Größe auf, blickte von oben herab auf den winzigen Neffen und brüllte mit der ganzen Kraft seiner mächtigen Lungen: „Du hast es geglaubt, daß ich nach Deiner Krone strebe? Du hast es geglaubt?“

Die Fenster des Salonwagens erzitterten. Der Zar schwieg und blickte zur Seite. Nicolai Nicolaiewitsch schlug mit der Riesenfaust auf die Tischplatte. „Nein, sage nur, mit welchem Recht hast Du es geglaubt? Wie hast Du es gewagt, einem Bauern mehr zu glauben als einem Großfürsten?“ Der Zar schwieg immer noch. Erschrocken blickte er zum riesigen Onkel empor. Draußen auf dem Perron standen betreten die Generäle. Der Großfürst drehte sich um und verließ den Salon.

Als der Zug abfuhr, stand Nicolai Nicolaiewitsch auf dem Trittbrett und salutierte ehrfurchtsvoll Seine Majestät, den gesalbten Kaiser ...

Diese wenigen Worte im Salonwagen banden Nicolai Nicolaiewitsch mehr als die heiligsten Treuschwüre. Er verachtete seinen Neffen. In den schlaflosen Nächten quälte ihn der Gedanke, diesen Neffen zu demütigen, zu erniedrigen, ihm zu beweisen, wie dumm und klein er war, als er den Worten eines Bauern Glauben schenkte. Um dies zu beweisen, um den Zaren zu beschämen, mußte er, wie falsch es auch sein mochte, die Krone ausschlagen. Denn sonst hätte ja er die Partie verloren und nicht der kleine Zar und der betrunkene Heilige. Die große Rache verlangte einen großen Verzicht.

Die Schatten der Bäume im Tifliser Garten wurden länger. Nicolai Nicolaiewitsch blickte den Bürgermeister schief an. Den liberalen Mann ging weder das Romanowsche Blut noch die großfürstliche Ehre etwas an. „Ich verstehe Ihre patriotischen Gefühle“, sagte schließlich der Großfürst. „Ich habe Seine Majestät selbst des öfteren brieflich vor den verderblichen Einflüssen gewarnt. Mehr kann ich nicht tun. Die Hand eines Großfürsten erhebt sich nicht gegen den gesalbten Monarchen.“ Er drehte sich um und ging mit großen Schritten ins Haus. Der Bürgermeister verbeugte sich verwirrt.

Während in Tiflis Nicolai Nicolaiewitsch über die Kieswege seines Gartens schritt, fiel in Petersburg dichter, winterlicher Schnee. Phantastische Eismuster bedeckten die Fenster der Paläste an der Moika und an der Newa. Die Fenster waren fest verschlossen. Hin und wieder hielten die Wagen mit den kaiserlichen Wappen am Kühler vor den Palästen. Die Soldaten an den Toren salutierten, aus ihrem Mund kam Dampf und der vorgeschriebene Ruf: „Wünschen Eurer Kaiserlichen Hoheit Gesundheit!“

Hinter den Fenstern der Paläste versammelten sich die Mitglieder des Hauses Romanow. Niemand wußte, was hinter diesen Fenstern vorging. In den Dumagängen, in den Salons und Klubs erzählten sich aber liberale Intelligenzler, daß vier Mitglieder der kaiserlichen Familie beschlossen hätten, an der Spitze von vier Garderegimentern Zarskoje Selo zu umringen, die Zarin zu verhaften und sie in die Krim zu bringen.

Die Namen der Prinzen wurden genannt. Drei von ihnen waren die Brüder Großfürst Kyrill, Boris und Andrei Wladimirowitsch. Die Wladimirowitschi, wie man sie kurz nannte, verheimlichten nicht, daß sie die Politik des Zaren mißbilligten. Über die angebliche Verschwörung schwiegen sie aber beharrlich. Sie hatten eine deutsche Mutter, eine mecklenburgische Prinzessin, die sie in Zucht und Verschwiegenheit erzogen hatte. Sie sprachen nicht.

Die neugierigen Intelligenzler beschlossen sich an das vierte Mitglied der großfürstlichen Verschwörung zu wenden. In der Wohnung seiner Geliebten, einer Petersburger Tänzerin, gab einer der jüngsten Prinzen des kaiserlichen Hauses ein großes Diner. Es erschienen Dumaabgeordnete, Bankiers und die Spitzen der liberalen Welt. Der jugendliche Gastgeber fühlte sich plötzlich zum Mittelpunkt Rußlands erhoben. Die Abgeordneten tranken Sekt, die Bankiers hielten revolutionäre Reden, und alle blickten voll Erwartung auf den Prinzen. Der Jüngling bejahte nichts und verneinte nichts. Der Glanz des Abends blendete ihn aber. Da saßen sie, die Spitzen Rußlands, und warfen ihm ermunternde Blicke zu. Gegen Morgen erhielten die Gäste das Gewünschte. In Anwesenheit aller Bankiers und Abgeordneten erklärte ein Mitglied der kaiserlichen Familie, daß es in der Tat nicht so weitergehen könne.

Am nächsten Tag liefen die liberalen Revolutionäre mit gerunzelten Stirnen durch die Büros, Klubs und Salons. Jeder versuchte krampfhaft, den geheimen, verborgenen Sinn eines jeden Stirnrunzelns, einer jeden Handbewegung, eines jeden Lächelns des jungen Prinzen zu enträtseln. Gegen Mittag ging den Intelligenzlern schließlich ein Licht auf. Sie glaubten, den Sinn des jugendlichen Lächelns erfaßt zu haben. Ohne Zweifel wollte kein anderer als Großfürst Kyrill Wladimirowitsch die Zarenfamilie verhaften und im heiligen Rußland verfassungsmäßige Zustände einführen. Intelligenzler, die in den Hofchroniken besonders versiert waren, wußten auch sofort, warum Großfürst Kyrill die Rolle eines russischen Philipp Egalité zu übernehmen gedachte.

Großfürst Kyrill, Kommandeur der Gardeequipage, Admiral und dem Range nach drittältester Großfürst des Reiches, hatte gegen den Willen der Zarin im Jahre 1905 die Herzogin Victoria Melitta von Coburg, die geschiedene Frau des Lieblingsbruders der Zarin, geehelicht. Um die Einwilligung des Zaren für diese Ehe zu erwirken, ging Großfürst Wladimir als Freiwilliger in den Japanischen Krieg, wurde verwundet und vergoß als einziger Großfürst sein Blut für Zar und Reich. Als er dann später die schöne Herzogin heiratete, entlud sich über ihn der ganze Zorn der verbitterten Zarin. Er wurde aus der Armee und Flotte gestrichen, verlor all seine Uniformen und Grade, seine Apanagen und Titel und sollte aus Rußland ausgewiesen werden.

Diese Behandlung eines verwundeten, verliebten Prinzen hatte seinerzeit viel böses Blut gemacht. Einige Jahre vor Beginn des Krieges wurden die Strafen allerdings zurückgenommen, die liberalen Revolutionäre nahmen jedoch an, daß die Sippe der Wladimirowitschi die Schmach nicht vergessen habe und gegen den Hof dieselben Gefühle hege, wie seinerzeit das Haus Orléans gegen das Haus Bourbon.

Jetzt schien für die russischen Orléans die Stunde der Abrechnung gekommen ...

Mit atemloser Spannung verfolgten die Liberalen das Vorfahren der großfürstlichen Wagen an den Newapalästen. Dort, in dem weißen Saal der Großfürstin Maria Pawlowna, versammelten sich alle in Petersburg wohnenden Romanows. Die Großfürsten sprachen gedämpft. Dreihundert Jahre herrschte das Haus Romanow über das Riesenreich. Jetzt war diese Familienherrschaft gefährdet. Hinter den phantastischen Eisblumen an den Fenstern zeichneten sich die Umrisse der verschneiten Stadt ab. Die Stadt war drohend, finster, voller Gefahren. Die Großfürsten wußten, was diese Stadt von ihnen erwartete. Eine Schwadron Kaiserhusaren, ein Ritt nach Zarskoje Selo und die Regentschaft eines Romanows.

Den Großfürsten bangte es vor dem Husarenstreich. In jedem von ihnen war noch das Gefühl der Weihe lebendig. Der Zar war geweiht. Die Hand der Großfürsten erstarrte bei dem Gedanken, daß sie sich gegen den Gesalbten erheben könnten. Immer neue Großfürsten betraten den Salon. Schüchtern stand in der Ecke Michael, der Bruder des Zaren. Er war der Thronälteste nach dem Zarewitsch. Die Scham verbot ihm zu sprechen.

Die Vision des Husarenstreiches schwebte durch den Salon. Garderegimenter wurden aufgezählt. Der verschneite Weg durch die kalte Nacht, der nach Zarskoje Selo führte, lag wie ein Albdruck auf der Seele der Großfürsten.

„Wenn wir es nicht tun, so tun es die andern. Dann ist es zu Ende mit der Herrschaft der Romanows“, sagte ein jeder von ihnen.

In der Dämmerung faßten die Romanows einen Beschluß. Noch einmal wollten sie die ganze Wucht ihrer Namen und Titel in die Wagschale der kaiserlichen Entscheidung werfen. Der äußere Anlaß war unschwer zu finden. Die Verbannung von Demetrius und Felix, zweier Mitglieder des Herrscherhauses, war Grund genug. Maria Pawlowna entfaltete einen weißen Bogen. Die Großfürsten schrieben einen Brief: Gnadengesuch für Demetrius und Felix und Warnung vor unverantwortlichem Regieren. – Sämtliche Mitglieder der Dynastie versahen das seltsame Schriftstück mit ihren Unterschriften.

Die Hand des Zaren zitterte, als er das Schriftstück las. Die lange Zigarette fiel in den Aschbecher. Der Zar lehnte sich an die Wand. Gut, daß er allein war! Das Zittern der kaiserlichen Hand gehörte nicht in die Öffentlichkeit. Da lag vor ihm auf dem Tisch, fein säuberlich geschrieben, die Schande seiner Familie. Die Großfürsten baten für Mörder.

„Unter meinem Vater hätten sie es nicht gewagt“, dachte der Zar und entsann sich der mächtigen Gestalt Alexanders III., seines strengen Blickes und der donnernden Stimme. Unter dem Vater waren Großfürsten für viel geringere Vergehen verbannt worden. Eine Liebelei, der Besuch eines zweideutigen Lokales genügten, um den Zorn des sittenstrengen Zaren zu entfachen. „Ich war zu nachgiebig", dachte Nikolaus müde. Seine Hand ergriff die Feder, mit großen Lettern schrieb er an den Rand des Gesuches: „In meinem Lande ist es niemandem erlaubt zu morden. Bin erstaunt, daß Ihr Euch an mich wendet." Die Unterschrift des Zaren erhob sich über den Namenszügen der Großfürsten wie ein Zeichen der strafenden Gerechtigkeit.

Von dem Verschwörungsplan der Großfürsten wußte der Zar nichts. Niemand im Reich wagte es, dem Zaren Vermutungen dieser Art zu hinterbringen. Höchstens Rasputin hätte den Mut dazu aufgebracht, aber Rasputin war tot. Die Taten der Mitglieder der kaiserlichen Familie unterlagen keiner öffentlichen Kritik. Keinem Polizeiminister war es erlaubt, dem Zaren über die Verfehlungen seiner Verwandten Bericht zu erstatten. Der Zar mußte selbst fühlen, wann die Zeit der Strafe gekommen war. Jetzt schien die Zeit reif. Das Gesuch der Großfürsten war Rebellion. In den Händen der Großfürsten befanden sich die besten Garderegimenter. Der verschneite Weg nach Zarskoje war auch dem Zaren bekannt. Wer für einen Mörder bat, konnte selbst zum Mörder werden.

Zu Weihnachten 1916 wurde kein Mitglied der kaiserlichen Familie zum großen Hofe geladen. Die üblichen Glückwünsche und Geschenke blieben aus. Für Großfürsten, die ihre Pflicht vergaßen, hatte der Zar ganz andere Gaben vorbereitet.

Der Großfürstin Maria Pawlowna und ihrem Sohn Boris wurde anbefohlen, sich unverzüglich zu einem Kuraufenthalt nach Kislowodsk zu begeben. Großfürst Nicolai Michailowitsch mußte sofort Petersburg verlassen und auf seinem Gut in Südrußland Aufenthalt nehmen. Andreas wurde nach dem Kaukasus verbannt. Kyrill erhielt den Befehl, eine Inspektionsreise nach dem hohen Norden, nach Murmansk, zu unternehmen.

Selbst am Vorabend der Revolution wirkten die Worte des Gesalbten auf die Großfürsten wie magische Sprüche eines gewaltigen Zauberers. Gleich willenlosen Automaten schlugen sie die Hacken zusammen, standen stramm und riefen mechanisch: „Zu Befehl, Eure Kaiserliche Majestät!" Der Husarenritt nach Zarskoje Selo war vergessen.

Als aber sieben Wochen später, am 27. Februar 1917, in Petersburg die Revolution begann, als der Stadtkommandant General Chabalow ratlos vor den leeren Kasernen stand, marschierten plötzlich durch die meuternde Stadt mit klingendem Spiel und wehenden Fahnen zwei Kompanien der kaiserlichen Gardeequipage. Die blauuniformierten Soldaten nahmen auf dem verschneiten Palastplatz Aufstellung. An der Spitze der Matrosen schritt Großfürst Kyrill. Er führte die letzten zarentreuen Truppen zum Schutze des Thrones.

Das klingende Spiel zweier Kompanien und der stramme Schritt des Großfürsten konnten den Lauf der Geschichte nicht ändern. Einen Tag darauf führte der Großfürst die Equipage im Paradeschritt zur Duma. Er übergab gleichzeitig mit seinem Abschied den neuen Machthabern die mustergültige Truppe. Er hatte den Gesalbten nicht verraten. Am 27. Februar stand kampfbereit auf dem Palastplatz nur ein Zarenvetter – Kyrill, der Rebell.

37. SAVEZ-VOUS? L'EMPEREUR A ABDIQUÉ

Die Ruhe, die den Zaren erfüllte, glich der Zartheit eines Schwindsüchtigen, dessen Geist sich von den Leiden des Körpers löst. Vierundzwanzig Herrscherjahre hatte Gott dem Zaren gewährt. Seine Allmacht und Güte mußte sich auch über das nächste Jahr erstrecken, dann würde sich das Schicksal des Kaiserreiches entscheiden. In einstimmigem Optimismus versicherten die Generäle, die Stäbe und die verbündeten Attachées dem Zaren, daß der blutige Krieg bereits gewonnen sei.

Nur der alte, ewig alkoholisierte kaiserliche Seebär Admiral Nilus gab sich besorgten Grübeleien hin. In traurigem Trunk schlenderte der Admiral durch das Hauptquartier und brummte: „Die Revolution kommt. Wir alle werden gehängt, und es ist gleich an welcher Laterne."

Am Freitag, den 24. Februar, erreichte den Zaren die Nachricht, daß der Zarewitsch und die Töchter in Zarskoje Selo an Masern erkrankt seien. Gleichzeitig begannen durch den Wall der alleruntertänigsten Berichte drohende Gerüchte über Hungerrevolten in der Hauptstadt durchzusickern. Mit ruhiger Gelassenheit las der Zar diese Berichte. Petersburg war nur ein winziger Punkt in dem ungeheueren Raume seines Reiches. Wenn der Zar jetzt beim Frühstück noch schweigsamer war als gewöhnlich, so galt seine Sorge eher der Erkrankung der Kinder als den Revolten in der Hauptstadt.

Im Summen der Telegraphendrähte vollzog sich während der nächsten Tage die Geschichte des Russischen Reiches.

Telegramm des Zaren an General Chabalow, den Militärkommandanten der Hauptstadt: „Ich befehle, bereits morgen die Unruhen in der Hauptstadt, die in der schweren Zeit des Krieges unzulässig sind, zu beenden. Nikolaus."

Telegramm des Premierministers Golyzin an den Zaren: „Der Ministerrat sieht sich außerstande, mit der Lage fertigzuwerden, und bittet um seine Demission. Die Ernennung einer Vertrauensperson zum Ministerpräsidenten, die ein verantwortliches Ministerium bilden könnte, ist unerläßlich."

Gleichzeitig traf das Telegramm des Dumapräsidenten Rodsianko ein: „Lage ernst, in der Hauptstadt Anarchie, die Regierung lahmgelegt, das Militär schießt aufeinander, man muß sofort einen Mann, der das Vertrauen des Landes besitzt, mit der Bildung der Regierung beauftragen."

Einen Tag später telegraphierte Rodsianko an den Zaren: „Die Lage wird immer bedrohlicher. Man muß sofort Maßnahmen ergreifen, denn morgen wird es zu spät sein. Die letzte Stunde ist angebrochen, in der sich das Schicksal des Vaterlandes und der Dynastie entscheidet."

Nach der Lektüre des Telegrammes sagte der Zar zu Frederiks: „Wieder hat mir dieser dicke Rodsianko allerhand Unsinn gedrahtet. Ich werde ihm gar nicht antworten." Aus diesen Worten Nikolaus' spricht die ganze Verachtung, die er für die Rebellion der Hauptstadt hegte. Die Macht des Zaren ruhte über dem Volke. Mochte der Abschaum der Nation in Petersburg rebellieren, die Besten des Volkes umringten in unerschütterlicher Treue das Hauptquartier des Monarchen in Mogilew.

Erst am 27. Februar erreichte das donnernde Grollen der Revolution die menschenlosen Straßen im Hauptquartier. Mit stiller Angst in den kleinen bebrillten Augen überreichte General Alexeijew dem Zaren die letzten Nachrichten aus Petersburg. Das Gesicht mit dem Schleier der kaiserlichen Hochmut bedeckt, las Nikolaus von dem Aufstande der Wolinsky- und Litowskyregimenter, von der Flucht der Minister und der Ratlosigkeit der Duma.

Die wahnsinnigen Texte der langen Telegraphenstreifen wollten kein Ende nehmen. Plötzlich fragte der Zar: „Wie kommt es, daß sie so leicht rebellieren?" „Majestät, das kommt daher, weil man alle Reservisten und Ausbildungskommandos in der Stadt behalten hat." „Aha."

Dumpfes Schweigen füllte den Raum. Die Brillengläser des Generals glitzerten unruhig. Ein Wort, ein erlösendes Zauberwort des Purpurträgers, und die Fahnen der rebellierenden Truppen würden sich demütig vor dem Herrscher senken. Dieses Wort wurde nicht gesprochen. Die Möglichkeit einer gesetzgebenden Verfassung wurde nicht in Betracht gezogen. Der Zar erhob sich: „Ich habe mich verspätet", sagte er. „Die Attachées warten beim Lunch." „Majestät – und die Antwort an die Hauptstadt?" „Da ist sie doch", hochmütig zog der Zar aus dem Berge der Telegramme den Bericht des Kriegsministers hervor. „Die Unruhen werden von den ihrer Pflicht treu gebliebenen Abteilungen fest und energisch unterdrückt."

Nach dem Lunch machte der Zar einen Autoausflug. Bei seiner Rückkunft fand er ein Telegramm aus Zarskoje Selo vor. Er las: „Gib nach. Die Streiks dauern fort. Viel Militär auf die Seite der Aufständischen übergegangen. Alix."

Der Zar richtete sich auf. Ein seltsames Feuer loderte in seinen Augen. „Nun General", sagte er zu Alexeijew gewandt, „was soll man jetzt tun?" Der General erschauderte unter den flammenden Blicken des Zaren. Kraftlos stotterte er: „Jetzt gibt es wohl nur eins", dann schwieg er, feuchtete seine Lippen, schlug plötzlich die Hacken zusammen und rief für sich selbst unerwartet: „Majestät, wenn Soldaten meutern, dann gibt es nur eins, eine ordentliche Truppe zusammenstellen und auf Petrograd marschieren." „Veranlassen Sie das", erwiderte der Zar kurz.

Düster und finster umgaben die Gäste den Mittagstisch des Zaren. Alle schwiegen, in trübe Gedankenversunken. Nur einer sprach, der Tischnachbar des Zaren, der alte General Iwanow. Ein kleiner Mann mit langem gezacktem Bart und lebhaft listigen Augen. Die Brust des Generals war mit Orden bedeckt. Blaue Altersadern bedeckten seine kleinen Hände. Er strich sich den Bart, er lächelte, seine Blicke bohrten sich in die des Zaren, seine Orden rasselten, er erinnerte an einen bösen Zauberzwerg.

Die Lage erschien dem General ganz einfach. Ein Parademarsch an der Spitze der treuen Truppen, mit klingendem Spiel über das Holzpflaster des Newsky, ein paar Schüsse, ein kräftiges, väterliches Mahnwort an den rebellierenden Mob, und die Stadt sinkt reuevoll dem Zaren zu Füßen.

Unaufhörlich sprach der General. Seine Worte beschworen seltsame und böse Visionen herauf. Er brauchte ja nichts für sich, der General, höchstens ein Dankwort, einen neuen Orden mehr, um dann am warmen Kamin seinem intimen Freundeskreis greisenhaft lächelnd von der magischen Kraft des klingenden Spiels berichten zu können.

Der General sprach bis acht Uhr abends. Um neun wurde er zum Diktator der Hauptstadt ernannt. Um zehn telegraphierte er an den Kommandanten von Zarskoje Selo: „Ich ersuche Sie, die Quartiere für 13 Bataillone, 16 Eskadrons und 4 Batterien bereitzustellen."

Während der General sich vergnügt lächelnd zum Feldzug rüstete, versammelten sich beim Zaren der fiebernde, kranke General Alexeijew, der Palastkommandant Wojekow und Graf Frederiks. Mit hastigen Worten flehte Wojekow den Zaren an, sofort in die Hauptstadt zurückzukehren. Alexeijew versuchte zu widersprechen. Der Zar schwieg. Drei Menschen standen erwartungsvoll vor ihm. Über die Spanne eines Jahrzehnts hinweg erblickte der Kaiser plötzlich jene drei Menschen, die an einem trüben, herbstlichen Tage von ihm die Unterschrift unter das verhängnisvolle Manifest vom 17. Oktober verlangt hatten. Die Wucht der Erinnerungen bedrückte den Zaren. Wie ferner Donner klangen die Worte des Generals Alexeijew. Hinter dem grünlichen Gesicht des fiebernden Mannes entstand der gigantische Schatten Wittes. Nikolaus richtete sich auf. „Ich habe mich entschlossen, morgen selbst in die Hauptstadt zu fahren, und werde dort die Entscheidungen allein treffen", sagte er kühl.

Um fünf Uhr morgens verließ der Zar Mogilew. Zum letztenmal fuhr der Zug des Alleinherrschers durchs Land. An den Grenzen der Provinzen bestiegen Gouverneure in Galauniform den kaiserlichen Wagen. Polizeimeister salutierten an den Haltestellen. Regimenter, die zur Front abfuhren, begleiteten den kaiserlichen Zug mit Hurrarufen. Generalgouverneure standen stramm und berichteten: „Melde Eurer Majestät gehorsamst, daß in dem mir anvertrauten Gouvernement ..."

Vollständige Ruhe herrschte im Lande. Aus Wjasjma telegraphierte der Zar an Alexandra Feodorowna: „In Gedanken vereint. Ich hoffe, Du bist ruhig. Wunderbares Wetter. Viel Militär von der Front abgesandt. Dein Dich zärtlich liebender Niki."

Indessen trommelte ein Regen von Telegrammen an die Fenster des kaiserlichen Zuges. Die Vision eines Blutbades des Generals Iwanow erschütterte die revolutionäre Hauptstadt. Vom Albdruck des kaiserlichen Zornes gewürgt, drahtete Rodsianko, daß die Ruhe und Ordnung dank seiner Bemühungen endgültig wieder hergestellt seien, daß die Duma das Chaos eindämme und sofortige Entschlüsse des Monarchen erwarte.

Kein Wort des Rodsianko-Telegrammes entsprach der Wahrheit. In der gedämpften Luft des kaiserlichen Salonwagens verfehlte es jedoch seine Wirkung nicht. General Iwanow erhielt den Befehl, seinen Marsch zu verschieben. Ein kurzes Telegramm des Zaren ernannte Rodsianko zum Premier und forderte ihn unverzüglich auf, dem Zarenzug zur Berichterstattung entgegenzufahren.

In der Nacht zum 28. schlief der Zar nicht. Es war drei Uhr nachts, als sein Zug mit einem plötzlichen Ruck stehenblieb. An der Tür klopfte es. Hinein trat der Palastkommandant Wojekow. „Wir sind in Klein-Wyschera, Majestät", sagte er, „150 Kilometer von der Hauptstadt entfernt. Der weitere Weg ist von den Aufständischen besetzt. Das Gefolge meint, man sollte einen anderen Weg einschlagen, etwa nach Pskow, zum Stabe des Generaladjutanten Rusky. Gegebenenfalls könnte dann der General Truppen nach Petersburg schicken." Der Zar erhob sich, zog den Schlafrock an und sagte einfach: „Gut, dann fahren wir eben nach Pskow."

Um zehn Uhr abends traf der Zarenzug in Pskow ein. Ein gebeugter, grauhaariger Mann mit kränklichem Gesicht, in Galoschen, mit herabhängenden Achselschnüren betrat den Zug. General Rusky. Er legte dem Zaren die Berichte vor. Aufstand in Kronstadt, Streik in Reval, Straßenkämpfe in Moskau, überall Anarchie, Meuterei und Zerfall.

„Jetzt gibt es nur noch eins“, sagte der General mit gebrochener Stimme, „man muß sich auf Gnade oder Ungnade dem Sieger ergeben.“ „Und Rodsianko?“, fragte der Zar. „Er kommt nicht.“ „Warum?“ Der General zuckte die Achseln. Das wußte er nicht, das verstand er selber nicht. Auch der Zar begriff es nicht. Wie konnte er ahnen, daß der stolze, dicke Rodsianko, auf dessen Wunsch hin er den Marsch des Generals Iwanow zum Stillstand gebracht hatte, ein Gefangener des Sowjets war, der ihm einfach die Ausreise aus der Hauptstadt verboten hatte.

Bis in die späte Nacht hinein verhandelte der General mit dem Zaren. Dann eilte er zum Telegraphen. Ein Telegramm übermittelte Rodsianko den äußersten Entschluß des Monarchen: „Zur Rettung des Vaterlandes und zum Wohle des Volkes beauftrage ich Sie, die Minister nach Ihrer Wahl zu ernennen. Die Ernennung des Außen-, Kriegs- und Marineministers behalte ich mir vor.“

Zu spät. Bis zum Morgengrauen telephonierte Rusky mit der Hauptstadt. In diesen kalten Nachtstunden opferte er seine Offiziersehre, brach seinen Treueid und verriet den Zaren um des wilden Phantoms willen, das ihm Rodsianko vorzauberte. Machtlos, vom Sowjet bedroht, von der Duma verlassen, spielte Rodsianko den starken Mann. Er forderte die Abdankung des Zaren. Die Vertreter der Duma, Gutschkow und Schulgin, seien bereits unterwegs, um die Abdankungsurkunde entgegenzunehmen. Mit keinem Wort verteidigte der General seinen Zaren. Er drohte nicht, seine Regimenter nach der Hauptstadt zu entsenden, den Zaren zu schützen und die Revolution zu ersticken.

Im Morgengrauen verband sich der General mit dem Hauptquartier. Von dort aus schwirrten Telegramme an sämtliche Oberbefehlshaber Rußlands. Wenige Stunden später trafen die Antworten ein.

Um zehn Uhr betrat Rusky den Zug des Zaren. Nikolaus hörte den Bericht des Generals gelassen an. Die Hauptstadt meuterte, es gab keine treue Garnison mehr. Da hieß es doch einfach mit einigen Frontdivisionen gegen die Hauptstadt zu marschieren und den Aufstand zu unterdrücken.

Die Hand des Generals zitterte nicht, als er auf den Tisch des Zaren sieben Telegramme niederlegte. Sieben Unglücksbotschaften eines bereits vollendeten unwiderruflichen Zusammenbruches! Das Gesicht des Zaren erstarrte zu Stein, als er die Texte las. Die Oberbefehlshaber sämtlicher Fronten beantworteten die nächtliche Anfrage. Alle sieben verlangten die Abdankung des Monarchen. Kein einziger war bereit, das Militär zum Schutze des Thrones bereitzustellen. Die Armee hatte den Zaren verlassen. „Meine Generaladjutanten", sagte der Zar und fühlte plötzlich, daß etwas Dunkles ihn überfiel, ihn würgte und zu Boden warf. In dem Haufen der Telegramme sah er den Namen des Großfürsten Nicolai Nicolaiewitsch.

Er las: „Ich halte es als treuer Untertan für meine Pflicht, meinem Eide und dem Geiste des Eides gemäß Eure Kaiserliche Majestät kniefälligst anzuflehen, Rußland und Euren Thronfolger zu retten ... übergeben Sie ihm, nachdem Sie sich bekreuzigt haben, Euer Erbe. Einen anderen Ausweg gibt es nicht. Mit einem besonders innigen Gebet, wie nie im Leben, flehe ich zu Gott, Sie zu stärken und zu lenken. Generaladjutant Nicolai." „Mein Onkel", flüsterte der Zar und wurde noch bleicher. Er blickte zum Fenster hinaus und fragte plötzlich, zu Rusky gewandt: „Und Sie, General?" Rusky senkte das Haupt. Seine Antwort stand in dem grauen, übernächtigen Gesicht geschrieben. Da erhob sich der Zar, blickte den General lange an und diktierte mit leerer Stimme:

„An den Vorsitzenden der Reichsduma. Es gibt kein Opfer, welches ich nicht für das Wohl des geliebten Mütterchens Rußland zu bringen bereit wäre. Deshalb erkläre ich mich bereit, dem Throne zugunsten meines Sohnes, unter der Regentschaft meines Bruders Michael, zu entsagen." Rusky ergriff das Telegramm.

Der Zar blieb allein. Sein Gesicht verzerrte sich. Wenige Wochen vor seinem Tode wird er in sein Tagebuch schreiben: „Ich habe all meinen Feinden vergeben außer einem. Dem Generaladjutanten Rusky kann ich nicht verzeihen."

Durch die Korridore des Zuges lief der 78-jährige Frederiks, riß die Türen zu den Abteilen auf und rief keuchend: „Savez-vous? L'Empereur a abdiqué!"

Eine halbe Stunde später sah das Gefolge, wie der Zar, vom Herzog Leuchtenberg begleitet, am Zuge entlangspazierte. An den Fenstern des Zuges weinten die alten Generäle. Einigen reichte der Zar die Hand. Sie küßten sie ehrerbietig. Sein Gesicht war ruhig. „Mein Gott, wo nimmt er diese Kraft her, er könnte doch im Abteil bleiben", sagte schluchzend General Dubensky.

Um drei Uhr nachmittags erhielt der Leibchirurg Fjodorow den Befehl, sich zum Zaren zu begeben. „Ich habe mich entschlossen, zugunsten meines

Sohnes abzudanken", sagte der Zar. „In diesem Augenblick verlange ich, Professor, daß Sie mir die volle Wahrheit über die Gesundheit meines Sohnes sagen." Der Professor zitterte. „Majestät, die Hämophilie ist unheilbar; obwohl es Fälle gibt, wo der Bluter ein beträchtliches Alter erreicht, sterben doch die meisten in der Jugend. Das Leben des Kranken ist stets von Zufällen abhängig. Ich glaube nicht, daß der Zarewitsch sein zwanzigstes Lebensjahr überstehen wird." Der Arzt schwieg. An dem seltsamen Beben, das die Schultern des Zaren schüttelte, erkannte er, daß der Kaiser weinte. „Ich danke Ihnen", sagte Nikolaus.

Fünf Minuten später erhielt Rusky den Befehl, das Abdankungstelegramm bis zur Ankunft der Dumaabgeordneten zurückzuhalten.

Gutschkow und Schulgin trafen um viertel elf in Pskow ein. Sie wurden sofort zum Zaren geführt. Nikolaus empfing sie in seinem gewöhnlichen grauen Tscherkessenanzug. Er reichte ihnen die Hand. Er bat sie, Platz zu nehmen. Gutschkow sprach lange, ohne den Zaren anzusehen. Das Gesicht des Zaren war ruhig, beinah gelangweilt. Dann sprach er ein wenig näselnd, nach der Art der vornehmen Garderegimenter. Es war, als ob die aristokratische Kühle seiner Stimme jedes persönliche Wort, jegliches Mitleid vernichten wollte. Er sagte: „Ich habe gestern und heute den ganzen Tag dieses alles überlegt und habe den Entschluß gefaßt, auf den Thron zu verzichten. Bis heute drei Uhr nachmittags war ich bereit, zugunsten meines Sohnes abzudanken. Aber später habe ich eingesehen, daß ich nicht imstande bin, mich von ihm zu trennen."

Er schwieg eine Weile, und sein Gesicht war unbeweglich wie eine Maske. Dann fuhr er fort: „Ich hoffe, daß Sie das verstehen werden. Ich bin deshalb entschlossen, zugunsten meines Bruders Michael auf den Thron zu verzichten."

Drückende Alltäglichkeit herrschte im Raum. Es war, als ob in diesem kleinen, im Empirestil eingerichteten Zimmer die gewöhnlichste Sache von der Welt vor sich ging. Noch einmal streifte der Blick des Zaren die kurzen Sätze der Abdankungsurkunde, dann ergriff er die Feder. Ein Namenszug, und die dreihundertjährige Herrschaft des Hauses Romanow war beendet.

„Einfach, unfeierlich, als ob ein Beamter sein Amt seinem Nachfolger übergibt", so schildert ein Augenzeuge den Tag des 2. März.

In der Nacht sagte Gutschkow zu Rusky: „Selbst wenn wir es mit einem eisernen Charakter zu tun hätten, mit übermenschlicher Selbstbeherrschung, so hätte man spüren müssen, wie sich in diesem Menschen etwas rührte.

Aber hier ist nichts, gar nichts. Es ist unmöglich, daß das ein normaler Mensch ist. Das ist einfach ein Mensch mit vermindertem Gefühlsleben. Das war ja eine Abdankung, als ob er eine Eskadron abgegeben hätte."

Während Gutschkow so sprach, saß Nikolaus ganz allein in seinem Zimmer, blätterte über den Schreibtisch gebeugt, in seinem Tagebuch und schrieb: „Ringsum Verrat, Feigheit und Betrug."

Um ein Uhr nachts verließ der Zug des letzten Zaren Pskow in der Richtung Mogilew. Der Zar wollte Abschied von seiner Armee nehmen. Erst unterwegs erreichten ihn zwei Telegramme. Zwei Gardegeneräle, Graf Keller und der Chan von Nachitschewan boten dem Kaiser ihre Truppen zur Niederwerfung der Revolution an. Nach dreihundertjähriger Herrschaft fand das Haus Romanow in ganz Rußland zwei treue Diener, einen baltischen Edelmann und einen transkaukasischen Tataren.

Am nächsten Tag um zwei Uhr lief der kaiserliche Zug in Mogilew ein. General Alexeijew empfing ihn am Bahnhof. Mit abwesendem Gesicht lauschte der Zar den Meldungen von der Front. Erst als er hörte, daß auch sein Bruder Michael abgedankt hatte, zuckte er erstaunt und verständnislos die Achseln. Durch das schweigsame Spalier der Stabsoffiziere ging er zum Auto. Noch wehte am Kühler die kaiserliche Standarte.

Am nächsten Morgen traf die Kaiserin-Mutter ein. Nikolaus erwartete sie am Bahnhof. Er begrüßte die Kosaken des Konvois. Er betrat den Zug. Die Tür schloß sich hinter ihm. Zwei Stunden verbrachte Nikolaus Auge in Auge mit der alten Frau. Als dann Großfürst Alexander den Raum betrat, saß die Kaiserin in der Ecke des Abteils und weinte bitterlich. Nikolaus stand mit gesenktem Kopf inmitten des Raumes. Er rauchte. Der Großfürst umarmte ihn.

Am nächsten Tag versammelten sich um elf Uhr im großen Saale des Hauptquartiers die Generäle, Stabs- und Oberoffiziere und die Mitglieder des Gefolges. „Nikolaus", schreibt ein Augenzeuge, „betritt das Zimmer gefaßt, mit etwas, was an ein Lächeln erinnert, auf den Lippen. Er dankt dem Stab, er bittet alle, die alte Feindschaft zu vergessen, treu und wahr Rußland zu dienen und die Armee zum Siege zu führen. Dann spricht er seine Abschiedsworte, kurze militärische Sätze mit betonter Vermeidung aller Pathetik. Seine Bescheidenheit macht auf die Anwesenden einen ungeheuren Eindruck. Wir rufen ‚Hoch', wie wir es noch nie während der letzten vierundzwanzig Jahre gerufen haben. Viele weinen. Noch einen Augenblick, und jemand wird heraustreten und ihn kniefällig bitten, seinen Entschluß zurückzunehmen. Aber zu spät. Der Selbstherrscher Rußlands nimmt sein Wort nicht zurück. Er verbeugt sich und verläßt das Zimmer.“

Als Nikolaus das Portal des Gebäudes betrat, standen Tränen in seinen Augen. Beim Anblick dieser Tränen bemächtigte sich der Soldaten des Konvois eine große Erregung. Sie fielen in die Knie, sie weinten, ein alter Mann mit ordenübersäter Brust stürzte mit schäumendem Mund zu Boden und wand sich in wilden Zuckungen. Nikolaus wandte sich ab und bestieg den Wagen.

Drei Tage später stand Nikolaus am Bahnhof von Mogilew. Der Zug nach Zarskoje stand bereit. Drei Großfürsten, Alexander, Sergei und Boris, Oberkommandierende und Generäle in voller Galauniform waren versammelt. Zum letztenmal sahen sie ihren Zaren. Zum letztenmal salutierten sie das alte Rußland. Wenige Minuten vor der Abfahrt des Zuges trat aus den Reihen der Generäle Alexeijew hervor. Vor den Augen der Großfürsten, vor den Augen des gesamten Oberkommandos hob er seine Hand und erklärte den Obersten Nikolaus Romanow, ehemaligen Kaiser, ehemaligen Oberbefehlshaber der Armee zum Gefangenen der provisorischen Regierung.

Nikolaus bestieg den Zug. Er stand am breiten Fenster seines Abteils. Noch ein Pfiff, und sein traurig lächelndes Gesicht, sein einfaches Khakihemd mit dem Orden des heiligen Georg entschwanden den Blicken der Anwesenden. Keiner von den Großfürsten, Generälen und Soldaten hat ihn je wiedergesehen.

Am 9. März um elf Uhr dreißig lief der Zug im Bahnhof von Zarskoje Selo ein. Als der Zarenwagen vor der Ausgangstür des Bahnhofs hielt, ertönte vorne, bei der Lokomotive ein Schuß. Eine Leiche stürzte mit hochgeworfenen Händen auf den Bahnsteig. Der Lokomotivführer des kaiserlichen Zuges hatte Selbstmord verübt, nachdem er den Zug seines Zaren zum letztenmal nach Zarskoje Selo geführt hatte.

38. DIE GEFANGENEN VON ZARSKOJE

Die Nachricht vom Beginn der Revolution empfing die Zarin durch Frau Sasonowa, die Gattin des ehemaligen Außenministers. Am Montag, dem 29. Februar, war Frau Sasonowa ins Palais zum Frühstück geladen. Am frühen Morgen rief sie an und teilte mit, daß sie der Allerhöchsten Einladung nicht folgen könne, da auf den Straßen der Hauptstadt gekämpft werde und die meisten Regimenter auf die Seite der Aufständischen übergegangen seien. Gleichzeitig, als ob dieses Gespräch die erste Bresche in die Mauer des offiziellen Optimismus geschlagen hatte, wurde es seltsam leer um die Zarin.

Die Minister waren plötzlich verschwunden. Die Generaladjutanten und Hofbeamten hatten dringend in der Stadt zu tun, die Zurückgebliebenen wanderten mit abwesenden Mienen herum, und das große Palais füllte sich mit wahnwitzigen Gerüchten und Vorschlägen.

In der Nacht versank der Palast in tiefstes Dunkel. Die elektrischen Leitungen waren stromlos, die Wasserleitung gesperrt, und nur die regungslosen Gestalten des Konvois erinnerten daran, daß noch nicht alles im Russischen Reiche untergegangen war.

Schüsse ertönten in der Dunkelheit. Revolutionäre Melodien wurden hörbar. Eine wilde Musik durchschnitt die Nacht. Die meuternde Garnison von Zarskoje Selo marschierte zum Palast, um den Sitz des „Tyrannen" zu erstürmen.

Um Mitternacht umringten die treugebliebenen Teile des Konvois das Palais. In ein weißes Tuch gehüllt, trat die Kaiserin an die Schwelle des Hauses. Ihre Füße versanken im Schnee. Ihr Gesicht war weißer als der Schal, der sie umhüllte. Sie sprach mit den Soldaten, und der sanfte Ton der kaiserlichen Stimme sicherte für diese Nacht den ruhigen Schlaf der fiebernden Zarenkinder.

Am darauffolgenden Tage marschierten die treuen Regimenter mit wehenden roten Fahnen zur Duma, und durch die leeren Säle des Palastes wälzten sich die bewaffneten Horden der revolutionären Soldaten. Sie drangen in das Spielzimmer der Kinder ein, räkelten sich auf den weichen Seidendiwans, öffneten die Türe zum Krankenzimmer und blickten voll bäuerlicher Neugierde auf die Zarin in weißer Tracht und auf den kranken Zarewitsch.

Die Nachrichten vom Kaiser blieben aus. Die Telegramme an ihn wurden mit dem Vermerk retourniert, daß die Adresse des Empfängers unbekannt sei. Drei Tage lang erging sich die Kaiserin in Mutmaßungen, Hoffnungen und Gebeten.

Es war der alte, sterbenskranke Großfürst Paul, der der Zarin die Nachricht von der Abdankung des Zaren überbrachte. Die Zarin taumelte, ihre Hände umklammerten die Tischplatte, sie starrte vor sich hin und wiederholte wie in Trance: „abdiqué, abdiqué".

Dann senkte sie den Kopf und sagte leise: „Mein armer Teurer, er ist mit seinem Leide ganz allein." Sie weinte lange und bitterlich. Zeile um Zeile las sie das verhängnisvolle Manifest. „Du weißt doch, Anna, daß mit der Abdankung des Zaren Rußland zugrunde geht", sagte sie zur Wyrubowa.

Ihr energischer Verstand arbeitete fieberhaft. Als erste in ganz Rußland begriff sie, daß die Abdankung des Zaren juristisch ungültig war. Die Rechtsgelehrten des kaiserlichen Salonwagens hatten vergessen, daß der Kaiser das Paulinische Erbfolgerecht nicht umstoßen durfte und kein Recht hatte, für einen seiner Agnaten zu verzichten. Mit dem Mute der Verzweiflung klammerte sich Alexandra Feodorowna an den Wortlaut des Manifestes. Vielleicht war alles nur eine List des Zaren, ein böser Traum, ein Spuk, der mit dem Erscheinen ihres Gatten verfliegen würde. Sie glaubte nicht an die Endgültigkeit des Geschehenen. In banger Hoffnung verstrichen die Tage, in denen sie die Ankunft des Zaren erwartete.

Indessen ging es über ihre Kraft, ihren Kindern von der gewaltigen Veränderung, die in ihrem Leben vorgegangen war, Mitteilung zu machen. Die Aufgabe, dem kranken Zarewitsch die Abdankung des Vaters zu übermitteln, übernahm der Erzieher des Thronfolgers, M. Gilliard. „Ich kam zu Alexei", erzählt er, „und sagte ihm, daß der Kaiser morgen aus Mogilew eintrifft und nicht mehr dorthin zurückkehren will. ‚Warum?', fragte er. ‚Weil Ihr Vater nicht mehr Oberbefehlshaber sein will.' Diese Nachricht hat ihn sehr betrübt, denn er liebte es, nach dem Hauptquartier zu fahren. Nach einer Weile sagte ich: ‚Wissen Sie, Alexei Nicolaiewitsch, Ihr Vater will nicht mehr Kaiser sein.' Er blickte mich verwundert an. ‚Weshalb, warum?' ‚Weil er sehr müde ist und weil er in der letzten Zeit viel Schweres erleben mußte.' ‚Ach ja, Mama erzählte mir, daß, als er hierherfahren wollte, sein Zug aufgehalten wurde. Aber später wird Papa wieder Kaiser werden?" Diese Frage vermochte allerdings M. Gilliard nicht zu beantworten.

„Ich erklärte ihm, daß der Kaiser zugunsten Michael Alexandrowitschs abgedankt habe, daß dieser aber ebenfalls die Krone abgelehnt habe. ‚Aber wer wird dann Kaiser sein?', fragte er. ‚Ich weiß nicht, vorläufig niemand.'

Er sagte nichts über sein Recht als Thronfolger. Er errötete nur sehr und war schrecklich aufgeregt. Nach einigen Minuten fragte er: ‚Wenn es keinen Zaren mehr gibt, wer wird denn dann Rußland regieren?'"

Die Antwort auf diese Frage kam von einer ganz anderen, völlig unerwarteten Seite. Ein General mit einer roten Schleife auf der Brust, mit dunkler Gesichtsfarbe und kleinen, geschlitzten, mongolischen Augen betrat das Palais. Mit lauter Stimme verlangte er nach der „Exzarin". Er wurde in den Lindensalon geführt. Die Zarin empfing ihn in einem Peignoir. „Was wünschen Sie von mir, General?" fragte sie kühl. Unter den eisigen Blicken der Kaiserin nahm der General eine stramme Haltung ein. „Es fällt mir schwer und es ist mir unangenehm, Ihnen die Mitteilung machen zu müssen. Für ihre eigene Sicherheit bin ich aber gezwungen ..." Die Zarin unterbrach ihn. Ihre feste Stimme klang metallisch, als sie sagte: „Ich weiß alles, Sie sind gekommen, um mich zu verhaften." „Zu Befehl, jawohl." „Sonst nichts?" „Nein." Ohne sich zu verabschieden, verließ die Zarin den Raum.

Der Name des Generals war Lawr Kornilow. Sechs Monate später wurde er zum Führer der ersten weißen Armee Rußlands.

An den langen, dunklen Abenden verbrannte die Zarin ihre Briefe, Tagebücher und Notizen. Sie pflegte die kranken Kinder und blickte traurig in den brennenden Kamin. Aus dem alten Park drangen Schüsse. In den durchnäßten, verwildernden Alleen schossen revolutionäre Soldaten die zahmen Rehe ab, mit denen der Kaiser zu spielen liebte. Das Blut der Tiere ergoß sich auf den weißen Schnee.

Unerwartet, ohne das gewohnte Gefolge, nur von einigen Soldaten begleitet, erschien eines Tages der Zar im Palast. Wie ein verliebtes siebzehnjähriges Mädchen lief ihm die Zarin entgegen. Stürmisch umarmte sie den Zaren. Dann führte sie ihn hinauf in ihr Zimmer und verbrachte mit ihm allein vier Stunden in einem entlegenen Gemach des Palastes. Während dieser vier Stunden überwältigte den Zaren das Leid über den Unstern seines Schicksals. Die kaiserliche Selbstbeherrschung, die ganz Rußland bewundert oder verspottet hatte, verließ ihn. Er weinte lange, dann sagte er und seine Worte zerschlugen die letzten Träume der Zarin: „Wenn mich ganz Rußland kniefällig bitten würde, auf den Thron zurückzukehren, so würde ich es auch dann nicht tun."

Erst gegen Abend beruhigte er sich. Zusammen mit seinem Freund, dem

Fürsten Dolgorukow, ging er im Garten spazieren und aus einem Palastfenster beobachtete die Zarin mit tränenverschleierten Augen, wie sechs revolutionäre Soldaten dem russischen Zaren bald mit den Fäusten, bald mit Gewehrkolben in den Rücken stießen. Die Soldaten riefen: „Dorthin dürfen Sie nicht gehen, Herr Oberst, kehren Sie um, wir wünschen es so." Der Zar kehrte um. Die Soldaten begleiteten den Zaren ins Haus.

Von diesem Tage an war der Zar ständig unter Bewachung. Ein Offizier der revolutionären Truppen begleitete ihn stets. Die diensthabenden Offiziere wechselten oft. Jeden von ihnen empfing der Zar mit einem kräftigen Händedruck und liebenswürdigem Lächeln. Einmal aber, als er einem neuen Offizier die Hand entgegenstreckte, wies dieser sie schroff zurück. Der Zar blickte ihn bestürzt an und fragte: „Mein Lieber, wofür, was habe ich Ihnen getan?" „Als das Volk Ihnen die Hand entgegenstreckte, haben auch Sie sie zurückgewiesen", entgegnete der Offizier.

Kein Wort, kein Ton drang durch die Kette der revolutionären Soldaten. Vergebens versuchte sich der Zar über das Schicksal seiner Mutter zu informieren. Die einzige Verbindung mit der Außenwelt waren die revolutionären Zeitungen, in denen geschrieben stand, daß die Zarin alltäglich die militärischen Geheimnisse durch ein geheimes Radio dem deutschen Stab gemeldet habe und daß sie den Zaren habe vergiften wollen.

In traurigem Einerlei vergingen die Tage im Kreise der wenigen Getreuen. Nur am ersten Ostertag erwachte im Palais ein gespenstisches Zerrbild des vergangenen Glanzes. Um zehn Uhr morgens versammelten sich beim Zaren die letzten 135 Diener, die ihm die Treue bewahrt hatten. Mit ihren zarten Händen verteilte Alexandra Feodorowna unter ihnen die Ostereier, die letzten, aus dem Speisevorrat des Schlosses. Auf die Eier schrieb Nikolaus seinen Namen. Einer Hofdame sagte er: „Heben Sie es gut auf, das ist das Letzte, was ich Ihnen geben kann."

Nach der Mitternachtsmesse trat der Zar zu seinen Wächtern. Er umarmte und küßte sie. Die Augen der Höflinge füllten sich mit wehmütigem Entsetzen. Sie dachten an den Kuß, den Jesus Judas gab.

In den Nächten suchte der Zar seine Bibliothek auf. Vor den schweigsamen Reihen der alten Bücher grübelte er über die Antwort auf die Frage nach, wann und wo jener verhängnisvolle Fehler begangen worden war, der ihn zum Tage des zweiten März geführt hatte. Er las viel und methodisch. In der Hauptsache historische und militärwissenschaftliche Bücher.

Seine Gedanken kreisten dauernd um sein Heer. Aus den Fenstern seines

Zimmers sah er die umherschlendernden Soldaten, sah Offiziere, die vor ihren Untergebenen zitterten, und der Jammer überwältigte seine Seele. „Was bereitet die Vorsehung unserem armen Rußland? Erfülle sich der Wille Gottes" schrieb er in sein Tagebuch und setzte hinter diese Worte ein großes, tragisches Kreuz.

Als die provisorische Regierung die Todesstrafe für das Militär aufgehoben hatte, glaubte der Zar, daß durch dieses Gesetz sein Leben vor einem künftigen revolutionären Tribunal geschützt werden sollte. Und dennoch erschütterte ihn der Gedanke an die gefährdete Disziplin derart, daß er der Regierung mitzuteilen bat, man möge lieber ihn verurteilen und hinrichten, anstatt die Disziplin der ganzen Armee aufs Spiel zu setzen. Denn die Armee, die Fortsetzung des Krieges und der Sieg erschienen dem Zaren wichtiger als sein Leben, seine Familie und sein Thron.

Dieser Armee und nicht der Schar der Revolutionäre übergab der Zar die Krone des Reiches. Und mochte auch ganz Rußland sich in Mutmaßungen ergehen, was den Zaren bewogen haben konnte, kampflos auf den Thron zu verzichten – er wußte, daß der einzige, wahre Grund die Sorge um die Kampffähigkeit seiner Truppen gewesen war. Nur der Sieg dieser Truppen konnte sein Leben, seinen Verzicht und seine Schmach rechtfertigen. Sollte Gott nach so vielen Opfern auch dieses letzte nutzlos gebracht sein lassen, sollte die Niederlage der Armee der letzte Tropfen in dem bitteren Trank des kaiserlichen Daseins sein? Als die russische Armee am 19. Juli bei Solotschow einen Sieg errang, schrieb Nikolaus: „Ich fühle mich wie neugeboren nach dieser glücklichen Nachricht!"

Am Tage der Kriegserklärung hatte er feierlich und heilig geschworen, nicht eher zu ruhen, bis der letzte Feind aus seinem Reich vertrieben sein würde. Diesem Schwur opferte er jenen ersten in der Uspensky-Kathedrale. Wenn er als Kaiser nicht den Sieg erringen konnte, so sollte wenigstens sein Verzicht diesen Sieg herbeiführen.

Mit der Hoffnung eines Verzweifelten blickte der Zar auf Kerensky. Dieser Mann, dessen Worte ganz Rußland zu bannen schienen, bezauberte auch Nikolaus. Mit keinem Gedanken grollte der Zar dem Erben seiner Macht. Und als die provisorische Regierung Kerensky beinah diktatorische Vollmachten gewährte, schrieb der Zar über den Mann, der ihn gestürzt hatte: „Dieser Mensch ist wahrhaftig an der richtigen Stelle in dieser Zeit. Je mehr Macht er hat, desto besser!"

Sein eigenes Schicksal und das seiner Familie beschäftigte den Zaren wenig. Würde sein Wunsch, nach Livadia zu übersiedeln, nicht erfüllt werden können, so würde das verbündete England, in dem seine Tante Königin-Mutter und sein Vetter König war, ihm selbstverständlich bis zum Kriegsende Obdach gewähren. Palastgerüchten zufolge verhandelte die provisorische Regierung bereits über die bevorstehende Abreise der Zarenfamilie nach England.

Die Verhandlungen über die Abreise der Zarenfamilie wurden in der Tat schon in den ersten Tagen der Revolution eingeleitet. Doch erst am 23. März teilte die englische Regierung mit, daß der König von England seinen Vetter gerne empfangen würde. Die Vorbereitungen zur Abreise waren bereits getroffen. Die provisorische Regierung, ehrlich um das Schicksal der Familie besorgt, erklärte sich bereit, die Kosten des Aufenthaltes in England zu tragen. Durch die Vermittlung eines neutralen Landes soll es auch gelungen sein, bei der deutschen Regierung das Versprechen zu erwirken, die russische Kaiserfamilie ungehindert nach England passieren zu lassen. Diese Vorbereitungen dauerten bis zum 10. April.

An diesem Tage erschien der Botschafter Englands, Sir George Buchanan, nicht zum Frühstück. Erst nach längerer Zeit ertönten im Korridor, der aus der Kanzlei kam, seine Schritte. „Endlich“, schreibt Miriel Buchanan, „öffnete sich die große Tür und mein Vater trat ins Zimmer. Als meine Mutter sein Gesicht sah, rief sie voll Schrecken: ‚Was ist geschehen? Bist du krank?‘ Er warf sich in den Sessel vor seinem Schreibtisch. ‚Ich habe Nachrichten aus England bekommen‘, seine Stimme klang leblos. ‚Sie lehnen es ab, den Kaiser aufzunehmen.‘ In das eingetretene Schweigen ertönte schwach das Klingeln der Straßenbahn. Irgendwo erscholl ein Schuß. Dann herrschte wieder Schweigen. Der Name Lloyd George wurde an diesem Tage nicht erwähnt.“

Drei Monate später erhielt der Koch von Zarskoje Selo den Befehl, für fünf Tage Proviant vorzubereiten, und auf dem Umwege über diesen Koch erfuhr Nikolaus, daß er und seine Angehörigen demnächst Zarskoje Selo verlassen würden. Von dem Scheitern der Verhandlungen mit England wußte der Zar noch nichts. Als die kaiserliche Familie die Sachen packte, ahnte sie selber nicht, wohin die Reise führen sollte.

Am Nachmittag des 31. Juli erschien im Palais Kerensky, stieß alle Leute beiseite und sprach in Anwesenheit der Bolschewisten mit dem Zaren in auffällig frechem Ton. Ohne Zeugen benahm er sich jedoch sehr korrekt und redete Nikolaus sogar mit dem kaiserlichen Titel an. „Majestät“, sagte Kerensky, „haben Sie Vertrauen zu mir?“ Nikolaus schwieg. Vielleicht dachte er in diesem Augenblick an die lange Reihe der Minister, die vierundzwanzig Jahre hindurch dieselbe Frage an ihn gerichtet hatten, Kerensky sollte in dieser Reihe der letzte sein. „Ja“, antwortete er dann. „Nun denn, Majestät, glauben Sie mir, daß alles, was ich tue, nur geschieht, um Sie zu retten, und nicht, um Sie zu verderben? Glauben Sie mir das?“ „Ich glaube Ihnen“, antwortete Nikolaus und erfuhr aus dem Munde Kerenskys das Endziel der bevorstehenden Fahrt, die Stadt Tobolsk, im Herzen Sibiriens.

Eine dichte Menschenmenge staute sich vor den Gittern des Palais. Die Menge johlte und pfiff. Die kaiserlichen Autos mußten einen Seitenweg einschlagen. Unter militärischem Schutz fuhren sie zu einem entlegenen Bahnhof. Der Zug stand bereit. Die kranke Zarin wurde mit viel Mühe in den Wagen befördert und fiel sogleich vornüber auf ihre Hände.

Im Morgengrauen verließ der Zug Zarskoje Selo, und Nikolaus II. betrat den weißen, verschneiten Weg. Den Weg der Verbannung! Er und seine Ahnen hatten unzählige Rebellen gegen Staat und Gott in das geheimnisvolle Sibirien verschickt. Langsam setzte sich der Zug in Bewegung und rollte den fernen sibirischen Steppen zu. Vor den Augen des Zaren tanzten imaginäre Schneeflocken. Sie fielen auf hartgefrorenen Boden und bedeckten mit ihrer weichen Kühle alle, die in das Land fuhren, aus dem es kein Zurück gab, weder für Zaren noch für Rebellen, weder für Großfürsten noch für Verbrecher, weder für Führer noch für Verführte.

39. IN DER GEFANGENSCHAFT

Aus den Briefen der Zarin, geschrieben in der Stadt Tobolsk, Sibirien, an Frau Anna Wyrubowa: „Ich lese viel und bin im übrigen mit meinen Gedanken in der Vergangenheit, die so reich ist an schönen und teuren Erinnerungen. Gott wird jene, die ihn lieben und auf seine grenzenlose Barmherzigkeit vertrauen, nicht verlassen. Er wird uns helfen, wenn wir es am wenigsten erwarten, und dieses unglückliche Land erretten. Wir müssen glauben und Geduld haben." „Ich stricke für den Kleinen eben ein paar Strümpfe, da seine ganz durchlöchert sind. Weißt du noch, wie ich früher im Winter immer Strümpfe strickte? Ich tue es auch jetzt für uns alle. Papas Beinkleider sind schon unzählige Male geflickt. Die Hemden der Töchter voller Löcher. ‚O Herr, errette Rußland', so schreit mein Herz Tag und Nacht zu Gott. Das ist mein einziger Gedanke. O Gott, wie leidet unsere Heimat. Weißt Du, ich liebe sie noch viel mehr und inniger als je, diese unglückliche Heimat, im Innern zermartert und vom Feind verstümmelt." „Der Bräutigam naht. Bereiten wir uns vor, ihn zu empfangen. Werfen wir unser unsauberes Gewand ab, schütteln wir den irdischen Staub ab, reinigen wir Körper und Geist, entfliehen wir den Eitelkeiten des Lebens! Denn alles auf dieser Welt ist eitel. Berühren wir mit unseren Stirnen den Boden. Er naht, der Herrscher dieser Welt, und so wollen wir uns vor seinem Kreuze verbeugen!"

Aus dem Tagebuch des Zaren: „Mein Namenstag ist traurig verlaufen, ganz anders als im vorigen Jahr. Am Mittag zelebrierte man die Messe. Die Schützen des vierten Regimentes trafen mich im Garten und beglückwünschten mich. Auch ich beglückwünschte sie, denn sie haben Regimentsfest. Am Abend haben Maria, Alexei und M. Gilliard ein Stück gespielt: ‚Le fluid de Jahn.' Wir haben viel gelacht." „Die Kälte nahm zu. Am Abend fiel das Thermometer auf 24°. Heute habe ich mit Alexei das Studium der Geschichte Peter des Großen beendet. Ich habe angefangen, das Stück von Tschechow ‚Der Bär', abzuschreiben, da es Olga und Maria einstudieren werden." „Heute kam ein Telegramm mit der Mitteilung, daß die Bolschewiken oder der Rat der Volkskommissare die Friedensbedingungen der Deutschen akzeptiert haben, da sich die Feindestruppen im Vormarsch befinden und ihnen niemand entgegentritt. Das ist ein wahrer Albdruck."

Tobolsk, eine kleine Stadt in Sibirien. In der Mitte der Stadt, auf einem Hügel, leuchten die goldenen Kreuze der Kirchen. Die breiten graden Straßen sind mit Holzhäusern bebaut. Auf einem breiten Terrain erhebt sich ein zweistöckiges, viereckiges weißes Gebäude. Hier residierte einst der Gouverneur der Stadt Tobolsk.

Zu Beginn des Monats August im Jahre 1917 erschien in dem weißen Gebäude der Oberst Kobylinsky. In dem kleinen Haus begann nun sogleich ein geschäftiges Treiben. Die alten Möbel wurden gesäubert. Im Salon wurde ein Klavier aufgestellt. Bei den reichen sibirischen Kaufleuten erwarb Kobylinsky zwei weiche Federbetten. Vor dem Hauseingang wurde das Grundstück mit einem hohen Holzzaun umgeben.

Mitte August sahen die Einwohner von Tobolsk, wie durch die Hauptstraße, von einer Abteilung Soldaten geführt, ein blonder Oberst, eine gealterte Frau, vier Mädchen und ein dreizehnjähriger Knabe schritten. Die Gesellschaft verschwand hinter dem Zaun des Gouverneursgebäudes. Als die schwere Tür des Hauses zufiel, bekreuzigten sich die Einwohner von Tobolsk. Sie konnten es nicht fassen, daß am hellichten Tage durch die Straßen ihrer Stadt als Häftling, von Soldaten bewacht, Zar Nikolaus II. Alexandrowitsch geführt wurde.

Das Leben in dem Gouvernementshaus von Tobolsk verlief in mechanischem, gleichförmigem Einerlei. Die verhaftete Familie erhob sich um neun Uhr morgens; nach dem Tee erledigten die Kinder ihre Aufgaben, der Zar las und die Zarin strickte. Um elf Uhr gingen die Häftlinge in dem kleinen umzäunten Hof spazieren. Um ein Uhr wurde das Essen gereicht. Nach dem Nachmittagstee arbeitete der Zar oder spielte mit dem Thronfolger. Zum Abendessen erschienen die wenigen Menschen, die die Verbannung der Zarenfamilie teilen durften, die Lehrer und Ärzte der Zarenkinder sowie einige alte Höflinge.

Am Sonntag ging die Zarenfamilie durch das Spalier der Soldaten zur Kirche, wo ein alter Pope die Messe zelebrierte. Während der Zar sich jedesmal, wenn der Pope das Gebet für die provisorische Regierung anstimmte, fromm bekreuzigte, glaubte der alte Geistliche im Schatten des Weihrauches Gottes Segen auf die Krone des Selbstherrschers herniederflehen zu müssen. Am vierundzwanzigsten Jahrestage der Thronbesteigung des Zaren hob der Pope seine Hände zu den wundersamen Ikonen, und die Stimme des alten Diakons erschütterte die Kirchenmauern mit dem Worte des heiligen Gebetes: „Dem selbstherrlichsten, rechtgläubigsten Kaiser, Nikolaus II. Alexandrowitsch, plurimos annos." Seit diesem Tage wurden die Kirchenbesuche untersagt.

Im Hofe des Gouvernementshauses hackte der Zar Holz. Splitter flogen durch die Luft. Schweißtropfen bedeckten die kaiserliche Stirn, und bei diesem Anblick flüsterten sich die Soldaten der Wache zu: „Wenn man ihn nur arbeiten läßt, so wird er sich noch das ganze Reich zurückerarbeiten!"

Die einfachen Seelen der wachthabenden Soldaten waren den strahlenden Blicken der kaiserlichen Augen nicht gewachsen. Ein seltsamer Zauber ging von dem Gefangenen aus, und dieser Zauber bezwang die Menschen von Tobolsk. Hin und wieder brachten die Soldaten Blumen ins Haus. Ihre Anrede „Herr Oberst" klang bisweilen wie „Ihre Majestät", und als der neuernannte Hauptkommandant Pankratow, der siebenundzwanzig Jahre in den sibirischen Kerkern des Zaren zugebracht hatte, in der Nacht die Wache inspizierte, sah er zu seinem grenzenlosen Erstaunen, wie in der kleinen, dunklen Wachtstube der Zar und die Soldaten friedlich, miteinander plaudernd, Dame spielten. Die Wache mußte aufgelöst werden. Eine neue, zuverlässigere Abteilung bezog das Haus.

Mit der neuen Wache hielt auch ein neuer Geist seinen Einzug. In der Nacht zerstörten die Soldaten den Schneemann, den der Zar für seine Kinder gebaut hatte, die Spaziergänge wurden eingeschränkt, Sendungen nicht weitergegeben. Die Haft verwandelte sich immer mehr in ein Gefängnis. Betrunkene Soldaten schlenderten durch die Zimmer, beschimpften den Zaren und erdachten in trunkener Brutalität immer neue Einschränkungen und Schikanen. Als endlich auch in der Stadt Tobolsk der siegreiche bolschewistische Sowjet seinen Einzug hielt, schwanden für die Gefangenen die letzten Reste eines menschenwürdigen Daseins.

In den dunklen Winternächten herrschte in den Zimmern der Zarenfamilie eisige Kälte. Auf dem Tisch der Gefangenen fehlten Gebäck, Kaffee, sogar Eier und Butter. Die Speisekarte des Zaren mit dem großen Doppeladler, die der letzte Zarendiener alltäglich mit mechanischer Sorgfalt ausfüllte, zeigte schließlich nur noch Kohlsuppe für das Mittagessen und gebackene Kartoffeln für das Abendbrot an.

In der gleichen Weise aber, in der die Leiden der Zarenfamilie zunahmen, stieg das Ansehen der Gefangenen in der Stadt; Bauern und Bürger, die am Hause vorbeigingen, nahmen die Hüte ab und bekreuzigten sich. Manche sanken in die Knie und verbrachten Stunden in seltsamen Meditationen. Ein alter Oberst zog seine zerfetzte Galauniform mit allen seinen Orden an

Der Zar als Gefangener in Ekaterinburg

Karikatur von N. Iwanow: „Das russische Herrscherhaus“

und stand stundenlang stramm vor dem Hause des Zaren, bis er schließlich abgeführt wurde. In den Küchen der reichen Kaufleute wurden Kuchen gebacken, Schinken geräuchert und schwere sibirische Pirogen bereitet. Auf rätselhaften Umwegen gelangten diese Nahrungsmittel in das Haus und wanderten in die Speisekammer der Gefangenen.

Als die Besoldung der Zarenwächter ins Stocken geriet und die Regierung kein Geld mehr sandte, konnte der Leiter der Wache bei den reichen sibirischen Kaufleuten erst dann eine Anleihe erwirken, als der Generaladjutant des Zaren, Fürst Dolgorukow, sich bereit erklärte, auf Befehl seines Monarchen die Wechsel zu unterzeichnen. Auf diese Weise mußte der Zar selbst die Sorge für das Wohl seiner Wächter tragen.

Nur selten erreichten den Zaren Nachrichten aus der Ferne. Die einzige Zeitung der Stadt, ein kümmerliches Blättchen auf graugelbem Papier gedruckt, vermittelte ihm die Kunde von dem Zerfall seines Reiches, von dem Sieg der Deutschen, und von dem großen Leid, das über sein Volk hereingebrochen war. Auch das letzte und schwerste Opfer seines Lebens war also nutzlos gewesen. „Damals", schreibt Gilliard, „hörte ich zum erstenmal vom Zaren, daß er seine Abdankung bedauerte. Er litt beim Anblick des Unheils, das seine Tat verursacht hatte. Dieser Gedanke verfolgte ihn immer zermürbender und wurde für ihn die Ursache einer schweren, seelischen Qual."

Alltäglich erteilte der Zar seinem Sohn Geschichtsunterricht, und je mehr er dem Zarewitsch die Vergangenheit seines Reiches zu vermitteln suchte, desto klarer erkannte er selbst die Gestalten seiner Ahnen. Je tiefer er in ihre längst verblichenen Gesichter schaute, desto deutlicher sah er in dem Meer von Blut die leuchtenden Gestalten der Staatsgründer und Staatsmehrer. Und wollte auch die ganze Welt in der langen Reihe der Zaren nur blutige Gespenster erblicken, so wußte er doch, daß der große Peter das Reich umgebaut hatte, daß dessen Tochter Elisabeth als erste in der Welt die Todesstrafe in ihrem Lande aufgehoben hatte, daß Alexander I. die Welt von Napoleon befreit hatte, daß sein Großvater Alexander II. hundert Millionen Sklaven die Freiheit geschenkt hatte, und daß er selbst der Erbe eines Geschlechtes war, das in dreihundert Jahren aus dem wilden Moskauer Reich die ungeheure Welt Rußlands geschaffen hatte.

Jetzt war diese Welt zertrümmert. Er selbst war ein Gefangener, und wenn ihm die Zarin oder die Diener schüchtern versicherten, daß irgendwo in der Nähe dreihundert treue Offiziere bereitstünden, um ihn zu befreien und ins Ausland zu bringen, so lächelte er mitleidig wie ein weiser Vater, der es seinen

Kindern nicht erklären kann, daß der russische Zar vor seinem Volke nicht fliehen kann, daß er sich nicht unter fremden Schutz begeben darf und die Schmach der Revolution nicht mit der doppelten Schmach der Flucht bedecken kann.

Als sein Mitgefangener, der Fürst Dolgorukow, ihm erzählte, daß Gerüchten zufolge die Deutschen von den Sowjets seine Auslieferung verlangten, sagte er: „Wenn es nicht unternommen wurde, um mich zu entehren, so ist es einfach eine Beleidigung." Und die Zarin fügte hinzu: „Ich will lieber in Rußland sterben als von den Fremden gerettet werden."

Einen Monat nach diesem Gespräch entstanden in der Stadt Tobolsk seltsame, beängstigende Gerüchte. Aus Moskau traf ein neuer Kommissar, namens Jakowljew, ein. Sein glattrasiertes Gesicht lächelte höflich und verlegen, als er dem Zaren mitteilte, daß er den Auftrag habe, die Zarenfamilie so schnell wie nur irgend möglich aus Tobolsk wegzubringen. Über das Ziel der bevorstehenden Reise ließ der Kommissar nichts verlauten. Aus seinen unklaren Andeutungen war jedoch zu entnehmen, daß der Zar nach Moskau gebracht werden sollte. Diese Ungewißheit rief in dem Zaren gespenstische Visionen hervor. Plötzlich glaubte er, daß die neue Regierung in Moskau ihn zwingen wollte, seine Unterschrift unter den Vertrag von Brest-Litowsk zu setzen. Verbannt, vertrieben, erniedrigt, fühlte er sich trotz allem immer noch als der Beherrscher Allrußlands, der auch für den bolschewistischen Frieden mitverantwortlich war. Nur seine Unterschrift vermochte diesem Vertrage die Kraft des Gesetzes zu verleihen. Der Zar war fest entschlossen, diese Unterschrift zu verweigern, selbst dann, wenn ihm in diesem Fall in irgend einem Kellerverlies des Kremls ein blutiges Ende drohen sollte. Auch Alexandra Feodorowna teilte die Befürchtungen ihres Gemahls. „Sie wollen ihn zu etwas Bösem zwingen, indem sie das Leben seiner Nächsten bedrohen", sagte sie. „Sie brauchen den Zaren. Sie wissen genau, daß er allein Rußland verkörpert."

Die Aufregung der Zarin stieg umso höher, als der Zarewitsch krank darniederlag und der Kommissar die Abreise des Zaren schon für die nächsten Tage angesetzt hatte. „Mein Gott, welche Qual", rief die Zarin verzweifelt. „Zum erstenmal in meinem Leben weiß ich nicht, was ich tun soll. Jedesmal wenn ich einen Entschluß fassen mußte, fühlte ich, daß er mir von oben eingegeben wurde, und jetzt fühle ich gar nichts." Die Zarin weinte. Ihr blasses gealtertes Gesicht zuckte. Die Liebe zum Zaren kämpfte mächtig mit der Liebe zum Sohn. Als Nikolaus am Abend in ihr Zimmer trat, sprang sie jedoch vom Sessel auf, fiel dem Zaren um den Hals und rief schluchzend: „Ich habe mich entschlossen. Ich fahre mit dir."

Um vier Uhr morgens am 13. April verließen Zar, Zarin und die Großfürstin Maria Tobolsk. Die übrigen Kinder und ein Teil des Gefolges sollten die Genesung des Zarewitsch abwarten.

Auf kleinen, primitiven sibirischen Fuhrwerken fuhr die kaiserliche Familie durch die sibirische Steppe. Acht Soldaten begleiteten die Gefangenen. Bei der Überquerung des Tobol zerbrachen die Räder der Karren. Die Pferde sanken bis über die Brust ins eisige Wasser. Die gezückten Säbel der Soldaten leuchteten in der Sonne. Vor den Augen des Zaren erstreckte sich die Unendlichkeit. Staub wirbelte unter den Rädern des Bauerngespanns. Es war derselbe sibirische Staub, den einst der Wagen des Zarewitsch Nikolaus aufgewirbelt hatte, als er im großfürstlichen Dreigespann durch Sibirien sauste und ihm der alte Weise aus Tibet mit zitternder Stimme zugerufen hatte: „Du wirst friedlich im Bette sterben, wenn du dein fünfzigstes Jahr überlebst." Dreißig Jahre waren seitdem vergangen, und wieder erstreckte sich vor den Augen des Zaren das Land Sibirien, wieder bimmelten die Glöckchen an den Mähnen der Pferde. Wieder leuchteten die Säbel in den Händen der Soldaten. In drei Wochen sollte er fünfzig Jahre alt werden.

Erst in Tjumen bestiegen die Reisenden den Zug. Am Bahnhof erwartete sie ein alter Schlafwagen. Ermüdet fielen sie auf die weichen roten Polster. Der Zug fuhr in Richtung Moskau ab.

Die Nachricht von der Reise des ehemaligen Zaren verbreitete sich entlang der Bahnlinie. An den Haltestellen versammelten sich Arbeiter und Bauern. Sie verlangten den Zaren zu sehen. Sie versperrten den Weg. Aus ihren verworrenen Reden war nicht zu ersehen, ob sie den Zaren lynchen oder ihm den Thron zurückerobern wollten. Nur mit Mühe konnte der Kommissar einen Anschlag auf den Zug verhindern.

Der kaiserliche Zug hat Moskau nie erreicht. In der Stadt Ekaterinburg wurde der Zug von Rotarmisten umzingelt. Der Stadtsowjet beschloß, ungeachtet der Moskauer Befehle die Weiterreise des Zarenpaares zu verhindern. Der Kommissar Jakowljew mußte der Gewalt des roten Sowjets weichen. Unter dem Schutze der Rotarmisten wurde die Zarenfamilie in das Haus des Kaufmanns Ipatjew gebracht.

Dieses Haus hat Nikolaus nicht mehr lebend verlassen. Die Geschichte der Romanows, die vor dreihundert Jahren im Ipatjewkloster begonnen hatte, fand im Keller des Ipatjewhauses ihr Ende. Keiner, der die letzten Tage der Gefangenschaft mit der Zarenfamilie geteilt hat, vermochte der Nachwelt die Wahrheit über dieses Ende zu vermitteln. Wie die Pforte des Todes schloß sich hinter Nikolaus die schwere Tür des Ipatjewhauses, aus dem es nur einen Weg gab.

40. „DAS HAUS FÜR BESONDERE VERWENDUNG“

Ein finsteres Geheimnis umgibt das Ende der Romanows. Wie blutige Blitzlichter erhellen wirre Berichte, Nachrichten und Erzählungen das Dunkel, doch gleichen sie den Scherben eines zerschlagenen Gefäßes, dessen Form nicht mehr wiederhergestellt werden kann.

Ein hoher Holzzaun umgab das Ipatjewhaus in Ekaterinburg. Eine Wache riegelte den Zaun ab. Menschen schlichen ängstlich an ihm vorbei. Eine graue Welle von Gerüchten umbrandete ihn. Der Zaun erhob sich massiv, schweigsam und finster wie eine geheimnisvolle Warnung des sibirischen Urwaldes.

Im zweiten Stock dieses Hauses wohnten in fünf Zimmern der Zar, die Zarin, die später eingetroffenen Kinder, Dr. Botkin und einige Diener. Die Zahl dieser Diener und jener wenigen, die in die Stadt kamen und um Einlaß zu ihrem Zaren baten, schmolz ständig. Sie verschwanden rätselhaft und erst nach Monaten gelang es, in dem sumpfigen Wald, der die Stadt umschloß, die verstümmelten und verwesten Leichen der letzten Diener des russischen Zaren zu entdecken.

Tag und Nacht waren die Zimmer und Gänge des Hauses von Soldaten und bewaffneten Arbeitern besetzt. Beim Anblick der mürrischen Gesichter der Wache schwand in der Seele der Zarin die letzte Hoffnung auf eine nahe Befreiung ihrer Familie. Auf dem Fensterrahmen ihres Schlafgemaches zeichnete die Zarin ein Kreuz, das in die Richtung des Sonnenunterganges zeigte. Die Symbolik dieses Kreuzes schwebte unsichtbar über all jenen unglücklichen Organisationen, die das Geschlecht des russischen Zaren in unbeholfenem und unerfahrenem Verschwörertum aus der Gefangenschaft befreien wollten.

Während das gesamte Rußland anscheinend teilnahmslos das Vorspiel zu der Tragödie verfolgte, die sich in Ekaterinburg vorbereitete, verfingen sich diese wenigen Wagemutigen nach und nach in den Netzen der bolschewistischen Spitzel.

Nur eine dunkle und ungenaue Spur scheint auf einen einzigen ernsthaften Versuch hinzudeuten, die Zarenfamilie aus den Händen der Bolschewiki zu befreien. Dieser Versuch ist geheimnisvoll mit dem Namen des roten

Kommissars Jakowljew verbunden, der den Zaren aus Tobolsk abholte und der später ebenso spurlos und rätselhaft verschwand wie die meisten, deren Namen während der letzten Monate des Zaren mit ihm in Verbindung gebracht wurden.

In tiefe Undurchdringlichkeit sind die Gründe getaucht, die die Sowjetregierung bewegen, den Kommissar Jakowljew nach Tobolsk zu entsenden. Eine unsichere Spur führt von Jakowljew nicht zum Moskauer Kreml, sondern zu einer europäischen Großmacht, deren geheimer Agent er gewesen sein soll. Ein unkontrollierbares Gerücht will wissen, daß die Regierung der Sowjets die Verpflichtung übernommen habe, die Zarenfamilie an diese Großmacht auszuliefern. Gleichzeitig aber, die Wirkung des kaiserlichen Namens in fremden Händen befürchtend, soll der Kreml anbefohlen haben, die Fahrt der Romanows in Ekaterinburg gewaltsam zu unterbrechen. Die Verantwortung für die geplante Tat sollte auf diese Weise auf den lokalen unbotmäßigen untergeordneten Uralsowjet abgewälzt werden. Doch schweigen alle Quellen über die Mission Jakowljews, und er selbst blitzte nur für einen Augenblick, still, höflich, eilig und geschickt am Firmament des Hauses Romanow auf, um dann für immer im Ozean der sibirischen Welt unterzutauchen.

Wie trübe Strahlen einer sterbenden Sonne wirken die spärlichen Nachrichten über das Leben der Romanows im Ipatjewhaus. „Wir leben hier wie im Zuchthaus“, schrieb der Zar in sein Tagebuch, und die Berichte, die durch den dicken Holzzaun hindurchsickerten, bestätigen und ergänzen diesen traurigen Satz.

Die Wache schlenderte betrunken durch das Haus, in dem der Hauskommandant Awdeew wie ein losgelassener Kettenhund tobte. Seine Hände wurden nicht müde, das Gepäck der Gefangenen zu durchsuchen. Bei diesen Durchsuchungen verschwanden Schmucksachen, Kleider und Eßvorräte. Mit brutaler Kraft riß der Kommissar die dünne Goldkette mit der Ikone herab, die über dem Bett des Zarewitsch hing. Und als der Diener des Zarewitsch, der Matrose Nagorny, zu protestieren versuchte, verschwand auch er auf dem dunklen Wege, von dem es kein Zurück gab.

Am langen Tisch des Ipatjewhauses saßen nebeneinander der Zar, seine Familie und die Dienstboten, die ihm in die Verbannung gefolgt waren. Das Essen wurde aus einer benachbarten Arbeiterkantine gebracht. Nur für die Zarin durfte der alte Hofkoch auf einem kleinen Spiritusbrenner Makkaroni bereiten. Die Sorgfalt, die der kaiserliche Koch am schmutzigen Brenner ent-

Der Zarewitsch und drei seiner Schwestern in der sibirischen Gefangenschaft.

Ekaterinburg. Das Haus des Ingenieurs Ipatjev, in dem der Zar und seine Famile ermordet wurde.

Zar Nikolaus II., zwei Tage vor der Ermordung, von der Zarin photografiert

faltete, ergötzte und belustigte die Soldaten der Wache. Hin und wieder drangen sie ins Speisezimmer ein, rührten im Essen herum und spuckten in die Teller. Manchmal setzte sich der Hauskommandant an den Tisch, aß die besten Bissen weg und stieß sogar einmal dem Kaiser wie aus Versehen den Ellenbogen ins Gesicht.

Die Wände der Gänge und Korridore des Ipatjewhauses bedeckten die Soldaten mit obszönen Aufschriften. Sie sangen wilde Straßenlieder und drangen des Nachts in das Zimmer der vier Zarentöchter, die auf dem kalten Boden schlafen mußten. Sie weckten sie und zwangen die Mädchen, am Klavier die Melodien schlüpfriger Gassenhauer vorzutragen.

Mit übermenschlicher Ruhe ertrugen die Gefangenen ihr Schicksal. Der unerschütterliche Gleichmut des Monarchen hatte den Zaren auch jetzt nicht verlassen. Sein Tagebuch, in dem er früher mit pedantischer Akkuratesse die Empfänge und Spaziergänge eintrug, füllte sich nunmehr mit lakonischen Berichten über die kleinen Ereignisse des Tages: „Ich las die Geschichte Kaiser Pauls I. von Schilder und habe sie heute beendet. Es ist ein höchst interessantes Buch."

„Zum Mittag hatte uns Chariwtonow zu unserer großen Freude Kompott serviert. Abends wie gewöhnlich Domino." „Heute erschienen während des Tees sechs Menschen, ohne Zweifel vom Lokalsowjet, um festzustellen, welche Fenster wir öffnen dürfen. Seit zwei Wochen können sie sich über diese Frage nicht einigen."

In keinem Satz, in keinem Wort dieses Tagebuches ließ sich der russische Zar dazu hinreißen, über seine Untertanen und ihre Taten ein Urteil zu fällen. Was der Zar seinem Volke vorzuwerfen hatte, ging nur ihn und Gott an. Alles Irdische scheint jedoch von der Zarenfamilie in diesen letzten Monaten der Haft abgefallen zu sein. Sie war nicht mehr von dieser Welt. Die Kaiserin sang mit ihren Töchtern Kirchenpsalmen, Großfürstin Olga schrieb religiöse Gedichte, und Tatjana sehnte sich nach der Stille eines sibirischen Nonnenklosters. Das verklärte Licht eines überirdischen Friedens umfing die Gefangenen wie die weichen Falten eines unsichtbaren Leichengewandes.

Ein seltsamer Zauber muß von der Zarenfamilie ausgegangen sein, und dieser Zauber stellte zum letztenmal die geheimnisvolle magische Bindung her, die seit Jahrhunderten das Volk mit dem Zaren verband. Die brutalen Arbeiter, die betrunkenen Soldaten und der tierische Kommandant fühlten sich nach einiger Zeit plötzlich zu ihren Gefangenen unwiderstehlich hingezogen. Die Behandlung wurde gemildert. Den Nonnen eines benachbarten Klosters wurde gestattet, Nahrungsmittel ins Haus zu bringen. Scham und Mitleid zeigte sich in den Augen der Wache. Und wie in Tobolsk begann auch in Ekaterinburg die Regierung zu befürchten, daß die Seelen der einfachen Russen von der mystischen Macht des Zarismus eingefangen werden könnten. Ein dunkler Widerhall dieser Unruhe ist der Nachwelt erhalten geblieben. Es ist dies die Kopie eines Telegrammes, das der Vorsitzende des Uralsowjets Beloborodow am 4. Juli 1918 an den Vorsitzenden des Zentralexekutivkomitees Swerdlow in Moskau abgesandt hat. Das Telegramm lautet: „Syromolotow soeben nach Moskau abgereist, um die Angelegenheit gemäß den Weisungen der Zentrale zu erledigen. Befürchtungen unbegründet. Ihr beunruhigt Euch umsonst. Awdeew beseitigt und durch Jurowsky ersetzt. Die innere Wache geändert."

Am 4. Juli 1918 ging „das Haus für besondere Verwendung" in die Hände der Tscheka über. Von da ab schwebt der Schleier eines undurchdringlichen Geheimnisses über den Vorgängen im Hause.

Die Verwaltung übernahm der Leiter der Uraltscheka, Jurowsky, der mit zehn Soldaten die inneren Räume und Gänge des Hauses besetzt hielt. Niemals aufzuklärendes Dunkel umgibt diese zehn Menschen, die allein die letzte Wahrheit über das Ende der Romanows aussagen könnten.

Es waren keine Russen. Miteinander unterhielten sie sich in einem für die Russen unverständlichen Idiom. Ihre Namen blieben unbekannt. Sie verschwanden rätselhaft, wie sie gekommen waren, und nahmen das Geheimnis des Ipatjewhauses mit sich. In ihrer zurückhaltenden verschlossenen Art erschienen sie den Russen, die an den Außenmauern des Hauses Wache hielten, wie bleiche Schemen des Infernos. Diese Schemen hinterließen jedoch seltsame Spuren. Auf der Terrasse des Hauses fand der Untersuchungsrichter die Aufschrift „Vérhas Andras 1918 VII. 150. örsegen."

Jemand, der sich Vérhas Andras nennt, hatte also am Vortage des Mordes auf der Terrasse Wache gehalten. Im blutbespritzten Keller des Hauses fand man ferner zwei hastig an die Wand gekritzelte Zeilen, die wie das dumpfe Bekenntnis eines geheimen Augenzeugen klingen. Sie lauten: „Belsazar ward in selbiger Nacht von seinen Knechten umgebracht." Mehr haben die Wände des Hauses über die geheimnisvollen Zehn nicht verraten.

Nur über die Person ihres Anführers Jurowsky konnte aus Berichten und Zeugenaussagen ein genaueres Bild zusammengestellt werden. Er war ein hochgewachsener Mann mit struppigem Bart, niedriger Stirn, kleinen Augen und langen, schwarzen Haaren. In einem sibirischen Gefängnis zur Welt gekommen, war er zuerst Zahnarzt, dann Uhrmacher und später Heilgehilfe, bevor ihm die unberechenbare Fügung des Schicksals die Macht über Leben und Tod des russischen Zaren überließ.

Zwölf Tage herrschte Jurowsky im Ipatjewhaus. Während dieser Zeit hat sich das Schicksal des letzten Selbstherrschers Europas entschieden. Für Tage und Stunden verließ Jurowsky das Haus. Er durchstreifte zu Pferde die waldige Umgebung der Stadt. Bauern der umliegenden Dörfer sahen ihn in der Nähe des verlassenen, im Urwald gelegenen Bergwerkes der „Vier Brüder“. Er ritt durch die Wildnis. Sein knochiger Körper wiegte sich ungelenk im Sattel, und der Umriß seiner Erscheinung blitzte am Rande des Urwaldes auf wie ein fahles, unheimliches, spukhaftes Phantom.

Mit süßlichem Lächeln, das sein breites Gesicht abstoßend verunstaltete, trat Jurowsky in das Zimmer des Zaren, setzte sich an das Bett des kranken Zarewitsch, streichelte die blassen, blutlosen Hände des Kindes und erkundigte sich mit eigenartiger Teilnahme nach dem Befinden des Knaben. In derselben Stunde jedoch, in der der Mörder die Hände seines Opfers liebkoste, wurden zwölf großkalibrige, nagelneue, geladene Revolver in das Haus gebracht. Zehn davon verteilte Jurowsky an seine stummen Helfer.

Drei Tage vor der geheimnisvollen Nacht des 16. Juli wurden in das Haus der Pope Skoroschew und der Diakon Buimirow gerufen. In vollem Kirchenornat zelebrierte der Geistliche vor den Todgeweihten den traurigen Ritus der orthodoxen Messe. „Es schien mir“, erzählt der Pope, „daß Nikolaus Alexandrowitsch und seine Töchter dieses Mal, ich will nicht sagen in bedrückter Stimmung, aber doch irgendwie ermüdet waren. Nach dem Ritus der Messe muß an einer bestimmten Stelle das Gebet ‚Ruhet mit den Heiligen‘ rezitiert werden. Plötzlich begann der Diakon das Gebet, anstatt es zu rezitieren, vorzusingen. Auch ich stimmte etwas verwirrt in den Gesang ein und im gleichen Augenblick hörte ich, wie alle Romanows plötzlich in die Knie sanken.“ Nach dem Gebet reichte der Pope dem Zaren das Kreuz. Der Zar küßte es und empfing mit der heiligen Hostie den letzten Segen der russischen Kirche. Bestürzt und verwirrt verließ der Pope das Haus. „Ich hatte das Gefühl, als ob dort etwas Geheimnisvolles geschehen wäre“, sagte er, „sie waren alle wie vertauscht.“

Die Mitteilung des sibirischen Popen ist die letzte direkte Nachricht über die Gefangenen im Hause Ipatjew.

Von da ab hören alle glaubwürdigen Berichte über das Schicksal des Zaren auf. Ein dichtes Netz von verwischten Spuren, bewußten Falschmeldungen und Lügen senkte sich über das Haus. Aus diesem trostlosen Wirrwarr erheben sich wie Bilder des Grauens die Schatten von elf Menschen, die in der Nacht vom 16. zum 17. Juli aus dem Hause Ipatjew spurlos verschwanden. Über diesem Konglomerat von Blut und Lüge, von Feigheit und Geheimnis, von Schmutz und Schande schweben spinnenartig die prahlerischen Worte Woikows, des Sowjetkommissars von Ekaterinburg: „Die Welt wird nie erfahren, was wir mit ihnen gemacht haben!"

Mit tiefem Schweigen umgab die Regierung der Sowjets die geheimnisvollen Vorgänge in Ekaterinburg. Wie lichtscheue Schatten verschwanden alle der traurigen Tat beschuldigten Personen. Ein Befehl der Sowjets verbot allen Beteiligten jedwede Aufzeichnungen über die blutigen Ereignisse.

Wie fahles Unterweltslicht erhellen das Dunkel dieser Tage die wenigen Worte, die die Sowjetregierung offiziell über das Schicksal des letzten russischen Purpurträgers zugab. Am 19. Juli 1918 teilten die Moskauer Blätter lakonisch mit: „Das Todesurteil an dem ehemaligen Zaren Nikolaus Romanow ist in der Nacht vom 16. zum 17. Juli vollstreckt worden. Die Frau und der Sohn sind weggebracht worden und befinden sich an einem sicheren Ort."

Lange Zeit hindurch war diese kurze Notiz das einzige, was die Regierung der Sowjets der Welt über das Schicksal der Romanows berichtete. Noch im Jahre 1922 teilte Tschitscherin auf der Konferenz von Genua den versammelten Journalisten offiziell mit: „Der Zar ist tot. Was aus der Zarin und den Kindern geworden ist, weiß ich nicht genau. Ich glaube, man hat sie ins Ausland gebracht."

Wie ein grauenhaftes Gespenst erhebt sich jedoch hinter den Worten Tschitscherins der blutbespritzte Keller des Ipatjewhauses und der geheimnisvolle Schacht im Bergwerk der „Vier Brüder". Grotesk wirkt die offizielle Erklärung der Sowjets vom September 1919, wonach in der Stadt Perm 28 Menschen wegen der Beteiligung an der Ermordung der Zarenfamilie verhaftet und fünf davon hingerichtet wurden.

In der Nacht zum 17. Juli verschwanden aus dem Hause Ipatjew elf Wächter und elf Gefangene. Die Gefangenen waren: Der Zar, die Zarin, die fünf Kinder, der Arzt Dr. Botkin, das Dienstmädchen Demidowa und die Lakaien Charitonow und Trupp.

Wenige Wochen danach verschwanden aus der Stadt auch der Uralsowjet, die Tscheka, die Kommissare und Sowjetbehörden. Durch die Wosnesenskystraße am Ipatjewhaus vorbei zogen mit klingendem Spiel, mit wehender Nationalfahne die weißen Truppen des Admirals Koltschak ein. Das Haus mit dem hohen Zaun wurde abgeriegelt. Die Untersuchungskommission der weißen Regierung erhielt den Auftrag, sofort mit ihrer Arbeit zu beginnen.

41. DAS ENDE DER ROMANOWS

Seltsame Rätsel offenbarten sich dem Untersuchungsrichter in den Zimmern des Ipatjewhauses. Die gähnende Leere der Zimmer erschien ihm wie die Pforte zu einer unfaßbaren, anderen Welt.

In dem zweiten Geschoß des Hauses, dort, wo die Zimmer der Gefangenen lagen, fand der Richter leere Schränke und Kästen. Schuhe, Kleider, Wäsche und Bücher waren verschwunden. Die Öfen waren mit Asche gefüllt. Jemand hatte hier Papiere und Bücher, Briefe und Dokumente verbrannt. Unter den Scherben und leeren Flaschen, die im Zimmer herumlagen, fand jedoch der Richter zwei Gegenstände, die das Teuerste waren, was die Zarenfamilie noch besaß: Die Ikone der Feodorowschen Mutter Gottes und die Medizin des Zarewitsch. Nie, unter keinen Umständen, für keinen Tag, für keine Stunde trennte sich die Zarin von dem strengen Antlitz der heiligen Ikone oder von dem kleinen Fläschchen und den elektrischen Massierapparaten, die das Leben des Zarewitsch beschirmten. Welche geheime Macht konnte sie dazu bewogen haben, das Teuerste, was sie besaß, die Ikone und die Gesundheit des Sohnes achtlos in dem oberen Stockwerke des Hauses liegenzulassen?

Im unteren kellerartigen Geschoß stieß der Richter auf ein kleines, dunkles Zimmer, dessen Wände und Türen, mit zahlreichen Spuren von Revolverschüssen und Bajonettstichen bedeckt waren. Auf dem Boden und an den Wänden sah der Richter bräunlichrote Flecken. Die gerichtliche Untersuchung ergab – Menschenblut.

Fassungslos stand der Richter vor diesen Spuren eines Verbrechens, dessen Ausmaße ihm selber noch unklar waren. Dann meldeten sich Zeugen. Nachtwächter, ängstliche Bauern, gefangene Soldaten, die um ihr Leben zitterten. Keiner von ihnen hatte dem nächtlichen Verbrechen im Keller des Ipatjewhauses beigewohnt. Ihre Aussagen kreisten um den blutigen Keller wie nächtliche Raben um verendetes Wild. Ein Bild ungeheueren Grauens offenbarte sich dem Richter beim Anhören der verängstigten Zeugen.

Die finstere Phantasie des Richters ergänzte die Lücken des Bildes. Alle Mittel der Kriminalistik wurden herangezogen, um die verstreuten Splitter der zaghaften Zeugenaussagen zu einem einheitlichen Gebilde der Anklage zu vereinen. In weniger als einem Jahr waren die Ergebnisse der Untersuchung des Richters Sokolow abgeschlossen. Die Sätze seines Berichtes gleichen jedoch den blutbefleckten Seiten eines Buches, dessen entscheidende Stellen nie entziffert werden können.

Sokolow berichtet, daß in der Nacht von 16. zum 17. Juli die Zarenfamilie um zwölf Uhr nachts von Jurowsky geweckt wurde. Unter dem Vorwand, daß in der Stadt ein Anarchistenaufstand vorbereitet würde und daß das Leben der Familie in Gefahr sei, führte Jurowsky seine Opfer in das Kellergewölbe des Hauses. Dort ließ er sie allein mit der Erklärung, daß er einen Wagen für ihren Abtransport holen müsse. Kurz darauf betrat er das Zimmer in Begleitung von zehn bewaffneten Männern. Er näherte sich dem Zaren und sagte: „Ihre Angehörigen wollten Sie retten. Es ist ihnen mißlungen. Wir müssen Sie hinrichten." Er schoß als erster. Ihm folgten die Schüsse seiner Begleiter. Das angstvolle Geschrei der Frauen drang aus dem Kellergewölbe in den Hof, wo die russischen Soldaten schreckerstarrt den Schüssen lauschten. Von tierischem Blutdurst erfüllt stürzten sich die Mörder mit Bajonetten auf ihre noch röchelnden Opfer. Mit blutbespritzten Händen tasteten sie die leblosen Körper ab und rissen ihnen die Ohrringe, Ketten und Armbänder herunter.

Auf einem Lastwagen wurden die elf Leichen zum Bergwerk der „Vier Brüder" gebracht. Der Wald wurde von Soldaten umzingelt. Unter Jurowskys Aufsicht wurden die Leichen zersägt und zerstückelt. Aus der Stadt wurde Benzin und Schwefelsäure geholt, und während Jurowsky drei Tage lang in dem finsteren Urwald die irdischen Überreste seiner Opfer einäscherte und die Spuren der nächtlichen Tat verwischte, sandte der Vorsitzende des Uralsowjets, Beloborodow, folgendes Telegramm nach Moskau ab: „Teilt Swerdlow mit, daß die Familie das Schicksal ihres Hauptes geteilt hat. Offiziell wird die Familie bei der Evakuierung der Stadt verschwinden."

Dieser Bericht des nächtlichen Grauens wirkt erdrückend in seinem logischen Aufbau. Er stützt sich jedoch hauptsächlich auf die Aussagen bedrängter Bauern, gefangener Soldaten und roter Funktionäre, die alle um ihr Leben zitterten. Kein einziger von ihnen gab zu, an der Erschießung und Einäscherung mitbeteiligt gewesen zu sein.

Die wenigen Berichte, die später auftauchten und direkt aus dem Todeskeller des Ipatjewhauses stammen, zeichnen ein wesentlich anderes Bild der Bluttat.

Im Februar des Jahres 1919 wurde in der Stadt Odessa der rote Funktionär Sergeijew verhaftet. Man fand bei ihm die Notizen des Tschekisten Effremow, der nach eigenen Angaben in der Nacht vom 16. zum 17. Juli das Todesurteil an dem Zaren und seiner Familie vollstreckt haben will. Seine Aufzeichnungen lauten: „In der Nacht erschossen wir die Familie Romanow und ihre Vertrauten. Im ganzen elf Personen. Während der ganzen Zeit befand ich mich im Kellergewölbe. Zuerst wurden die vier Töchter des ehemaligen Zaren, Olga, Tatjana, Maria und Anastasia hereingeführt. Sie traten sehr still ein. Ich kann mich nicht genau erinnern, aber ich glaube, sie weinten. Wir erschossen sie alle sehr schnell. Sodann brachte man Nikolaus II. selbst, seine Frau und deren Sohn in den Keller. Als die ehemalige Zarin die Leichen ihrer erschossenen Töchter sah, schrie sie laut auf und stürzte zu dem Thronfolger Alexei, den man am Arm führte. Wir redeten nicht lange mit ihr. Ihr Geschrei war unangebracht. Wir erschossen sie sofort. Sie brach zusammen, indem sie sich an die Füße des Thronfolgers Alexei zu klammern versuchte. Der ehemalige Zar warf sich, nachdem er die Schwelle überschritten hatte, auf die Knie. Wir richteten ihn auf. Wir befahlen ihm stramm zu stehen und die Hände an die Hosennaht zu legen. Er verabschiedete sich. Beloborodow schlug ihn ins Gesicht und versetzte ihm einen Stoß. Gleichzeitig schoß einer der Anwesenden auf ihn und er fiel um. Der Thronfolger Alexei stürzte nach zwei Schüssen. Danach stöhnte und ächzte er lange. Um ihn zum Schweigen zu bringen, mußten wir ihm noch vier Schüsse einjagen."

Die brutale Nacktheit dieses tierischen Berichtes unterscheidet sich wesentlich von dem kunstvollen kriminalistischen Gebäude Sokolows. Doch konnte der Inhaber dieser blutigen Aufzeichnungen nicht mehr vernommen werden. Noch bevor man das Dokument entziffert hatte, war er von den Weißen erschossen worden.

Aus dem dunklen Wirrwarr von Lüge und Legenden, blutigen Märchen und verklärten Berichten erhebt sich nur noch eine Stimme, die direkt aus dem Keller des Ipatjewhauses kommt. Diese Stimme gehört dem Kommissar Woikow, einem Mitglied der Sowjets von Ekaterinburg, dessen Name immer wieder mit besonderem Nachdruck mit dem Ende der Romanows in Verbindung gebracht wurde.

Im Juli 1918 war Woikow bevollmächtigter Vertreter der Sowjets in Ekaterinburg. Im Jahre 1925 bekleidete er den Posten des Gesandten der Sowjetunion in Warschau. In der Sylvesternacht dieses Jahres veranstaltete die Sowjetgesandtschaft einen Ball. Beim Anblick der Sektflaschen, der geputzten Frauen und der fein gedeckten Tische wurde Woikow plötzlich von trüben Erinnerungen befallen. Er verließ das Fest und ging taumelnd in sein

Arbeitszimmer. Dort fand ihn um halb zwei Uhr nachts sein Legationsrat Bessedowsky hinter einer Batterie von Kognakflaschen. Woikows Gesicht war aschfahl. Mit roten, entzündeten Augen starrte er auf den großen Rubinring an seiner Hand. Plötzlich hob er den Kopf und sagte: „Das ist nicht mein Ring. Ich habe ihn in Ekaterinburg im Ipatjewhaus nach der Erschießung der Zarenfamilie an mich genommen."

Dann erzählte Woikow langsam und stockend, den finsteren Blick auf Bessedowsky gerichtet, von seiner Rolle bei der Urteilsvollstreckung am Zaren. Der Befehl, die ganze Familie hinzurichten, soll nach seiner Aussage direkt aus Moskau gekommen sein. Woikow will den Auftrag erhalten haben, dem Zaren das Todesurteil zu verkünden. In der Nacht zum 17. Juli erschien er im Ipatjewhaus. Genau um zwei Uhr fünfundvierzig wurde die Zarenfamilie in den Keller geführt. Woikow begann das Urteil mit feierlicher Stimme zu verlesen. Er hatte aber kaum einige Sätze gelesen, als Jurowsky ihm das Papier aus der Hand riß und rief: „Nikolaus Alexandrowitsch, auf Befehl der Uralsowjets werden Sie mit Ihrer Familie erschossen!" Der Zar blickte ihn verwundert an. Es war, als ob er den Sinn der unheimlichen Worte nicht verstehen konnte. Plötzlich schlug er die Hacken zusammen, sein Körper straffte sich. Er streckte dem Zarewitsch seine Hand entgegen. Im gleichen Augenblick stürzten sich die Mörder mit Revolvern und Bajonetten auf ihre Opfer. „Die Eile Jurowskys", schloß Woikow, „verwandelte den feierlichen historischen Akt in schmutzige Metzgerarbeit."

Alles an diesen und zahlreichen anderen Berichten ist voller Widersprüche, Gegensätze und dunkler, blutiger Rätsel. Eine unsichtbare, aber geübte Hand scheint aus dem Gedächtnis der Täter die Namen der Mitbeteiligten, die Stunde und die Umstände des blutigen Verbrechens verwischt zu haben. Nur die Namen Jurowsky, Woikow und Beloborodow schweben geisterhaft über dem unheimlichen Kellergewölbe. Sie gleichen blutigen Inseln im Meer der Lügen und Legenden.

Selbst in der Tschekazentrale in Moskau war man über die Einzelheiten des Mordes nicht unterrichtet. Während der Untersuchungsrichter Sokolow die Hinrichtung der gesamten Familie für erwiesen hielt, teilte der Leiter der Tscheka, Dschersinsky, seinem Mitarbeiter Orlow unter dem Siegel der Verschwiegenheit mit, daß die Frauen gerettet seien.

Bald tauchten auch Gerüchte auf, daß sich die Zarin mit ihren Töchtern hinter den Mauern eines fernen sibirischen Klosters verborgen halte und dort, von der Welt abgekehrt, ihr Leben in stillem Meditieren verbringe.

Nur einen Menschen soll es gegeben haben, dem sie die Nachricht von ihrer Rettung und von dem großen Frieden, der sie erfüllte, hatte zukommen lassen. Dieser Mensch war die Kaiserin-Mutter. Und in der Tat, bis an ihr Lebensende weigerte sich die kalte, nüchterne Greisin an das Ende des gesalbten Geschlechtes zu glauben. Sie verbot in ihrem Hause Trauermessen abzuhalten, schwieg aber beharrlich, wenn man sie über die Ursachen der seltsamen Überzeugung befragte.

Noch dunkler, geheimnisvoller und verworrener als das Ende der Romanows ist das Schicksal der irdischen Überreste der Herrscherfamilie.

Vierundzwanzig Werst von Ekaterinburg entfernt liegt, unweit des Isetsksees, inmitten eines wilden Urwaldes das verlassene Bergwerk der „Vier Brüder". Düstere Bauerngeschichten umgeben den spukhaften Ort. Gruben und Schächte durchschneiden den lehmigen Boden. Seit ungezählten Jahren stand das Bergwerk öde und verlassen. Menschen und Tiere mieden den Wald in scheuer Furcht. Gespenster nisteten im Dickicht, Irrlichter huschten im Sumpf, und die ganze Gegend war von wirren Visionen und geheimnisvollen Märchen erfüllt.

Zahlreiche Spuren führten den Untersuchungsrichter Sokolow zu dem dunklen Dickicht und dem tiefen, verlassenen, eingefrorenen Schacht. Mit Hacken und Spaten gelang es Sokolow, der Gruft ihr Geheimnis zu entreißen. Aus dem verlassenen Schacht förderte er Ikonen, Edelsteine, Kleidungsstücke, Schnallen, Metallreste von sechs Korsetts, ein falsches Gebiß, zerfetzte Hautstücke, einen menschlichen Finger, einen Hundekadaver und verkohlte Knochensplitter zutage. Das war alles, was nach der Ansicht Sokolows von dem gesalbten Geschlecht der Romanows übriggeblieben war.

Das geheimnisvolle Dunkel, das das Ende des Geschlechtes umgibt, wurde durch diese Funde nicht gelüftet. Seltsam bleibt es, daß die Mörder die Edelsteine nicht bemerkt haben sollen. Seltsam ist es, daß sechs Frauen, um Mitternacht aus dem Schlaf geschreckt, wie einem höheren Befehle gehorchend, ihre Korsetts anlegen, aber die Lieblingsikone und die Arznei des Zarewitsch achtlos liegenlassen. Seltsam ist auch das Fehlen von Asche und die Tatsache, daß das Bergwerk weder während noch nach der Tat von irgendwelchen Zeugen besucht worden sein soll.

Am geheimnisvollsten erscheint aber die einzige sichtbare Spur des Zaren, die wunderbarerweise nicht zum Bergwerk der „Vier Brüder", sondern zu der goldüberkuppelten Stadt Moskau und zu den heiligen Mauern des Kremls führt. Darüber berichtet Mönchspriester Illiodor:

„Ich mußte in den Kreml zu Kalinin, um mit ihm über eine wichtige Kirchenreform zu verhandeln. Als ich durch einen dunklen Korridor ging, öffnete mein Begleiter plötzlich die Tür zu einer kleinen Geheimkammer. Ich trat ein. Auf dem Tisch, unter einer Glasglocke, lag der abgeschnittene Kopf Nikolaus II. Am linken Auge wies er eine tiefe Wunde auf. Ich erstarrte."

In der langen und blutigen Geschichte der Zaren gibt es keine unheimlichere Erzählung als den Bericht des Mönchspriesters über den dunklen Korridor voller Erinnerungen an die alten Herrscher und den Kopf des letzten Gesalbten, der von den Geistern seiner Ahnen gehütet wird.

Den abgeschnittenen Kopf soll die Prostituierte Gussewa, die Geliebte eines der angeblichen Mörder, auf Befehl der Sowjets aus dem Ural nach Moskau gebracht haben. Die Reise mit dem Kopfe des Gesalbten erschütterte die einfache Frau. Sie verlor den Verstand. Im Winter wanderte sie barfuß und zerfetzt mit wehenden Haaren durch Moskau, versammelte das Volk und erzählte lallend, daß sie den Kopf des Gesalbten in die heilige Stadt der Salbung zurückgebracht habe. Sie wurde erschossen, und mit ihr verschwand die letzte Spur dieser Legende.

Über den Tod hinaus verfolgte den Zaren das Schicksal Hiobs. Die lange Kette von Mißgeschick und Unglück wollte auch nach dem Dahinscheiden des letzten Zaren nicht enden. Die Flut der roten Truppen trieb den Fund Sokolows, die Knochensplitter, Hautfetzen und Ikonen, mit der zurückströmenden Weißen Armee bis an die äußerste Grenze des großen Reiches. In Charbin empfing sie aus der Hand des M. Gilliard der Franzose, General Janin. Von den wachsamen Blicken des Generals gehütet, legten die irdischen Überreste des letzten Zaren denselben Weg um den halben Erdball zurück, den dereinst der Zarewitsch Nikolaus Alexandrowitsch auf Befehl seines Vaters angetreten hatte.

Auch in Frankreich, wohin der General endlich die Überreste gebracht hatte, fanden sie keine Ruhe. Niemand wollte die unheimlichen Kisten annehmen. Allen grauste es vor dem gespenstischen Gepäck aus dem Osten. Von Hand zu Hand, von Ort zu Ort wanderten die Körperreste und Ikonen, und dasselbe Dunkel, das das Ende der Romanows umgibt, verhüllt auch das Schicksal der geheimnisvollen Funde, die dem kalten Bergwerk der „Vier Brüder" entrissen wurden.

Niemand weiß genau, wo sie sind, wer sie behütet und wer sie verbirgt. Sie sind verschwunden und verschollen, wie die Asche des dreizehnten Zaren auf dem Throne der Romanows, des einsamen und unglücklichen Menschen, der einst in der goldübergossenen Kathedrale von Moskau zu verkünden gezwungen war: „Wir von Gottes Gnaden, Nikolaus II. Alexandrowitsch, Herr, Kaiser und Alleinherrscher Allrußlands, Zar von Kasan, Zar von Astrachan, Zar von Sibirien, Zar von Georgien, Großfürst von Finnland und Litauen, Rostow und Podolsk, Herr von Groß-, Klein- und Weißrußland – und vieler anderer Länder Selbstherrscher und Gebieter."

QUELLENVERZEICHNIS

Alexander III.: „Briefe und Resolutionen." Rotes Archiv (russisch).
Alexander Michailowitsch, Großfürst: „Erinnerungen." Bd. 1–3. Verlag Illustrirowannaja Rossia. Paris 1928 (russisch).
Alexandra Feodorowna, russische Kaiserin: „Briefe an Frau Wyrubowa." Amalthea Verlag. Wien 1930.
– „Anmerkungen zum Tagebuch des Zaren." Verlag Slowo. Berlin 1923 (russisch).
Alexejew, Professor: „Russisches Staatsrecht." Moskau 1895 (russisch).
„Archiv der russischen Revolution." Band 1–20. Herausgegeben von Prof. Hessen, Berlin (russisch).
Bessedowsky, Grigori, Botschaftsrat: „Im Dienste der Sowjets. Erinnerungen." Verlag Grethlein & Co. Leipzig 1930.
Bilbassow-Helbin, Wassili A.: „Die Geschichte Katharinas II." Verlag Ladyschnikow. Berlin (russisch).
– „Die russischen Auserwählten." Ladyschnikow. Berlin.
Block, Alexander: „Die letzten Tage der kaiserlichen Macht." Berlin 1922 (russisch).
Bormann, Emil: „Nikolaus II." Reval 1926 (russisch).
Bontsch-Bruewitsch, Wladimir D.: „Aus der Welt der Sektierer." Staatsverlag. Moskau 1922 (russisch).
„Briefe des Zaren an den Fürsten Meschtschersky." Aus dem Privatarchiv des Herrn Max Brahn, Berlin.
„Briefwechsel zwischen Nikolaus und Alexandra Romanow." Gosisdat. Moskau.
Buchanan, Sir George, engl. Botschafter in Petersburg: „Meine Mission in Rußland." Berlin (russisch).
Bülow, Bernhard, Fürst von, deutscher Reichskanzler: „Denkwürdigkeiten." Verlag Ullstein. Berlin 1930.
Burzew, Wladimir L., Publizist: „Der Zar und die Außenpolitik, die Urheber des russisch-japanischen Krieges." Berlin 1906 (russisch).
Buxhoewden, Baroneß Sofie, Hofdame: „The Life of Empress Alexandra Feodorowna."
Choniat, Nikita, byzantinischer Historiker: „Geschichte" (griechisch).
Churchill, Winston S., Minister: „Die Weltkrisis." Amalthea. Wien 1930.
Daschkowa, E. R., Fürstin: „Erinnerungen." Moskau 1907 (russisch).
„Der letzte Alleinherrscher." Eberhard Frowein Verlag. Berlin. Anonym (russisch).
„Die Kehrseite der Revolution." Moskau 1906 (anonym, russisch).
„Dokumente über Rasputin." Aus dem Privatarchiv des Herrn von Günther, Berlin.
„Documents diplomatiques secrets russes." 1914–1917. Payot. Paris.
„Epinagog": „Der Ritus der orthodoxen Krönung."

Freytag-Loringhoven, Axel Freiherr von: „Geschichte der russischen Revolution." J. F. Lehmann Verlag. München 1919.
Fülöp-Miller, René: „Rasputin und die Frauen." Grethlein & Co. Leipzig 1927.
Giers, ehem. Gouverneur von Kiew: „Der Tod Stolypins." Paris (russisch).
Gilliard, Pierre: „Kaiser Nikolaus II. und seine Familie." Wien 1921 (russisch).
Gorki, Maxim: „Der 9. Januar." Ladyschnikow. Berlin (russisch).
Grigora, Nikophor, byzantinischer Historiker: „Römische Geschichte" (griechisch).
Grigorowitsch Iwan K., Admiral: „Memoiren" (russisch).
„Grundgesetze des Russischen Reiches." Verlag Staatsdruckerei. S.P.B. 1900 (russisch).
Grusenberg, Oscar, Rechtsanwalt: „Leutnant Pirogow." Paris 1930 (russisch).
Gul, Roman: „General Bo." Petropolis Verlag. Berlin 1924 (russisch).
Gurko, Wassili: „Der Zar und die Zarin." Verlag La Renaissance. Paris 1927.
– „Rußland 1914–1917." D.V.G. für Politik und Geschichte. Berlin 1921.
Gusew, Nicolai N.: „Leo Tolstoi gegen das Reich und die Kirche." Ladyschnikow. Berlin (russisch).
Hanbury-Williams, Sir John: „The Emperor Nicolas II, as I knew him." London 1922.
Hofstädter, Prof.: „Über die Clysti" (russ. Manuskript).
„Japanische Intervention in Dokumenten." Zentralarchiv Moskau 1934 (russisch).
Jussupow, Felix F., Fürst: „Die Ermordung Rasputins." Paris 1928 (russisch).
Kerensky, Alexander F., russischer Premierminister: „Gatschina." Band 10. Don-Annalen (russisch).
Kessel, Joseph und Iswolsky, Hélène: „Le roi aveugle." Les Editions France. Paris 1925.
Klujtschewsky, Wassili O., Prof.: „Die Geschichte der Stände in Rußland." Moskau 1922 (russisch).
– „Die Bojarenduma des alten Rußlands." Moskau 1918 (russisch).
– „Kursus der russischen Geschichte." Band 1–4. Moskau 1918 (russisch).
Kobeko, Dmitri F.: „Die Geschichte Kaiser Pauls I." S.P.B. (russisch).
Kokowzow, Wladimir N. Graf: „Meine Memoiren." Illustrirowannaja Rossia. Paris 1934 (russisch).
Korostowez, Wladimir von: „Graf Witte, der Steuermann in der Not." Brücken-Verlag. Berlin 1929.
Kotoschichin, Grigori, Dumaschreiber: „Die Zustände im Moskauer Reich" (russisch).
Krasnow, Pjotr N., General: „Vom Zarenadler zur Roten Fahne." Band 1–4. 1921 (russisch).
Komarow-Kurlow, P., General: „Der Zusammenbruch des kaiserlichen Rußlands." Scherl-Verlag. Berlin 1929.
Kuropatkin, A. N., Generaladjudant: „Notizen über den Russisch-Japanischen Krieg" (russisch).
Lambsdorff, Wladimir N., Graf, russischer Außenminister: „Tagebuch." Herausgegeben von F. A. Rotstein. Verlag Akademia. Moskau 1934 (russisch).

„La Chute du Régime tsariste." Interrogatoires de Ministres, Conseillers, Généraux de la Cour Impériale Russe par la Commission extraordinaire du gouvernement provisoire de 1917. Payot. Paris.

Lopuchin, Alexei, Direktor des Polizeidezernates des Innenministeriums: „Die Ergebnisse der Diensterfahrung" (russisch).

Mandryka, A. N., General, Flügeladjudant: „Memoiren" (russ. Manuskript).

Marcu, Valeriu: „Lenin. 30 Jahre Rußland." Verlag Paul List. Leipzig 1927.

Maria Feodorowna, russische Kaiserin: „Tagebuch." Übersetzt aus dem dänischen Manuskript in Poslednia Novosti. Paris 1933 (russisch).

Maria Pawlowna, Großfürstin: „Als Prinzessin im Exil." Reissner Verlag. Dresden 1934.

– „My Life." Viking Press, New York.

Marie of Russia, Empress: „Diaries." Editor Erika Bealeby by Geoffrey Bless.

Maria von Rumänien, Königin: „Die Geschichte meines Lebens." Wien 1934.

Markow, Sergei von: „Wie ich die Zarin befreien wollte." Amalthea. Wien 1929.

Miljukow, Paul, Prof.: „Geschichte der zweiten russischen Revolution." 1921 (russisch).

Melnik, Tatjana: „Erinnerungen an die Zarenfamilie." Belgrad 1921 (russisch).

Mossolow, General: „Nikolaus II. und seine Familie." Paris 1934 (russisch).

Naryschkina-Kurakina, Elisabeth, Hofmarschallin: „Unter drei Zaren." Amalthea. Wien 1930.

Neue Freie Presse, Jahrgang 1896.

Neues Wiener Tagblatt, Jahrgang 1896.

Nicolas II.: „Journal Intime 1914–1918." Payot. Paris.

Nikolaus II.: „Reden an die Duma, an die Vertreter des Adels und an das Volk."

– „Tagebuch 1890-1906." Slowo. Berlin 1923 (russisch).

Obninsky: „Ein halbes Jahr der russischen Revolution." 1906 (russisch).

Orlow, Wladimir, Staatsanwalt: „Mörder, Fälscher, Provokateure." Brücken-Verlag. Berlin 1929.

Paley, Olga V.: Fürstin: „Memoire de Russie." Revue de Paris.

Paléologue, Maurice, Botschafter: „Das zaristische Rußland im Weltkriege." Russische Ausgabe. Moskau.

– „Der Roman eines Kaisers." Slowo. Berlin (russisch).

Paléologue, S. N.: „In der Nähe der Macht." Verlag Swiatoslaw. Belgrad

Pawlow, N. A.: „Seine Majestät, Kaiser Nikolaus II." Paris 1927 (russisch).

Peterhof: „Die letzten Romanows." Moskau 1932 (russisch).

„Peterhofer Verhandlungen über das Projekt der Reichsduma unter dem persönlichen Vorsitz S. K. M." Geheimprotokolle vom 19., 21., 23., 25. und 26. Juli 1905 (russisch).

Pobedonoszew, Konstantin W.: „Aufsätze." in Moskowski Sbornik (russisch).

– „Briefe an den Zaren." Rotes Archiv. Moskau.

Pokrowsky, M. N.: „Historische Aufsätze." Verlag für Literatur und Politik. Berlin.

Pokrowsky, Prof., und Nokolsky, Prof.: „Die Geschichte Rußlands." Band 1–4 (russisch).

Polowzow, A. A., Staatssekretär: „Tagebuch“ (russisch).

Polowzow, P. A., General: „Tage der Finsternis.“ La Renaissance. Paris (russisch).

Posener, S. M.: „Die erste Kampforganisation der Bolschewiken.“ Verlag Alter Bolschewik. Moskau 1934.

Radziwill, Catherine, Prinzessin: „Nicolas II. Le dernier Tsar.“ Payot. Paris 1933.

Ranzow, W. L., Prof.: „Chronologie der russischen Geschichte.“ Verlag Brockhaus-Efron S.P.B. 1905 (russisch).

„Retsch“, Petersburger Zeitung. Jahrgang 1914.

Rodsianko, Michail, Präsident der Duma: „Le Règne de Rasputin.“ Paris.

Romanowa, Antonia, Fürstin: „Wie Fürst Gabriel Konstantinowitsch gerettet wurde.“ Illustrirowannaja Rossia. Paris 1934 (russisch).

Sablukow, N. A., General: „Erinnerungen an die Ermordung Pauls I. und die Zeit dieses Herrschers“ (russisch).

Saosersky, N., Prof.: „Über die Kirchenmacht“ (russisch).

– „Über die Zarenmacht“ (russisch).

Sawinkow, Boris W.: „Warum ist Lopuchin verbannt?“ (russ. Broschüre).

Schipidow, D. N.: „Erinnerungen und Gedanken.“ Verlag Ssabaschnikov. Moskau (russisch).

Schulgin, Wassili W.: „Tage ...“ Memoiren aus der Russischen Revolution. 1905–1917. Band 8. Quellen und Aufsätze zur russischen Geschichte. Herausgeber Karl Stählin. Ost-Europa-Verlag. Berlin und Königsberg 1928.

Sensinow, Wladimir: „Russkoe Ustje.“ Erinnerungen eines politischen Verbannten. Berlin 1922 (russisch).

Slowzow, R.: „Pobedonoszew und Dostojewskij.“ Posl. Nov. II Okto. 1934 (russisch).

Slutschewsky, K.: „Prosaschriften.“ Verlag Ssabaschnikow. Moskau (russisch).

Smilg-Benario, Michael: „Der Zusammenbruch der Zarenmonarchie.“ Amalthea. Wien 1927.

Sokolow, Nikolai A.: „Die Ermordung der Kaiserlichen Familie.“ Paris 1921 (russisch).

Spiridowitsch, Alexander I., Général en chef de la Sûreté personelle de S. M. L'Empereur Nicolas II: „Les dernières années de la Cour de Tsarskoe Selo.“ Payot. Paris 1928.

– „Histoire de Terrorisme Russe 1886–1917.“ Payot. Paris 1930.

Ssolowjew, Wladimir: „La Russie et l'église universelle.“ Paris 1889.

Stanewitsch, W.: „Erinnerungen 1914–1918.“ Ladyschnikow. Berlin (russisch).

Steinmann, Friedrich, Dr., und Hurowicz, Elias, Dr.: „Pobedonoszew, der Minister dreier Zaren.“ Ost-Europa-Verlag. Berlin und Königsberg 1932.

Suworow, N., Prof.: „Kursus des Kirchenrechtes“ (russisch).

Tatischtschew, Graf: „Die Geschichte der Regierung Kaiser Alexanders II.“ (russisch).

Temperley, Harold: „Das Tagebuch der Fürstin Lieven.“ Verlag für Kulturpolitik. Berlin 1926.

Tichomirow, Leo, Publizist: „Die monarchische Staatsherrlichkeit." Verlag Jungrußland. München 1923 (russisch).
Tolstoi, Leo N.: „Briefe an den Zaren."
– „Ich kann nicht schweigen" (russisch).
Tolstoi, I. L.: „Erinnerungen" (russisch).
Trufanow, Sergei (Illiodor): „Der heilige Teufel." Broschüre (russisch).
– „The Head in the Kremlin" (Manuskript).
Tschernow, Viktor M.: „Die Geburt des revolutionären Rußlands." Paris 1934 (russisch).
Urussow, Sergei D., Fürst: „Memoiren eines Gouverneurs." Ladyschnikow. Berlin 1908.
Wasiljew, Alexei T., Polizeidirektor: „Ochrana." Amalthea. Wien 1930.
Wassiltschikow, Marie: „Wahre Erlebnisse 1915–1918." Hyperion-Verlag. Berlin.
Witte, Sergei J., Graf: „Erinnerungen." Band 1–4. Slowo. Berlin 1923 (russisch).
Wuitsch, N. J., und Obolensky, N. D., Fürst: „Zur Geschichte des Manifestes vom 17. Oktober." Berlin 1921 (russisch).
Wyrubowa, Anna: „Glanz und Untergang der Romanows." Amalthea. Wien 1927.

ANHANG

Essad Bey
(1905–1942)

um die Entstehungszeit von Nikolaus II. (1935)

Abgedruckt mit freundlicher Genehmigung von
Frau Ingrid Fülöp-Miller

NACHWORT VON BEHRANG SAMSAMI

DIE „NEGATIVE" BIOGRAPHIE

TEIL 1: „DER DON QUICHOTTE DER SELBSTHERRLICHKEIT"

„Had he [Nikolaus II.] lived in classic times, the story of his life and death would have been made the subject of some great tragedy by the poets of ancient Greece. They would have represented him as a predestined victim pursued, in each successive act, by some relentless fate."

George Buchanan: *My Mission to Russia* (1923)[1]

1. Wahrheit und Glaube des Zarentums

Essad Beys Biographie *Nikolaus II. Glanz und Untergang des letzten Zaren* (1935) ist in mehrfacher Hinsicht ein bemerkenswertes Werk – nicht zuletzt wegen seiner Widersprüchlichkeit. Denn schon zu Beginn wirkt es im Hinblick auf seine Anlage auffällig ambivalent. Der Grund ist seine Intention. Das Buch hat unterschiedliche, ja konträre Ziele. So behauptet der Autor in seinem Vorwort[2], dass es „kein biographischer Roman, sondern eine historische Biographie" (S. 9) sei, und untermauert diese Aussage mit der tatsächlichen Begebenheit aller geschilderten Ereignisse[3]. Wenige Zeilen weiter räumt er jedoch ein, dass, wenn sein Buch „vielleicht dennoch wie eine Sage aus längst verflossenen Jahrhunderten" anmutete, dies an der „eigenartigen und bizarren Welt" (S. 9) liegen würde, die hier zur Schilderung gelangte. Er relativiert seinen Anspruch auf Objektivität ferner, indem er anschließend die kühne, weil für die Darstellung einer geschichtlich bedeutsamen Persönlichkeit wie Nikolaus II. (1868–1918) erstaunliche These aufstellt, dass die Gestalt des Zaren „nicht mit den nüchternen Augen eines rationalistischen Historikers" (S. 9) betrachtet werden dürfte. Er fährt in diesem Sinne fort und plädiert für eine stark subjektive, ja geradezu „irrationale“ Herangehensweise an den neben dem Papst letzten autokratisch regierenden Herrscher in Europa: „Das Leben Nikolaus II. kann nur wie ein Mythos erfaßt werden. Denn die innere Welt des Zaren liegt abseits von den Niederungen des Lebens, von dem breiten Weg des irdischen Alltags.“ (S. 9f)

Wie ist nun die Anlage der Biographie zu verstehen? Sie ist letztlich dem Versuch geschuldet, zwei sich voneinander deutlich unterscheidende Ziele zu erreichen, die beide dem Wahrheitsanspruch des Autors geschuldet sind. Seine Biographie soll dazu dienen, eine „Reihe von seltsamen Vorurteilen und tief im europäischen Bewußtsein verankerten Anschauungen“ (S. 9) aufzuheben und zugleich das „falsche Maß, das zur Beurteilung dieses tragischen Daseins allgemein angelegt wird“ (S. 9), zurechtzurücken. Darauf, dass der Biograph keineswegs unparteiisch ist, deutet nicht nur sein Vorhaben, die „Übertreibungen, Verleumdungen und Voreingenommenheiten“ (S. 9) zu entlarven, sondern auch seine exzeptionelle Haltung zu Nikolaus II. Für Essad Bey ist der russische Alleinherrscher kein Potentat wie andere, sondern ein geradezu „übermenschliches“ Wesen. Diese „Tatsache“ müsse daher bei der Analyse seines Lebens und Handelns stets mit berücksichtigt werden:

> „Nur in der verklärten Höhe irrationalen Gefühls kann das magische Dasein eines russischen Zaren richtig angeschaut und beurteilt werden. Nur in diesem Lichte erstehen die strahlenden Züge des Trägers eines mystischen Glaubens, des Don Quichotte der Selbstherrlichkeit, der kraft der inneren Widersprüche zwischen dem Wesen seiner Macht und der Welt, die ihn umgab, zu dem unglücklichsten Menschen seiner Zeit werden mußte.“ (S. 9)

Essad Beys Blickwinkel resultiert aus einem geschärften Bewusstsein für diesen Abschnitt der Geschichte sowie einem quasi „religiös“ untermauerten Verständnis für Nikolaus II. Der Autor will einerseits der Wahrheit, den harten Fakten Rechnung tragen, andererseits aber auch der sakrosankten Person des russischen Zaren als Gottgesalbtem.[4] Was er einfordert, ist Objektivität und zugleich ein tiefes Einfühlungsvermögen in die Verhältnisse des vorrevolutionären Russland. Dass diese Betrachtungsweise zwangsläufig zu Brüchen und Unvereinbarkeiten in der Darstellung des Zaren führt, sich Kritik und persönliche Parteinahme für diese „tragische Gestalt“ (S. 9) aneinander reiben, das macht nicht nur das Außergewöhnliche diese Buches aus, sondern wirft auch ein bezeichnendes Licht auf die Bedingungen seiner Entstehung und die Weltanschauung seines Autors.

2. Der Mythos vom gefangenen Herrscher

Das, was sich Essad Bey in seinem Vorwort vornimmt, führt er aus. So versucht er nicht, die Geschichte Russlands unter seinem letzten autokratischen Kaiser wiederzugeben, sondern ist bemüht, „lediglich das Leben des Zaren vor, während und nach seiner Herrscherzeit" (S. 10) darzustellen. Da aber das private Leben eines absolutistischen Monarchen zwangsläufig nicht ohne Einfluss auf die Geschehnisse seines Landes bleiben kann, genauso wie umgekehrt politische Entscheidungen und Ereignisse sich auf Leben und Handeln des Potentaten auswirken, so pendelt Essad Beys Biographie folgerichtig zwischen Nikolaus' Darstellung als Privatperson und als Herrscher. Einem Prolog gleich wird das Buch durch die Beschreibung von Nikolaus' von Unglück überschatteter Krönung eröffnet. Anschließend wird eine Rückwendung vorgenommen und ein Bogen gespannt: So wie die Biographie mit einer Hinrichtung, nämlich der des letzten Zaren und seiner Familie am 16./17. Juli 1918, endet, so beginnt sie auch mit einem für Russland fatalen Todesfall: Zar Alexander II. (1818–1881) fällt einem Bombenattentat zum Opfer. Die Ermordung des Großvaters, desjenigen, der 1861 die Leibeigenschaft aufhebt, wird von Essad Bey als ein traumatisches Erlebnis dargestellt, das sich wesentlich auf die Kindheit und Jugend des Enkels auswirkt. Nikolaus' Vater Zar Alexander III. (1845–1894) zog sich jedenfalls daraufhin auf das abgelegene Schloss Gatschina zurück, um sich dort ganz den Staatsgeschäften zu widmen. Nikolaus II. behielt diese Lebensweise zwar bei, war aber in der Politik seines Landes nicht in gleicher Weise glücklich wie sein Vorgänger. In diesem Zusammenhang betont Essad Bey gleich zu Anfang die große Differenz zwischen Vater und Sohn. Besitzt die Persönlichkeit des Vaters „etwas Monumentales, Urwüchsiges, Unverwüstliches" (S. 40) und ist seine Liebe zu Russland „despotisch, eigenwillig und gigantisch" (S. 41), so wirkt der Zarewitsch als das genaue Gegenteil:

> „Nikolaus […] war ein zartes, schweigsames Kind. Er liebte die Tiere des Gatschina-Zoos und mied die Menschen, die allerdings nur selten in die Abgeschlossenheit des kaiserlichen Daseins vordrangen. Schweigsame

> Teilnahmslosigkeit bestimmte seine erste Beziehung zu den Menschen. Die betonte Zurückhaltung nicht nur seiner Bewegungen, sondern auch der Regungen seiner Seele mochte als Folge des weltabgewandten Gatschina-Lebens erscheinen." (S. 30)

Die isolierte, bürgerliche Lebensweise der kaiserlichen Familie außerhalb der Hauptstadt Sankt Petersburg, der fehlende dauerhafte Kontakt nicht nur zur adligen Umgebung, sondern überhaupt zu Menschen, schließlich die Unmöglichkeit, die Welt außerhalb des bekannten Lebenskreises selbstständig zu entdecken und sich allmählich anzueignen, das sind für Essad Bey die entscheidenden Gründe für „jenes mißtrauische Phlegma, das er [Nikolaus] Zeit seines Lebens für alles Fremde, Unbekannte und Neue beibehalten sollte." (S. 32) Zu dieser betonten Zurückhaltung im Benehmen und der Gleichgültigkeit gegenüber Ereignissen außerhalb der Palastmauern tritt noch die einseitige Ausbildung des Zarewitsch. Seltsamerweise wird er von Alexander III. auf sein späteres, an Macht und Verantwortung überreiches Amt nicht vorbereitet. Es wird dagegen die Aufgabe vor allem von Konstantin P. Pobedonoszew (1827–1907), der den „Ruf des reaktionärsten, klügsten und zynischsten Mannes Rußlands" (S. 34) genießt, den Thronfolger in einem streng konservativen Geist zu erziehen und ihm zugleich die Grundsätze des orthodoxen Christentums und der absolutistischen Zarenherrschaft zu vermitteln.

3. Die Geschichte eines einfachen Menschen

Durch Essad Beys Biographie zieht sich ein Aspekt, der eine zentrale Bedeutung für die Wahrnehmung und Darstellung von Nikolaus II. hat: „Denn bin ich vor Schrecklichem erschrocken – gleich ist es mir wiedergekehrt, und wovor ich schaudere, gleich trifft es mich." (Hiob 30,15; zugleich S. 261) Der Vergleich mit der alttestamentarischen Figur des Dulders Hiob scheint Essad Bey, wie auch ein US-amerikanischer Rezensent der englischsprachigen Ausgabe der Biographie schreibt, tief beeindruckt zu haben.[5] So gesehen, gewinnt die Tragik im Leben des Zaren für den Autor durch seine Gleichsetzung mit Hiob ihre Sinnhaftigkeit und quasi „logische" Konsequenz. Anders ist seine Zeichnung dieses Menschen, der zugleich optimistisch und doch voller Ahnung auf kommendes, permanentes Unheil ist, nicht zu erklären. Und so nimmt Nikolaus II. denn auch die zahlreichen Unglücksfälle, die in der Biographie effektvoll, bisweilen allerdings auch zu überladen in Szene gesetzt werden, voller Vertrauen auf Gott als seine Prüfungen an.

Diese durch die streng religiöse Erziehung des Zarewitsch erworbene fatalistische Einstellung wird von seiner frömmlerischen Verlobten und späteren Gemahlin Alix von Hessen-Darmstadt (1872–1918), die nach ihrem Übertritt zum orthodoxen Glauben den Namen Alexandra Feodorowna annimmt, geteilt und bestärkt. Und so geht diese ihn in seiner Passivität bestärkende Einstellung von Anfang einher mit dem Wissen des späteren Herrschers, „von Fluch verfolgt" (S. 255) zu sein:

> „Am Tage des Dulders Hiob geboren, betrachtete er die vielfachen Prüfungen, die ihm auferlegt wurden, als eine magische Wiederholung der Leiden seines Schutzpatrons. ‚Glauben Sie mir', sagte er zu einem seiner Minister, ‚ich bin der Unglückszar. Ich habe mehr als ein Vorgefühl, ich habe die feste Überzeugung, daß ich zu den fürchterlichsten Prüfungen verurteilt bin und daß ich in dieser Welt keinen Lohn empfangen werde.'" (S. 261)

„Der Gedanke an sein tragisches Fatum bannte den Zaren. Der menschliche Wille erschien ihm machtlos." (S. 262) In Essad Beys psychologischer Biographie werden die Gründe für Nikolaus' „Frömmigkeit, Mißtrauen und Fatalismus" (S. 92) und seine Zurückhaltung in der Reformierung von Staat und Gesellschaft, Politik und Wirtschaft genau herausgearbeitet. Und doch ist man bei der Lektüre stets verwundert, wie – zumindest wird dies so dargestellt –, gleichgültig der Kaiser die gesamtgesellschaftliche Krisenentwicklung innerhalb seines Landes infolge des Russisch-Japanischen Kriegs 1904/05 akzeptiert, andererseits aber eisern am autokratischen Regime festhält. Es erstaunt zu lesen, wie ruhig und gelassen er den Sturz oder Tod von Ministern wie Wjatscheslaw K. Plehwe (1846–1904), Sergei J. Witte (1849–1915) oder Piotr A. Stolypin (1862–1911) hinnimmt, die mit seiner Unterstützung in der Lage sein könnten, das Russische Reich durch Umgestaltungen zu erneuern. Stark beeinflusst von der Zarin, verschließt er sich sogar noch mehr vor der Wirklichkeit, um in der Ausübung der Macht einzig und allein auf Gott zu vertrauen. Essad Bey zitiert das Tagebuch des Staatssekretärs Polowzow:

> „Der Kaiser glaubt, daß die Menschen überhaupt keinen Einfluß auf den Gang der irdischen Geschehnisse haben. Alles bestimmt Gott allein durch seinen Gesalbten, den Zaren, der sich demgemäß mit niemandem zu beraten braucht, sondern lediglich der göttlichen Inspiration folgen muß.'" (S. 94)

So wie er im vorliegenden Buch beschrieben wird, erscheint Nikolaus kaum wie jemand, der qua seiner Leistungen den Anspruch erheben könnte, Kaiser eines Imperiums zu sein, der Beherrscher des mit über 119 Millionen Quadratwerst flächenmäßig größten Staates auf der Welt, das um 1900 eine Bevölkerung von 163 Millionen Menschen hat. Neben seinem hünenhaften Vater und dem langen Onkel Nicolai Nicolaiewitsch (1856–1929) ist der kleine, schmächtige und blasse Nikolaus nicht nur äußerlich unscheinbar. Auch von seinem Charakter her wirkt er wenig geeignet, ein solch bedeutendes Amt wie das seine adäquat auszufüllen: „Im Gegensatz zu seinen Ahnen fehlte ihm […] die freudige Machttrunkenheit des Imperators und das monarchische Interesse an den Fragen der Verwaltung." (S. 87) Auch hätte er ein nur mangelndes Verständnis für die besondere „magische Gemeinschaft" (S. 224) zwischen dem Zaren und dem russischen Volk: „Bei Nikolaus II. schlummerte das Wissen um jenes heilige Geheimnis des Reiches meist im Unterbewußtsein. Nur in den seltenen Augenblicken der Höhe verspürte er diese jahrhundertealte Bindung. Tastend suchte Nikolaus II. die Stütze im Volk. Ein Zar muß wissen. Tasten darf er nicht." (S. 226)

Essad Bey charakterisiert ihn letztlich treffend, wenn er schreibt, dass sich der Zar im Grunde ein Leben lang „nach dem stillen Familienglück eines biederen Gutsbesitzers" (S. 87) gesehnt habe. Die Tagebuchaufzeichnungen des Kaisers, in denen er nur selten über das politische Tagesgeschehen schreibt, dafür aber umso detaillierter von Theaterbesuchen und Spaziergängen, Jagdausflügen und Reisen mit seiner Familie berichtet, scheinen diese These zu belegen.[6]

4. Die Ausnahme von der Regel

Vergleicht man *Nikolaus II. Glanz und Untergang des letzten Zaren* mit Essad Beys anderen Biographien *Stalin* (1931), *Mohammed* (1932), *Lenin* (1935; in Italien) und *Reza Schah* (1936)[7], so kann man davon sprechen, dass es sich bei der Lebensdarstellung des dreizehnten Romanowherrschers um ein außergewöhnliches Werk handelt. Führt man weitere, von dem Autor Mitte der 1930er-Jahre entweder geplante, nicht zu Ende geschriebene oder unveröffentlichte Manuskripte wie *Peter der Große* oder *William Harding* an, so scheint *Nikolaus II.* eine „negative" Biographie zu sein.

Denn von all den Männern, deren Leben und Wirken Essad Bey in seinen Büchern beschrieben hat, setzt sich der letzte Zar ab. Die anderen Männer fechten bisweilen während vieler Jahre Kämpfe aus, um an die Herrschaft zu gelangen, regieren dann oft brutal und gnadenlos und opfern für ihre Ziele nicht selten eine Vielzahl politischer Gegner und unschuldiger Menschen. Sie erweisen sich als machtbewusste Politiker, militärische Strategen und gefürchtete Führungspersönlichkeiten. Sie nehmen ihr Schicksal in die eigene Hand und gestalten aktiv die Politik ihres Landes. Letztlich formen sie Staat, Wirtschaft und Gesellschaft nach ihrem Willen, prägen Geist und Gesicht ihrer Zeit.

Nikolaus dagegen fällt als Sohn des Zaren eine ungeheure Fülle an Macht zu. Er wird der Herrscher des größten Landes der Welt, ohne sich diese Position erkämpft zu haben, aber auch ohne dafür entsprechend erzogen und ausgebildet worden zu sein. Essad Bey setzt an dieser Stelle an und liefert mit seiner Biographie ein Psychogramm des letzten Romanow. Er zeigt en détail auf, wie es der letzte Zar anstellt, die vielfältigen Möglichkeiten, die er gerade als absoluter Herrscher besitzt, *nicht* zu nutzen, um sein Reich auf das beginnende 20. Jahrhundert vorzubereiten. So unterlässt er es, Russland durch gezielte Maßnahmen wie der Ausarbeitung einer Verfassung, der Einrichtung eines funktionierenden, dauerhaft tätigen Parlaments sowie der Einsetzung einer Regierung, die der Volksvertretung verantwortlich ist, zu liberalisieren und dadurch zu stabilisieren. Ebenso wenig tastet er die Grundlagen der noch stark feudalistischen Wirtschaftsordnung an. Das „seltsame, halb mittelalterliche, halb sozialistische System" (S. 81) der „Obschtschina", die Zuteilung des Landes an eine Gemeinde („Mir") statt an einzelne Bauern, wird von Nikolaus II. aus Rücksicht auf die herrschende, aus Adel, Militär und Bürokratie bestehende Elite nicht angegangen. Die Lösung der Bauernfrage, die „Verwandlung der Millionen pauperisierter Leibeigenen des Kollektivs in wohlhabende und regierungstreue Landbesitzer" (S. 85), der „Schlüssel, mit dem die Pforte des russischen Reichtums und damit die der politischen Sicherheit geöffnet werden [könnte]" (S. 82), bleibt unberührt.

Der Zar erweist sich damit als wenig weitsichtiger und machtbewusster

Herrscher. Er lässt den Geschehnissen freien Lauf, bis sie die herrschende Ordnung gefährden. Und auch dann interessieren ihn kaum die Ursachen der zahlreichen Aufstände und Rebellionen, Streiks und Meutereien, die seine Epoche mehr als die jedes anderen Romanow prägen. Während seiner Regierungszeit von 1894 bis 1917 ist seine Politik nicht tolerant und vorausblickend, sondern gekennzeichnet von Misstrauen und der Unterdrückung der vielfältigen Forderungen von Bürgertum, Arbeiter- und Bauernschaft.

Nikolaus' passive wie repressive Herrschaftsweise, seine Unbeweglichkeit und fatale Angst vor Veränderungen jedweder Art schaffen schließlich ein Machtvakuum, das von seiner reaktionären Umgebung wie auch von Personen wie Grigori J. Rasputin (1864–1916) erkannt und genutzt wird. Es ist vielleicht diese Entwicklung, die Essad Bey veranlasst, den letzten russischen Usurpator als eine „tragische Gestalt“ (S. 9) zu bezeichnen und was sein Buch zu einer „negativen“ Biographie macht. Einerseits weist der Autor auf die große Macht und die zahlreichen Reformmöglichkeiten des Zaren im Laufe seiner Herrschaft hin. Andererseits hebt er aber auf ähnliche Weise, wenn nicht stärker dessen Indifferenz, Beratungsresistenz und unreflektierte, kampflose Ergebung in Fatalismus und Passivität hervor. Diese zum eigenen Schicksal erkorene Haltung führt schließlich nicht nur Nikolaus', sondern den Untergang des gesamten zaristischen Russlands herbei.

5. Geist und Seele des alten Russland

„Der Autor besitzt zudem alle erforderlichen Fähigkeiten. Er ist parteiisch – gerade so sehr, wie es wie einen guten Historiker ausmacht – und objektiv – genug, um beim Leser einen Zweifel an seinem endgültigen Urteil zu erzeugen.“[8] Das Urteil des Übersetzers Maurice Ténine (1907–1941) im Vorwort zur französischen Ausgabe von *Nikolaus II.* trifft den Sachverhalt genau: Wie groß Essad Beys Sympathien für den letzten Zaren auch sind, er zeichnet ein ambivalentes wie plastisches Bild des russischen Alleinherrschers. Besonders deutlich werden die charakterlichen Widersprüche anhand von Anekdoten und Momentaufnahmen gerade aus Krisenzeiten. Es ist sein Anspruch auf „Wahrhaftigkeit“, der Essad Beys „historische Biographie“ letztlich bestimmt. Und auch wenn es nicht explizit formuliert wird, in *Nikolaus II.* stehen Zweifel und Abwägen höher als jedes definitive Urteil.[9]

Mit diesem Unterfangen schließt Essad Beys Buch an eine Reihe zeitgenössischer Werke an, die es sich zur Aufgabe machen, das negative Bild zu korrigieren, das spätestens nach der Revolution im Jahr 1917 nicht nur vom zaristischen Russland, sondern auch von den Romanows und ihrer Umgebung gezeichnet wird. So erscheinen nach dem Ersten Weltkrieg zahlreiche Publikationen, die Licht in die dramatischen Ereignisse vor, während und nach der Machtübernahme der Bolschewiki in Russland bringen wollen. Die westliche Öffentlichkeit interessiert sich dabei auch und vor allem für das Schicksal des im März 1917 abgedankten Zaren und seiner Familie. Geschichten wie über die angebliche Flucht der jüngsten Großfürstin Anastasia in den Westen geben Raum für Spekulationen und nähren die Nachfrage nach Nachrichten und Informationen über das untergegangene Zarenreich. Aufschlussreich ist vor allem die Veröffentlichung der Tagebücher und Briefe von Zar Nikolaus II. und der Zarin Alexandra Feodorowna.[10] Hinzu kommen die Memoiren russischer Adliger, Politiker und Militärs, die nach der Niederlage der „Weißen" gegen die „Rote Armee" ins Ausland fliehen.[11] Ferner erscheinen Tagebücher und Betrachtungen früherer westlicher Diplomaten und Bediensteter am Zarenhof.[12] Und schließlich werden historische Romane und Darstellungen der jüngsten Geschichte publiziert, die sich mit dem Umsturz in Russland während und nach dem Ersten Weltkrieg beschäftigen.[13]

6. Das literarische Triptychon

Essad Bey hat diese Veröffentlichungen allesamt gekannt und, wie sein im Anhang der Biographie beigegebenes Quellenverzeichnis zeigt, für die Niederschrift seines Buches herangezogen. Es scheint, als hätten zwei Monographien die Arbeit an *Nikolaus II.* wesentlich beeinflusst. Es handelt sich zum einen um die erstmals 1927 auf Deutsch unter dem Titel *Glanz und Untergang der Romanows* erschienenen Erinnerungen der Hofdame Anna Wyrubowa (1884–1964).[14] Zum anderen spielt das ebenfalls im zehnten Jahr nach der Russischen Revolution veröffentlichte Buch *Der heilige Teufel. Rasputin und die Frauen* des aus Ungarn stammenden, deutschsprachigen Schriftstellers René Fülöp-Miller (1891–1961) eine wichtige Rolle, ist es doch für Essad Beys Nikolaus-Biographie sogar noch stärker als Anna Wyrubowas Memoiren ein Vorbild in formaler, stilistischer und narrativer Hinsicht.[15]

Die Texte Wyrubowas, Fülöp-Millers und Essad Beys bilden sogar so etwas wie ein literarisches Triptychon, das drei bedeutende Persönlichkeiten der vorrevolutionären russischen Geschichte in den Mittelpunkt stellt. Während Wyrubowa in ihren Erinnerungen den Schwerpunkt neben ihrer eigenen Rehabilitierung auf ihre Beziehung zu Alexandra Feodorowna legt, was auch durch den umfangreichen Briefwechsel der beiden im Anhang untermauert wird, zeichnet Fülöp-Miller ein plastisches Bild von Rasputins Weg aus Sibirien nach Sankt Petersburg. Er schildert das ausschweifende Leben des „Staretz" (zu deutsch des „ehrwürdigen Greises") in der Hauptstadt genauso wie seinen zunehmenden Einfluss auf die hohe Politik. Auffällig ist jedoch, dass Rasputins enge Beziehung zur Zarenfamilie nur am Rande thematisiert wird. Essad Bey schließlich konzentriert sich auf Nikolaus II. Er stellt in seiner Biographie mit viel Empathie und zugleich erzählerischem Talent für dramatische Effekte das Leben des Kaisers als eine Aneinanderreihung von tragischen Unglücksfällen und Fehlentscheidungen dar.

Gemeinsam ist den drei Büchern, dass sie der kommunistischen Propaganda und Geschichtsschreibung ihrer Zeit entgegentreten und ehemals mächtige Persönlichkeiten, die nach 1917 starker Kritik, Hass und Verfolgung ausgesetzt sind, insgesamt positiv beurteilen, dabei teilweise aber auch verklären. Diese Anlage teilen sie mit zahlreichen „weißen" Exilanten, westlichen Intellektuellen und früheren Russlandreisenden. Ihre Absicht ist es, mit ihren Werken die ihres Erachtens falschen Behauptungen der Bolschewiki zu widerlegen und verzerrte Bilder von Personen und Situationen so zurechtzurücken, dass eine – freilich ihrer Meinung nach – objektive Beurteilung von Menschen und Geschehnissen möglich wird. In diesem Sinne, dabei aber nicht frei von Pathos schreibt Anna Wyrubowa in ihrem Vorwort:

> „Aus den verschleiernden Nebeln gegenseitiger Anschuldigungen, Verleumdungen, freiwilliger und unfreiwilliger Entstellungen, treten uns allmählich die Umrisse der Wahrheit klarer entgegen. Die Pforten der Archive öffnen sich, geheimnisvolle Beziehungen werden offenbar, Erinnerungen steigen auf, und übermächtig erwacht das Gewissen der Menschheit."[16]

Essad Bey, Nikolaus II., *Berlin 1935, Holle*

Teil 2: „Der entschiedene Monarchist“

„Die zurechtrückende, selbsttäuschende Phantasie des Emigranten kennt nach rückwärts keine Grenzen.“
Essad Bey: *Das weiße Rußland* (1932)[17]

7. Menschen ohne Heimat

Sticht *Nikolaus II.* aus der Reihe der anderen Biographien, die Essad Bey schreibt, hervor, so lässt sich dieses Buch thematisch jedoch problemlos in sein Gesamtwerk einordnen. Denn der Autor, der ab 1926 in der von Willy Haas (1891–1973) gegründeten Zeitschrift *Die literarische Welt* für den „Osten“ zuständig war, schrieb Rezensionen und Aufsätze, Glossen und Berichte nicht nur über die orientalisch-asiatische Welt. Sein zweiter Schwerpunkt war Russland bzw. die Sowjetunion. Er beschäftigte sich eingehend auch mit ihrer Geschichte und Kultur, wobei dies nicht nur für seine Tätigkeit als Journalist galt, sondern auch als Publizist und Biograph bedeutender historischer Persönlichkeiten. So erschienen neben Büchern wie *Öl und Blut im Orient* (1929) und *Zwölf Geheimnisse im Kaukasus* (1930) auch eine ganze Reihe von Titeln, die die neuesten geschichtlichen Umwälzungen im früheren Zarenreich zum Gegenstand haben. Kurz nacheinander veröffentlichte Essad Bey *Stalin* (1931), *Die Verschwörung gegen die Welt. G.P.U.* (1932), *Das weiße Rußland. Menschen ohne Heimat* (1932), *Russland am Scheidewege* (1933), *Nikolaus II. Glanz und Untergang des letzten Zaren* (1935) *Lenin* (1935; nur in Italien) und *Das Ende des Bolschewismus/ Guistizia rossa* (1938; ebenfalls nur in Italien).

Sein großes Interesse und die intensive Beschäftigung mit dem Osten im Allgemeinen und mit dem „Orient“ und Russland im Besonderen haben biographische und politische Gründe. Geboren 1905 in Kiew als Sohn russisch-jüdischer Eltern, wuchs Lew Abramovič Nussimbaum, so der Geburtsname von Essad Bey, bei seinem Vater im aserbaidschanischen Baku auf, der dort durch Erdöl wohlhabend geworden war. Der Ausbruch der Russischen Revolution und die Machtübernahme der Bolschewiki zwangen Vater und Sohn jedoch im Jahr 1920 über Tiflis und Batumi an den Bosporus zu fliehen. Istanbul war aber ebenso wie Rom und Paris lediglich eine Zwischenstation. 1921 erfolgte die Übersiedlung der nunmehr staatenlosen Nussimbaums nach Berlin, das damals neben Paris *das* Zentrum russischer Exilanten war.[18]

In der Reichshauptstadt wurden die beiden als russische Geflüchtete anerkannt und mit „Nansen-Pässen" versehen. Trotz anhaltender finanzieller Probleme absolvierte Lew das Abitur am Russischen Gymnasium und ein viersemestriges Hochschulstudium am Orientalischen Seminar der Friedrich-Wilhelm-Universität. Es waren möglicherweise die Erinnerung an seine unbeschwerte Kindheit im öst-westlichen Baku, die Zuneigung zur orientalischen Welt im Allgemeinen und zur aserbaidschanischen Kultur im Besonderen, aber auch der Versuch, der tristen Nachkriegswirklichkeit und dem wachsenden Antisemitismus infolge der starken Einwanderung von Juden aus Osteuropa nach Deutschland zu entfliehen, dass sich der jugendliche Emigrant im August 1922 entschloss, zum Islam zu konvertieren und den Namen „Essad Bey" anzunehmen (zu deutsch „Löwenprinz" oder „Herr Essad", wobei „Essad" die arabische Übersetzung von „Lew"/„Löwe" ist).

Doch auch nach seinem „Identitätswechsel" pendelte er weiterhin zwischen den verschiedenen Lebenswelten, in denen er beheimatet war. Das osteuropäische Judentum, aus dem er und seine Eltern stammten, und die russische Sprache und Kultur, die daheim gesprochen und gepflegt wurde, hatten neben der Kindheit und Jugend im toleranten, multiethnischen wie -religiösen Aserbaidschan Einfluss auf sein Leben und Denken. So hatte er parallel zu seinem Engagement in der „Islamischen Gemeinde zu Berlin", deren Gründungsmitglied er war, auch weiterhin Kontakt zu exilrussischen Kreisen und versuchte, wo es möglich war, seine unterschiedlichen Lebenswelten miteinander zu verknüpfen.

8. „Der Slawist"

Nach seinem Studium, das er als Ausländer nach vier Semestern Ende 1925 beenden musste, ohne einen formalen Abschluss gemacht zu haben, trat er ab Anfang 1926 in den Zirkeln der russisch-jüdischen Kreise der Hauptstadt auf. Er hielt Vorträge in der Russischen Literatur- und Künstlervereinigung und las in der Folgezeit eigene „orientalische Geschichten" im literarischen Klub „Na čerdake" (Auf dem Dachboden). Anfang 1928 wurde er schließlich Mitglied dieses von Michail G. Gorlin (1909–1942/43) gegründeten Klubs, der ein Forum für junge russischsprachige Autoren aus den Kreisen der in Berlin lebenden Emigranten sein wollte. Parallel publizierte Essad Bey in einer Vielzahl deutschsprachiger Blätter. Neben seiner Tätigkeit für liberale Zeitschriften wie *Die literarische Welt* und *Das Tagebuch* schrieb er mit der *Germania*, *Der Deutschen Spiegel* und der *Deutschen Allgemeinen Zeitung* auch für Organe, die dem rechten Flügel des politischen Spektrums in der Weimarer Republik zuzuordnen sind.

Es ist sicherlich kein Zufall, dass er genau zehn Jahre nach der Russischen Revolution unter deutschen Konservativen und russischen Nationalisten und Monarchisten Zugang zu besonders scharfen Gegnern des kommunistischen Systems und seiner Machthaber suchte. In diesen Jahren, in denen das Interesse für das „sozialistische Experiment" in der Sowjetunion, aber auch für den Zusammenbruch der Zarenherrschaft in der Öffentlichkeit immens war, engagierte er sich in der 1928 von Alexander von Melgunoff gegründeten „Deutsch-Russischen Liga gegen den Bolschewismus".[19] Hinzu kommt seine Sympathie für eine 1923 in München von russischen Emigranten gegründete antikommunistische Organisation namens „Soyuz Molodoi Rossii". Sie wurde später von Alexander L. Kazem-Bek (1902–1977) von Paris aus geführt und ideologisch neu ausgerichtet. Ende der 1920er-Jahre stellte die Weltanschauung dieser „Jungrussen" eine Verbindung dar von Monarchismus, den Ideen der „Eurasier" und der „Smenovechovcy", die die Versöhnung von Zarentum und dem System der Sowjets einforderten.[20] Essad Bey baute – vielleicht auch angesichts der heftigen, teilweise antisemitisch gefärbten Kritik an seiner Autobiographie *Öl und Blut im Orient* und an seiner Person – um 1930 Beziehungen zu dieser Gruppe auf und wurde ein Jahr später als einer ihrer Funktionäre in Deutschland aktiv.

Auch publizistisch trug sein politisches Engagement in den Kreisen der extremen Antikommunisten Früchte. So thematisiert *Das weiße Rußland* (1932) den Kampf, den Monarchisten und Liberale, Militärs und Intellektuelle zuerst in Russland und später im Ausland gegen die „roten" Machthaber der Sowjetunion führten, um schließlich ein Bild von ihrem Leben in der Emigration zu zeichnen. In dem im selben Jahr erschienenen Buch *Die Verschwörung gegen die Welt. G.P.U.* schildert er das Vorgehen der Gegenseite, den Terror der Tscheka, der politischen Polizei der Bolschewiki, von der Zeit der Russischen Revolution bis zum Beginn der 1930er-Jahre. Das Vokabular, dessen sich Essad Bey in diesem Werk wie auch in der Stalin-Biographie von 1931 und seinem Bericht *Rußland am Scheidewege* (1933) bedient, ist indes nicht unproblematisch. Denn es bestätigt und nährt Klischees und auch Vorurteile rassistischer Art, die die politische Rechte spätestens ab Ende der

1920er-Jahre gegen den Kommunismus ins Feld führt. So definiert Essad Bey den Bolschewismus als das „Ergebnis des Ineinanderfließens von asiatischer Grausamkeit und orientalischem Fanatismus mit europäischem Aufrührertum und der westlichen, kalten, theoretischen Revolutionsabtraktion“[21].

9. Von der „wahren“ und der „negativen“ Monarchie

Fällt er ein solch krasses, negatives Urteil, um sich im Nachhinein bei seinen rechtskonservativen und nationalistischen Kritikern, die seine Darstellung der Rolle der deutschen Armee im Kaukasus zum Ende des Ersten Weltkriegs in *Öl und Blut im Orient* als verzerrend und ihn selbst als „jüdischen Geschichtsfälscher“ bezeichnet hatten, lieb Kind zu machen?[22] Eine Erklärungsmöglichkeit für diese ablehnende Haltung gegenüber dem Kommunismus ist, dass sie für Essad Bey als Sohn eines Ölunternehmers, der durch den Umsturz in Russland seines gesamten Besitzes beraubt wurde und seitdem im westeuropäischen Exil lebte, wie das Resultat einer folgerichtigen Entwicklung wirkt, die seiner Meinung nach auch die eigene, bisweilen mit unlauteren Mitteln vorgehende publizistische Tätigkeit rechtfertigt: „Der Haß gegen den Bolschewismus, das Gefühl, für jemanden eine Gefahr zu bedeuten, ist der einzige aktive Posten eines traurigen Emigrantendaseins.“[23]

Die triste, an Freude und Abwechslung arme Gegenwart des Exils bedingt nicht nur eine starke Abneigung gegen diejenigen Persönlichkeiten und Gruppen, die in der alten Heimat die Herrschaft übernommen und sich möglicherweise fremden Besitz angeeignet haben. Flucht und Vertreibung, ökonomische und damit auch soziale Deklassierung, beruflicher und persönlicher Abstieg, Armut und Arbeitslosigkeit, schließlich die Schwierigkeiten bei der Integration in die neue, fremde Mehrheitsgesellschaft führen darüber hinaus nicht selten auch zu einer Glorifizierung der Vergangenheit, die mit den tatsächlichen Verhältnissen in der früheren Zeit oft nur wenig gemeinsam hat: „Das langjährige Elend entwickelt bei den Emigranten ein starkes Bedürfnis nach Selbstbewunderung. Je schlechter es ihnen im Ausland geht, desto besser ist es ihnen, ihrer Erinnerung nach, in Rußland ergangen.“[24]

Es ist gewiss seine Biographie, sein zerrissenes Leben – die kurze, unbeschwerte Zeit in Baku als Sohn eines Ölunternehmers, auf die eine Odyssee durch halb Europa und dann ein mehrjähriges, karges Dasein als verarmter

Geflüchteter in Berlin folgt –, nicht minder aber auch die krisenreiche gesellschaftliche Situation in der Weimarer Republik, die Essad Bey veranlassen, eine rückwärtsgewandte Utopie zu entwickeln. Auf seiner Suche nach einer stabilen politischen, sprachlichen und kulturellen, vor allem aber einer dauerhaften inneren Heimat glaubt er in der monarchischen Staatsform seinem Ideal am Nächsten zu kommen. In der 1931 für die Rubrik „Lebensläufe von heute" der *Literarischen Welt* geschriebenen *Geschichte meines Lebens* konkretisiert er seine Vorstellungen:

> „Weshalb ich heute, trotz des jahrelangen Aufenthaltes in einer Republik, Monarchist geblieben bin und mit jedem Tage immer monarchistischer werde? Diese Frage ist nicht schwer zu beantworten. Die heutige Welt steht vor zwei großen Gefahren: des Bolschewismus und des alles überwuchernden Nationalismus. Gegen diese beiden Gefahren kenne ich nur ein Mittel – die Monarchie, allerdings die wahre Monarchie und nicht ihre verfassungsmäßige, national-begrenzte, wilhelminische Abart. Was ist die wahre Monarchie? Für mich ist sie das einzige überparteiische, überstaatliche und übernationale Prinzip, mit dem die Menschheit erfolgreich regiert werden kann. Ich weiß: die Menschheit zerfällt in Völker, die Völker in Klassen. Doch ist die Klasse keineswegs die letzte Teilung der Menschheit. Außer dem Klassenkampf gibt es einen Kampf der Parteien innerhalb einer Klasse und den Kampf der Führer innerhalb einer Partei. Die Monarchie, ein legitimes, föderatives Imperium mit dem Monarchen als einem gänzlich klassenlosen, beinahe übermenschlichen Gipfel der Menschheitspyramide, ist der gegebene Ausweg für die Menschheit, die an Parlamentarismus, Nationalismus, Bolschewismus und ähnlichen Relativitäten leidet."[25]

Dieser Abschnitt aus Essad Beys *Geschichte meines Lebens* erinnert an das zaristische Russland. Es war dieses Reich, das nicht nur eine Vielfalt an europäischen, orientalischen und asiatischen Ethnien, Kulturen und Religionen in sich vereinte, sondern bis zum Umsturz auch von einem Kaiser regiert wurde, der für viele Untertanen als „Gottgesalbter" über den „einfachen" Menschen und Dingen stand, ja einen halbgöttlichen Charakter besaß. So gesehen, scheint es, als würde Essad Bey in der *Geschichte meines Lebens*, die im Grunde weniger eine Autobiographie als vielmehr das politisch-literarische Programm des Schriftstellers darstellt, ein Bild von seiner früheren, untergegangenen Heimat zeichnen, wie er sie im Nachhinein gern gehabt hätte. Die hier formulierte, idealistische Herrschaftsweise wird dann später keinen geringen Einfluss auf die Konzeption der Biographie über Nikolaus II. haben, die bereits in der *Geschichte meines Lebens* im Kern angelegt ist. Auffälligerweise wird der Zar allerdings als das Gegenteil dessen beschrieben, den sich der Autor eigentlich als einen Herrscher eines Riesenreiches, wie Russland eines war, erhofft. Folgerichtig kann denn auch das Zarentum unter Nikolaus II. – nach der utopisch anmutenden Staatsauffassung Essad Beys – als eine „negative" Monarchie bezeichnet werden.

10. Glanz und Elend des Essad Bey

Anders als seine früheren Bücher über das „weiße" und „rote" Russland besitzt Essad Beys Biographie über Nikolaus II. einen neuen, ungewöhnlichen Ton. Sie trägt nicht mehr den so aggressiven und anklägerischen Zug jener Werke in sich. Das Zaren-Buch ist leiser, nachdenklicher und ausgewogener, versucht die Ambivalenzen im Charakter des letzten Selbstherrschers herauszuarbeiten und dadurch beim Leser auch Verständnis für dessen Handlungsweise zu erzeugen. Diese moderate Haltung und literarische Verarbeitung neuester Geschichte ist dabei nicht nur, aber auch auf die veränderten Lebensumstände, die sich mit der Machtübernahme der Nationalsozialisten in Deutschland im Januar 1933 auch für Essad Bey ergeben, zurückzuführen.

Vermutlich auf Anraten seiner deutsch-jüdischen Schwiegereltern ließ er sich bereits im November 1932 in Wien nieder. Zusammen mit seiner Frau Erika (geb. Loewendahl, 1911–1990), mit der der Autor seit März 1932 verheiratet war, folgten ihm der Schuhgroßhändler Walter Loewendahl und seine Ehefrau dann wenige Monate nach der „Machtergreifung" in die österreichische Hauptstadt.[26] Allerdings hatten die neuen Verhältnisse in Berlin auf Essad Beys publizistische Arbeit vorerst keinen Einfluss. Im Gegensatz zu vielen anderen Kollegen wurden seine Bücher weder verboten noch Neuerscheinungen von ihm behindert. So konnte *Russland am Scheidewege* (1933) genauso veröffentlicht werden wie die Öl-Geschichte *Flüssiges Gold. Ein Kampf um die Macht* (1933; Zweitauflage 1935).[27] Möglich war dies, weil Essad Bey als Mitglied des „Schutzverbandes Deutscher Schriftsteller" (SDS) in den nachfolgenden, im Juli 1933 entstandenen Reichsverband Deutscher Schriftsteller (RDS) aufgenommen wurde. Dieser wiederum wurde zu einer Unterabteilung der im Herbst desselben Jahres von den Nationalsozialisten gegründeten Reichsschrifttumskammer (RSK). Außerdem bestand für ihn weiterhin Arbeits- und Publikationsmöglichkeit, weil nach Aussage des im Frühjahr 1933 geschaffenen Reichsministeriums für Volksaufklärung und Propaganda die „letzten Bücher Essad Beys, besonders das Buch ‚G.P.U.' […] für die antikommunistische Propaganda von solcher Bedeutung [sind], daß auf ihre Auswertung nicht verzichtet werden kann"[28].

Dennoch kehrte Essad Bey nicht nach Deutschland zurück, sondern verließ im Oktober 1933 Wien, um sich mit seiner Ehefrau, seinem Schwager und den Schwiegereltern nach New York einzuschiffen. Während sich die Familie Loewendahl dort für immer niederließ, kehrten Essad und Erika im März 1934 in die österreichische Hauptstadt zurück. Dort arbeitete er, wie auch seine bruchstückhaft überlieferte Korrespondenz mit seinem Mentor Werner Schendell (1891–1961) zeigt, die bisher entwickelten Ideen zu neuen Büchern, hauptsächlich zu historischen Biographien weiter aus, die zu Beginn der 1930er-Jahre sehr populär waren. In diesem Zusammenhang taucht der Name von Nikolaus II. auf. Nach Verhandlungen mit verschiedenen Verlagshäusern ab Frühjahr 1934 erschien das Zaren-Buch weder in Essad Beys letzten Verlagen E.C. Etthofen (Berlin) und Wegweiser (Berlin) noch bei Grethlein & Co. (Leipzig und Zürich), sondern im darauf folgenden Jahr bei Holle & Co. (Berlin).

Die Verzögerung der Publikation hatte ihre Gründe. Zum einen zogen sich die Verhandlungen über die Auszahlung des Autors hin.[29] Zum anderen wollte sich Essad Bey gerade bei diesem Projekt besonders große Mühe geben. In einem Brief vom 1. Juni 1934 an Schendell, der nicht nur seine Manuskripte las und lektorierte, sondern ihn im Deutschen Reich auch geschäftlich vertrat, schrieb der Autor, dass jener doch wissen würde, „wieviel [ihm] daran liegt, gerade dieses Buch in Ruhe zu schreiben"[30]. Bis Anfang des nächsten Jahres nutzte Essad Bey die Zeit in Wien für die Niederschrift. Im März 1935 unternahm er dann mit Erika eine zweite Ozeanfahrt nach New York, von wo er in den USA auf eine Vortragsreise zu gehen beabsichtigte. *Nikolaus II. Glanz und Untergang des letzten Zaren* kam schließlich im Frühjahr desselben Jahres auf den deutschen Markt.[31]

Zur selben Zeit verschärfte sich im Deutschen Reich die Lage der im Kulturbereich tätigen jüdischen Intellektuellen. Im Verlauf des Jahres 1934 vom Reichspropagandaministerium vorbereitet, begann Anfang 1935 die systematische „Säuberung" der Reichskulturkammer (RKK), zu der auch der Reichsverband Deutscher Schriftsteller und die Reichsschrifttumskammer gehörten, von ihren „nichtarischen" Mitgliedern. Im Falle des Reichsverbands Deutscher Schriftsteller konnte im Sommer 1935 mit einer Ausschluss- und Ablehnungsquote von 96 Prozent die „Arisierung" des Verbands für so gut wie abgeschlossen gelten.[32] Essad Bey sollte von diesen restriktiven Maßnahmen ebenfalls getroffen werden. Als Erika und er im Mai 1935 nach Wien zurückkehrten, erfuhren sie, dass er mit Wirkung vom 6. April 1935 ohne Angabe von Gründen aus der Reichsschrifttumskammer ausgeschlossen worden war.[33] Möglich ist, dass er wegen des „Arierparagraphen" ausgeschlossen wurde oder aber, weil er wegen seines Auslandswohnsitzes aus dem Bezugsraum der Reichsschrifttumskammer fiel. Was letztlich auch der Grund war, für Essad Bey bestand dadurch praktisch kaum mehr die Chance, in Deutschland künftig neue Bücher zu publizieren. Kurze Zeit nach seinem Ausschluss kam es für den Autor noch zu einem zweiten Unglück: Erika verließ ihn und reiste mit dem gemeinsamen Bekannten René Fülöp-Miller nach Südtirol, um nicht mehr zu ihm zurückzukehren.

Diese beiden Ereignisse, die eine Zäsur für Essad Beys weiteres Leben und Werk darstellen, bilden den „dunklen" Hintergrund, vor dem *Nikolaus II.* erschienen ist. Die Biographie wurde indes nicht zuletzt aufgrund der weltweiten Bekanntheit des Autors zu einem großen Erfolg.[34] Sie wurde ins Französische, Schwedische, Englische, Finnische, Italienische, Niederländische, Portugiesische, Spanische und Ungarische übersetzt.[35] Lob und Tadel der Kritiker hielten sich anschließend die Waage. Der Feuilletonstil des Buches wurde hervorgehoben.[36] Ein Rezensent meinte, eine Biographie von Nikolaus II., „umfassend und lebendig geschrieben wie diese, ist bisher noch nicht erschienen"[37]. Eine andere Besprechung sprach von „a remarkable and sympathetic biography of the Martyr Tsar"[38]. Schließlich wurde ihr bescheinigt, sie sei in Gänze ein „sehr interessantes Werk, eine stets fesselnde Lektüre, die, unparteiisch dargeboten, von hohem literarischen Verständnis und wahrem historischen Wert zeugt"[39].

Andererseits wurde bemängelt, dass die Schilderungen „zu sehr an der Oberfläche"[40] hafteten und die dem Kaiser zugeschriebenen Gedanken der „inneren Wahrscheinlichkeit"[41] entbehrten. Die Zeichnung des Herrschers „contains nothing new"[42], war ein anderer Kritikpunkt. Zuletzt wurde dem Autor vorgehalten, er sei kontinuierlich auf der Suche nach „cheap dramatic effect"[43], und resümiert: „Essad-Bey fails to realize that the setting and nature of the tragedy of the Russian Czar were such that they need no shoddy Hollywood tricks to make them absorbingly interesting."[44] Den Autor traf diese

Kritik, wenn er sie denn gelesen hat, vermutlich nicht besonders, war er doch dabei, die schmerzliche Trennung von seiner Ehefrau zu verarbeiten und zugleich neue Projekte in Angriff zu nehmen. *Nikolaus II.* ist indes das letzte Buch, das zu seinen Lebzeiten unter dem Namen „Essad Bey“ in Deutschland erscheinen konnte.

1 George Buchanan: *My Mission to Russia and Other Diplomatic Memories. With Maps and Illustrations.* Cassell & Co. London, New York, Toronto u.a. 1923 (= Vol. II.), S. 75.

2 Das hier genannte Vorwort von Essad Bey ist in der Originalausgabe von 1935 das Nachwort. Vgl. auch die editorische Notiz auf Seite 409f. Sämtliche im vorliegenden Nachwort genannten Seitenzahlen beziehen sich auf die hier vorliegende Neuausgabe der Biographie Nikolaus II.

3 Das Quellenverzeichnis, das Essad Beys Zaren-Porträt angehängt ist, soll ebenfalls den historiographischen Charakter der Biographie Nikolaus II. unterstreichen und die Nachprüfbarkeit der vom Autor rezipierten Primär- und Sekundärquellen für den Leser ermöglichen.

4 Siehe auch eine Aussage Essad Beys laut einer Zeitungsmeldung mit dem Titel *Czar's Biographer Here. Essad Bey Declares Ruler Was Not Understood* nach seiner Ankunft in New York im März 1935 in: *The New York Times.* 11.3.1935. Section Book Amusements, S. 19: „,The world criticized him as a human being, whereas Nicholas assumed himself to be about 50 per cent divine and should have been looked at from that point of view.'“

5 Siehe Michael T. Florinsky: *Nicholas II of Russia. Mohammed Essad-Bey: Nicholas II.* Funk & Wagnalls Company. New York, London 1937. In: *The New York Times.* 11.4.1937. Section Book Review, S. 22: „Essad-Bey, in his biography of the late Autocrat of All the Russias, seems to be unduly impressed by the fact that Nicholas II was born on the day when the Russian Orthodox Church honors the memory of ‚the sufferer Job‘, a coincidence to which he refers over and over again.“

6 Vgl. *Das Tagebuch des letzten Zaren. Von 1890 bis zum Fall.* Nach den unveröffentlichten russischen Handschriften herausgegeben. Mit einer Einleitung von Sergej P. Melgunoff. Ullstein Verlag. Berlin 1923.

7 Als eine weitere Biographie soll *The Kaiser on Trial,* erstmals 1937 in den USA erschienen, erwähnt werden. Sie ist ein Gemeinschaftswerk von Essad Bey und dem deutsch-amerikanischen Dichter, Schriftsteller und Propagandisten George Sylvester Viereck (1884–1962). Sie wird allerdings nur unter Vierecks Namen publiziert. Vgl. auch Tom Reiss: *The Orientalist. Solving the Mystery of a Strange and Dangerous Life.* New York 2006 [EA 2005], S. 289ff. Reiss' Behauptung, Viereck hätte Essad Bey im Sommer 1934 den Vorschlag gemacht, eine Biographie des letzten deutschen Kaisers Wilhelm II. (1859–1941) zu schreiben, widerspricht bezüglich der Entstehungszeit jedoch ein in New York geschriebener Brief Vierecks an Essad Bey vom 25.4.1934. Aus diesem geht hervor, dass die Arbeit am gemeinsamen Manuskript zu diesem Zeitpunkt bereits begonnen hat. Der Brief findet sich im Werner-Schendell-Archiv im Archiv der Akademie der Künste, Berlin. Der Verfasser des Nachworts dankt dem Archiv der Akademie der Künste für seine freundliche Hilfe.

8 Maurice Ténine: *Avant-Propos du Traducteur.* In: Essad Bey: *Devant la Révolution. La vie et règne de Nicolas II.* Avant-Propos et Traduction de Maurice Ténine. Payot. Paris 1935 (= Bibliothèque Historique), S. 5. Das französische Original lautet: „L'auteur possède d'ailleurs toutes les qualités requises. Il est partial – juste autant qu'il faut pour faire un bon historien – et objectif – juste assez pour laisser parfois planer chez le lecteur un doute sur son jugement définitif."

9 Diese Haltung Essad Beys erinnert an den Ausspruch eines anderen zeitgenössischen Russland-Experten. Siehe René Fülöp-Miller: *Der heilige Teufel. Rasputin und die Frauen.* Mit 94 Abbildungen in Kupfertiefdruck. Paul Zsolnay Verlag. Berlin, Wien, Leipzig 1931 (= Ungekürzte Sonderausgabe), S. V. Fülöp-Miller spricht in seinem Vorwort davon, dass das „Widerspruchsvolle und Antithetische an einem menschlichen Leben die einzige und alleinige Wahrheit ist".

10 Vgl. *Das Tagebuch des letzten Zaren* (Anm. 6). Vgl. ferner *Die letzte Zarin. Ihre Briefe an Nikolaus II. und ihre Tagebuchblätter von 1914 bis zur Ermordung.* Herausgegeben und eingeleitet von Joachim Kühn. Übertragen ins Deutsche von Viktor Bergmann. Ullstein Verlag. Berlin 1922.

11 Vgl. *Die Wahrheit über Rasputin. Aufzeichnungen seiner Tochter Maria Ssolowjew-Rasputina.* Bearbeitet und herausgegeben von W. Krassow. Autorisierte Übersetzung von Edith von Lysander. Verlag Alt-Rußland. Hamburg 1926. Vgl. ferner Anna Wyrubowa: *Glanz und Untergang der Romanows.* Mit 29 Abbildungen. Amalthea-Verlag. Zürich, Leipzig, Wien 1927, S. 54 [EA 1923 unter dem Titel *Stranizy is mojei schisni*].

12 Vgl. George Buchanan: *Meine Mission in Russland.* Aus dem Englischen übertragen von Else Baronin Werkmann. Verlag für Kulturpolitik. Berlin 1926 [EA 1923 unter dem Titel *My Mission to Russia and Other Diplomatic Memories*]. Vgl. ferner Maurice Paléologue: *Am Zarenhof während des Weltkriegs. Tagebücher und Betrachtungen.* Mit einer Einleitung von Benno von Siebert. Aus dem Französischen von Leontine Rottenberg. Verlag F. Bruckmann A.-G. München 1926 (= Zwei Bände) [EA 1921/23 unter dem Titel *La Russie des tsars pendant la Grande Guerre*]. Vgl. schließlich Pierre Gilliard: *Le tragique destin de Nicolas II et de sa famille.* Avec 59 Photographies hors texte, 3 Fac-similés, 2 Cartes et 3 Plans dans le texte. Payot & Cie. Paris 1921.

13 Vgl. René Fülöp-Miller: *Der heilige Teufel. Rasputin und die Frauen.* Grethlein & Co. Verlagsbuchhandlung. Leipzig, Zürich 1927. Vgl. ferner Michael Smilg-Benario: *Der Zusammenbruch der Zarenmonarchie.* Amalthea Verlag. Zürich, Leipzig, Wien 1928. Es ist auffällig, dass es Ende der 1920er-Jahre insbesondere der Amalthea Verlag unter seinem Gründer und Inhaber Heinrich Studer (1889–1961) ist, der, wie auch anhand des Quellenverzeichnisses in Essad Beys *Nikolaus II.* nachprüfbar, eine Vielzahl von Büchern veröffentlicht, die eine betont antikommunistische Haltung einnehmen. Vgl. auch Murray G. Hall: *Österreichische Verlagsgeschichte 1918–1938. Band 2. Belletristische Verlage der Ersten Republik.* Wien, Köln, Graz 1985 (= Literatur und Leben N.F. 28), S. 23f.

14 Nachvollziehbar ist die Rezeption von Anna Wyrubowas *Glanz und Elend der Romanows* bei Essad Bey nicht nur in der Verwendung des ähnlich klingenden Untertitels *Glanz und Untergang des letzten Zaren* für die Nikolaus-Biographie, sondern auch in einer ähnlichen formalen Gestaltung der Buchkapitel. In beiden Büchern wird jeder Abschnitt mit einer römischen Ziffer nummeriert. Während Wyrubowa darunter jeweils noch eine Zusammenfassung des Kapitels in mehreren Sätzen anfügt, begnügt sich Essad Bey mit einer schlagkräftigen Überschrift.

15 Fülöp-Millers Rasputin-Buch ist wie das Essad Beys als eine „historische Biographie" zu bezeichnen. Beide beruhen, wie die Verfasser jeweils in ihrem Vorwort betonen, auf amt-

lichen Dokumenten, Polizeiakten, Tagebüchern, Briefen, Zeugenaussagen, Memoiren und Urkunden. Vgl. Fülöp-Miller: *Der heilige Teufel* (wie Anm. 9), S. V. Vgl. ferner Essad Bey: *Nikolaus II.* (wie Anm. 2), S. 9. Zudem zeichnen sich beide Werke durch einen sehr ähnlichen Aufbau aus. Das wird schon zu Beginn augenscheinlich. Siehe Fülöp-Miller: *Der heilige Teufel* (wie Anm. 9), S. 1: „Ein etwa vierzigjähriger, hochgewachsener Bauer, breitschultrig, von stämmigem und dennoch hagerem Körperbau, in einem groben, leinenen, durch einen einfachen Ledergurt zusammengehaltenen Bauernhemd, mit weiten Hosen und hohen, schweren Stiefeln: so erschien Grigori Jefimowitsch Rasputin zum erstenmal im Salon der Gräfin Ignatieff, inmitten jenes Kreises von neugierigen Damen der Petersburger Gesellschaft, geistlichen Würdenträgern, Mönchen, Politikern, Intriganten, Hochstaplern und Hofschranzen, die sich dreimal in der Woche in den Räumen der hochbetagten Gräfin zu versammeln pflegten." Siehe vergleichend Essad Bey: *Nikolaus II.* (wie Anm. 2), S. 11: „Ein achtundzwanzigjähriger junger Mann mit hellen Haaren, blondem, kurzen Spitzbart, schlanker zierlicher Gestalt und seltsam geschnittenen, langwimprigen Augen, in dem einfachen, dunkelgrünen Rock eines russischen Obersten, mit hohen Stiefeln und schwarzem Lammfellhut, so erschien Nikolaus II., russischer Kaiser, am 6. Mai 1896 vor den Würdenträgern, den Vertretern der Kirche und der Stände. Diese hatten sich am Moskauer Sonderbahnhof versammelt, der ausschließlich für diesen Tag im altrussischen Stil neben dem gewöhnlichen Bahnhof errichtet worden war."

16 Wyrubowa: *Glanz und Untergang der Romanows* (wie Anm. 11), S. 5. Siehe auch Fülöp-Miller: *Der heilige Teufel* (wie Anm. 9), S. IVf. Fülöp-Millers Aussage über seine Motivation zu dem Buch kann auch für Essad Bey und seine Biographie über Nikolaus II. gelten: „Erst die Erkenntnis, daß es bei unbefangener Prüfung aller vorliegenden Materialien nicht länger möglich sei, der Gestalt Rasputins durch eine der banalen Charakterisierungen eines Scharlatans oder eines heiligen Staretz gerecht zu werden, hat den Verfasser zu dem vorliegenden Buche veranlaßt. Rasputin ist weder absolut böse noch ausschließlich gut gewesen, weder schlechthin ein Wüstling, noch ein Heiliger: er war ein kraftstrotzender, reicher Mensch, begnadet mit vielen Vorzügen, verdammt zu vielen Schwächen, ein Mann, so vielfältig, widerspruchsvoll und kompliziert, daß eine adäquate Darstellung seiner Persönlichkeit eben ein weit genaueres und sorgfältigeres Eingehen auf alles Für und Wider erfordert, als bisher von irgend jemand versucht worden ist."

17 Essad Bey: *Das weiße Rußland. Menschen ohne Heimat.* Gustav Kiepenheuer Verlag. Berlin 1932, S. 143.

18 Vgl. auch im Weiteren Gerhard Höpp: „Mohammed Essad Bey oder Die Welten des Lev Abramovič Nussenbaum". In: Essad Bey: *Allah ist groß. Niedergang und Aufstieg der islamischen Welt von Abdul Hamid bis Ibn Saud.* Mit einem biographischen Essay von Gerhard Höpp. München 2002, S. 386ff.

19 Vgl. E. K.: *Die Arbeit der deutsch-russischen Liga.* In: *Das Deutsche Tageblatt. Großdeutsche Warte.* 18.5.1929. 9. Jg. Nr. 115, S. 3. Als einer von mehreren Rednern auf der am 15.5.1929 in Berlin abgehaltenen Besprechung der „Deutsch-Russischen Liga" wird im Bericht neben einem Baron Laudon vom „Obersten Monarchistischen Rat" und Emil Ungar, Herausgeber des *Deutschen Tageblatts*, eines *Wochenblatts für Wirtschaft und Arbeit* und *Organs der Vereinigung nationalgesinnter Arbeiterführer*, auch der Name von Essad Bey genannt.

20 Vgl. auch das letzte Kapitel „Die Zukunft des weißen Rußland" in Essad Bey: *Das weiße Rußland* (wie Anm. 17), S. 215-220.

21 Essad Bey: *Die Verschwörung gegen die Welt. G.P.U.* E.C. Etthofen-Verlag. Berlin 1932, S. 344f.

22 Vgl. auch Gerhard Höpp: *Mohammed Essad Bey. Nur Orient für Europäer?* In: Asien Afrika Lateinamerika 25 (1997), S. 81.

23 Essad Bey: *Das weiße Rußland* (wie Anm. 17), S. 145.

24 Essad Bey: *Das weiße Rußland* (wie Anm. 17), S. 142.

25 Essad Bey: *Die Geschichte meines Lebens.* In: *Die literarische Welt.* 7/1931. Nr. 5, S. 4. Kursivsetzung von Essad Bey. Wiedergegeben wird dieser Text auch in Essad Bey: *Manuela.* In: Essad Bey: *Liebe und Erdöl/Manuela. Zwei romantische Novellen.* Aus dem Polnischen von Martin Pasek. Mit Beiträgen von Martin Pasek und Hans-Jürgen Maurer. Freiburg i. Br. 2008, S. 57–61.

26 Vgl. auch im Weiteren Höpp: *Mohammed Essad Bey* (wie Anm. 18), S. 396 ff.

27 Die Zweitauflage von *Flüssiges Gold* erscheint 1935 – seitenidentisch mit der Erstausgabe bei E.C. Etthofen – in der Auswahlreihe des „Volksverbandes für Bücherfreunde" im Wegweiser Verlag, Berlin.

28 Bundesarchiv. Abteilungen Potsdam (BArchP). Auswärtiges Amt. Film 16929. Bl. L318082ff. Zitiert nach Höpp: *Mohammed Essad Bey* (wie Anm. 22), S. 85.

29 Siehe auch Höpp: *Mohammed Essad Bey* (wie Anm. 22), S. 96: „Die Verhandlungen [mit Grethlein & Co.] scheiterten vermutlich an Essads Forderung, in Valuta bezahlt zu werden. Das Buch erschien schließlich bei Holle in Berlin." Wie einem Brief von Grethlein & Co. an Werner Schendell, Essad Beys Bevollmächtigtem, vom 1.6.1934 zu entnehmen ist, lehnte es der Verlag ab, den Autor der Zaren-Biographie in fremden Devisen zu bezahlen. Dem Schreiben an Schendell beigefügt ist die Abschrift eines Briefes der in Wien ansässigen „Internationalen Literarischen Agentur" vom 28.5.1934. Im Auftrag von Essad Bey forderte die Agentur den Verlag Grethlein & Co. auf, die Ansprüche des Schriftstellers zu erfüllen und ihn in Schweizer Franken oder österreichischen Schillingen zu bezahlen. Beide Briefe finden sich im Werner-Schendell-Archiv im Archiv der Akademie der Künste, Berlin.

30 Essad Bey an Werner Schendell in einem Brief vom 1.6.1934. In: Werner-Schendell-Archiv, Nr. 108. Archiv der Akademie der Künste, Berlin. Der Verfasser des Nachworts dankt dem Archiv der Akademie der Künste, Berlin für seine freundliche Hilfe und für die Genehmigung, das vorliegende Zitat abzudrucken.

31 Angekündigt wird die Nikolaus-Biographie in der Rubrik *Die gangbaren Bücher. Neuaufnahme der Barsortimente* in: *Börsenblatt für den deutschen Buchhandel.* 16.3.1935. Nr. 64, S. 1246. Ende April 1935 wird das Zaren-Buch von der in Leipzig ansässigen Deutschen Bücherei als Neuerscheinung aufgelistet. Vgl. *Literarisches Zentralblatt für Deutschland.* 86. Jg. 30.4.1935. Nr.8, S. 371. Für die Veröffentlichung der Biographie im Frühjahr spricht auch die Notiz in der am 11.3.1935 erschienenen *New York Times*, dass Essad Bey dabei sei, seine Arbeit an dem Buch zu beenden. Siehe *Czar's Biographer Here* (wie Anm. 4), S. 19: „He is completing a biography of Czar Nicholas II which, he said, would show that the late Emperor was the most misunderstood man of the modern world." Dass *Nikolaus II.* im Frühjahr publiziert worden ist, untermauert ferner die Nennung des Buchs in: *Halbjahresverzeichnis der Neuerscheinungen des deutschen Buchhandels.* Mit Voranzeigen, Verlags- und Preisänderungen, Stich- und Schlagwortregister. Erstes Halbjahr 1935 (= 274. Band), S. 101. Vgl. dagegen Höpp: *Mohammed Essad Bey* (wie Anm. 18), S. 399. Höpp schreibt, dass die Biographie Ende 1935 erscheint. Eventuell kommt er zu der Ansicht, da zwei Rezensenten *Nikolaus II.* erst im Herbst desselben Jahres besprechen. Diese Rezensionen finden sich auch im Nachlass von Prof. Dr. Gerhard Höpp (1942–2003). Vgl. V. A. Wrobelinksi: *Essad Bey (Pseud.)* [!]*: Nikolaus II. Glanz und Untergang des letzten*

Zaren. Holle & Co. Verlag. Berlin 1935. 413 S. In: *Berliner Monatshefte. Zeitschrift zur Vorgeschichte und Geschichte des Weltkrieges.* Berlin 13 (1935). Nr. 11, S. 1005. Vgl. ferner N.N.: *Essad Bey: Nikolaus II. Glanz und Untergang des letzten Zaren.* Mit 9 Abbildungen. Holle & Co. Verlag. Berlin 1935. 413 S. In: *Anzeiger für den Buch-, Kunst- und Musikalienhandel.* 30.11.1935, S. 177.

32 Vgl. Volker Dahm: *Das jüdische Buch im Dritten Reich. Die Ausschaltung der jüdischen Autoren, Verleger und Buchhändler.* Frankfurt a.M. 1979 (= Erster Teil), Sp. 63ff. Siehe ebd., Sp. 65, auch einen Aktenvermerk von Ministerialrat Heinz Wismann (1897–1945), dem Vizepräsidenten der Reichskulturkammer von 1933 bis 1935, vom 10.2.1935, in dem eine Stellungnahme von Reichspropagandaminister Joseph Goebbels (1897–1945) bezüglich der „Arisierung" der Reichskulturkammer wiedergegeben wird: „‚Grundsätzlich sollen alle Nichtarier (Juden) aus den Einzelverbänden der Kammer heraus. Liegen Ausnahmefälle vor, so sind diese dem Herrn Minister [Goebbels] vorzulegen, der sich die letzte Entscheidung von Fall zu Fall vorbehält.'" Dieser Aktenvermerk Wismanns mit der Signatur BArchP, R 56 V/102 findet sich in Kopie auch im Nachlass von Gerhard Höpp.

33 Vgl. BArchP, R 56 V/79, Bl. 27. Befindlich ebenfalls im Nachlass von Gerhard Höpp. Auf diesem Blatt aus einer alphabetisch geordneten Liste der Reichsschrifttumskammer sind wie auch bei den anderen Personen der Name Mohamed [!] Essad-Bey, seine Berliner Adresse und das Datum seines Ausschlusses aus der Reichsschrifttumskammer angegeben. Hinter dem Namen ist handschriftlich noch seine bis dahin gültige Mitgliedsnummer 01786 eingefügt. Vgl. auch Höpp: *Mohammed Essad Bey* (wie Anm. 22), S. 95. Die Repressionen gegen den Autor verschärfen sich im Deutschen Reich schrittweise. In der zweiten Hälfte des Jahres 1936 erteilt das Propagandaministerium ein Rezensionsverbot für Essad Beys Werke. Im November 1938 wird der Autor dann in das „Verzeichnis Jüdischer Autoren" aufgenommen. Einen Monat später schließlich werden seine Bücher durch die Aufnahme in die „Liste des schädlichen und unerwünschten Schrifttums" auf den Index gesetzt. Vgl. Höpp: *Mohammed Essad Bey* (wie Anm. 18), S. 399f. und S. 409.

34 In einem Prospekt wirbt der Holle & Co. Verlag unter der Rubrik „Lebensbeschreibungen" neben Walther Tritschs Biographie *Metternich. Glanz und Versagen* auch für Essad Beys *Nikolaus II. Glanz und Untergang des letzten Zaren.* Positive Pressekommentare werden zu Werbezwecken für das Buch genauso zitiert wie auch auf die Höhe seiner Auflage, die bei 5. Tausend läge, hingewiesen wird.

35 Vgl. die im Ausland erschienenen Ausgaben von Essad Beys *Nikolaus II.* In Frankreich: *Devant la révolution. La vie et le règne de Nicolas II.* Avantpropos et traduction de Maurice Ténine. Payot. Paris 1935 (= Bibliothèque historique). Schweden: *Nicolaus II. Den siste tsaren.* Lars Hökerbergs Bokförlag. Stockholm 1935. Großbritannien: *Nicholas II. Prisoner of the Purple.* Translated by Paul Maerker Branden and Elsa Branden. With 17 illustrations. Hutchinson & Co. London 1936. Italien: *Nicola II. Splendore e decadenza dell'ultimo zar.* Traduzione di Corrado Malavasi. Bemporad. Firenze 1936. Finnland: *Nikolai II. Vimeisen tsaarin loistoaika ja kukistuminen.* 20 liitekuvaa. Übersetzt von Aukusti Simojoki. Otava. Helsinki 1936. USA: *Nicholas II. Prisoner of the Purple.* Funk & Wagnalls Co. New York 1937. Niederlande: *Nicolaas II. De gevangene van het purpur. Een historische biografie van den laatsten czaar van Rusland.* Kennemer Serie 1937 (= Nummer 3). Brasilien: *Nicolau II. O prisoneiro da púrpura.* Tradução de Marques Rebello. Editoro O Globo. Porto Alegre 1937. Spanien: *Nicolás II. Vida y tragedia.* Traducción de Fernando de Velasco. Joaquín Gil. Barcelona 1941. Ungarn: *Egy ország tragédiája. II. Miklós cár.* Übersetzt von Zoltán Kassai. Griff könyvkiadó kiasdása. Budapest 1943.

36 Vgl. V. A. Wrobelinksi: Essad Bey (wie Anm. 31), S. 1005.

37 N.N.: *Essad Bey* (wie Anm. 31), S. 177. Vgl. auch Anm. 34. In dem besagten Prospekt von Holle & Co. wird dieser Satz ebenfalls zitiert. Als Quelle wird jedoch nicht der *Anzeiger für den Buch-, Kunst- und Musikalienhandel,* sondern die *Grazer Tagespost* angegeben.

38 N.N.: *New books I can recommend. Mohammed Essad Bey: Nicholas II. Prisoner of the Purple.* Hutchinson. 18s. In: *Saturday Review.* London 1936. Nr. 4203, S. 535 (= Bd. 161). Zitiert nach einem Exzerpt aus dem Nachlass von Gerhard Höpp. Der Verfasser des Nachworts dankt dem Zentrum Moderner Orient (ZMO), Berlin, für die freundliche Hilfe und die Genehmigung, aus diesem im Nachlass von Gerhard Höpp befindlichen Dokument zu zitieren.

39 N.N.: *Essad Bey: Devant la révolution. La vie et le règne de Nicolas II.* Avant-propos et traduction de Maurice Ténine. Payot. Paris 1935 (= Bibliothéque historique). In: *Revue militaire française* 106 (1936). Nr. 180. Das französische Original lautet: „Ouvrage très intéressant, d'une lecture toujours attachante, et qui, présenté avec impartialité, témoigne une haute conscience littéraire et d'une réelle valeur historique."

40 Wrobelinksi: *Essad Bey* (wie Anm. 31), S. 1005.

41 Wrobelinksi: *Essad Bey* (wie Anm. 31), S. 1005.

42 Edward Hallet Carr: *Nicholas the Unready. Mohammed Essad-Bey: Nicholas II. Prisoner of the Purple.* Hutchinson. In: *The Spectator.* 15.5.1936. Nr. 5629, S. 898.

43 Florinsky: *Nicholas II. of Russia* (wie Anm. 5), S. 22.

44 Florinsky: *Nicholas II. of Russia* (wie Anm. 5), S. 22.

EDITORISCHE NOTIZ

Orthographische Änderungen

Der Text der vorliegenden Ausgabe folgt dem Erstdruck: *Nikolaus II. Glanz und Untergang des letzten Zaren.* Holle & Co. Verlag. Berlin 1935.

Orthographische Inkonsequenzen der Erstausgabe, besonders bei der Groß- und Kleinschreibung, Getrennt- und Zusammenschreibung wurden neben offensichtlichen Druckfehlern stillschweigend korrigiert. Die Interpunktion blieb gewahrt. Die römischen Ziffern der Kapitelüberschriften wurden allerdings in arabische Ziffern umgeschrieben. Die im Falle russischer Eigennamen schwankende Schreibung wurde behutsam vereinheitlicht. So wurde aus den Endungen „v" und „ff" die Schreibweise „w" („Sokoloff" wird zu „Sokolow"). Eine Änderung rein typographischer Natur betrifft einige von Essad Bey im Text hervorgehobene Substantive. Diese im Original gesperrt geschriebenen Wörter sind in der Neuausgabe kursiv gesetzt. Das „Nachwort des Verfassers" wurde zu einem Vorwort. Des Weiteren wurden im Quellenverzeichnis gesperrt geschriebene Namen recte gestellt. Die bibliographischen Angaben dort wurden durchgesehen, Fehler behoben und Lücken geschlossen, um dem interessierten Leser die Recherche nach den von Essad Bey verwendeten Primär- und Sekundärtexten zu erleichtern. Das Entstehungsjahr von Michail Lermontows Gedicht Prophezeiung, das Essad Bey seiner Nikolaus-Biographie als Motto voranstellt, wurde von 1829 auf 1830 korrigiert. Vgl. Michael Lermontow: Gedichte und Poeme. Verlag Rütten & Loening. (Ost-)Berlin 1987 (= Ausgewählte Werke in zwei Bänden 1; hrsg. von Roland Opitz), S. 37 und S. 315.

Die Fotografien auf Seiten 33, 107, 135, 136, 149, 153, 197, 207, 267, 268 und 339 wurden aus Essad Bey: *Nicolás II. Vida y tragedia* (Iberia, Barcelona 1941), der spanischen Erstausgabe, übernommen.

Stilistische Änderungen

Zum besseren Verständnis des historischen Zusammenhangs der von Essad Bey verfassten Biographie Nikolaus II. wurden für die Neuausgabe an einigen wenigen Stellen Jahreszahlen in den Text eingefügt. Sie werden hier in eckigen Klammern wiedergegeben.
S. 118: „Am 2. April [1902] erschoß der Student Balmaschow ...";
S. 143: „Am 31. März [1904] vernichtete eine japanische Mine ...";
S. 143: „Am 25. Februar [1905] verloren die Russen ...";
S. 195: „Am 9. November 1906 erschien der Ukas über die Agrarreform und am 17. Juni [1907] wurde er von der dritten Duma genehmigt ...".

Behrang Samsami und *Walter Delabar*

Behrang Samsami, geboren 1981 in Urmia, Iran. Studium der Neueren deutschen Literatur und Geschichte an der Freien Universität Berlin. Promotion mit der Studie *Die Entzauberung des Ostens. Der Orient bei Hermann Hesse, Armin T. Wegner und Annemarie Schwarzenbach* (Bielefeld 2010). 2013 bis 2014 Ausbildung an der Evangelischen Journalistenschule. Freier Journalist in Berlin und seit 2015 wissenschaftlicher Mitarbeiter im Deutschen Bundestag.

Walter Delabar, geb. 1957, apl. Prof., lehrt an der Leibniz Universität Hannover, lebt in Berlin als selbständiger Wissenschaftler, Texter und Unternehmensberater. Arbeitsschwerpunkte: Literatur und Kultur des 17. bis 21. Jh., Modernitäts-, Medien- und Kulturtheorie. Publikationen u.a.: *Was tun? Romane am Ende der Weimarer Republik* (2. Aufl. 2004); *Klassische Moderne* (2009); *Einführung in die literaturwissenschaftlichen Arbeitstechniken* (2009); *Kollateralschäden der Gerechtigkeit* (2017); als Herausgeber zuletzt: *Die Freiheit erhebt ihr Haupt. Über die Revolution* (zu. m. Gregor Ackermann, 2020); *Eine gefährliche Straße. Mediale Produktionen im frühen 20. Jahrhundert* (zu. m. Gregor Ackermann, 2019); *Fräuleinwunder. Zum Literarischen Nachleben eines Labels* (zus. mit Christiane Caemmerer u. Helga Meise 2017.